赵保佑学术文集

赵保佑 著

中原出版传媒集团
大地传媒
大象出版社
·郑州·

图书在版编目（CIP）数据

赵保佑学术文集 / 赵保佑著.— 郑州 ：大象出版社，2017. 5
（中原学术文库. 文集）
ISBN 978-7-5347-8491-0

Ⅰ. ①赵… Ⅱ. ①赵… Ⅲ. ①社会科学—文集
Ⅳ. ①C53

中国版本图书馆 CIP 数据核字（2016）第 318960 号

中原学术文库 · 文集
赵保佑学术文集
赵保佑 著

出 版 人 王刘纯
责任编辑 杨 兰
责任校对 安德华 李婧慧
装帧设计 王晶晶

出版发行 大象出版社（郑州市开元路 16 号 邮政编码 450044）
发行科 0371-63863551 总编室 0371-65597936
网 址 www.daxiang.cn
印 刷 洛阳和众印刷有限公司
经 销 各地新华书店经销
开 本 787mm×1092mm 1/16
印 张 27.75
字 数 447 千字
版 次 2017 年 5 月第 1 版 2017 年 5 月第 1 次印刷
定 价 125.00 元

若发现印、装质量问题，影响阅读，请与承印厂联系调换。
印厂地址 洛阳市高新区丰华路三号
邮政编码 471003 电话 0379-64606268

自 序

按照院里的安排编辑此文集,责编建议我最好写个自序,以作导读。本来我是不准备写的,直观感觉好像没什么话说,后来想了想,还是接受了她的建议,就把选编这本文集的背景和意图写一下,也算是与读者的心灵沟通吧。

本人为恢复高考的七七级大学生,读史出身,在不断学习过程中获得了史学学士、哲学硕士和管理学博士学位,从学位可见我学的够杂的。我做社科研究工作30多年,研究兴趣也很广,20世纪90年代以前研究中国近现代史,发表的文章都是那方面的内容;做了科研组织处处长和副院长之后,很少有整块蹲到图书馆查资料、扒文献的时间了,行政工作岗位要求我将大量的时间和精力用来组织研究一些经济社会问题。特别是河南省社科院作为省级智库,要围绕河南省的重大经济、社会问题展开研究,尤其是就省级决策部门关注的热点、难点问题深入调研并提出对策建议,于是我研究的课题和成果就转向经济、社会方面,退休之后又更多地回归到历史文化方面。

说到文集的整理,我收集了一下以往发表过的文章,可以将其分类出几本。但按照此次院里暂出一本的安排,我还是想照顾到文化、经济、社会这三个方面,选了一些自己感到满意,得到相关领导批示认可、可读价值高且具有一定社会实用价值的文章,也可以反映自己学术研究的历史轨迹。所选文章只有一篇是没有发表过的,其他文章都是保持其在原报纸杂志上发表时的观点和资料。好在这些文章的观点现在来看也不过时,我认为有的对当下的经济社会发展仍有参考意义,只是部分文章统计数据早了些。

最后一篇文章是我的硕士论文，之所以要首次公开发表，主要是为了纪念我英年早逝的导师——清华大学人文学院的曾国屏先生，由于他的悉心指导，此文曾被评为优秀硕士论文。

是为序。

赵保佑

2016年11月25日于大象出版社

目　录

经济篇

文化篇

社会篇

经济篇

在实现中国梦进程中努力做到更加出彩*

习近平同志近期在河南考察时指出，河南是人口大省、产粮大省，又地处连接东西、贯通南北的战略枢纽，在中华文明发展进程中占有重要地位。实现“两个一百年”奋斗目标、实现中华民族伟大复兴的中国梦需要中原更加出彩。这一重要论述，高度概括了历史上中原地区在中华文明发展进程中的独特作用，明确肯定了今天河南发展在全国战略大局中的重要定位，充分体现了党中央对中原儿女在实现中国梦伟大实践中的殷切期望和时代重托。在实现中国梦的进程中，河南有条件、有能力更加出彩。

有条件更加出彩

河南具有坚实的历史文化基础。首先，自传说中的三皇五帝时代一直到北宋时期，中原长期处于国家政治经济文化中心地位。“逐鹿中原”和“问鼎中原”等成语，都反映出人们对中原作为古代中国政治中心和文化正统的认同。其次，中原具有独特的地理优势和区位优势。中原地处祖国腹地，八方辐辏，九州通衢，连接东西，贯穿南北，是交通要冲和战略枢纽。“中原安则天下定”“得中原者得天下”等，是古老中国变中不变的规律。再次，中原具有独特的文化优势。经过千百年的融合发展，中原文化演绎为华夏文明的灿烂华章，记载了中华民族由蒙昧到文明、由分散到统一、由弱小到强大的成长轨迹，承载了中国历史发展和社会进步的厚重与辉煌。

河南具有较为充分的现实条件。改革开放以来尤其是近年来，河南紧紧围

---

* 此文与卫绍生合作，以河南省中国特色社会主义理论体系研究中心名义发表。

绕“中原崛起、河南振兴、富民强省”发展总目标，加大改革开放力度，抢抓历史发展机遇，扎实推进粮食生产核心区、中原经济区和郑州航空港经济综合实验区三大国家战略，努力建设富强河南、文明河南、平安河南、美丽河南，为中原更加出彩打下坚实基础。国民生产总值连续9年稳居全国第五，具备了更加出彩的物质基础；粮食生产核心区建设成效显著，粮食生产实现十连增，为保障国家粮食安全做出了积极贡献；产业集聚区势头强劲，对全省规模以上工业增长的贡献率达到73.7%，成为河南省调结构、转方式的重要载体和经济发展的强大引擎；郑州航空港经济综合实验区已成为中原连接世界的开放高地。

有能力更加出彩

在实现“两个一百年”奋斗目标和中华民族伟大复兴的中国梦进程中，中原想要在现有条件的基础上更加出彩，就必须坚持稳中求进的工作总基调，紧紧围绕促进中部地区崛起，深化改革、发挥优势、创新思路、统筹兼顾，合理配置并发挥好自己的优势。

抓好粮食生产，为保障国家粮食安全做出新贡献。保障国家粮食安全、把中国人的饭碗牢牢地掌握在自己手里，是实现中国梦的万年大计。河南省粮食产量占全国1/10，小麦产量占全国1/4，要保持这个优势，打好这张“王牌”，任何时候都应该把粮食安全、“三农”工作作为一切工作的重要之基，在稳定耕地面积、实现土地效益最大化方面挖掘新空间，在加强水利条件、着力实施高标准粮田建设等方面创造新环境，在科学种粮、发展现代特色农业产业化集群等方面培育新优势，在积极稳妥推进土地流转、推进家庭经营和规模经营相统一方面凝聚新动力，在高基点上提高粮食生产能力方面开辟新途径，通过现代农业生产方式和规模化经营来提高农业收益、增加农民收入，加快农业现代化进程。

加快转变经济发展方式和提高经济整体素质，打好四张“优势牌”。这四张“优势牌”，即以发展优势产业为主导推进产业结构优化升级，以构建自主创新体系为主导推进创新驱动发展，以强化基础能力建设为主导推进培育发展新优势，以人为核心推进新型城镇化建设。打好“优势牌”，需要着力推进开放带动战略，发挥河南省区位交通优势，建设连通境内外、辐射东中西的物流枢纽，发展现代服务业和航空经济，积极参与丝绸之路经济带建设，逐步改变河南省服务业、外向型经济比重低的现状；着力依靠科技创新，发展现代装备制造业，强力调整河南省的产业结构，推动中国制造向中国创造转变；着力推进城乡协调发展，解决好城乡居民的教育、就业、社会保障、医疗卫生等民生问题，在拓展更大更广发展空间的同时，努力让人民过上更好的生活。

发挥文化优势，提升中华文化软实力。源远流长、博大精深的中原文化孕育了兼容并蓄、刚柔相济、革故鼎新、生生不息的中原人文精神，诞生了愚公移山精神、焦裕禄精神和红旗渠精神。中原要更加出彩，离不开河南人民对中原优秀传统文化思想的挖掘和阐发，使中原优秀传统文化成为新时代鼓舞人民前进的精神力量。要做好优秀传统文化的当代转换，做好文化资源向文化产业有效转化的大文章，就要把优秀传统文化转化为促进中原崛起、河南振兴、富民强省的强大动力；注重凝练中原文化符号，打造中原文化品牌，发挥汉字文化、始祖文化、姓氏文化、功夫文化等优势，推动中原文化走出去，提升文化软实力，增强海外华人对中华文化的认同感，以文化创新为中原更加出彩提供强大支撑。

（原载 2014 年 7 月 25 日《人民日报》）

河南农村改革：跳出“黄宗羲怪圈”

一、农村税费改革：减轻农民负担

实行农村税费改革，是新世纪党中央、国务院为解决“三农”问题所采取的一项重大举措。按照中央的设计和部署，农村税费改革分两步进行：第一阶段从2000年开始，主要任务是通过正税清费、规范税制，治理“三乱”，取消“三提五统”，把过重的农民负担减下来，概括起来就是“减轻、规范、稳定”；第二阶段从2004年开始，主要任务是在全国范围取消农业税，取消除烟叶税以外的农业特产税，同时，推进乡镇机构改革、农村教育体制改革和县乡财政体制改革，概括起来就是“两取消、三改革”，2008年彻底取消农业税。

河南省农村的税费改革试点是按照中央的统一部署，在省内先搞试点的基础上，由点到面逐步推开的。2000年，在温县和西华县进行了农村税费改革试点；2002年，农村税费改革在全省全面推开，改革的主要内容是“三取消、两调整、一改革”；2003年，除保留收购环节的烟叶特产税外，河南省在全国率先取消了非农业税计税土地上的特产税；2004年，农业税税率降低3个百分点；2005年省委、省政府决定全面免征农业税及其附加，实施了农村乡镇机构改革。

（一）2002年：河南农民减负37.7%（38亿元）

2002年，国务院批准河南省进行农村税费改革全面试点。河南省委、省政府对试点工作高度重视，成立了农村税费改革领导小组和办公室，省委书记任组长，省长、常务副省长和主管农业的副省长任副组长，各级党委、政府也成立了相应的领导小组和办公室，主要领导直接把握税改政策及工作进程。各级、各有关部门充分利用电视、广播、报刊、文艺演出等传播手段，及时、准确、全面、深入地宣传农村税费改革政策。省里把减轻农民负担作为改革的首要目标和基本出发点。农村税费改革，首要的任务是减轻农民负担，省税改办在大规模数字测算的基础上，把全省农民负担人均水平确定为128元，全省农民总负担为101亿元。对已占用的耕地据实核减计税土地面积，全省农业税计税面积由改革前的10250万亩核减到9410万亩，共核减840万亩，减轻农民负担5.6亿元。

改革过程中，抓住主要矛盾，分清轻重缓急，确保改革平稳运行：

1.对在农业税计税土地上生产的农业特产品，只征农业税，不征收农业特产税。对在非农业税计税土地上生产的农业特产品，继续征收农业特产税。

2.严格把握农村税费负担的范围。把它规范为三大块，一块是新农业税，一块是"一事一议"，一块是"两工"。除此之外，没有开新的口子。

3.妥善处理好农民拖欠税费及乡村债务等遗留问题。河南省明确规定要坚决制止在农村税费改革启动前，突击清收农民尾欠税费及乱集资、乱摊派等行为。凡是当年已经收取的各种集资、摊派，要作为农村税费改革后的负担，一并与农民结算，退还给农民。

4.以确保工资发放和基本公共支出需要为目标，将中央和省转移支付资金35亿元全部用于弥补各级因税费改革造成的缺口，增强乡镇可支配财力，把乡镇原来负担的农村义务教育经费调整为县级支出，重新核定教师编制，定岗到人，编制内教师工资全部上划到县级管理，从制度上保证了教师工资能及时按标准发放。对县乡财政体制进行重新调整，对村级最低经费支出标准做出了大村(1500人以上)最低2.5万元，小村(1500人以下)2.3万元的规定，高不调，低补差。

(二)2003年：河南农民负担比2002年减轻19.0%

1.调整了农业特产税政策。2002年，河南省对计税土地上征收的农业特产税改征农业税。2003年4月，省政府宣布对非计税土地上的农业特产税，除保留收购环节的烟叶特产税外，全部予以取消。

2.完善农业税减免政策。农业税社会减免实行先减后征，灾歉减免尽量做到先减后征，退耕还林地减免农业税。

3.认真落实"户户减负"政策。逐户排查，认真对待，对个别因计税面积不实等原因增负的农户，通过调整计税面积和减免农业税等措施，把增负的部分降下来。

4.对农民直接补贴政策与农业税挂钩，实行"即征即补"的办法，保证农民真正从改革中得到实惠。

（三）2004 年：河南省农业税税率降低 3 个百分点（减负增收 34.24 亿元）

2004 年，根据中央统一部署，河南省农业税税率降低 3 个百分点，由 7%下调到 4%，农业税附加随正税同步降低。除保留在收购环节征收的烟叶特产税外，取消了其他所有品目的农业特产税。改变农业税分夏秋两季征收的办法，实行夏季一次征收。农民实际减负 22.61 亿元，同时对种粮农民实行直接补贴，1938 万户农民享受补贴 11.63 亿元，全省农民合计减负增收 34.24 亿元，农民负担在 2002 年减负的基础上再减 66.85%。

（四）2005 年：河南免征农业税（减负增收 29.2 亿元）

1.农民负担大幅度减轻，种地农民真正实现了零负担。2002—2005 年，全省 7000 多万农民累计减负 101 亿元，人均减负约 138 元，全省农民实实在在地得到了实惠。

2.建立了国家和农民的新型分配关系。免征农业税后，各级政府大幅度增加了农村社会事业发展和公共服务的投入，过去“农民的事情农民办”，向农民多收钱、乱收费问题基本解决，国家对农民“多予、少取、放活”的分配格局已经初步形成。

3.增加了县乡财力，确保基层政府运转。改革后，向农民少收的资金必须得以有效弥补。在国家财政的有力支持下，建立了向农村倾斜的转移支付制度，县级财政状况有了明显改善，保障能力逐年增强。2002 年，中央和省级财政部门筹措 35 亿元全部用于县乡。2004 年，将降低农业税税率转移支付资金 22.46 亿元全部弥补基层财政短收，县乡财力更加充裕。县均财政支出规模由 2001 年的 1.9 亿元增加到 2004 年的 3.5 亿元，共增加 1.6 亿元，增长率为 84.2%；县级财政供养人均财力由 2001 年的 1.1 万元，增加到 2004 年的 1.8 万元，共增加 0.7 万元，增长率为 63.6%。

4.农村干群关系明显改善。农村税费改革，进一步明确了农民的权利和义务，规范了干部的行政行为，增强了基层工作的透明度，减少了基层干部与群众之间的摩擦和矛盾，农村的稳定在制度上得到了保障。据国务院税改办统计，自 2004 年 6 月份以来，河南省连续保持了零信访记录。同时，农村税费改革还带动了乡镇机构和人员精简、基层政府职能转变、农村教育布局调整等多方面改革，促进了财政支出结构调整，带动了村民自治和农村集体事务的规范化管理,加强了农村基层民主政治建设。

二、乡镇机构改革:跳出“黄宗羲怪圈”

现有乡镇机构改革还存在以下一些问题:一是乡镇职能转变不到位。乡镇职能缺位、越位和错位并存,乡镇管了许多不该管、管不了、管不好的事情,而乡镇应有的社会管理和公共服务职能却没有到位,为“三农”服务方面的能力较弱。各级对乡镇的评比检查过多、过滥。

二是乡镇机构设置落实不到位。特别是许多乡镇的事业机构名义上综合设置为四个中心,但在实际工作中,原来的“七所八站”依然存在。一些乡镇政府大院各类站、所、办和中心的牌子挂了十几个,专门用来应付上级业务部门的各种检查。一些事业单位的管理权限,没有真正下放到乡镇。

三是乡镇超编人员分流不到位。全省大部分乡镇人员超编现象十分严重。截至2004年年底,全省2100个乡镇总编制数16.21万名,实有人员30.23万人,超编86.5%。平均每个乡镇143.9人,超编66.8人,超编200人以上的乡镇就有60多个,个别乡镇超编400多人。全省乡镇另有临时聘用人员1.25万人。人员分流的任务十分艰巨。

四是乡镇机构人员编制管理混乱。许多地方的组织、人事、民政、教育、劳动保障、卫生等部门都有权进人,部门自行其是、多口进人的现象比较普遍。一些地方的领导干部违规办事,乱批条子,乱开口子,特别是借领导班子调整或调离之际,突击超编进人。不少乡镇对工作人员既不按职位或岗位管理,也不按行政和事业管理,人员管理的随意性较大,人员混岗现象严重,分不清行政编制和事业编制,分不清正式人员和非正式人员。

五是乡镇债务沉重,工资不能按时足额发放。大部分乡镇都有债务,少则几十万元,多则几百万元,个别的甚至达到上千万元。许多乡镇人员的工资执行的是几年前的工资标准,不能按工资标准按时足额发放。对以上这些问题,只有通过进一步深化乡镇机构改革来解决。

乡镇机构改革是农村综合改革的重中之重,随着农村税费的取消,乡镇事权必须做出相应调整,乡村基层政权组织的职能必须转变。特别是乡镇人员超编问题不解决,财政供养负担不减轻,农民负担存在反弹隐患,农民负担就难以跳出“黄宗羲定理”的历史怪圈。因此,随着农村税费改革的深入,必须加快推进以乡镇机构改革、农村教育体制改革和县乡财政体制改革为重点的农村综合配套改革，为农村发展创造良好的环境。如果不加快推进乡镇机构改革，不下决心精兵简政，不彻底解决乡镇财政供养人员过多的问题，就必然导致一些地方重新回到“收费养人、养人收费”的老路上，导致农民负担反弹，使农村税费改革的成效大打折扣。

按照党中央、国务院的部署，2005 年 9 月 9 日，河南省召开全省深化和完善乡镇机构改革电视电话会议，安排河南省乡镇机构改革工作于 2005 年年底完成。根据安排，此次撤销乡镇，河南省内平原、丘陵地区原则上不保留 3 万人以下的乡镇，山区原则上不保留面积不足 100 平方千米、人口不足 3 万人的乡镇。乡镇撤销后按整建制并入相邻乡镇；并入乡镇对撤销乡镇的资产、债权、债务一律无条件全部接收；撤销乡镇后涉及的有关人员可在全县范围内调整和定岗分流。

乡镇党政机构坚持 3 个机构数额不变，机构名称统一规范为党政办公室、社会事务办公室、经济发展办公室。乡镇行政编制和事业编制，坚持原核定数额不变，5 年内只能减少不能增加。对乡镇各类非正式人员，一律清退。乡镇行政和事业编制，由省一级相关部门实行宏观管理和总量控制，乡镇领导职数一经确定，不得改变。建立和完善机构编制管理台账，实行编制实名制管理和机构编制审核通知单制度。乡镇党政领导职数从原来的 9～12 名减少为 7～9 名。按照这一标准，全省有 470 多个乡镇需要撤销或合并。按照两个、三个并一个的原则，全省可以减少乡镇 200 多个，同时也将有 14 万名超编“乡官”逐步分流。

为保证这次乡镇的撤并和乡镇人员分流，河南省制定了一系列相关政策，对 2005 年年底乡镇机关事业单位男性满 55 周岁、女性满 50 周岁且工作年限满 20 年的，或工作年限满 30 年的，可办理提前退休手续，享受退休人员待遇；乡镇行政机关正式在职人员、依照公务员性质管理的人员，如分流后未就业，则退出编制序列，每月按本人 2005 年国家规定工资标准的 70% 发放基本生活费，等等。每分流 1 名财政全额供养人员，省财政对县级财政补助 5000 元；每分流 1 名差额供养人员，省财政对县级财政补助 3000 元；每撤并 1 个乡镇，省财政一次性向县级财政补贴 50 万元。

到 2005 年年底，河南省乡镇机构改革平稳进行，任务基本完成，清退临时人员 20562 人，临时人员清退任务全部完成。河南省乡镇已定岗 14153 人，占应定岗职位的86.5%,其中行政机关定岗58752人,事业单位定岗81401人。河南省已分流人员127929人,占应分流人数的91.2%。鹤壁、焦作、新乡、济源、周口、平顶山、洛阳、许昌、濮阳、安阳、郑州、三门峡等15市及部分市所属的一些县乡既完成了人员定岗工作,又完成了人员分流工作。这次乡镇机构改革,重新界定了乡镇职能,切实提高了行政效能,为构建行为规范、运转协调、公正透明、廉洁高效的乡镇行政管理体制和运行机制奠定了良好基础。

三、新农村建设:任重而道远

1.确保农村义务教育的财政体制还不完善。2004年河南在农村义务教育管理体制改革方面,巩固和完善"以县为主"的农村义务教育办学体制,坚持以政府投入为主的经费保障机制,确保农村中小学教师工资按国家现行规定标准发放,不允许发生新的拖欠现象。全面推进农村中小学人事制度改革,严格编制管理,做好定编定岗定人工作,清退农村代课教师以及学校临时聘用人员,压缩非教学人员,全面实行教师资格制度,推行教师聘任制度。全部撤销乡镇教育办公室。规范义务教育收费管理,在全省推行"一费制"。加大对农村中小学危房改造的投入力度,建立农村中小学危房改造的长效机制,从中央下达河南省的降低农业税的转移支付补助中,每年安排4%的比例,专项用于农村中小学危房改造。

2005年河南在农村义务教育改革方面做了一些工作,如为使农村义务教育阶段贫困学生"上得起学",实施"两免一补",即对农村义务教育阶段贫困家庭学生,免费发放课本、免杂费,对贫困寄宿生在校住宿期间每人每天补助1元生活费。对享受"两免一补"资助的学生,学校不得再收取涉及课本费和杂费的费用。春季,全省各级财政部门筹措"两免一补"资金4.4亿元,资助贫困学生392.5万人,比上年增加201.1万人,资助人数约占全国的1/6;秋季,又筹措资金7.2亿元,使620万农村贫困学生享受资助,约占全省农村中小学在校生的43%。其中,河南省31个国家扶贫开发重点县父母均为农民的农村中小学生,已在全国率先全部享受"两免"。2005年受资助面达到贫困寄宿生的80%,2006年将达到100%。中共十六届五中全会提出,"十一五"期间要解决农村义务教育问题,中央决定财政将全面支持农村真正实现九年制义务教育。2006年要给农村的孩子免去全部学杂费,对于特别贫困的学生还要由政府提供免费的书本和住宿费用。但是整个农村义务教育的实现,并不简单是免除学生学杂费的问题，最重要的一项也是财政穷县难以解决的是教师工资问题，它在整个农村教育经费中占到了 70%~80%。要真正实现农村义务教育，必须推进财政体制改革，使其有一个有力的制度支持。中央、省、县三级政府之间的财政分配情况必须分清楚，使教师工资有了有力的制度支持，否则农村真正实现九年制义务教育、缩小城乡教育差距这一目标难以达到。

2.必须加快乡镇财政管理制度改革。2004 年在推进县乡财政体制改革过程中，严格核定和控制乡镇行政和事业编制，由省一级实行总量管理，5 年内不得突破。清退乡镇机关、事业单位的超编、借调和临时聘用人员，特别是靠向农民收费供养的聘用人员要一律清退，并探索多种分流方式。财政支出向农村倾斜，财政收入新增部分增加对农村支出的比重。改革和完善省级以下财政体制，探索“省直管县”财政管理体制改革试点。

2005 年根据免征农业税后乡镇职能的变化，对经济欠发达、财政收入规模较小的乡镇，河南省采取了由县财政统一管理其财政收支的办法。对免征农业税后，一般预算收入在 300 万元以下的乡镇，在保持乡镇资金所有权、使用权和资金审批权不变的前提下，全面推行“乡财县管”。目前，全省已有 86 个县市实行了“乡财县管”，乡镇财政收支管理进一步规范。2006 年应在积极探索促使农民增收、农村长远发展的长效机制上做文章，进一步深化农村财税改革，促进农村经济社会持续发展。比如要充分发挥财政对支农投入的杠杆作用，就必须整合涉农资金投入，目前，用于农村发展的资金投入渠道较多，分散在政府各个部门，除农业、林业、水利、气象等农口部门外，还有发改委、交通厅、民委、科技厅、国土资源厅、民政厅、开发银行、扶贫办、老区办、移民办和农业综合开发办等部门。由于部门之间缺少制度化的协调机制，资金多头管理、交叉重复投资，财力分散、重点不突出，资金使用效益不理想。建议政府整合涉农资金，严格项目审批，加强资金全程监管，将有限的资金妥善使用，按照建设社会主义新农村的目标，重点解决农村长期发展的基础设施建设问题，使农民的生产生存环境明显改观。

3.保护农民工合法权益的长效机制还没建立起来。“十五”期间中央对做好进城农民工工作给予了高度重视，提出了“公平对待，合理引导，完善管理，搞好服务”的指导方针。河南在具体工作中取得许多进展，特别是针对农民工工资兑现难，农民进城就业手续繁、收费多，农民非农就业技能低，农民工正当公民权利受到损害等突出问题，开展了对拖欠农民工工资的专项治理，清理和取消了对农民进城就业的歧视性规定和不合理收费，增加了各级政府用于农村劳动力培训的投入，废止了收容遣返制度。这些方面的工作对促进河南省农民外出就业、保护农民工合法权益产生了积极的作用，取得了阶段性的成果。但总的看，当前关于农民工的许多政策规定和管理制度还不适应统筹城乡经济社会发展的要求，不适应建立社会主义市场经济体制的要求，不适应构建社会主义和谐社会的要求。存在的突出问题是：城乡统一的劳动力市场还没有建立起来；保护农民工合法权益的长效机制还没有形成；对农民工"经济接纳，社会排斥"的做法还没有根本改变；农民工进得了城，但留不下的问题仍然很突出；农民工社会管理体制还没有从根本上摆脱城乡二元结构和体制的影响。

农民工问题涉及几千万农村人口转入非农产业和城镇的社会经济结构变迁，涉及农村人口生产方式和生活方式的转变，是社会主义现代化进程中一个重大战略问题。解决好农民工问题，不仅直接关系到从根本上解决农业、农村和农民问题，也关系到工业化、城市化乃至整个现代化的健康发展，关系到从城乡二元经济结构向现代社会经济结构转变，关系到改革发展稳定的全局。从根本上解决好"三农"问题，必须坚持统筹城乡就业，把解决农村就业问题放在更加突出的地位。特别是要坚持推进城乡配套改革，逐步消除农民进城就业和居住的体制性障碍。

4.农业和农村发展仍面临着一些深层次的体制矛盾的制约。如在法律和制度上对农民土地财产权的保护力度还不够。土地征用对农民的补偿过低，农民存在严重的利益损失。对失地农民的安置无法解决他们的后顾之忧和长远生计。存在征地造成的建设用地闲置、失地农民生活无着落等问题。农民进入市场的组织化程度低。农村金融体系的改革没有跟上农村经济转型对金融服务不断增长的需求，正规农村金融机构资源供给不足、服务不到位，农村信贷资金的供求矛盾依然相当突出。随着农村经济体制改革的不断深化，农村基层政权体制的改革并没有实质性的进展。乡镇政权实际来源于上级部门的授予，缺乏有效的制约和监督机制，不利于基层民主的进一步发展。

5.城乡发展失衡现象仍十分突出。城乡居民收入差距依然较大，2005 年达到改革开放以来城乡居民收入之比名义上的最高值。农村教育、卫生等社会事业发展明显滞后，城乡居民在享受公共服务和社会保障等方面的差距进一步拉大。农民看病难,医疗费用高,医疗保障程度低。

中央"十一五"规划建议用"生产发展、生活宽裕、乡风文明、村容整洁、管理民主"这20个字描绘出了一幅新农村的美好蓝图。推进新农村建设的总体目标应该是,在未来15年左右的时间内,使农村的整体面貌大为改观,城乡之间的差距明显缩小。具体目标应该是:努力发展农村生产力,促进农民收入持续增长;大力加强农村基础设施建设,农民的生产生活条件显著改观;加快发展农村教育、医疗卫生和文化等社会事业,形成家庭和睦、民风淳朴、社区安宁的良好社会氛围;加强农村环境卫生整治,村容村貌明显改观;推进农村民主政治建设,农民的自主意识、民主意识、法制意识得到提高。

新农村建设需要政府的投入起到先导、主导作用,但并非要政府大包大揽。国家政策扶持和农民辛勤劳动要结合起来,调动农民进行新农村建设的积极性。要着力解决直接关系农民切身利益的各类生产生活问题,在符合农民意愿、带给农民实惠、得到农民拥护的基础上扎实稳步地向前推进。

一是要发展有利于农民致富的优势新产业,加快现代农业建设步伐和农村经济结构调整进程。二是要发展农村新经济组织。完善农民合作经济组织的内部治理结构和管理制度,处理好农民合作经济组织与政府的关系,创造有利于农民合作经济组织发展的政策和法律环境。要从农村实际和农民需要出发,加快培育新的农村金融组织。三是要提高农民的整体素质,培育新型农民。人力资本的提高对经济增长的贡献远比物质资本、劳动力数量的增加更为重要。制定经济发展政策不能"见物不见人",不仅要注重通过加快经济增长吸纳更多的劳动力,而且要高度重视人力资本开发对经济增长的巨大作用。四是要塑造农村新风貌。在农村广泛开展塑造新风貌活动,使农民的思想道德、科学文化水平、民主法制观念在潜移默化中得到提高。增强村民自我管理、自我服务、自我教育、自我发展的能力。推进新农村建设,要求通过村庄整治,逐步改变村容村貌。但在实践中要防止新农村建设搞成形象工程和政绩工程。一定不能轻易动农民的土地,拆农民的房子,在农村掀起一轮"圈地""拆房"运动,要本着农民自愿、渐进式建设的原则,不能急功近利。

河南农村改革的顺利进行,为"十一五"期间农业大省社会主义新农村建设奠定了一个良好基础,但是取消农业税之后,农村综合改革的任务仍然十分艰巨,要巩固农村税费改革来之不易的成果,保持农村经济社会发展的好形势,实现建设社会主义新农村的目标，仍任重道远。只有积极推进农村义务教育和县乡财政体制改革，继续稳定、完善和强化各项支农政策，继续坚持“多予、少取、放活”的方针，才能建立以工补农、以城带乡的长效机制，彻底跳出“黄宗羲怪圈”。

（原载《经济研究参考》2006 年第 42 期）

借鉴发展工业的理念
推进传统农业向现代农业转变

党的“十六大”明确提出全面建设小康社会的重大任务之一：统筹城乡经济社会发展，建设现代农业，发展农村经济，增加农民收入。要顺利完成这一重大任务，必须认真研究我国农业发展面临的新形势和新挑战。目前，我国农业已经进入新的发展阶段，农产品供求关系和农业所面临的宏观形势已发生了重大变化。为此，我们必须转变传统的农业生产观念和生产方式，以发展工业的理念推进传统农业向现代农业转变。只有这样，才能适应我国经济结构调整和工业化的新形势。

一、借鉴工业市场营销理念，推进农业经济市场化

中国农村经济体制改革的目标是建立农业与农村社会主义市场经济体制，其核心与实质是实现农业与农村经济发展的市场化。这是当代中国农业发展的大趋势，也是21世纪中国农业发展的新特点。所谓农业经济市场化，从狭义上说，是指农业的发展以市场为导向，依据市场的需要调整农业产业结构及其产量，改善农产品品质。从广义上说，是指市场机制在农业生产、流通、分配、消费等农村社会再生产的各个环节中发挥作用的过程。因此，农业市场化不仅意味着农业生产本身的市场化和农产品的商品率不断提高，还意味着农业生产方式的改变，农业的产前、产中和产后等所有生产环节与服务都将实现市场化。

中国传统农业商品率低，主要以自给自足为主。改革开放之后，农村经济的市场化程度提高较快。目前，农村经济总商品率达到60%以上，农民家庭经营费用的货币化程度达到80%左右。但就农业而言，市场化程度还很低，农产品商品化率仅为35%左右。农产品市场体系很不健全，流通渠道不畅通，价格形成机制不完善，影响了农业结构的优化和资源配置效率。因此，推进传统农业向现代农业转变的首要任务，就是要积极推进农业市场化进程。而要推进农

业市场化进程，必须以发展工业的理念安排大宗农产品的生产，解决大宗农产品的出路问题；要借鉴工业企业注重产品营销的理念，提高农产品的商品率和市场占有率。农产品生产要像工业产品的生产一样，以市场为导向，以销定产，大力提高农产品的商品率。

在过去的20多年中，我国农业与农村经济发展沿着市场化的道路不断前进，出现了许多加速农产品市场化的好形式，订单农业就是其中之一。在市场约束和市场风险加大的情况下，采用工业品以销定产的理念发展农产品生产，粮食收购企业、大型加工企业直接向农民发订单，用合同的方式来组织生产和收购农产品，农民按照市场要求的品种、规格和数量来生产，这对于促进农业生产适应市场变化，以市场为导向进行结构调整、提高农业经济市场化程度都是一个很好的途径。因此，订单农业是供求平衡、丰年有余形势下发展农业生产的新思路。发展订单农业，倡导龙头企业和农产品加工企业同农户签订订单，可以将市场多层次多样化的需求表现为对农产品数量、质量、品种、规模的具体要求，从而为农业生产提供信息和导向。农民按照订单约定来安排农产品生产，可以使生产结构更适应市场需求结构，从而带动农业结构的调整和优化，发挥比较优势，合理配置农业资源，促进农业经济市场化。在具体实践中，要特别注意加强合同管理，杜绝无效订单，使农户与企业之间结成“风险共担，利益均沾”的共同体，真正形成双赢的局面。为此，要建立健全规范订单农业发展的法律法规及其实施细则，强化合同管理，加大执法力度，提高订单农业合同履约率，提高人们依法经营和防范风险的意识，维护订单农业双方的权益。

当然，中国农业目前组织化程度还比较低，也不是所有的农产品都能用订单来生产，但大宗农产品和一些特色农产品的生产应该向这方面努力。要从实际出发，积极推进订单农业发展，不断扩大订单规模，提高农产品的市场化程度，提高农民的生产同市场对接的程度。要围绕提高农业经济效益这个主题逐步实现如下转换：指导思想由发展产量型农业转换成发展效益型农业，生产品种由常规品种转换成优质品种，从而加快农业与农村经济发展的市场化进程。

二、借鉴工业规模效益理念，推进农业生产规模化

考察世界工业发展史，可以发现，工业生产之所以能迅速从工场手工业发展到机器大工业，主要原因是机器大工业能够产生大的规模效益。现代农业要获得高效益也必须走规模化、区域化生产的路子。由人多地少的基本国情所决定，中国农业生产规模化问题一直是困扰农业发展的基本问题，这突出表现在土地的经营与生产规模太小，在小块土地上难以采用规模化的现代耕作手段，很多农产品生产费用居高不下，投入多、产出少，农民难以获得社会平均利润。农村改革广泛建立的家庭承包制，既能够适应以人畜力耕作为主的传统农业，也能够适应以机器耕作为主的现代农业，必须坚持长期不变。但是，随着形势的变化，特别是中国加入世贸组织之后，农业面临着空前激烈的国际农产品市场的竞争，资源条件约束更加刚性地摆在中国农民面前。庞大的人口基数与有限的自然资源使人均资源（包括土地、水资源等）占有量极低。可以说，现行的联产承包责任制的制度框架，也有不适应现代市场经济的一方面，土地等资源流转性差，资源配置不合理，两者均导致了超小的农业生产与经营规模以及较低的收益水平。

要实现农业生产规模化，必须从两个方面深化农村改革：一方面，要加速农地使用权的流转，形成合理的规模经营，使土地产生规模效益。随着城市化进程的发展，部分农民逐渐走出农村、脱离土地，越来越多的农民对小块土地经营不感兴趣，导致大量土地资源的闲置和浪费，因此，进一步改革农村土地制度显得非常必要和迫切。而在实际操作中，要严格按现行农村土地政策，像党的"十六"大报告指出的那样，坚持党在农村的基本政策，长期稳定并不断完善以家庭承包经营为基础、统分经营结合的双层经营体制。有条件的地方可按照依法、自愿、有偿的原则进行土地承包经营权流转，逐渐发展规模经营。通过租赁、转包入股、反租倒包、承租反包等形式实现土地使用权的合理流转，不仅可以使土地向种田大户、龙头企业以及基地集中，形成连片开发和集中经营，实现合理的规模经营，也可确保农民利益不受损失，使土地使用者获得规模效益，降低农产品的成本。出租土地的农民可以集中精力从事非农产业的生产和经营，也可以成为农业工人仍在自己的土地上就业，并从经营者手中取得劳动报酬。

另一方面，要提高农民在市场经济中的自组织程度。工业生产的一个显著特征，就是生产经营的组织化程度强。与此相反，农业和农村经济发展中各产业、各行业之间的互补性、协调性较差，组织化程度较低。农村在继续发挥供销社和信用社作用的同时，要积极借鉴国外农村合作社的经验，发展以社员入股、民主管理为特征，以社员为主要服务对象的专业合作社，并充分发挥其在农资供应、机械耕作、农产品储运和销售中的作用，大力发展和完善社会化服务体系，降低投入成本，发展规模经营形成规模效益。同时积极引导和推进农业产业化，组织发展农产品的区域化布局、规模化生产。要采取扶优、扶强、扶大的政策，按照大规模、高起点、外向型、强带动的原则，培育一批规模较大、实力雄厚、带动辐射能力较强的支柱型龙头企业，形成强大的竞争优势和带动能力。要实施名牌战略，创造农业品牌，用批量生产的名牌农产品，赢得众多消费者的青睐，占领国际国内市场。

三、借鉴工业社会化协作理念，推进农业经营产业化

农业产业化经营也就是实现农业经营产业化。它是指在家庭承包经营的基础上，通过利益机制，把生产、加工、流通、销售等各个环节的经营主体连接起来，形成新的农业经营方式。同传统的经营方式相比，农业经营的产业化具有明显的优势：一是可以延长农业的产业链，提高农业的整体效益；二是把初级产品的生产、加工和市场紧密联系起来，提高农民的抗风险能力。其主要特点是把农业的贸工农、产加销等再生产环节内在地有机地结合起来，这是千家万户农民进入市场经济的需要。

工业生产的一个显著特征，就是生产经营的社会化协作、生产组织的一体化程度高。传统农业中，农民有较强的抗自然风险意识。但在现代农业中，农民不但要有抗自然风险意识，还要有较强的抗市场风险意识。但由于我国农户经营规模太小，农民对市场状况了解甚少，只能“跟着感觉走”或“随大流”。农业产业化经营就是要借鉴工业企业讲求社会化协作、一体化经营的理念，加速农村经济组织创新。用“公司+农户”“龙头企业+中介组织+农户”等组织形式，可以分散乃至避免农民个人进入市场可能遇到的自然风险和市场风险，解决“小生产与大市场”的矛盾。因此，要发展现代农业，必须通过建立一批起点高、带动力强、功能全、辐射面广、潜力大的“龙头企业”，带动千家万户的农民进入市场，并形成一个集农产品生产、加工、销售为一体的农业产业化经营体系。很多地区的经验表明，发展农业产业化经营，把带有自然经济色彩的农业生产和农产品经营改造成接近现代意义的“产业”，然后再实现农业产业和产品的升级和转型，这不仅能很好地解决农户家庭小规模生产经营与大市场相脱节的矛盾，增加农民收入，而且可以带动农业结构调整，提高农民的组织化程度，促进农业向规模化、现代化方向发展。因此，借鉴工业社会化协作、一体化经营理念，发展农业产业化经营，是由传统农业向现代化农业转变的一个重要途径，完

全符合我国农业的发展实际和世界农业的发展趋势。

四、借鉴工业规范化理念，推进农产品生产标准化

在工业生产中，产品的规格质量都有统一严格的标准，现在发达国家的某些农产品生产也是如此。农业标准化，是指按照市场需要，采用质量标准，监控农业生产的全过程，以保证向消费者提供合乎标准的高质量的农副产品。发达国家的经验证明，农产品的规格化、标准化是现代农业的基础，公平、公正交易是现代经济的市场规则，也是引导市场良性竞争的保证。农产品规格化、标准化是公平、公正交易的前提，也是遏制市场欺诈，提高农民收益的有效保障。在WTO框架下，我国农产品无论在国际市场还是国内市场都要与国外廉价而优质的农产品进行短兵相接。目前国内一些大中城市考虑到居民消费需要放心食品、绿色食品，已经纷纷建立市场准入制度，对农产品的质量都有了明确的标准。农产品生产如果像传统农业那样，不按标准生产、没有严格的规格要求和质量检测，且不说价格卖不上去，连市场准入都有困难。由此可见，大力发展标准化农业至关重要。

标准化、优质化是提高农业和农村经济发展的质量和效益、增加我国农业国际竞争力的迫切需要，也是新世纪增加农民收入的必由之路。要实现农产品生产标准化，就要借鉴工业生产中的规范化理念，参照国际标准建立健全适合中国国情的农产品质量标准体系和检验检测体系，完善农产品收购验收制度，尽快提高农产品标准化生产水平，提高农产品的质量和市场竞争力。

目前，由于环境污染和不合理施用农药、化肥等，农产品的质量问题越来越突出，有的已严重危害人民的身体健康，不能不引起高度重视。随着人们物质生活进入小康水平，绿色无污染食品已逐渐成为人们的日常需求，优质农畜产品也成为人们追求物质生活不可分割的一部分。从目前的情况看，许多国外的农产品，不仅品种多样，品质优良，而且某些品种的价格与国内同类农产品价格相比同样具有竞争优势。传统农业生产不讲究农产品的品质和标准。在我国农产品已由卖方市场变为买方市场，同时面临国际市场竞争的情况下，农产品的市场竞争归根到底是农产品科技含量的竞争、品质的竞争、品牌的竞争。农业标准化是现代农业发展的基础，是实现农业科学管理的基础，是衡量农业技术进步和经营管理水平的尺度。没有农业标准化，就没有农业的产业化和规模化。借鉴工业理念，强力实施农业标准化可以有效提高我国农产品的品质，提

高农产品的国际竞争力和市场占有率，解决农产品卖难问题，进而提高农业收入。

五、借鉴工业依靠科技理念，推进现代农民知识化

21世纪是知识经济的时代。随着现代高新技术在农业领域的广泛应用，掀起了农业知识化的新浪潮，这是世界农业发展的大潮流。所谓知识化，主要是指在农业生产的诸要素中，知识居于主导地位，技术、信息等知识要素与其他要素的有机结合，是提高农业生产及其市场竞争力，促进农村经济增长的核心要素和主要动力。农业的现代化，归根到底是科技的现代化。我国人均耕地资源占有量不足世界平均水平的一半，人均水资源占有量仅为世界平均水平的1/4，水、耕地资源不足是制约我国农业发展的重要因素，促进农业发展理应主要靠科技进步。要加快农业现代化的步伐，教育是基础，科学是关键，人才是核心。当前，农业和农村经济已经进入农业与农村产业结构调整及其知识化的发展阶段，要用信息化带动农村工业化和实现农业现代化，其核心问题是农民的知识化问题。可以说，没有现代化的农民就没有现代化的农业。

诺贝尔经济学奖获得者西奥多·舒尔茨，在长期研究农业经济问题中发现，从20世纪初到20世纪50年代，促使美国农业生产量迅速增加和农业生产力提高的重要因素已不是土地、劳动力数量或资本存量的增加，而是人的知识、能力和技术水平的提高。随着社会经济和农业科技的发展，自然资源作为生产要素对经济发展的贡献率在不断下降，而人力资源的贡献率却在不断上升。因此，经济现代化的社会报酬递增的源泉在于技术进步、人力资源的积累和经济制度的创新。

我国农业劳动力多，但文化程度普遍偏低。据河南省统计局农调队2002年对4200个农户的调查：户主在大、中专以上文化程度的农民家庭年人均纯收入为1993.22元，高、初中文化程度的农民家庭年人均纯收入为1741.10元，小学文化程度、文盲和半文盲的家庭年人均纯收入为1602.62元；劳动力为大、中专文化程度的农户家庭年人均纯收入分别比高、初中组和小学文盲、半文盲组高14.5%和24.4%。这表明收入水平一般与劳动者的文化程度、技术水平呈正相关关系。开发人力资源，提高人口素质是当前发展农村经济，提高农民收入的首要任务。

要实现现代农民知识化，必须首先抓好农村农民子弟的义务教育，从根本

上提高农民的科学文化素质；同时必须像工业的技术培训那样，加强对成年农民的劳动技能培训，改变目前因农民文化素质低、生产技能单一而影响农业技术的应用和推广的现状，进而推进农业经营管理水平的改善和农业经济效益的提高。

要借鉴企业注重科技创新的理念，加速农业科技进步。要加快农业科技研究和推广机构的改革，建立面向生产实际、适应未来发展趋势、具有国际竞争力的农业科技创新体系，加大农业科技投入，催生大批农业科研成果，提高科技成果转化率和对农业发展的贡献率；要建立农业技术培训基地，提高农民及时掌握和运用新技术的能力，使大批农民向科技能人、商人、经纪人、企业家转化，培养造就新一代有文化、懂技术、善管理、会经营的新型农民。

（原载《中州学刊》2003 年第 3 期）

河南省特色农业发展的成效、问题及对策*

一、近些年来河南省特色农业发展已取得显著成效

（一）特色农产品种类和产量显著增加

在作物种植业方面，经过多年的发展及近年来农业结构战略性调整的不断推进，河南的一些特色农产品生产已粗具规模，如花卉苗木、中药材、食用菌、茶叶、柞蚕、芝麻、花生、大蒜等。2004年，河南花生播种面积为1427.6万亩，总产量达306.31万吨，面积、总产量均居全国第二位，与1998年（种植结构开始调整）相比（以下简称同比），面积增长20.3%、总产量增长40.3%，六年来保持了稳定发展（见表1）。

表1　2004年河南省主要经济作物发展状况

农作物名称	种植面积（万亩）	面积较1998年增幅（%）	总产量（万吨）	总产量较1998年增幅（%）
花生	1427.60	20.30	306.31	40.30
芝麻	307	0	22.71	18.90
大蒜	190	137.50	200	135.30
水果	600	3.70	507.07	62.40
茶叶	39.60	26.20	1.21	51.30
花卉苗木	101.15	—	—	—
食用菌	—	—	187	201.60
桑园和蚕茧	25	—	1.869	18
中药材	244.65	549	—	—

资料来源：根据河南省经济作物推广提供的有关数据整理得出。

---

* 此文与吴海峰、郑鑫等人合作。

在林业方面，“十五”期间，河南省新发展经济林250万亩，其中，干果面积117万亩，水果面积70万亩，木本药材面积38万亩，木本油料面积4万亩，调料香料面积9万亩，饮料类面积10万亩。到2005年，河南省经济林总面积达到1513万亩，总产量66.5亿公斤，产值达103亿元，农民人均增加收入130元。“十五”期间河南省共审定经济林新品种32个，其中有20多个品种已经得到推广或正在推广。名优新品种增多，各地先后引进新西兰红梨、突尼斯软籽石榴、金寿杏、凯特杏、金太阳杏、日本斤柿、富年尖柿、杏李、黑提、红提，以及核桃、苹果等经济林优新良种80多个。产量明显增加，地方名优经济林品种也有很大发展，如西峡发展了3万亩山茱萸、林州发展了10.3万亩大红袍花椒、新郑发展了7万亩红枣等。

在畜牧业方面，2004年，河南省特色产品固始鸡，1000只以上规模的专业养殖大户发展到5300多户，出栏精品肉鸡1050万只；发展散养母鸡专业户4.7万多户，饲养量达500万只。淮南猪新品系选育工作历经7年6代，取得了突破性进展，2004年，淮南猪养殖量达300万头，其中存栏65万头，出栏135万头。卢氏绿壳蛋鸡已完成了5代选育，核心鸡群绿壳蛋比例已达93%，蛋壳色泽差异显著改善，产蛋量、成活率等生产性能主要指标大幅度提高；目前，卢氏县全县卢氏绿壳蛋鸡饲养量达30万只，绿壳蛋产量达60万公斤，产值达1050万元，绿壳鸡蛋市场售价达到每公斤30元，市场供不应求，发展潜力巨大。

在渔业方面，2004年，河南省黄河鲤鱼养殖基地已发展到5000多公顷，产量达6万多吨；淇河鲫鱼养殖基地发展到300多公顷，产量近500吨；河蟹养殖基地已发展到13300多公顷，产量达1000多吨；青虾养殖基地发展到530公顷，年产青虾240吨；大型水域增殖移植基地发展到8万多公顷，产量达3万吨；鱼莲共养基地发展到13300多公顷，产值达6亿多元；稻田养殖基地发展到1000公顷，增收2250万元；观赏鱼养殖基地发展到500多公顷，年生产观赏鱼5000多万尾。

（二）形成了一批农业产业化龙头企业

近年来，河南按照“公司+农户”“公司+基地+农户”等模式开发特色农产品，重点扶持了一批从事特色农产品加工、销售方面的农业龙头企业，延长产业链条，促进特色农产品转化增值。到目前为止，河南省已有漯河市双汇实业集团有限责任公司、河南省科迪食品集团股份有限公司、河南华英禽业集团股份有限公司、固始三高集团有限责任公司、河南众品食业股份有限公司、河南省莲花味精集团有限公司、河南省龙云集团有限公司、河南省北徐集团有限公司、淇县永达食业有限公司、河南邦杰(集团)有限责任公司、郑州三全食品股份有限公司、郑州亚卫实业总公司、河南思念食品股份有限公司、商丘农产品中心批发市场这14家企业,先后进入了"农业产业化国家重点龙头企业名单"。截止到2004年,河南财政共扶持产业化龙头企业20多家,特色农产品生产及加工项目1600多项。2005年财政又投入资金15900多万元,扶持产业化龙头项目11个,特色农产品生产及加工项目33个,发展优质、优势农产品基地和产业带面积90多万亩,发挥了产业化龙头项目、农产品基地的辐射带动作用。

卢氏县在2001年组建了三特牧业有限公司,承担卢氏鸡绿壳蛋品系选育研究和产业化开发的重任;2003年,带动农户863户,试投放卢氏绿壳蛋鸡10.3万只,当年人均增收300元以上。

焦作斯美特食品有限公司加工优质小麦,年加工能力达30万吨,方便面产量居全国第六位;孟州市华兴有限公司、孟州市金玉米有限公司、中原康达实业有限公司3家企业的特用玉米,年加工能力都在10万吨左右。

林业方面,西峡县已有500多个经济林产品加工企业,年创产值3.5亿元,创利税2000多万元;郑州市的大红袍集团、郑韩香精厂、奥星食品厂、顶真食品厂4家企业成为新郑红枣产业化开发的龙头企业;三门峡市的阿姆斯果汁集团年可加工残次苹果1万余公斤;九九宝集团及湖滨果汁有限公司等企业的产品都供不应求,带动了经济林产业的发展;据初步统计,全县经济林产品贮藏率达14%,加工率达6.1%。

(三)形成了一批标准化特色农产品种植和养殖基地

建设农业标准化基地是产业化开发特色农产品的重要措施,这项工作已由过去仅由政府承担,发展到现在由政府、农业龙头企业、出口农产品生产加工企业、农业经济合作组织共同承担。目前,河南已建立了国家、省、市、县(区)四级农业标准化示范基地项目581个,其中国家级示范基地69个、省级示范基地183个、市县级示范基地329个。产品涉及粮食、油料、蔬菜、水果、畜禽、水产、花卉、食用菌、中药材和林产品等,分布于全省18个地市的近百个市、县、区。重点发展了新郑大枣、灵宝苹果、信阳毛尖、西峡猕猴桃、西峡山茱萸、中牟大蒜、泌阳蘑菇、鹤壁肉鸡、龙云蔬菜、新乡强筋小麦、漯河生猪、焦作四大怀药、平舆白芝麻和鄢陵花卉等具有地方特色的农产品项目，这些项目确实起到了很大的示范和带动作用。

据不完全统计，通过开展标准化示范基地建设，河南新增直接经济效益近10亿元。漯河龙云集团的无公害蔬菜农业示范区的建设严格按“五统一”（统一供种、统一育苗、统一施肥、统一标准和统一计划）的标准，提高了蔬菜的质量水平，蔬菜种植面积达到近6670公顷，带动1万多户农民走上了致富之路，人均增收达6000多元。新郑的大枣种植标准化项目，示范种植面积达1.1万公顷，示范乡镇8个，示范村158个，示范户6.3万户，每公顷平均年产11510公斤，比示范前增产3032公斤，一级果率达85%以上，比非标准化的管理提高了45个百分点，共净增产值达2.4亿元。

（四）初步形成了一批比较知名的特色农业品牌

特色农业品牌的形成是特色农产品开发的关键，也是特色农产品产业化开发成果的体现。特色农业品牌包括企业品牌和原产地品牌两种形式。经过多年的努力，河南已初步形成了一批有一定市场竞争力的特色农业品牌。

企业品牌方面，宛西制药公司生产的以西峡山茱萸为主要原料的主导产品——仲景牌六味地黄丸成为我国中药名牌产品，在全国同类产品中，产销量位居第一，依靠这一品牌优势，该公司连续多年进入中国中药企业50强。漯河龙云集团通过对无公害农业生产的严格标准化管理，打响了“龙云无公害蔬菜”的品牌。信阳市依靠“信阳毛尖”的知名原产地品牌优势，催生出“文新”“五云”“新霖”等知名企业品牌。卢氏三特牧业有限公司在2003年5月完成了卢氏绿壳蛋产品的“山特”牌注册。

原产地品牌方面，河南的一些著名传统特色农产品如洛阳牡丹、新乡金银花、信阳毛尖茶等已取得了原产地标记。另外，方城县的“方娇”牌小辣椒在国家商标局注册，其品质超过国家一级标准，产品经转口畅销美、日、韩等10多个国家和国内20多个省、市、自治区，享有“方城辣椒甲天下，质优味美誉南国”的美誉，每到收获季节，外地客商云集，全县每天都有3000余辆机动车、5000多人参与小辣椒的购销行动，繁荣了当地经济；方城县所产丹参在国家商标局注册的同时，获得了国家原产地保护认证。固始的“固始鸡”“固始鸡蛋”获得了国家绿色食品认证、原产地标记认证及“固始鸡”证明商标注册。

二、河南省特色农业发展存在的制约因素和突出问题

虽然河南省具有发展特色农业的独特优势，但同时也存在着不少制约因素，主要包括以下几个方面：(1)河南省农民的教育水平偏低。河南省九年制义务教育以上文化程度的人口比重低于全国平均水平1.6个百分点。而河南省农村九年制义务教育以上文化程度的人口比重，又低于全省平均水平4.1个百分点，与我国东部地区农民的文化程度相比差距较大，与北京的农民相比差距达到19个百分点。值得注意的是，河南省的农村人口占其总人口的绝大多数，提高农村居民受教育水平的任务十分艰巨，而河南农村教育资源又十分有限，一些地方甚至没有普及九年制义务教育，造成农民的文化水平或综合素质较低，加上由于缺乏经费，难以进行对农户的技术培训，使很多农业技术得不到有效推广和普及。(2)农户生产规模小，布局分散。小农户生产是我国农业的突出特征，而河南作为我国人口第一大省，城镇化水平又比较低，农业生产中人多地少的矛盾更为明显，农业生产的小规模性和分散性更为突出，不利于农业生产的分工和市场化，给特色农业产业集群的形成造成很大困难。(3)农业基础设施建设的任务重。一方面，河南现有耕地面积1.034亿亩，其中，中低产田面积为5600万亩，大量的中低产田是制约河南农业经济持续稳定发展的重要因素。河南农业的发展，需要投入大量资金开展水利工程、土地整治等工作，来改造中低产田、改善农业生产条件；另一方面，由于河南的工业化水平较低，工业反哺农业的能力有限，农业基础设施建设的支持和资源难免不足。(4)受传统思想观念影响，以及人多地少、农业收益相对较低等原因，农民务农的积极性还没有充分调动起来。农地制度、户籍制度的限制和政府保护农业政策的不到位，也对农业生产的技术进步和产品结构升级造成了不利影响。

由于这些制约因素及其他一些因素的影响，河南近年来在特色农业的发展中出现了一些突出问题，主要表现在以下几个方面：

（一）特色农产品开发的产业链条短而单一

特色农产品的产业化开发过程，需要农业本身及其前向产业、后向产业和相关产业的发展，表现为农业产业链条的纵向和横向两个方向的发展，即产业链的纵向延长和横向的复杂化。

从纵向上看，河南特色农业产业链条还比较短。特色农产品产业化开发的纵向产业链，一般包括"研发—培育—推广—农户生产—加工—销售"等诸多环

节。目前,河南特色农产品开发的培育、推广、加工、销售等环节还比较薄弱,主要表现为龙头企业的数量不够,竞争力不强,对农户的带动能力弱。河南省进入"农业产业化国家重点龙头企业名单"的企业有14家,仅占全国386家的3.6%。而规划的八大优势特色水产品生产基地还都没有形成龙头企业,其他农业行业中已形成的龙头企业,又大多停滞于农产品初级加工的简单工序阶段,技术水平低,产业附加值低,产品单一,其综合实力有限。河南省统计局农调队在调查中发现,信阳市以河南华英禽业集团股份有限公司为龙头的肉鸭、肉鸡屠宰企业,以冷冻胴体重分拣和肉鸭、肉鸡部位分割为主,对肉鸭、肉鸡下脚料的精深加工产品生产量小,品牌知名度较低,销售不畅;西峡县352家农产品加工企业中,除12家属于精深加工以外,其他均为粗加工,特别是食用菌加工业,都以分拣、烘干等环节的处理和分拣包装为主要形式。

从横向上看,河南特色农产品产业化开发中的产业链条还比较单一,缺少关联、辅助产业。我国的农业产业化在20世纪90年代兴起,基本做法是发展龙头企业,促进农产品生产的农工商或贸工农一体化经营,主要强调龙头企业的带动作用,在实施过程中往往重视农业产业链条的纵向延伸,而忽视了横向的关联、辅助产业的发展。实践证明,以单个或少数几个龙头企业为核心的纵向一体化模式,并不适合我国农业的小农户生产的国情,而这种农业特征在河南又表现突出。单一产业链发展的模式问题很多,主要表现在以下几个方面:(1)河南农户的数量多而规模小,单个或少数几个龙头企业要与大量的小农户联系合作,会产生巨大的交易成本。(2)河南作为传统农业大省,农业产业化龙头企业一般形成历史较短,规模有限,短期内迅速提高竞争力的可能性不大,这就使其对农户和特色农产品生产的带动能力弱,企业与农户间的联系松散,往往只是简单的产品收购交易,难以实现真正的纵向一体化。(3)由于农户规模小,数量众多,市场规则又不健全,在与龙头企业的交易中,小农户往往处于弱势地位。而企业所具有的垄断优势和信息优势,常使农户得不到或不能充分得到开发特色农产品带来的好处。(4)由于产业链条单一,农业生产必需的许多服务(如技术推广和指导、标准化管理、产品分级等)大都只能由政府提供,或由农户间的小规模非正式组织或单个农户自己来解决,效率低且成本高。因此,从国情和省情出发,特色农产品的产业化开发,不仅需要龙头企业的纵向一体化带动,更需要大量从事相关农业服务的辅助性中小企业的发展,以繁荣横向产业链,走区域产业集群化和网络式的农业发展道路。要由以龙头企业为核心转变到以农户生产为核心,企业(包括纵向龙头企业)要为农户生产服务,充分保护农民利益,调动农民的积极性,在这方面河南还有很长的路要走。

(二)名牌产品少,对原产地品牌开发和保护力度不够

一方面,由于龙头企业实力不强,河南从事特色农产品开发的企业还没有形成具有强大竞争力的品牌;另一方面,对河南省传统特色农产品的产地品牌开发和保护力度不够。值得注意的是,目前河南还将重点放在龙头企业的产品开发和品牌推广上,而对原产地品牌的开发和保护没有引起各界的足够重视。企业品牌与原产地品牌是可以互相促进的,相比之下,原产地品牌比企业品牌更难形成,而原产地品牌一旦形成并得到有效保护,会带来更强的竞争力。

原产地品牌相对于企业品牌的优势,主要表现在以下几个方面:(1)原产地品牌更符合消费者对农产品识别的习惯。由于农业生产对土地的依赖性强,地域环境对农产品品质的影响很大,各地的土质、气候、地形、人文历史、消费习惯等又千差万别。而对一般消费者来说,农产品的品质是不易识别的,不同品质的农产品在外观上往往差别不大,但不同农产品的产地是容易识别的,这就使得消费者形成了以产地来识别农产品品质的习惯。在世界农产品贸易中也广泛使用了原产地标识。(2)原产地品牌一般都是经过长时间的发展形成的,并且符合人们的消费习惯,其影响面和知名度更大,易于形成忠诚的消费群体和持久的竞争力。如河南的信阳毛尖、洛阳牡丹等传统产地品牌已具有数百年甚至上千年的历史,经久不衰,并被赋予了丰富的文化内涵。(3)原产地品牌对于产地而言具有公共物品的属性,外部性大,这对于缺少资金、技术、信息等优势的小农户和小企业十分有利,相对于企业品牌更有利于保护农民利益,扶持小企业的成长,从而促进特色农业产业集群的形成。(4)原产地品牌的形成更有利于农业大省吸引外资和技术。原产地品牌是以产地作为标志,但其受益者并不仅限于本地居民,外地的资金和技术投入到产区的特色农产品开发后,同样可以分享原产地品牌带来的利益,由于这种利诱,已形成或正在形成知名原产地品牌的农业区域可以吸引到更多的外部资金和技术,提升特色农业产业集群的整体竞争力。

(三)河南省特色农产品的经营管理粗放,基层政府的服务功能有待完善

目前,河南在特色农产品的开发过程中,经营管理方式还比较粗放,造成效

益和效率低下。政府的服务功能还没有充分发挥出来，尤其在特色农产品产业化的初级阶段，完善的政府服务功能更是不可缺少。在这个问题上，主要表现在以下几个方面：

1.农业生产的标准化管理水平低。虽然河南省的一部分地区农业标准化管理取得了一定的成绩，但大部分地区的农业标准化管理水平还很低。一方面，由于农户没有充分认识到标准化管理的意义，如在生产过程中会随意使用高毒农药；另一方面，在缺乏相关企业和农户组织的地区，推行标准化管理的重任就落到了政府肩上，这对政府来说也是责无旁贷的，但往往没有引起基层领导的高度重视，服务意识不够强，对农户的指导工作还不到位。

2.河南特色农产品的科技含量比较低，先进适用技术得不到及时、有效的推广。如大棚蔬菜是一个技术含量较高的种植业，但根据对方城县的博望、城关两镇 30 户农民的调查，有 70%的农户反映，由于缺乏技术指导，他们仍以传统的耕作为主，新技术学不到或学不会，老技术又不管用。

3.河南农业的市场化水平不高。虽然河南省的特色农产品资源丰富，但由于信息不畅、运输条件差等原因，造成市场化水平低，产品销售不畅。农户的市场经济意识不强，又缺少成熟的市场组织和制度，在农产品成熟季节，各家各户采取“三轮车+自由市场”的流通方式，造成无序竞争、互相压价。基层领导往往抓生产多抓流通少，抓项目多抓效益少，抓计划多抓服务少，服务农民的意识和行动跟不上。

（四）河南省特色农业发展的区域布局有待调整

虽然河南省各级政府出台了很多特色农业发展规划，近几年来特色农产品开发在种类、质量、产量和规模等方面也取得很大进步，但区域布局还不够合理，需要进一步调整。从河南各级政府制定的特色农业发展规划的指导思想来看，目前还存在着简单追求种植面积增加和养殖规模扩大的做法，对特色农产品区域优化布局的重视不够，在规划中没有突出优势区域，不利于专业化农业区域的形成。从政府各部门的规划来看，由于政府机构设置的限制，农业涉及的各行业归属不同的主管部门管理，各厅局出台了各自行业的特色农业发展规划，但由于缺少沟通和协调，往往造成各种特色农产品开发在同一地区争夺资源，地区农业的主导行业和主导特色产品难以明确。从地区间的关系来看，各市、县、区单位间缺少合作，各自从自身利益出发，在特色农业发展上贪大求全，造成地区间无序竞争。

三、加快河南特色农业发展的思路、对策与建议

1.转变观念,提高对特色农业发展的认识。发展特色农业,首要的是必须转变观念,重视特色农业,将农业的发展与工业化和城镇化的进程融为一体,赋予农业以新的内涵,将农业转变为高新技术产业,按现代产业发展的理念发展农业。政府在制定经济规划和经济政策时,必须对特色农产品的开发给予重点倾斜,同时,提高政府的服务意识和服务效率,保证各项规划和政策的落实,让农民通过发展特色农业切实得到实惠,并加大对农户的宣传力度,增强农户的市场经济意识,提高农户对特色农产品开发的重视程度及务农的积极性。

2.加强对特色农产品资源的保护和开发力度。从农产品"特色"形成的资源条件上讲,河南特色农产品的资源非常丰富,保护好这些资源是保证特色农业顺利发展的基础。在自然条件方面,由于河南人口众多、人地比例失调,这就需要在推进工业化的同时充分重视对资源环境的保护工作,在推进城镇化的过程中注意对耕地的保护和节约,尽快将经济增长方式由粗放型转变为集约型,走可持续发展的道路。在生物物种资源方面,应加大对河南传统农业物种和稀有生物物种的普查和保护力度,加强对优良品种的培育工作,并结合河南的具体情况,积极引进适宜的种植和养殖物种。在农业生产工艺方面,要充分发挥河南精耕细作的传统农业文化,保护具有地方特色的农业生产工艺,并结合现代科技予以改进,但在这种改进中必须保留其地方特色。

对特色农产品资源的开发,是一项极其复杂的系统性工作。针对河南的特殊省情,需要强调一下在开发工作中可以形成的"特色"。河南作为中华文明的发祥地,具有五千年的文明史,同时也有五千年的农业史,积累了大量独具特色的农业物种资源和生产工艺,形成了厚重的农业文化,同时也积累了大批历史悠久的特色农产品品牌,有的现在依然闻名中外,如洛阳牡丹、信阳毛尖、黄河鲤鱼等,而其他大部分品牌则有待挖掘和开发,它们在历史上曾经长时间占据可观的市场份额,如今却"养在深闺人未知",沉寂在地方文化中,而这些"文化品牌"一旦得到有效的挖掘和开发,就能较快地转变为"经济品牌",因为地方文化本身就极具特色和感召力。

3.改善农业基础设施条件,提高农业的信息化水平。河南农业产区的水利、路网、通信网等基础设施还不够完善,尤其是农业信息化水平比较低,需要大力

改善和提高。完善的农业基础设施,不仅能有效地提高农业的生产效率,而且可以促进农业产区与市场的衔接,降低交易成本,提高农业市场效率。完善的基础设施作为公共物品,还可以大大降低各相关产业的生产成本和经营风险,有利于农业生产的垂直分工和农业产业的集群化,这又会反过来促进农产品本身质量的提高及营销网络的完善,提高特色农产品的竞争力。

4.加大对特色农业发展的扶持力度,拓宽融资渠道。特色农业发展所需的基础设施建设、技术研发与推广、农户培训、标准化管理等,都需要资金支持,而资金正是河南特色农业发展中最为紧缺的要素。解决这一问题,一是要靠政府增加对特色农业发展的财政投入;二是要靠特色农业优惠政策的推行,通过税收减免、投资补贴等方法,鼓励民间资本投资于特色农产品开发,多方引进资金,为民营企业和农业金融市场的发展壮大创造宽松的政策环境。在河南省财政实力有限的情况下,第二种途径显得尤为重要。

5.科学规划,调整特色农产品生产布局。要进行特色农产品生产的区域布局调整,首先必须组织专家学者对河南各地的基本情况做好深入的调查研究,尊重和利用农业发展的路径依存规律,依据各农业产区的自然条件、生物资源、历史文化、农户已掌握的生产技术,以及当地特色农产品的现有种类、质量和规模,并将特色农产品开发与农业综合开发、扶贫开发等各项相关工作有机结合起来,进行科学规划,使各地区具有明确的优势或主导特色农业的发展方向,强化各种特色农产品生产的优势区域,这些需要各级政府部门在制定和实施规划的过程中加强沟通和协调。对于河南现有种植或养殖面积较大、规模优势较明显且涉及利益主体又较多的农产品,如花卉、食用菌等,可分别设立专门的管理机构,负责各方利益的协调,以及该项农产品产业化开发政策的制定和实施。

另外,值得注意的是,在市场经济框架下,农户对自己的生产活动具有充分的自主权,政府制定的特色农业发展规划对于农户来讲,只是指导性的,只有在农户充分理解了规划和政策的意图并看到实惠后,规划和政策才有希望落到实处。因此,规划和政策的制定与实施都必须听取农户的意见,充分优化政府的服务功能。

6.鼓励和扶持农户间各种组织的发展。单个农户的生产规模小、技术水平和市场力量有限,而农业的专业化生产,由于其产品单一,不可避免地会增加风险。除官方出台政策以降低其市场风险外,农户之间的各种组织,也有利于技术的传播,有利于播种、收割和运输成本的降低,有利于采购、销售过程中农户的市场谈判能力的提高,从而有利于提高农户的抗风险能力及其市场化水平。发展农户间各种组织,不仅是改变“小而全”的自然经济模式的必要手段,也是保护农民利益的重要措施。目前,河南各类农业专业合作组织、农产品专业协会等民间组织的数量还很少,功能还很不完善,而对农户们的支持大多还停留在口头上,实际有效的扶持还较少。因此,政府需要进一步制定并细化可操作的扶持政策,促进农户间各种组织的发展壮大。

7.加强对特色农业发展所需的技术研发与推广。农业技术往往具有公共物品的属性,主要应由政府或非营利性事业单位提供。所以,特色农业发展所需的技术研发与推广,是政府和其他事业单位的一项重要服务方向。河南省已有一批农业大专院校和科研院所,政府应当制定优惠政策,提供资金支持,充分发挥它们的技术优势,加强科技界与农户间的沟通,加快农业科技成果的转化、推广进程。同时也要积极引进省外和国外的农业技术力量和技术成果,为河南的特色农业发展做出贡献。另外,除官办科研机构外,也要鼓励企业及农户组织对各种技术的研发和引进,并给予必要的税收扶持和技术指导。

8.提高农业的标准化管理水平。要提高河南农业的标准化管理水平,一是政府应提高服务意识,尽快制定各种特色农产品的技术和质量标准,并为农户提供全方位的标准化技术指导和质量监测服务,逐步推行市场准入制度;二是加强龙头企业及其他社会组织对农户的标准化技术推广的带动能力;三是加大对农户的培训力度,并努力提高其综合素质,提高其对标准化技术的学习和掌握能力;四是加大宣传力度,尤其要抓好标准化生产的试点工作,通过其示范带动作用,增强农户对标准化管理及农产品质量的重视程度。

9.继续发展龙头企业的同时,扶持辅助性中小企业的发展。一方面,河南纵向一体化的龙头企业实力还不够强大,需要继续予以扶持,使其做大做强,延长农业产业链条;另一方面,河南为农业生产提供辅助性服务的中小企业还比较欠缺,不能适应现代农业产业集群化的发展趋势,需要大力扶持。以农户生产为核心,扶持龙头企业和辅助性中小企业,进而形成农业产业集群的道路,也意味着将农业原产地品牌的形成和壮大作为主要目的。因为,农业产业集群化本质上是一个地域组织概念,并且与工业产业集群化相比,农产品生产的地理特征更为突出,农业产业集群整体发展壮大的标志也是其产品知名度的提高,而农业产业集群的产品，往往以一种或几种特色农产品为核心，因此，农业产业集群往往会形成具有强大竞争力的特色农产品原产地品牌。前文中已论及，原产地品牌相对于企业品牌在提升农产品竞争力、保护农民利益等多方面都更有优势，因此，河南在扶持龙头企业和辅助性中小企业发展时，应将企业品牌和原产地品牌的开发有机结合起来、互相促进，并将农业原产地品牌的保护和发展作为一项重要的工作内容。

10.加大对外宣传力度，树立农业强省形象。河南省作为一个整体区域，其农业生产具有巨大的规模和开发潜力，对外作为一个大的农业产区，需要叫响“河南农业”这一整体产地品牌，这当然是一项系统工程，需要河南特色农业的全面发展壮大。但目前，也确实需要政府通过加强对外宣传力度，逐步改变河南落后农业大省的形象，努力提高河南特色农产品的知名度和美誉度，从而大大提升“河南农业”的品牌形象，进而树立以强大的农业及其加工业为特色的经济强省形象。

（原载《经济研究参考》2006年第35期）

加大种粮补贴补偿力度和健全转移支付机制的建议*

一、继续加大种粮补贴力度，完善种粮补贴办法

农业是弱质产业，比较效益低。农业持续稳定发展的关键，是调动好农民务农的积极性。新世纪以来，随着国家一系列支农惠农政策特别是全面推进农村税费改革，尤其是减免农业税、种粮直补等农业补贴政策的实施，极大地调动了农民的积极性，使粮食和农业产量稳定增长，加之粮价恢复性上涨，主要粮食作物收益整体上有所提高，并达到历史最好水平。但是，由于近年来化肥、农药、农机等农用生产资料价格不断上涨，劳动成本不断提高，种粮成本呈现持续上升态势，粮食的比较效益仍然是很低的。所以，尽管国家扶持粮食生产的政策在不断加强，然而总体上看，这些政策对农民种粮的激励作用在逐年下降，粮食生产的动力不足。同时，由于农业对地方财政的直接贡献非常小，甚至会形成一些财政负担，这使得粮食主产区"粮食大县、财政穷县"的现状难以得到改变，地方政府发展粮食生产的积极性也不高。2008 年，河南省粮食产量在 5 亿千克以上的 52 个县(市、区)人均财政支出水平平均为 655 元，仅为全省平均水平的 44.7%。

据对河南 40 个县(市、区)360 个农户的有关调查结果表明，2009 年，每亩耕地年种粮的总成本为 1114.2 元。其中，亩均生产成本 841.3 元，占总成本的 76%；亩均土地成本 272.9 元，占总成本的 24%。从生产成本构成看：物质费用(包含种子、农药、肥料等支出)为 320.2 元，占生产成本的 38.1%；生产服务支出(包含机耕、机播、机收和排灌等)为 154.5 元，占生产成本的 18.4%；人工成本为

---

* 此文与吴海峰合作，系亚洲开发银行技术援助项目"支持中原崛起的财政政策研究报告"的政策建议之一。

366.6元，占生产成本的43.6%。从效益上看，2009年种植粮食的亩均总产值为1340.4元，如果扣除总成本，加上每亩75.9元的种粮补贴后，亩均纯收益为302.1元；如果只扣除生产成本，加上每亩75.9元的种粮补贴后，亩均生产收益为1575元。以此调查结果，按目前农民户均承包5亩耕地计算，若一年两季只种小麦和玉米，则户均年种粮收入为2875元，该年收入大致相当于一个农民工外出打工两个多月的收入。种粮比较效益的低下，严重影响了农民种粮的积极性。而且，从一些地方反映的情况来看，现行的补贴办法也存在一些问题，如补贴标准不按农民实际种粮面积而按以前的计税面积，有些农民承包的耕地种粮补贴没有真正发放到种粮者手中等。当前实行的每亩10元的小麦种植良种补贴，多数群众也认为太低。

要调动农民务农的积极性，必须高度重视农业生产，巩固完善和全面落实对农业生产的各项扶持政策，形成农民务农基本收益的保障机制，确保农民务农收益逐步提高。因此，国家的各项强农惠农政策要向粮食主产区尤其是核心区倾斜，向提高粮食生产能力和提高种粮农民积极性倾斜。国家要继续大幅度增加对粮食核心区的投入，加大对种粮农民的补贴力度，增加粮食直补、良种补贴、农机具购置补贴和农资综合直补，努力和尽快实现补贴的全覆盖。而且，农业补贴应该向实际务农者倾斜，谁务农，补贴谁；谁种的面积大，就给谁补贴多。同时，在新增补贴资金的分配中要直接与粮食产量、商品量和优质粮生产挂钩，产量越多，商品量越大，优质粮生产越多，得到的补贴就应该越多，以充分调动农民生产粮食和地方政府抓粮食生产的积极性。

二、建立对粮食主产区的种粮补偿和转移支付机制

从粮食销售情况看，目前粮食主产区农民出售粮食数量占全国的80%，主产区生产的粮食相当大的部分是销往粮食主销区。一般粮食大量外销的省区大多是地方财力不足的省区，而粮食消费受益地区往往是地方财力较强的省区。产粮大省虽然为国家粮食安全做出了突出贡献，但由于种植粮食的比较收益低下，使粮食主产区种粮的面积越大、粮食产量越多，种粮农民的收入越少，地方财政补贴的金额越多，致使一些粮食主产区成了“粮食大省、工业弱省、财政穷省”，严重影响了种粮主产省的生产积极性。尤其近些年来，随着经济的快速发展，经济发达的沿海省份耕地快速减少，本地粮食产量逐年降低，而粮食的需求量却在不断增大，一些原来的粮食主产区变成了粮食主销区。因此，为了促进粮食稳定增产，保证国家粮食安全，不能仅靠粮食主产区的财力，还需要借助全国的力量，特别是经济发达地区或粮食主销区也要承担相应的责任。通过建立各种转移支付方式，支持主产区的粮食生产，共同担负起保障我国粮食安全的责任，同时也为粮食主产区经济发展提供相应的资金支持。

多年来，粮食主产区通过加大保护耕地力度、增加农田水利等基础设施建设，引导本地生产要素不断投入粮食生产，从而不断提高我国粮食的自给率，保障了国家粮食安全，使国家发展长治久安。为了调动粮食主产区种粮的积极性，国家必须完善粮食风险基金政策，取消粮食净调出省的地方财政粮食风险基金的配套，使粮食净调出省的粮食风险基金全额由中央财政负担。并加大中央对粮食净调出省区的财政转移支付力度，解决“产粮越多，包袱越重”的财政反差。同时，加大对农业大县的奖励补助，加大对种粮农民特别是种粮大户的信贷扶持力度，支持发展主要农作物的政策性保险，促进农业稳定发展。

粮食主产区和主销区相互合作，是新形势下实现粮食供求平衡、确保粮食安全的一种有效模式。要建立粮食主产区与主销区之间的利益协调机制，调整中央财政对粮食风险基金的补助比例，并通过其他经济手段筹集一定资金，支持粮食主产区加强粮食生产能力建设。遵循“谁受益，谁补偿”的原则，从粮食主销区筹集一部分资金支持粮食主产区的粮食生产，是非常必要的。粮食主产省可以用这部分资金弥补地方财政困难，加强粮食主产区农田设施建设，从而提高粮食主产区粮食的生产供给能力。要充分运用中央纵向与地方横向两级财政转移支付手段，着力解决好各环节利益分配，逐级建立产销双方利益补偿、共享与风险共担、分流的运作机制，实施“财政转移支付换取粮食安全”的战略。

建立粮食主销区对主产区的转移支付基金，安排专项资金实行转移支付。

第一，粮食主销区应根据当地的需求情况，并结合本区域的实际生产能力，按照实际将要采购的粮食数量，拿出一部分财政资金建立商品粮调销补偿基金，多调多补偿、少调少补偿、不调不补偿。商品粮调销补偿基金作为专项转移支付基金，可按采购每公斤粮价10%~12%的比例提取。根据从粮食主产区购入的商品粮的数量，给予粮食主产区调销商品粮的补偿。粮食主产区可以用商品粮调销的补偿基金弥补地方财政困难，这主要用于加强主产区农田基础设施建设和种粮大户的补贴,减少种粮农户的生产成本,增加种粮农户的收入。

第二,粮食主销区根据当年实际征用的本区域农业生产用地用于非农业用途的土地数量,粮食主销区财税部门可按国家规定征收土地出让费。为增补保持国家总的种粮土地面积不变,粮食主销区可按征收土地出让费资金总额6%~8%的比例,提取粮食生产土地补偿基金,通过横向财政转移支付给粮食主产区,作为用于粮食主产区开发增补种粮耕地建设的基金,以稳定国家的粮食生产种植总面积,弥补经济发达地区经济建设占用农业土地的数量。

三、合理而有效地发挥价格对粮食生产的激励作用

运用市场的间接手段进行种粮补偿和转移支付,就需要发挥价格对粮食生产的激励作用。要客观认识农产品价格上涨的现象,通过不断完善现行粮食最低收购价政策,逐步形成更科学的、真正反映农民务农成本收益的价格机制。要看到反映价值变化的粮价适度上涨对激励农民生产、减缓价格持续上涨压力的积极意义。在农产品价格上,既要运用宏观调控促进市场稳定,又要注重发挥市场机制促进农业生产的作用。合理的粮食收购价格,不仅是种粮农民收益的基本保障,而且也是稳定发展粮食生产、确保国家粮食安全的重要手段。

近年来,虽然我国粮食价格有了一定幅度的增长,但仍然明显偏低,种粮收益依然不高。而且,由于生产资料价格的持续上涨,种粮收益重新出现下降,农民种粮纯收入逐年递减。在河南 40 个县(市、区)中对 600 位农民的问卷调查显示:七成以上的农民认为当前制约粮食生产的头三大因素是农资价格高、粮食价格低、农田水利设施差,希望政府从提高粮价、增加粮补、稳定农资价格等方面来调动农民种粮积极性。农产品作为关系国计民生的特殊商品,在加大补贴农业的情况下,与其他经济作物产品的比较效益仍有较大差距,与工业产品相比差距更大。保障粮食基本生产能力是保障国家粮食安全的基础,粮食安全问题的突出表现就是粮食生产不稳定、波动太大,根源在于农民种粮收益没有得到很好的保障。保障种粮农民具有稳定较高的种粮收入,不因市场波动和年景丰歉收益忽高忽低,是从根本上解决粮食安全问题的途径。为此,国家应根据经济发展、农产品产销变化、物价体系变动与人们消费水平提高等情况,适时提高粮食和农产品价格,更好地调动农民从事农业生产的积极性。在粮食大丰收时,国家要适当提高粮食最低保护收购价格,敞开收购,避免"谷贱伤农",保障农民种粮有利可图。同时,采取有力措施,严格控制农资价格过快上涨,确保农资市场供需平衡,降低农业生产成本,切实缓解农资价格上涨对农民种粮务农积极性产生的负面影响。

(原载河南省社会科学院主办的《科研专报》2010 年第 6 期)

全力培植富民强省的特色支柱产业

——关于河南由农业大省向食品工业大省转变的深层思考*

全面建设小康社会，是党的十六大确定的未来20年的奋斗目标。在这个过程中，如何根据区域经济发展的实际情况，把握市场变化，充分发挥本地在全国和世界经济大格局中的比较优势，努力培植和长足发展突出地方特色的支柱产业，对于加快富民强省步伐、全面建设小康社会，具有十分重要的战略意义。对河南这样的农业大省来说，农业、农村和农民问题尤为突出，在区域整体上跨过了温饱线之后，居民生活的进一步提高更依赖于工业化的推进。未来20年，要实现国内生产总值比2000年翻两番的战略目标，必须合理选择新的经济增长点，发展具有区域经济发展优势和特色的支柱产业，促进工业与农业的协调发展，这也是人民走向富裕、推进农业大省向经济强省转变的必然要求。近些年来，河南立足自身农业大省的比较优势，依农兴工、以工促农，强力培植和长足发展食品工业，在农产品加工上大做文章，不仅实现了食品工业的迅速提升，而且带动了农业增效、农民增收，推动了区域经济良性循环。新世纪面临新机遇、新挑战，河南必须认清形势、找出差距、强化措施，推动食品产业再上新台阶，促进农村和国民经济更快发展。

省情分析：食品工业是富民强省的必然选择

改革开放以来，河南经济有了很大发展。但是河南与发达省、市相比，经济发展和富裕程度还有很大差距，居民人均收入和生活水平仍然处于全国较低水

---

* 此文与吴海峰、李铜山、陈振杰等人合作，系2002年河南省社科规划课题阶段性成果之一。

平。而且，河南省内地区之间贫富差距也比较明显，还存在一些贫困地区和贫困人口。全面建设小康社会、使人民尽快富裕起来、缩小与发达省市的差距、实现经济强省的目标，依然是河南面临的艰巨任务。要加快河南经济发展，首先必须客观分析本省实际情况，找出突出问题，扬长避短，正确选择产业方向和发展模式。

河南省情的特点明显表现为：人口多，是全国人口第一大省；城市化水平低，人口多为农民；工业化水平低，是全国第一农业大省；收入低，是人均收入较低的大省。据统计，2001 年底，全省总人口为 9555 万人，其中农村人口 7221 万人，占全省总人口的 75.6%；河南人口占全国总人口的 1/13，其中农村人口占全国农村人口的 1/11。农村人口绝对数如此之多，所占比重之大，在国内外都是罕见的。很显然，河南省的农业、农民和农村问题，是实现富民强省需要解决的最大难题。

河南是农业大省，多年来在农业上为国家做出了很大贡献。但随着农业生产能力不断增强，尤其是 1995 年以来农业连年丰收，农产品的供求关系发生了根本变化，主要农产品供给由过去长期短缺转为相对过剩，市场价格持续低迷，库存大幅度增加，销售不畅。农民的农产品收入的市场需求弹性在下降，农业发展日益面临需求制约。农产品过剩和卖难，成为制约农村经济的一大瓶颈，与此相关联的农业发展缓慢和农民增收困难等问题显现出来。

河南是我国重要的农产品生产基地，粮食、棉花、油料、畜禽、蔬菜和烟叶等农产品的产量，多在全国三甲之列，然而丰富的农产品资源并没有转化为经济优势，反而使“三农”问题更加突出。同时，由于 1995 年后国内粮棉油价格基本达到或已超过国际市场价格，加之国内农产品购销趋于市场化，再期望国家提高农产品收购价格来增加农民收入的可能性很小，河南农业第一大省的现实与所期望的经济强省目标的矛盾日益突出。农民收入增长缓慢，也带来农村市场疲软、国内需求不足的问题，制约着国民经济的整体发展。

发达国家农业现代化的成功实践证明：传统农业向现代农业的演进中，一般都要经过农业哺育工业，工业再反哺农业，进而带动农村和国民经济全面发展这一过程。农业要改变自身天然的低效性和弱质性，必须经过农产品的精深加工、实现转化增值。在市场需求对农业发展的约束力和导向作用不断增强的情况下，农民收入的增长，依赖于农业结构的调整，更依赖于农产品加工业的发展，而农产品加工业对农业结构的优化又起着关键作用。农业大省利用其农产品充裕的有利条件，大力发展农产品加工业，不仅有助于缓解农业增长面临的需求约束、有助于克服农产品“卖难”问题，也将为农业发展开拓新领域、为农民增收开辟新来源。发展农产品加工业，是农业大省迈向经济强省的切入点。

食品工业，是人类的生命工程，是生机勃勃的产业。食品工业是农产品的主要后续加工产业，在农副产品加工业中占有最大比重。食品工业作为农产品加工业的“领头羊”，在人们的食物供给系统中占有十分重要的地位。食品工业与现代农业是相互促进、相辅相成的。在现代农业发展中，食品加工是不可替代的发展载体。从某种意义上讲，现代农业包括农产品的生产、加工、储藏、运输和销售等全部内容。把食品工业与农业割裂开来，是一种过时的看法。食品工业的发展加快传统农业向现代农业转变的进程。因此，在农产品供求关系已发生根本性变化、农产品价格上升空间有限、农民增收困难等大背景下，大力发展食品工业，对于解决河南日益突出的“三农”问题意义重大。

在新的形势下，根据河南的具体情况，大力发展食品工业更具有客观必然性和现实紧迫性。

大力发展食品工业，有利于解决农业丰收与农民收入减缓的矛盾，有利于提高农业的素质和竞争力。2001 年河南农民人均纯收入 2097.86 元，比城镇居民人均纯收入少 3169.56 元，比全国农民人均纯收入少 268.50 元。食品工业通过包括保鲜、储藏、加工、包装等在内的加工处理，可缓解多数农产品具有的季节性生产和常年性消费的矛盾，是调节农产品供求，防范和减弱乃至消除农产品价格走低、农产品卖难和农民减收的“平衡器”。另一方面，现代食品工业把农业看作第一车间，这必然促进农业结构根据市场需求变化进行调整，从而减少农业生产的市场风险。食品工业的发展还可以通过延伸农业产业链，使农业摆脱仅仅提供原料的地位，形成“从田头到餐桌”的完整产业，提高农业的素质和效益，进而增加农民收入。而且，食品工业可以直接带动农产品需求的扩张，并对提供初级农产品生产有明显的拉动作用。尤其是当今世界农业的竞争，不仅表现为初级农产品和单个生产环节的竞争，更表现为包括农业产前、产中和产后各环节在内的整个产业体系的竞争。大力发展食品工业，将在一定程度上使农业的弱势转化为强势，增强国际竞争力。

大力发展食品工业，有利于促进农产品的转化增值，解决河南资源大省与经济强省的矛盾。随着我国农产品产销市场化和融入国际经济循环,河南作为农业大省的问题更加突出。以小麦为例,河南年产量约占全国总产量的20%,目前库存达280亿公斤,相当于全省一年多的小麦产量。大量粮食的积压不仅使多数粮食购销企业处于亏损境地,而且给财政带来很大压力。这些年来,河南许多地方对压库粮食的财政补贴,基本上占同级财政的1/3。可见在市场经济条件下,保证国家粮食安全的同时,农产区要走出粮食产销的困境,实现增产增收,只有靠发展农产品加工业,进行粮食的转化增值。一般而言,粮食加工可增值1~4倍,畜禽加工增值1~3倍,薯类加工增值1~3倍,果蔬类加工增值1~10倍。显然,发展食品工业,是农业资源优势转化为商品竞争优势、提高综合经济效益的根本途径。

大力发展食品工业,有利于解决河南农村劳动力大量剩余与工业化城市化的矛盾。从产业特点看,食品工业多属于劳动密集型产业,能够吸收大量农村剩余劳动力,一般投资少、周期短、见效快、易启动、好把握,群众乐于经营。食品工业日益成为乡镇企业或民营企业发展的产业选择,企业产权主体越来越多元化。随着人口持续增加和耕地持续减少,河南产生了庞大的农村剩余劳动力,目前显性和隐性相加大约有近千万人。而在另一方面,河南的工业化水平较低,城市化又滞后于工业化。积极发展食品工业、促进食品工业的相对区域集中和规模发展,将提供大量的就业岗位,加快农村剩余劳动力转移,推进河南工业化和城镇化的进程,并有利于社会稳定。

显然,立足农业大省的比较优势,依农兴工、以工促农,大力培植和长足发展农产品加工业"领头羊"的食品工业,是振兴农区经济、富民强省的必然选择。

乘数效应:食品工业对富民强省的巨大带动作用

多年来,河南省委、省政府立足农业大省的实际,一直坚持"围绕农业上工业,上了工业促农业"的战略方针,大做农产品加工文章,在产业发展上把与农业关联最紧密的食品工业作为全省优先发展的支柱产业之一,采取一系列"着力培育,加快发展"举措,促使食品工业进入了持续快速发展的轨道。河南食品工业的经济总量,由"八五"时期的全国第七位上升到"九五"以来的第四位,并稳居我国中西部地区食品工业经济总量之首。特别是食品工业发展所产生的一系列“乘数效应”,推动了河南资源优势转化为经济优势,为全省农业增效、农民增收、农村经济繁荣做出了巨大贡献,有力地促进了河南由农业大省向经济强省的转变。

食品工业持续快速发展、销售收入大幅度提高,食品工业已成为全省工业的第一大产业和国民经济的重要支柱。2001 年,河南食品工业(只包括国有及限额以上企业)总产值占全省工业总产值的 15%左右;食品工业销售收入占全省工业销售收入总额的 15.69%;工业增加值占全省工业增加值的 14.8%;利税占全省工业利税总额的 18.73%。与 1999 年相比,食品工业总产值在全省工业总产值中的比重增加了近 4 个百分点;食品工业完成的工业增加值、实现的销售收入和取得的利税均居全省工业各行业之首。

食品工业产品结构趋于合理,市场占有率不断扩大。河南在国内市场竞争中涌现出一大批优势产品。健康食品、方便快捷食品、营养食品以及饮料等系列开发出的品种越来越多。过去仅有火腿肠为代表的肉制品,现已发展为火腿肠、熟肉制品、低温肉制品、冷却分割肉、冷冻分割肉等多个系列产品。除肉制品外,河南在全国总量居第一的产品还有味精、面粉、挂面、面制速冻食品、方便面等;名列全国前三位的产品有苹果汁加工、板栗加工、银杏加工、复合调味料、糖果制造、大豆蛋白加工、植物油脂等。河南已成为全国最大的小麦综合加工基地。河南食品企业创出一大批知名度较高的产品:“双汇”“莲花”“金丝猴”“王守义十三香”是全国驰名商标,“三全”“思念”“科迪”“神象”“澳的利”“南街村”等成为全国很受欢迎的食品品牌。名牌食品的不断涌现,使河南食品业提升了竞争力,扩大了市场占有率。

食品工业的发展,促进了农业产业化经营,有力地带动了农业结构调整。食品工业已成为河南农业产业化经营的“火车头”和农业结构的“调节器”。华英禽业年加工 1500 万只樱桃谷鸭的项目,形成了较完善的“公司+农户”的经营服务体系;“白象”“金苑”等小麦加工企业生产专用面粉需要优质专用小麦,使河南优质专用小麦基地迅速扩大为 1500 万亩以上;“双汇”年需 1500 多万头猪、1000 万只羊、50 万头牛、2 万吨鸡肉、2 万吨鸡蛋、2 万吨植物蛋白,直接带动了养殖业的快速发展。事实说明,食品工业是农业产业化经营中的核心链环。通过发展和壮大食品工业,就能促成农业和工业真正“结盟”,形成与农民利益直接相关联的多种合作形式,使农产品的市场定位清楚、市场目标明确,从而有效地引导农业生产方向适应市场需求,促进农业增效,活跃农村经济。

食品工业的发展,促进了农民增收,使农民走上了致富之路。食品工业实现农产品转化增值,提高农业效益,是增加农民收入的“增生器”。莲花味精集团每年转化玉米 40 多万吨、小麦 100 多万吨,不仅与 50 万农民建立了密切联系,而且带动了 5 万多农民到二、三产业就业,已成为当地农民增收的“靠山”。双汇集团每年消化的猪、牛、鸡带动粮食转化 300 多万吨,使受益地区农民年增加种植养殖收入 20 多亿元。河南省科迪集团以订单农业方式,带动农户发展甜玉米 28000 亩,农民亩均收入 1600 元;带动农民发展芦笋 6000 亩,农民亩均收入 5000 元;带动农户发展奶牛 6000 头,每头奶牛每年为农民带来纯收入 7000 元。越来越多的农民依托食品工业发展脱贫致富实现了小康。

食品工业的发展,带动了区域经济振兴,有力地促进着河南由农业大省向经济强省转变。许多地方在食品工业发展的带动下,加快了农业现代化,大量增加了财政收入,迅速提高了区域经济整体实力。临颍县食品工业发展得有声有色,县财政的 40%来自食品工业,农民人均纯收入年均增幅连续几年高出全省 10 多个百分点,已成为全国食品工业强县。漯河市形成了肉制品、面制品、葡萄糖饮料等颇具特色的产业群体,2001 年,食品工业利税总额占漯河市工业利税总额的 74%,食品工业总产值与农业总产值之比达到 2.5∶1。在河南,食品工业的发展,不仅加快了养殖业、饲料业和种植业的发展,也带动了运输、冷藏、印刷、包装、建筑、机械制造等各业的发展,形成了各产业间互为依托、协调发展的新的工业群体,大大提高了河南工业的竞争力。食品工业也促进了商贸等第三产业的发展。食品工业还是农村剩余劳动力转移的“吸纳器”,为河南富余劳动力直接提供了几百万人的就业岗位,间接提供的就业机会更多。同时,食品工业的发展,促进了生产要素的区域集聚和集中,加快了河南的城镇化步伐。

与时俱进:新世纪食品工业再上新台阶

河南的食品工业虽然取得了长足发展,但与沿海先进省相比仍有一定差距，与发达国家相比差距更大。河南食品工业达到的规模和效益，与河南第一农业大省的地位还不相称。在21世纪前20年，河南的食品工业，应继续保持高速发展态势，应取得更好的经济效益，占有更高的市场销售份额，在全国的规模和效益继续前移，达到领先水平。具体来说，要以河南建设成为全国最大的农产品加工基地为目标，以“粮食、畜产品和果蔬深加工”三大标志性食品工程为主要方向，加强河南在全国最大的肉制品加工基地、面粉生产基地、方便面生产基地、速冻食品生产基地以及重要系列调味品生产基地的地位；提高河南的果蔬制品业、乳制品业、保健食品业、休闲食品业和食品添加剂业等食品产业在全国的位次。上述目标，不仅是河南富民强省的迫切需要，而且很有可能实现。因为，在全国宏观区域经济的大格局中，河南省发展食品工业具有明显的比较优势，同时食品工业正逢难得的发展机遇。

有纵深的扩展空间

从发达国家食品工业发展的轨迹来看，当人均国内生产总值达到800美元时，食品工业将进入大发展时期。目前我国人均国内生产总值接近1000美元，这表明我国食品工业正处在加快发展阶段。目前，发达国家的农产品加工业产值大都为农业产值的3倍以上，我国农产品加工业产值仅为农业产值的50%；发达国家居民消费的食物中工业化食品一般都已占到70%~90%，我国还不到40%，我国食品工业发展严重滞后于农业发展。据有关专家推断，如果我国食品工业产值与农业产值之比达到1∶1，那么食品工业的产值就能够突破30000亿元。在我国，这既说明食品市场蕴藏着巨大商机，又表明我国迫切需要加快食品工业发展。同时，随着食品消费水平的提高，食品工业和农业将在新的结合点上共同增长、休戚与共，这也将成为食品工业快速增长的强大推动力。所有这些，都反映出工业化餐桌食品发展前景光明，河南省发展食品工业的空间非常广阔。

有巨大的市场需求

食品的一个显著特点,就是人们一次性消费,又终身需求。可以说,食品的消费是永无止境的,食品产业是永不衰落的朝阳产业。对于人口基数庞大的中国来说,尤其如此。当前我国城乡居民正向更高层次的小康迈进,这也正是食品消费结构加速变化和工业食品需求迅速上升的阶段,而且食品消费多层次、个性化、时尚化的特征正在显现出来。随着社会的发展,人们越来越要求从一日三餐的繁重家务劳动中解脱出来,希望吃上方便化、营养化、多样化、成品化的安全食品。实现餐桌革命和家务劳动社会化,已经成为一种基本的社会需要。国内外经济专家认为:中国是世界潜在的最大食品市场,21 世纪中国将成为世界食品工业发展的消费中心。另据有关研究,消费者从农村迁到中小城市,粮食的年直接消费量要下降 58.3 公斤,迁到大城市要下降 64.2 公斤,而相应地对经过加工、价值较高、品质较好的食品的需求量则大幅增加。伴随着我国城镇化步伐的加快,食品加工制品需求会呈现加速度上升之势,我国食品工业正处于一个最佳的发展机遇期。

有雄厚的发展基础

河南具有极为丰富的农业资源,能为食品工业的发展提供充裕的农产品。据统计,2001 年,河南粮食总产量居全国第一位;油料、水果总产量居全国第二位;肉类总产量居全国第三位;牧业产值、牛肉产量、牛出栏、牛存栏、山羊存栏和大牲畜存栏等 6 项指标居全国第一位;羊肉产量、山绵羊出栏和生猪存栏等 3 项指标居全国第二位;猪肉产量、禽蛋产量、山绵羊存栏、蜂蜜产量和生猪出栏等 6 项指标居全国第三位;蔬菜、奶类、水产品均处在全国前列。河南也是全国重要的土特产产地。随着新一轮农业结构的调整和优化,河南的农产品将日益丰富化、特色化、优质化、专用化,为河南的食品加工发展提供充足的后劲。

河南的食品工业具备了一定的竞争基础。2001 年,在国家统计局列举的

24类食品行业中，河南省已拥有23类(仅缺制糖业)，河南已形成了初具规模、比较完整的食品工业体系；全省国有及限额以上的食品工业企业1672家，固定资产净值208.70亿元，从业人员36.65万人。近些年来，全省食品工业产品结构的调整步伐明显加快，食品工业技术改造和技术创新力度不断加大，一大批食品工业企业的技术装备水平显著提高，新技术新产品的研发能力不断增强。许多大型企业已在国内外建立了较为完善的销售服务网络体系，而且已占领相当的市场份额。如双汇肉制品在国内综合市场占有率达38%，其中火腿肠占国内市场份额的47%；莲花味精国内市场占有率达到46%；方便面国内市场占有率达到25%；华英鸭肉已占领韩国市场份额的70%。

河南省地处中原，承东启西、连南贯北，是全国最重要的内陆交通通信枢纽，使河南加工食品南上北下、东进西出，方便快捷、空间广阔。河南又是全国人口重心和产业重心，是全国性物流、商流、人流、信息流、资金流中心，是全国较大的农产品贸易和食品贸易集散地，拥有不同种类、较为齐全、规模较大的农产品和食品批发市场，食品市场信息网络和食品营销体系也在逐步完善。由于农产品和食品贸易具有物实量多的特点，有较强保鲜性和时效性要求，河南优越的区位、交通和通信条件，非常有利于食品的生产、运输和销售。郑州正在建设2.7平方千米、实行“境内关外”管理方式的封闭式综合出口加工区，这将为河南食品工业筑起多快好省地“漂洋过海”的大平台。

有优越的发展环境

从国际环境看，我国对外开放力度不断加大，为河南食品工业吸收国外的资金、技术和管理经验，促进产品更新换代，增强市场竞争力，提供了更为有利的条件。尤其是中国加入WTO，河南拥有WTO所赋予的权利，享受各成员国提供的多边、平等、互惠的最惠国贸易待遇，能更好地利用全球范围内的资源，降低生产成本，扩大食品出口。而且河南是人口第一大省，可以充分利用省内劳动力资源丰富而价廉的比较优势，使食品工业的发展处于更有利的国际竞争地位。目前发达国家产业结构升级正将劳动密集型产业逐步外移，也为河南加快食品产业发展提供了良机。

从国内环境看,党和国家把发展食品产业放在了前所未有的战略地位。国家正在大力实施加快农产品加工和食品工业发展战略。国家最近确定的第一批农业产业化重点龙头企业中,大部分是食品工业。国家计委、经贸委、农业部联合发布的《全国食品工业"十五"发展规划》显示:国家已经出台并将继续出台一系列扶持食品工业发展的政策。另一方面,我国农产品供应充裕,并实现了由卖方市场向买方市场的转变,为我国进一步加快食品工业发展提供了坚实的物质基础。

尤其重要的是,河南省委、省政府充分认识到,食品工业在河南经济中具有极为重要的地位和作用,并把发展食品工业作为富民强省的一项重大战略方针。河南省"十五"计划明确提出,大力实施农产品精深加工工程,把食品工业作为首要扶持和发展的工业支柱产业。河南许多地方,也高度重视并采取有力措施促进食品工业的发展。食品工业的前景十分诱人。

迎接挑战:全力增强食品工业的发展活力

在推进食品工业发展的过程中,必须全面认识有利因素和不利因素两个方面,既要看到机遇,更要看到挑战。目前,河南食品工业尚存在有不少问题:从食品加工资源看,还缺乏优质、稳定、规模化和标准化的原料保证,专用加工原料基地建设滞后;从食品工业体系建设看,企业整体素质、生产集中度、产品质量档次、加工增值能力等还较低,贸工农不够协调,发展环境有待进一步优化;从国内外市场看,还存在着资源综合利用率低,产品结构欠佳,科技含量不高,总体竞争能力较弱等问题。尤其是国内外食品工业发展势头强劲、国外食品技术壁垒与绿色壁垒加高,河南食品工业在科技创新、企业体制、经营理念及市场开拓等方面还不能适应时代更高的要求。

因此,在21世纪,河南要实现食品工业跨越式发展,必须采取一系列卓有成效的举措,全力增强食品工业的发展活力。要强化食品安全,实施绿色食品开发工程;不断进行技术创新、制度创新和营销创新,营造良好的发展环境,扩大对外开放;围绕食物消费结构变化,调整农业结构,发展农产品精深加工,促进食品工业上规模、上档次、创名牌、增效益,提高国际竞争力,扩大市场占有率;加快传统食品现代化、现代食品规模化、食品产业集约化、贸工农一体化,把食品工业培植为优势明显、增势强劲、稳健可靠的支柱产业,实现食品工业与现代农业的协调并进,促进河南经济持续、快速、健康发展。

强化食品安全,实施绿色工程。绿色食品是无污染、安全、优质、营养食品的简称。当今世界,消费者的食品安全意识越来越强烈,国外以食品质量问题为理由的“绿色壁垒”也越筑越高。要成功地规避“绿色壁垒”,除制定和完善防治污染的法律法规和体制框架、确定和颁布科学的技术检验标准、不断强化监督和检测机构的作用外,还必须齐心协力地搞好“绿色大合唱”:营造和优化绿色生态,研究和发展绿色产品,创立和永葆绿色名牌,推广和普及绿色营销,提升和规范绿色管理。

加快科技创新,提高企业竞争力。加快科技创新是提高企业竞争力的关键。食品工业产品最终面对的是消费者,不同地域、不同层次、不同人群有不同的市场需求和消费习惯。加之人们享用食品水平的日益提高,食品的市场变化日新月异,对食品工业技术创新的要求比其他行业更高。因此,食品工业必须加快科技创新步伐,在新技术、新工艺、新装备的开发与应用上有超前意识,在新产品、新包装、新风味的开发上有强烈的市场意识,本着“人无我有,人有我优,人优我新”的原则,集中力量抓好“四高”(技术含量高、附加值高、质量高、市场占有率高)产品,快速变河南的资源优势为产业优势,快速赢得市场竞争的主动权。

着力进行制度创新,营造优良发展环境。沿海发达地区食品工业发展快、效益好,反映在所有制结构上表现为民营企业多、外资企业多。目前河南民营食品工业企业的数量还不多、规模还不大。要进一步解放思想,大力促进民营企业发展。要营造公平的竞争环境,切实保护民营企业的合法权益;对民营企业在融资、技术支持、信息提供等方面加大扶持力度,促进民营企业在市场竞争中不断壮大,成为河南食品工业的生力军;提倡民营企业通过收购、兼并、控股、参股等形式参与国有企业改革;应与对国有企业和企业家一样,对在食品工业中做出突出贡献的民营企业和企业家,政治上给予鼓励、行业中给予地位、宣传上给予名誉。国有食品工业企业,要加快建立现代企业制度,强化激励机制和约束机制,积极采用现代管理方法,不断增强企业创新能力,不断提高企业经营效率。政府要制定科学的食品产业发展总体规划,深化改革农产品流通体制,出台食品工业发展的促进政策,加大对食品产业基础设施建设力度,不断优化经济环境，尤其是营造有利于产业链发展的软环境。

推广农业产业化，调整农业结构。要努力活化农业产业化链条，加强食品工业与农业产业化“连体”，建立工农利益紧密的连接机制，把农业生产方向与食品消费结构变化有机结合起来，形成产前、产中、产后为一体的产业格局。通过龙头企业的引导和带动，加快农业结构调整，促进农业增效、农民增收；同时按照“统一规划、合理布局、相对集中、优质高效”原则，建立与食品工业发展相适应的区域化、规模化、良种化、标准化的原料基地，建立食品工业园区，促进优质安全食品的产地就近加工和农村剩余劳动力的就近转移，以工业化带动城市化。根据食品工业发展趋势，河南农业结构调整的方向大体为：积极扶植优质专用粮食生产，尽可能扩大具有竞争力的高效经济作物种植，重点发展优质特色农业，形成养殖业与种植业的良性循环；把发展畜牧业作为农业结构调整的突破口，加快发展优质肉猪肉牛肉羊，优化禽蛋生产，推进奶业工程，发展特种养殖，在农业区域上，形成有地方特色的农业产业带和关联产业群，建立优质粮棉油、优质苹果、优质蔬菜和优质畜牧业等大型优质农产品基地；利用气候土壤多样性，积极开发山区果、药、菌等名特优新农产品；不断扩大名优农产品的生产规模和市场占有率。

加大市场营销力度，积极开拓国内外市场。食品企业必须接受新的市场理念，领悟新的营销思想，运用现代市场营销手段。现有品牌基础较好的食品企业，要积极在市场中争创国内国际名牌食品，要以质量高、风味好、形象佳提高知名度、增加美誉度、树立信誉度，真正成为深受消费者欢迎的食品品牌。要充分利用社会信息网络、有实绩的市场调研机构和企业信息系统，不断分析研究市场需求的新变化。要重视城市的连锁超市和大卖场的食品销售动态，关注现代物流配送产业的发展及电子商务的走向。鼓励有实力的食品企业在市场调研的基础上，在全国乃至国际建立销售和售后服务网络，以营销拓市场，以市场树品牌，以品牌促发展，扩大河南食品在国内外市场的影响，铸造良好的河南食品工业形象。另一方面，从国际国内两个市场出发，加大招商引资力度，扩大利用国外资金和省外资金，大力发展三资企业，建立一批出口创汇的特色食品基地。积极引进先进生产和加工技术，实现技术的引进、消化、吸收和创新相结合，不断推出推广具有国际先进水平的优良新品种，适应经济全球化的挑战。

（原载 2002 年 12 月 23 日《河南日报》）

做大做强河南现代食品产业的战略思考*

食品加工是河南优先发展的五大支柱产业之一,近十多年来,河南省委、省政府采取了一系列"着力培育,加快发展"举措,使食品工业进入了持续快速发展的轨道。食品工业的经济总量,由"八五"时期的全国第七位跃进到"九五"以来的第四位,并稳居中西部地区食品工业经济总量之首。

从产业基础看,河南省食品产业这棵参天大树已经枝繁叶茂。有资料证明,全省肉食制品、味精、面粉、挂面、方便面、面制速冻食品、花生奶等产品生产总量均居全国第一位。在国家统计局规定的 24 类食品工业行业中,河南省已拥有 23 类(仅缺制糖业),形成了初具规模、比较完整的现代食品工业体系。目前河南省在国内外知名度较高的品牌大多与食品有关,除"莲花""双汇""金星""邦杰"获得了国家最高质量奖——"中国名牌"以外,"金丝猴""王守义十三香""澳的利""三全""思念""科迪""白象""神象""金苑""南街村"等也都已成为全国驰名商标和知名品牌。享誉市场的豫牌产品主要是食品,如双汇肉制品在国内综合市场占有率达 38%,其中火腿肠占国内火腿肠市场份额的 47%;莲花味精国内市场占有率达到 46%;方便面国内市场占有率达到 25%;速冻食品国内市场占有率达到 60%;华英鸭肉已占领韩国市场份额的 70%。

截至 2002 年年底,河南省国有及限额以上的食品工业企业达 1677 家,总产值达 700.8 亿元,销售产值达 688.2 亿元,实现利税总额达 87.2 亿元。位居各工业行业之首,已成为全省国民经济中名副其实的第一大支柱产业。特别是食品工业发展对农业产业化和其他行业带动所产生的一系列"乘数效应",推动了河南农业资源优势向经济优势转化,为全省农业增效、农民增收、农村经济繁荣做出了巨大贡献。

---

* 此文与陈振杰合作。

河南食品工业虽然取得了很大成绩,但其总体水平仍然较低,特别是与发达国家和地区相比差距仍然较大,主要存在以下问题:(1)食品工业结构不够合理。(2)食品企业总体规模小,生产集中度尚不够高。(3)食品市场、食品工业与农业原料基地的产业链尚未真正形成。(4)食品技术水平相对落后,加工技术储备不足。(5)食品质量控制体系不完善,食品安全和环境污染问题较多。目前,我国已正式加入WTO,这为我省食品工业创造了难得的机遇,但也带来了比较严峻的挑战。

当前,中国食品工业发展处在一个关键时期。今后20~50年河南要完成由农业大省、粮食大省向经济强省的转变,食品产业将成为实现全面建设小康社会和现代化目标的重要经济增长点。因此,必须根据国内外食品工业发展和食品消费结构变化的趋势,抓住机遇,坚持市场导向,把食品工业发展同调整地区生产布局、推动农业产业化经营和扩大内需紧密结合起来,以实施小麦综合利用、肉禽及乳制品加工、果品深加工三大标志性工程为主体,大力发展资源的精深加工,积极发展绿色食品,努力促进食品工业上规模、上质量、上档次、创名牌、增效益,进一步提高产品的国际竞争力,建立通畅的国际国内销售体系和网络,扩大河南名牌食品的市场占有率,力争把食品工业培育为优势更加明显的支柱产业。

全力做大做强河南食品产业,必须实施环环相扣的“五大发展战略”:

1.以加快食品产业体系建设为核心的产业化推进战略

现代食品产业的发展是一个系统工程,它要求生产、加工、销售等一体化协调发展。因此,要树立系统发展的思路,打破部门、地区的界限,成立协调组织,积极创造实现食品工业发展与产业升级的良好社会环境,推动产业整体发展。要遵循统一规划,合理布局,相对集中,优质高效力等原则,围绕龙头建基地,突出特色建基地,连片开发建基地,把食品原料生产基地的建设当作现代食品产业发展的“第一车间”来经营,通过建立紧密型利益连接机制,形成产前、产中、产后紧密联合的产业新格局。而且,政府要为这种联合形式提供必要的技术和投入支持。对于河南省来说,完全可以以资源优势为依据,以生产优势为基础,以原有食品加工企业为龙头,以现代高新科技为支撑,全面启动以食品产业体系建设为核心的产业化推进战略。到2020年实现食品工业增加值与农业增加值之比能够达到0.7∶1(2000年是0.27∶1);到2050年实现传统食品现代化、现代食品规模化、食品产业集约化、贸工农一体化，把现代食品产业培植为河南省优势明显、增势强劲、稳健可靠的特色支柱产业。

2.以龙头企业为带动的“企业+基地+农户”的一体化发展战略

要紧密结合农业产业化经营，发展食品产业。引导并促进农业生产结构和农产品结构的调整，达到提高农产品附加值，带动农村经济的发展，增加农民收入的目的。以现有龙头企业为依托，把河南建成全国最大的四种优势食品生产基地：肉制品加工基地、面粉及方便面生产基地、速冻食品生产基地、重要系列调味品生产基地；要遵循“高位起步，扶优扶强，制度创新”等原则，突出“高（高技术水平、高附加值）、大（大规模、大带动面）、新（新工艺、新产品）、多（多种所有制、多种经济成分）、强（强凝聚力、强辐射力、强带动力）、外（外资化、外向型）”等特点，抓住机遇将龙头企业做大做强。目前可依托我国最大的肉制品加工基地双汇集团，我国最大的面粉厂金苑公司，我国中低档方便面的最大供应商白象集团，我国最大的速冻汤圆基地三全公司，我国最大的速冻饺子基地思念公司，我国最大、世界第二的调味品生产基地莲花集团等，把河南省建成全国最大的肉制品加工基地、面粉生产基地、方便面生产基地、速冻食品生产基地以及重要的系列调味品生产基地。

3.以绿色知名品牌食品为核心的确保安全、突出质量的名牌战略

当今世界，消费者的食品安全意识越来越强烈，国外以食品质量问题为理由的“绿色壁垒”也越筑越高。要成功地规避“绿色壁垒”，除了制定和完善防治污染的法律、法规和体制框架，确定和颁布科学的技术检验标准，不断强化监督和检测机构的作用等，还必须齐心协力地搞好“绿色大合唱”：一要营造和优化绿色生态。围绕食品原料基地，有效解决环境污染和农产品质量安全等问题，建立各部门分工协作、密切配合、齐抓共管的运作机制，努力实现食品原料基地化、技术生态化、过程清洁化和产品无害化。二要研究和发展绿色产品。以绿色产品的标准体系、质量监督检测体系、质量认证体系、标准推广体系等的建设为标志，成规模地开发和营销无公害、无污染、质量稳定、营养结构更加合理的绿色产品。三要创立和永葆绿色名牌。强化品牌意识，发展规模经营，走品牌加规模的发展道路，提高知名度，增加美誉度，树立信誉度。四要推广和普及绿色营销。以绿色包装为“引擎”，以绿色价格为“磁场”，以绿色分销为渠道，以绿色促销为“桥梁”，以绿色通道为“快车”，以绿色销售服务为保障，通过

现代物流配送、网上交易、替代营销等先进手段,以绿色营销拓市场,以市场树品牌,以品牌促发展。五要提升和规范绿色管理。以 ISO9000 质量管理体系、ISO14000 环境管理体系和 HACCP 食品安全体系"双绿色三位一体战略"为基点,认真贯彻产品生命周期全过程控制、生产的全过程控制这"两个全过程控制",时时处处体现绿色,为了使这项工作扎实有效,可先行选择食品安全示范县、试点县、示范企业,逐步形成食品安全基地市,以期实现食品加工业原料生产基地绿色生态化,成品优质化、安全化。

4.以市场拉动与政府推动相结合的加速发展战略

巨大的市场需求是现代食品产业发展的强大动力,政府的职责是做好宏观管理等基础性工作。要在普查和调研的基础上,制定今后 20~50 年食品产业发展的总体规划,包括食品产业的区域布局、优先支持发展的行业和产品等;要加大对食品产业基础设施建设投入的力度,重点加强冷藏、保鲜、包装、运输、卫生检疫等基础设施的建设;要进一步改革和完善农产品流通体制,借鉴外国的成功经验,建立一个权威、高效、统一的食品工业管理监督机构,对食品的生产、加工、销售实行一体化行政管理。通过开发一批名优产品,扶持一批集团企业,建设一批原料基地,摸索一套运作机制,来切实促进食品加工业的进步,实现产业的升级。要在注意吸收外商直接投资的同时,更多地注意把私营和合作经济部门作为食品工业投资的主要来源。小食品企业投资小,见效快,特别适宜吸引民间投资,要放宽农村投资金融政策,鼓励乡镇企业投资发展食品企业。目前,我省的食品产业要上新的台阶,已经到了政府主动助他们一臂之力的时候了。要认真贯彻落实党中央、国务院及有关部门制定的关于农产品加工业的税收、金融、财政、出口、土地、培训教育等方面的优惠政策。制定合理的产业政策,着力营造经济软环境,尤其是加强产业链构建的经济软环境。如在贷款政策上,消除所有制歧视性政策,让私营企业和国有企业以同等待遇获取银行贷款支持;在税收和财政政策上,对一些发展前景良好的食品加工企业,可以给予一些税收减免和贷款贴息等优惠政策;增加食品加工企业的上市数量,允许一些食品加工企业发行企业债券等。尤其要积极培育和发展具有市场核心竞争力的大公司和企业集团,组建食品产业的大型航空母舰,并全心全意地为其开展生产经营活动"保驾护航"。同时,对具有地方风味和特色的传统食品加工作坊,也要鼓励和扶持发展。

5.加大食品工业的招商投资力度,促进以食品出口为主要目标的国际化发展战略

食品行业是中国实行对外开放政策最早的领域之一。2002 年以来国内外食品企业大集团纷纷落户河南,如娃哈哈、乐百氏、健力宝、蒙牛、华龙、五得利、统一集团以及菲律宾晨光工业公司、新加坡康元集团等。要继续加大食品工业的招商投资力度,充分利用加入 WTO 为我省食品出口提供新的拓展机遇,为有利于食品企业参与国际竞争的需要,要确定一批经济实力较强、技术含量较高、市场发展潜力较大的科技示范企业,重点给予政策与技术支持,促其尽快发展与壮大,使其产品尽快走入国际市场,从而带动行业的整体进步。设立食品出口加工区并对其加工贸易进行“圈养式”封闭管理,是与国际惯例接轨的有效举动。目前,我省的郑州、漯河等市及已成为全国食品工业强县的临颍、郾城、项城、鹿邑、郸城、淇县、潢川等一些县市,要发挥优势,创造条件,争取成为国家级、省级出口加工区,发挥集聚效应,做大做强河南现代食品产业。

(原载河南省社会科学院主办的《领导参阅》2003 年第 23 期)

努力扩大食品工业外向度

河南省作为农业大省和产粮大省,如何打造食品工业制造基地,扩大食品工业外向度,进而充分发挥农产品资源丰富、劳动力成本低的优势,积极实施农产品加工和食品工业发展战略,对于近1亿河南人能否整体过上小康生活,促使河南经济社会的现代化建设,实现中原崛起,具有十分重要的现实意义。

食品工业:中原崛起的第一支柱产业

河南省食品工业持续快速发展,已成为实现中原崛起的第一大支柱产业。近年来,河南食品工业的经济总量在全国的次序实现了连续进位,自"八五"时期由全国的第七位跃至第五位后,"九五"以来一直稳定在全国的第四位,位居中西部地区食品工业经济总量之首。截至2003年年底,在国家统计局规定的24类食品工业行业中,河南省已拥有23类(仅缺制糖业),形成了初具规模、比较完整的现代食品工业体系。全省国有及限额以上的食品工业企业1700多家,固定资产净值700多亿元,从业人员近百万人。实现销售产值近800亿元,同比增长15%左右,占全省工业销售收入总额的15%以上;完成工业增加值近300亿元,占全省工业增加值的20%;实现利税近100亿元,占全省工业利税总额的20%以上。

产品结构逐步优化,市场竞争力逐渐增强,食品出口呈现良好势头。自2000年起,全省食品工业技术改造投资总额每年都在10多亿元,占同期全省工业制造业技术改造投资的15%以上。经过技术改造和技术创新,一批食品工业企业的技术装备水平显著提高,新产品研发能力显著增强,并在国内市场竞争中涌现出一批具有一定知名度的优势产品。目前,河南肉制品行业居全国领先地位，且出现以火腿肠、熟肉制品、低温肉制品、冷却分割肉、冷冻分割肉、综合利用等多个系列产品；河南味精、面粉、挂面、面制速冻食品、方便面等产品在全国生产总量中均居第一；苹果汁加工、板栗加工、银杏加工、复合调味料、糖果制造、蛋白加工、植物油脂等名列全国前三位；河南省已成为全国最大的小麦综合加工基地。食品工业企业在开拓市场中创出了一批在国内市场有较高知名度的名牌产品。“双汇”“莲花”“金丝猴”“王守义十三香”是全国驰名商标，“澳的利”“三全”“思念”“科迪”“白象”“神象”“金苑”“南街村”等成为全国知名食品品牌。名牌的形成进一步提升了市场竞争能力，扩大了市场占有率，也树立了河南食品的新形象。

食品出口呈现良好势头。郑州金苑面粉出口蒙古国；漯河双汇的肉制品、肉罐头，大用鸡，永达食品，华英鸭，四通食品等肉制品，郑州的思念、三全速冻食品，商丘科迪，许昌长葛众品，洛阳东兴公司的绿色食品，焦作博爱新达公司的真空冷冻干燥食品，先后出口东南亚、日本、韩国、新加坡等地；三门峡的湖滨果汁、灵宝的阿姆斯苹果汁连年出口美国、德国、意大利等国。

所有制结构逐步优化，非公有制食品企业快速发展。近年来，除原有的国有资本外，私人资本、外资、国内发达地区投资、港澳台资纷纷进入且所占比重越来越大，呈现出投资主体多元化的可喜发展态势。全省国有食品企业已有80%以上经过改制、改组、改造，成为混合型经济体。体制创新使这些企业改善了法人治理结构，建立了较为完善的现代企业制度，增强了企业的活力。尤其是河南省一批民营食品企业的快速发展，为全省食品工业的发展既增添了新力量，又树立了新形象。如“昌达”“三全”“思念”“金苑”“科迪”“王守义十三香”“金丝猴”等企业年销售收入均已经超过 3 亿元。它们当中有的已经成为全国或全省食品行业的排头兵：“澳的利”品牌叫响全国市场，使昌达公司成为全国最大的葡萄糖饮料生产企业；“金苑”目前仍然是全国最大的面粉厂，年加工小麦能力达到 60 万吨；“三全”“思念”分别是全国最大的速冻汤圆、速冻饺子生产企业，速冻食品市场占有率在 40% 以上；等等。民营食品企业的发展充分体现了河南省宏观经济环境的改善。

食品工业带动了农村结构调整，促进了农业产业化经营和农村经济的发展。河南食品工业虽然近十年来有了长足发展，但作为食品资源大省，与鲁、粤、苏、京、津、沪等食品工业先进省市相比，还有很大差距，主要表现在：

一是产品结构仍然不够合理。初、粗加工产品多,精、深加工产品少;大路产品多,名优产品少;传统技术产品多,高新技术产品少。

二是产品在国际竞争中的竞争能力明显不足,出口量小,出口创汇能力不强,总体竞争能力弱。面对激烈的市场竞争,食品企业总体规模小,生产集中度不高,食品工业多数产品存在着花色、品种、质量不适应市场需求的状况。偏于追随从众型开发,少于创新主导型开发。

三是食品工业的发展滞后于农业发展。农产品加工转化量偏少,增值幅度偏低,食品工业总产值与农业总产值之比仅为0.27∶1,低于全国4∶1的平均水平,远低于发达国家2∶1或3∶1的高水平。

河南食品生产和出口面临的国内外环境

国内外环境带来的优势:一是有利于享受WTO各成员国和地区提供的多边、平等、互惠的最惠国贸易待遇,有利于利用全球范围内的比较价格优势,降低生产成本,合理配置全球经济资源,提高产品的质量和档次,满足国内外市场的需要。二是有利于推进食品企业建立现代企业制度,更好地利用或借鉴国外的资金、技术、经营和管理经验,提高河南食品企业的管理水平、经营水平和生产者的素质,加速食品企业的科技进步和技术创新,促进产业升级,提高国际竞争能力。三是有利于引进国际廉价原料,扩大食品工业出口贸易,并享受其他国家和地区开放市场的好处,拓宽出口渠道。

国内外环境带来的挑战:一是随着关税的降低和非关税措施的取消,以及《与贸易有关的投资措施协议》的签订,必然会有更多的国外技术密集型、水平先进的产品或企业进军中原,这将给省内同行带来严峻的挑战。二是一些不适应市场竞争的企业体制、经营理念及市场营销体系都将受到猛烈的冲击,特别是处于幼稚期或长期内部保护的食品行业或企业也将处于不利地位。三是发达国家在食品方面的贸易技术壁垒将成为河南食品出口的拦路虎。四是河南食品工业现行的分散的管理体制对促进企业发展、快速适应市场的变化极为不利,食品企业中既懂得专业知识,又熟悉外语、掌握国际经贸规则的高层次管理人才、高级财会人才和法律人才等综合性人才相对缺乏。

扩大食品出口的不利因素

从加入世贸组织之后的调查发现，河南食品产业在发展中存在以下问题：河南食品生产企业对国外有关食品方面的标准、技术法规了解甚少；河南食品企业总体规模较小。目前年销售收入达到100亿元人民币的食品企业只有双汇集团，而且距世界50强食品加工企业的差距仍然相当大；河南食品加工业与原料基地和销售的产业链尚未真正形成；河南食品加工技术水平相对落后。对食品工业的综合利用，尤其是废弃物的综合利用研究较少，综合效益与国际先进水平有较大差距；河南食品工业标准检测体系和质量控制检测体系机制仍不完善。河南食品安全和环境污染问题较多。

扩大食品出口的战略选择

战略思路。要把食品工业也同农业一样看作国民经济的基础产业，摆到国计民生和"第一需要"的位置，并从全局上把上游的农业、中游的食品工业与下游的饮食业、营销业紧密地联系在一起，将食品产业"这块蛋糕"做大；要使食品工业朝着优化结构、增加品种、提高质量、改善管理、开拓市场的方向发展，走原料基地化、生产规模化、技术装备现代化、资源利用综合化的路子，逐步建设强大的、具有鲜明特色的现代食品工业，使其真正成为奋力实现中原崛起的顶梁柱。

发展目标。进入"十一五"期间，我省食品工业总产值要实现年均递增15%以上，利税年均递增25%以上，出口创汇年均递增10%以上，仍应继续保持高于全国平均发展速度的发展绩效。

政策选择和对策措施。营造食品企业发展的宽松环境；拓宽食品工业投资渠道，放宽农村投资金融政策，鼓励乡镇企业投资发展食品企业；推进食品企业的技术创新要加大科技创新的力度；扶持名牌食品加工企业，重点给予政策与技术支持；建设加工食品示范基地，形成示范带动效应；探索新型的运营机制，实行产加销一体化运行;设立食品出口加工区,对其加工贸易进行“圈养式”封闭管理;要加快引进和运用现代生物和食品工程等高新技术,提高食品加工的科技含量,走精加工、深加工、低消耗、高附加值的发展道路。

扩大食品出口的对策建议

一是研究和利用世贸组织的协议和规则,做好食品工业发展的应对工作。

二是以肉禽制品、冷冻食品、粮食深加工为重点,着力培育食品企业集团。促进食品工业上规模、上质量、上档次,创名牌、创效益,进一步提高食品工业的国际竞争力,使河南省成为名副其实的全国最大的肉制品加工基地、速冻食品生产基地以及重要的系列调味品生产基地。

三是大力发展有机食品。利用河南省大部分山区生态环境还未遭到破坏和污染的有利条件,大力发展有机食品,扩大出口。

四是加强食品科技研究,加速产业化进程,促进河南食品工业高新技术产业化和行业技术进步。

五是建设一批食品工业的优质原料基地,保证食品工业发展的原料需求。

六是按照国际标准要求,积极开展有关认证,为河南食品工业参与国际竞争创造条件。特别是要支持和培育企业通过认证,消除河南食品出口贸易的技术壁垒。

(原载《践行“三个代表”实现中原崛起》,河南人民出版社 2005 年 4 月版)

扩大富士康效应,促进河南吸引内外资跃上新台阶*

富士康落户中原绝非偶然。从大势上看,随着沿海进入后工业化时期,劳动密集型企业正在大规模向中西部转移。从微观上看,河南具有竞争力的优惠政策和各级政府较强的执行力使河南能够在激烈的竞争中脱颖而出。从河南富士康注册到开工仅花了一个月的时间就可见一斑。

富士康的进驻是河南在承接产业转移方面的标志性事件。无论从技术含量、项目规模还是产业影响来看,这一事件都有里程碑式的意义。事实上现在已经有一大批国内外的大企业投资河南。现在的问题是,如何乘胜追击,扩大富士康效应,促进河南吸引内、外资尽快跃上一个新台阶。为此我们建议:

1.加快农民工市民化的进程,让更多的河南农民工留在河南

富士康赴豫投资的最重要的原因是河南的劳动力优势。随着我国的人口红利时期的终结,各地市场对劳动力的竞争将越来越激烈。谁能留住更多的劳动力,谁就会有更多的投资者进入。加快河南省农民工的市民化进程,先于其他省市把更多的农民工稳定在河南的城市中,这样就能在新的竞争中处于有利的地位。省内的中小城市和小城镇,可马上完全放开农民工户籍限制。对郑州市,把当前获得户籍的条件由有"自有住房+固定工作"改为有"自有住房+3年纳税"。条件成熟后再进一步降低进入郑州的户籍条件。同时建立一个"人地挂钩、人钱挂钩"的对县市政府的激励机制。根据各城市吸纳农民工市民化的数量,在土地计划基础上,增加一部分用地指标。省级财政建立农民工市民化专项资金,根据各城市吸纳农民工定居的规模,连续几年每年定向给予财政补

---

* 此文与汤敏合作,系亚洲开发银行技术援助项目"支持中原崛起的财政政策研究报告"的政策建议之一。

助，减轻县市政府对市民化后的农民工以及他们的家属提供城市公共服务的压力。禁止违法调整、收回进城定居农民工的承包地。要允许农民工在自愿的基础上通过市场流转方式出让承包地及其宅基地并获得财产收益，作为他们进城定居的部分资金来源。另外，要加强对农民工的人文关怀，通过建立灵活的农民工再培训体制、有地方特色的业余文化生活体系、子女教育支持体系等，让农民工在河南有在其他地区得不到的亲情与文化氛围，加大对河南籍农民工回省的吸引力。

2.重点支持引进重大内、外资项目

把引进大项目和央企、世界500强企业作为重点目标。财政要重点扶持一批出口超亿美元的骨干企业。投资规模1000万美元以上的大项目，按税收比例由省市财政在建设期内对该项目中方注册资本金总额给予10%的补贴，返回该项目20%的土地出让金用于企业的基础设施建设。对生产性大型内外商投资企业，从开始获利年度起，第一年和第二年免征企业所得税，第三年到第五年减半征收企业所得税。外资投资工业企业的固定资产（房屋、建筑物除外）、无形资产，可以在现行规定折旧年限的基础上，按不高于40%的比例缩短折旧年限。技术开发费抵扣应纳税所得额。外商投资企业技术开发费比上一年度增长10%以上，可再按技术开发费实际发生额的50%抵扣当年度的应纳税所得额。向优质粮食、绿色食品、畜牧业、农产品精深加工和山特产品开发等较大规模的产业投资，外国投资者可以享受农业产业化龙头企业扶持政策和绿色食品扶持政策。销售自产的农业产品免征增值税。

3.吸引境内外现代服务业进入

作为内陆大省，拥有一个低费高效的物流业是发展河南外向型经济的基础。作为中原大省，强大的物流业又是发挥河南地域优势的根本所在。因此，应该重点大力引进境内外大型物流业在河南设立运输、分拨、配送、采购、仓储、包装等企业。为鼓励国内外知名物流企业入驻河南，可对其在资金补助、设施租赁方面给予优惠，并对其聘任的国内外高级管理人员给予一定比例的个人所得税优惠。对其他的生产性服务业，以及国际、国内知名律师事务所、会计师事务所、咨询公司、人才中介机构等专业服务机构实行一定比例营业税与企业所得税返还优惠。建立专项现代服务业引导资金，专门用于对重点生产性现代服务业项目的补助或财政贴息。

4.扩大金融服务业对外开放

金融是河南的短板,更需要通过“引进来”实现跨越式的发展。河南省的存贷差高达5700亿,农村的存贷比仅为58%,每年资金从河南农村流出上千亿元。据悉,中国银行正与投资小额贷款有着丰富经验的新加坡淡马锡公司合作,以控股的方式,在全国开几百家村镇银行。建设银行也在考虑这种模式。我们要利用农业大省的优势,捷足先登,争取让河南成为中国银行与淡马锡村镇银行的省级试点,在较短的时间内使每一个县都有一个村镇银行,把农民的储蓄留在农村;把河南人的储蓄留在河南。鼓励外资金融机构参股地方城市商业银行,参与农村信用社改制重组。争取更多的合资证券公司、证券投资基金管理公司、保险经纪公司和外资保险公司在河南经营。

5.充分发挥郑州商品交易所的独特优势

扩大郑州商品交易所的聚集度和辐射力,开发如动力煤、甲醇、尿素、玻璃等新的上市品种,力争把郑州商品交易所建成集农业、能源和原材料为一体的现代化期货市场。引进在国内外具有较大影响的期货公司,引进境外合格机构投资者参与交易。对新引进的期货经纪公司给予税费减免,扩大利用期货市场引入资金的能力。支持现有期货公司通过资产重组和增资扩股等方式充实资本金,形成规模效应。

6.支持河南企业抱团“走出去”

根据国外与国内其他省市的经验,企业抱团走出去成功率较高。河南可以考虑选择一两个政治稳定、长期与我国友好、有发展潜力的亚非国家,建立河南境外经贸合作区。完善与推广国基集团在塞拉利昂建立的国际工业园模式。建立海外投资发展资金,对省内企业在境外建立经贸合作区发生的前期费用、银行贷款等给予补助或贴息扶持;对从事境外资源开发投资业务的企业在东道国注册登记之前发生的前期费用予以资助。设立需转移出去的传统产业“走出去”专项扶持基金。河南要转移传统产能1000亿元左右,另一方面一些发展中国家又急需这些产能,河南省应为解决产业转移尽快腾出发展空间,并带动产品与设备的出口。

(原载河南省社会科学院主办《领导参阅》2010年第73期)

论中原经济区开放型经济发展新思路

为“实现河南经济社会又快又好的发展，在促进中部地区崛起中走在前列”的目标①，建设以河南省为主体的中原经济区已经列入国家“十二五”发展规划当中，这表明建设中原经济区不仅是“十二五”期间河南“奋力实现中原崛起”的发展战略，而且已经成为国家推进中部崛起的重大发展战略。近年河南省开放型经济有了长足发展，但是与其他发达省市相比差距仍在拉大，面对国际金融危机后新的发展形势，河南省开放型经济发展只有有了新的思路，才能够成为中原经济区建设的重要支撑。

一、国际金融危机前河南开放型经济发展状况分析

近年，河南大力引进战略投资者，积极推动全省大企业与中外500强企业的交流与合作。在省内公司与日立、微软、西门子、飞利浦、MAN等公司合作之后，法国拉法基集团等也纷纷投资河南。一些世界著名的零售商如家乐福、沃尔玛、麦德龙、家世界、百思买等世界500强企业加速了在河南商业领域的扩展步伐。目前已有90多个国家和地区的客商到河南投资办企业，已投产开业的达2000多家，涉及制造业、农业、畜牧业、商业、电力、教育、房地产等各个领域。通过与这些跨国企业的合作，河南企业与国际市场接轨的步伐进一步加快，把河南利用外资工作提高到了一个新的水平。相对于进出口和吸引外资来说，河南省对外投资起步比较晚。河南省第一家境外法人企业是1985年由河南省政府在香港投资设立的“窗口公司”——豫港集团有限公司。20多年来，河南对外直接投资经历了一个曲折的发展历程，其发展阶段与国家对外直接投资整体

---

① 胡锦涛总书记在2003年视察河南时，对河南省委提出了“实现河南经济社会又快又好的发展，在促进中部地区崛起中走在前列”的目标，因此，河南省委于2003年7月做出“奋力实现中原崛起”的决定，提出到2020年基本实现工业化，河南的发展要走在中西部地区前列。

趋势相吻合,并呈现出滞后 2~3 年的特点(参见图 1)。

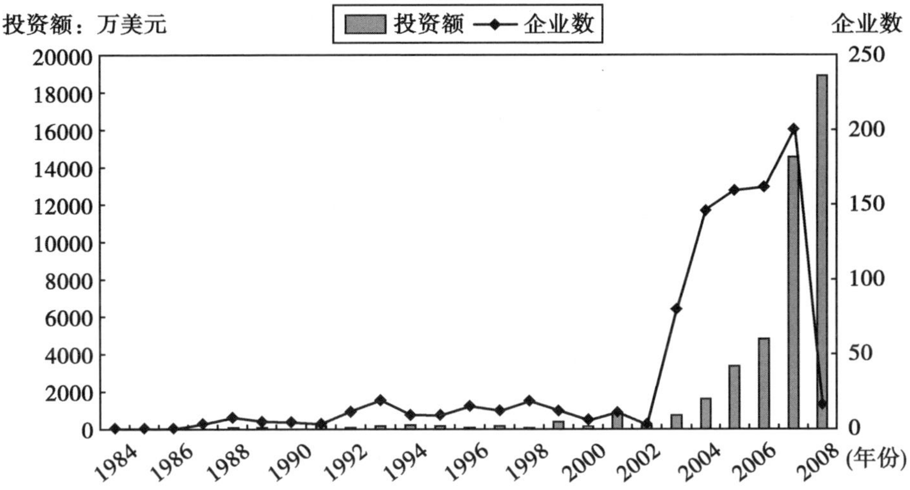

图 1　河南对外直接投资情况(1984—2008 年)

注:投资额为中方协议投资。

河南省对外投资主要集中在机械电子、食品生产、建材、轻工和化工行业。租赁和商务服务业主要是承担境外承包工程的外经企业和国内贸易公司的驻外机构;而批发和零售业均为境外贸易公司,数量最多,达 120 家;农林牧渔业在河南对外直接投资中表现比较活跃,这也对应了河南在全国农业大省的地位,5 家企业平均投资 96 万美元,是除采矿业外平均投资额最高的。

从地区分布来看,河南对外直接投资地在亚洲地区最多,主要是柬埔寨、泰国、越南、老挝、巴基斯坦、韩国、日本和中国香港;其中对日、韩、中国香港以贸易公司和驻外机构为主,在其他国家的投资主要是生产企业。河南企业在非洲的投资比例远高于全国平均水平,这主要得益于河南的两家民营企业分别在塞拉利昂和尼日利亚的市场开拓;此外,河南一拖集团在非洲的业务拓展也产生了一定的带动作用。在北美的投资主要集中在美国,以贸易企业为主。在欧洲其他地区还有德国、匈牙利、波兰等。

2007 年,全省签订对外承包工程合同金额 10.42 亿美元,完成营业额 10.03 亿美元,双双突破 10 亿美元,派出 32671 人次。全年新签合同额、完成营业额均取得历史性突破,创河南改革开放 29 年来对外经济合作业务的历史新高。

同时,河南还积极推动企业境外上市步伐,截至2009年年底,全省已有26家企业通过多种方式实现境外上市,为利用国际资本实现跨越式发展打下了良好的基础。

二、国际金融危机后河南开放型经济发展环境的新变化

随着世界经济回暖,中国经济恢复快速增长,进入2010年,河南省的开放型经济很快反弹。据海关统计,2010年一季度,河南省实现进出口总值为34.89亿美元,比上年同期增长19.8%。其中,出口总值为20.50亿美元,同比增长33.1%;进口总值为14.39美元,同比增长5.0%。

在吸引外资方面,河南省继续了2009年良好的增长势头。2010年一季度,河南省利用外资三项指标全面增长。全省实际到位资金79434万美元。全省完成对外承包工程和劳务合同额为13.47亿美元,比上年同期增长194.4%。完成营业额为4.37亿美元,同比增长36.6%。

在如此短的时间内能使开放型经济重新恢复增长的势头,是河南省政府在逆境中坚持改革开放,适时启动大招商活动,积极实施承接产业转移的政策的结果。历史经验表明,在外部环境趋紧时,正是落后地区抢占先机,实现跨越和崛起的时期。为帮助企业渡过难关,河南省有关部门推出了一系列的减少企业成本,放宽市场准入,扩大中小企业融资等措施,支持企业应对金融危机。有关部门还通过成功举办黄帝故里拜祖大典,组织开展中原文化澳洲行、港澳行、台湾宝岛行和东南亚招商,专项产业承接洽谈等大型文化经贸活动,促成了一批战略性合作重大项目,积极推动省际合作,签署了一批合作协议。河南开拓型、开放型、经济型保税物流中心也获国家有关部门批准。

三、河南加快推进开放型经济发展的问题分析

(一)开放意识不足及举措不力

近年河南不断深化体制改革,很多工作走在了全国的前列。例如河南在全国率先推出了省一级的外商投资项目无偿代理制,率先在全国提出了全民外经贸战略,放宽企业进出口经营权登记条件,使企业在工商登记时直接获权。但体制性障碍仍然存在,一些部门在职能的实现过程中缺乏透明度和制度性监督,“越位”“错位”和“不到位”的现象还时有发生。一是存在着重国内市场、轻国外市场,重进口贸易、轻对外投资办厂等倾向。二是缺乏与企业跨国投资相适应的依法行政意识。政出多门,没有统一的法律规范。三是鼓励政策的覆盖

范围及力度都不够，对企业“走出去”开展对外直接投资缺少应有的支持。国内许多省份均制定了本省的“走出去”促进政策，设立专项资金，对企业到境外投资给予扶持，而河南在这方面做得仍有欠缺。四是尚未建立起有效的服务机制和保障机制。存在着公共信息服务体系不健全，中介机构不完善等突出问题。

（二）创新不足，可持续发展后劲不足

河南创新不足主要表现在以下几个方面：一是企业的创新主体作用没有充分发挥，未能探索多种形式的产学研合作模式；企业成果引进和新产品开发、企业创新公共服务平台建设等环节薄弱，科技型中小企业的发展缺乏良好的外部条件；对发明专利、商标品牌及技术标准制定等方面缺乏全面系统的激励扶持。二是产业结构创新力度不够强，产业竞争能力有待进一步提高。各类产业开发区有待进一步整合，传统优势产业有待进一步改造提升，各项奖励扶持政策有待修订和完善，以高技术、高附加值为特征的现代产业集群发展缓慢，高层次的高新技术企业优势不明显。三是开放创新的路径不够新，招商引资的模式创新不够。推动招商引资从引项目、引资金向引技术、引管理、引人才提升的观念没有真正落实，推进加工制造业为主向现代农业、研发机构、高端服务业、基础设施转变的力度不足。在创新对外投资和合作方式上下功夫不够。

（三）人才匮乏，导致开放度的不足

人才竞争已经成为区域间竞争的关键。由于河南地处内陆，在地理环境、政策环境、创业舞台、生活待遇等方面无法与东部沿海发达地区相比，人才流失比较严重，人才的引进也缺乏大的有效举措。人才的流失以及人才引进力度的缺乏使河南经济发展缺少重要生产要素的支撑。高科技人才的流失严重影响了河南高新技术产业的发展，使河南高新技术产业因人才不足而缺乏发展的活力，进而影响河南的开放型经济结构优化，影响其整体水平的提高和竞争力的提高。河南虽然多年来在人才培养和人才引进等方面采取了许多措施，但囿于实力，仍无法与发达省份相比，河南在融入全球化过程中人才短缺，尤其是高素质、高技能人才短缺的问题仍十分突出。在推进开放型经济发展，推进河南经济国际化的过程中，河南面临着四类人才的严重不足：一是信息、农业、金融、外贸、法律、现代管理领域的专业人才不足；二是生物技术、环保技术、新材料等领域的高层次科学技术人才缺乏；三是熟悉世贸规则，了解国际惯例，适应国际竞争需要的谈判人才和外语人才稀少；四是跨行业、跨领域、跨学科的复合型人才不足。以上四类人才的不足，严重影响了河南开放型经济的发展。

四、建设中原经济区与河南开放型经济发展的新思路

（一）继续解放思想，实现观念彻底创新面对新的形势

河南在开放型经济长期发展方面的指导思想应该是：在科学发展观的引领下，继续解放思想，实现观念彻底创新，积极实施开放带动主战略，把进一步经济国际化作为富民、强省、实现“两大跨越”，进而实现中原经济区崛起的重大动力。要进一步创新开放理念，增强开放意识。只要国家法律政策没有明令禁止的，就可以在河南各地大胆地试，用创新的精神破解难题。要努力实现更高层次的开放发展目标。加快开放型经济发展不仅是为了扩大就业摆脱贫困，更是为了实现全省产业结构的调整，社会的和谐发展。要逐步实现政策指向的调整，从靠政策激励拼资源、土地转变为靠制度、体制、效率加软硬环境。要努力实现对外开放竞争战略的转变，把廉价劳动力优势扩展为以自主创新为核心的体制、人才和技术相结合的综合优势。要提高对外开放的水平和视野。开放型经济的发展要有大目标，争取到2020年河南省开放型经济主要指标居中西部地区前列，进出口规模达到1000亿美元以上，利用外商直接投资350亿美元，利用省外资金15000亿元。

（二）以大招商承接境内外产业大转移

河南作为中部经济欠发达但又有一定工业基础的人口和资源大省，面临着国际和国内产业转移及转型的良好机遇，河南要实现新一轮的开放型经济发展，必须善于利用金融危机形成的新机遇，加快推动和催生以制造业和现代服务业为主体的产业结构优化与升级。在此过程中，对于严重污染环境、消耗大量资源的产业应该坚决拒绝接受，要注重长远利益，树立可持续承接产业转移的理念。事实上，随着经济的发展、国家的进步，以及法律法规更为严格的执行，现在也不可能再简单地重复珠三角、长三角区域过去所走过的路了。

承接境内外产业转移，要以国家级开发区、省级开发区和各类产业集聚区为主要载体，找准承接产业转移的结合点和突破口，在“引进来”和“走出去”的结合中，对内资与外资一视同仁，全面提高河南经济的国际竞争力和国际分工地位。在当前，主攻方向是以大招商推动产业大转移，依托全省175个产业集聚区，引导同类企业集中发展，发挥集群协同效应，着力引进一批关联度高、辐射力大、成长性好、带动力强的龙头型、基地型大项目；在大力承接传统的劳动

密集型产业的同时，积极创造机会，引进一些高新技术企业和有技术、有品牌、有市场的国际知名企业，努力发展先进制造业、现代服务业、服务外包业等知识技术密集型产业。外贸重点承接中国香港、中国台湾以及日本、韩国、新加坡、美国、欧盟等国家和地区，对内重点承接珠三角、长三角、闽东南和环渤海地区的产业转移项目。政府部门还可以考虑发展共建共享的"飞地经济"，实行税收分成，加快推进产业集聚发展。要积极引进境内外银行、证券、保险、期货、信托等金融机构，加快郑州市区域性金融中心建设。打破行业垄断和市场准入限制，引入外资参与基础设施建设和公用事业建设。

在产业发展上，要积极有效地引导外资进入农、林、牧、水领域的综合开发，鼓励外商开展农产品精深加工和新品种新技术引进研发、农业高新技术产业开发、中低产田改造和农业基础设施建设。围绕十大产业振兴规划的装备制造、食品、纺织、化工、有色金属、轻工、汽车、电子信息、生物、钢铁产业，推进与世界500强、行业前50强企业的战略合作。鼓励外商投资新能源，节能环保，电动汽车、新材料、新医药、信息产业等新兴产业和高新技术产业。注重吸引跨国公司在河南建立地区总部、研发中心、营销中心等。作为内地的大省，河南要特别关注物流产业的建设，加强与境内外著名物流企业的联系，打造辐射国内外的物流平台。把引进大项目和央企、世界500强企业作为重点目标。建议投资规模1000万美元以上的大项目，按税收比例由省市财政在建设期内对该项目中方注册资本金总额给予10%的补贴，返回该项目20%的土地出让金用于企业的基础设施建设；对生产性大型内外商投资企业，从开始获利年度起，第一年和第二年免征企业所得税，第三年到第五年减半征收企业所得税；外资投资工业企业的固定资产（房屋、建筑物除外）、无形资产，可以在现行规定折旧年限的基础上，按不高于40%的比例缩短折旧年限；技术开发费抵扣应纳税所得额，外商投资企业技术开发费比上一年度增长10%以上，可再按技术开发费实际发生额的50%抵扣当年度的应纳税所得额。

（三）以开放型经济加快河南农民工市民化的进程

进入21世纪以后，我国农村劳动力供求关系进入重要转折期，农民工数量增长稳中趋缓。近年，农村劳动力供求关系正从长期"供过于求"转向"总量过剩，结构短缺"。农村青壮年劳动力大量转移到非农产业，供求明显偏紧，有一技之长的农民工供给严重不足，农民工供求的区域矛盾突出，沿海很多地区出现了“民工荒”。河南省也不例外。2010 年以来,河南在加快产业承接转移过程中,本地转移就业开始增多。由于实施了一系列加快产业集聚区发展的扶持政策,加快基础设施和配套服务设施建设,为产业转移创造了条件。2010 年上半年,河南全省 180 个产业集聚区完成投资 2090.4 亿元,实际利用省外资金 1373.8 亿元,增长 28.5%。据不完全统计,仅在建的纺织服装产业园区就多达 27 个,吸纳农民就地就近转移四五十万人。到 2010 年 6 月底,省内农村劳动力转移就业人数达到 1140 万人,第一次超过 1000 万人,成为经济社会发展的一大特点。河南省劳动力的流向既反映出经济形势的变化,也能折射产业与劳动力由东部沿海地区向内陆地区转移的趋势。并且农民工已进入了代际转换时期。20 世纪 80 年代和 90 年代进城务工的农民工,他们的子女已经开始成为农民工的主体。这一群体占外出农民工的六成以上,平均年龄 23 岁左右,近 80% 的人未婚。新生代农民工大多数受到了更好一些的教育和职业技能培训。他们中的大多数基本上没有从事过农业生产,更注重体面的劳动和发展机会,期盼在城里长期稳定生活。新生代农民工维权意识日益增强,要求在精神、情感生活需求上能够得到更好的满足。新生代农民工问题的积累已经开始显露出对我国政治社会稳定,经济可持续发展的影响。

然而,由于农民工市民化这一核心问题没有松动,农民工及其家庭成员在享受义务教育、高考、劳动就业、医疗卫生、社会福利以及政治权利等方面与城市市民有着明显的差别,特别是农民工住房基本上仍游离于城市住房保障体系之外。住房问题严重影响着农民工的生活质量,并成为农民工市民化的最大障碍。目前,一些省市出台了流动人员有条件准入的落户办法。但是,这些办法都属于引进人才的措施,而不是针对农民工的,对农民工来讲落户门槛过高。可以预见,未来中国社会对劳动力的竞争将越来越激烈。根据国际经验,劳动力短缺会逐渐成为社会常态。在这种情况下,谁能吸引更多的劳动力,就会有更多的投资者进入。对此,作为人口大省的河南有天然的优势。但是在中原经济区崛起的新形势下,这一优势能否发挥出来,还得看政策的对比,农民工在不同地方生活与就业的综合效益。因此,河南省加快农民工的市民化进程,要先于其他省市把相当规模的农民工稳定在河南的城市中,这样就能在新一轮的竞争中处于有利的地位。

加快农民工的市民化既是一个巨大的挑战,也是一个难得的机遇。可以考虑从“十二五”时期起步，遵循自愿、有序、分类、统筹的方针，在河南省内加快解决农民工及其家庭成员的市民化问题。随着我国人口红利时期的终结，未来各地市场对劳动力的竞争将越来越激烈。省内的中小城市和小城镇，可马上完全放开农民工户籍限制。对郑州市来说，可以把当前获得户籍的条件由有“自有住房+固定工作”改为有“自有住房+3年纳税”，条件成熟后再进一步降低进入郑州的户籍条件。同时建立一个“人地挂钩，人钱挂钩”的机制，根据各城市吸纳农民工定居的数量，在土地计划基础上，增加一部分用地指标，省级财政每年定向给予财政补助。即使从纯财政的角度来看，一个农民工家庭进城生产、消费、居住，直接与间接创造的税收也是一个很大的数字。禁止违法调整、收回进城定居农民工的承包地。要允许农民工在自愿基础上通过市场流转方式出让承包地及其宅基地并获得财产收益，作为他们进城定居的部分资金来源。另外要加强对农民工的人文关怀，通过建立灵活的农民工再培训体制、有地方特色的业余文化生活体系、子女教育支持体系等，让农民工在河南享受到在外地得不到的亲情与文化氛围，加大对河南籍农民工回省的吸引力。

（四）引导鼓励和支持河南企业抱团“走出去”

根据国外与国内其他省市的经验，企业抱团“走出去”成功率较高。河南可以选择一个政治稳定、长期与我国友好、有发展潜力的亚非国家，建立河南境外经贸合作区。建立海外投资发展资金，对省内企业在境外建立经贸合作区发生的前期费用，银行贷款等给予补助或贴息扶持；对从事境外资源开发投资业务的企业在东道国注册登记之前发生的前期费用予以资助。设立需要转移出去的传统产业“走出去”专项扶持基金。一方面，河南要转移现有传统产能1000亿元左右；另一方面，一些发展中国家又急需这些产能，河南省应为解决产业转移尽快腾出发展空间，并带动产品与设备的出口。要支持金龙铜管集团、宇通集团、双汇集团、一拖集团等行业领先企业在境外建立生产加工基地，推广国基集团在塞拉利昂建立的国际工业园模式。以中国河南国际合作集团有限公司、中原石油勘探局、中铁七局、中铁十五局、河南石油勘探局、河南建总国际工程有限公司、河南第一火电建设公司、中南输变电设备成套有限公司、河南省水文地质工程地质勘察院等骨干企业为龙头，培育壮大对外承包工程队伍。推广新县劳务培训和输出经验，加强外派劳务基地建设，扩大外派劳务规模，打造河南外派劳务品牌。鼓励各类有条件的企业开展对外投资与合作，在海外建立生产加工基地、营销网络和研发中心，鼓励对外工程承包，简化境外工程承包相关物资出口的退税审批手续，简化对境外工程承包相关设备出境的外汇管理。鼓励国内商业银行进一步扩展海外网点和业务，为企业境外并购融资。选择有条件的企业开展国际贸易人民币结算试点。

(五)建立加快开放型经济发展的保障制度

把加快开放型经济发展作为对外开放"一把手"工程的重要内容，全面推进"政务公示制"，实行首问负责制、服务承诺制、一次性告知和限时办结制。对重大外资投资项目，在办理手续、使用土地、基础设施配套等方面提供高效便捷的服务。建立外资投资项目联席会议协调制度。完善责任追究制度和外商投诉查处制度。实行对外开放投资环境评价制度，包括对经济发展及基础设施环境的评价，对区域行政环境及对社会经济管理水平，特别是各级政府部门工作效率、工作质量的评价，对政策环境、法制环境、人才环境及人居环境的评价。实行对外开放服务制度，包括为外来投资者提供项目推荐、政策咨询和有关资料，积极牵线搭桥，促成项目方和投资方签约；对签约项目跟踪问效，指导投资者准备项目审批涉及的申报材料，并帮助办理项目审批的有关手续，及时帮助解决外来投资项目在建设中遇到的困难和问题，促成项目尽快建成和投产经营等。实行责任追究制度，包括对违反对外开放政策及党风廉政建设责任制行为的责任追究，对办理行政审批、核准、备案事项中违规行为的责任追究，对国家公务人员在行政执法过程中违规行为的责任追究，对增加企业或生产经营者负担行为的责任追究等；实行外商投诉查处制度，包括设立外商投资举报协调中心，完善外商投诉中心的投诉、协调、监督功能，建立和健全接受、处理外商和外商投资企业投诉的工作制度，使外商和外商投资企业的投诉管理工作制度化、程序化、规范化，并定期向上级部门汇报有关的工作情况。

(六)利用中原经济区的大平台，增强对外资的吸引力，发挥中原城市群及其核心增长极的龙头带动作用，加大吸引国内外生产要素聚集

以中原城市群为平台，精心策划招商活动，引导产业关联度大、成长性好的项目向集聚区集中。争取把省级开发区升级为国家级开发区。打造中国河南国际投资贸易洽谈会品牌。注重组织专题招商活动，积极开展专业小分队招商。要避开河南缺乏港口等地缘劣势，大力发挥中心城市的带动作用。以百户重点工业企业和50户高成长性企业为主要载体，全面推动宽领域、多层次对外

开放。争取在郑州建立中国第一个内陆自由贸易区。着力打造郑州国际采购中心和交易中心,依托欧亚大陆桥、郑州出口加工区、河南B型保税物流中心和铁路、航空一类口岸,积极构建“大通关”平台,逐步建立面向中亚、俄罗斯和美、日、欧地区的国际贸易平台。要研究加快郑州全国综合交通枢纽建设,加快形成航空、铁路、公路等立体交叉的综合交通体系。

(原载《河南社会科学》2011年第6期)

支持中原崛起的财政政策研究*

河南位于黄河中下游，因大部分地区在黄河以南，故称河南。因古为“豫州”，简称“豫”，又因古时豫州位于九州中心，因此又有“中州”“中原”之称。

河南省域面积16.7万平方千米，位居全国第17位，占全国土地面积的1.73%。截至2009年年底，全省总人口9967万人，是中国第一人口大省。全省共下辖17个地级市、1个省直管市、21个县级市、88个县、50个市辖区、1889个乡镇。

河南是中华民族的主要发祥地之一。从中国第一个世袭王朝夏朝建都于河南，至清王朝覆灭的4000余年历史中，河南处于全国政治、经济、文化的中心地域长达3000年，先后有20多个朝代建都或迁都于此。中国八大古都河南有其四，即九朝古都洛阳、七朝古都开封、殷商古都安阳、商都郑州。悠久的历史给河南留下了大量宝贵的历史文化遗产。河南的地下文物居全国第一位，地上文物居全国第二位，馆藏文物占全国的1/8，有国家重点文物保护单位189处。

2009年全省生产总值突破19367.28亿元，比上年增长10.7%，人均生产总值20477元。地方财政一般预算收入1126亿元，支出2903亿元。粮食总产量达到539亿千克，比上年增长0.5%。工业增加值9858.4亿元，比上年增长11.4%。第三产业增加值5629.66亿元，比上年增长10.9%。全社会固定资产投资13704.65亿元，比上年增长31.3%；全年进出口总额134.38亿美元，比上年下降23.1%。全年农村居民人均纯收入4806.95元，扣除价格因素，比上年实际增长7.5%；城镇居民人均可支配收入14371.56元，实际增长9.9%。

河南已成为全国最大的交通枢纽之一。中国两大铁路干线京广和陇海铁路、两大高速公路干线京珠和连霍公路都交会于此。郑州北站是亚洲最大的铁

---

* 此文与王建国合作。

路编组站,郑州东站是全国最大的零担中转站,郑州站是全国最大的客运站之一。省内已建成郑州、洛阳和南阳三个民用机场。2008 年全省高速通车总里程 4860 千米,位居全国第一位。

河南承东启西,连南贯北,在中国地域经济分工中扮演着重要角色。经过改革开放 30 多年的发展,河南发生了翻天覆地的变化,成功实现由传统农业大省向全国重要经济大省、新兴工业大省和有影响的文化大省的历史性转变,成为全国重要的粮食基地、能源原材料基地、现代装备制造业基地和综合交通枢纽,综合实力显著增强。但从实际看,河南在经济社会发展中还存在不少矛盾和问题,如经济结构层次较低、自主创新能力不强、“三农”问题突出、资源环境制约严重、城镇化水平不高、人口素质较低,等等。

因此,要实现中原崛起,更好地发挥河南在全国区域协调发展中的作用,就必须充分发挥政府和市场的双重作用,在以市场为基础的前提下,需要国家一系列的公共政策支持。而财政政策是政府调控经济的非常重要的手段。财政政策应紧紧围绕国家中部崛起的战略部署,立足中原区域发展的特点,充分发挥税收、公共投资、转移支付等多种手段的作用,创造有利于河南崛起的外部环境,以激发河南的发展潜能,争取早日实现中原崛起。本文在分析河南财政存在的困难和原因的基础上,提出实行区域差别的财政政策,以加速中原崛起的步伐。

一、中原崛起的重大战略意义

(一)实现中原崛起是振兴河南的必然要求

缩小与发达地区的发展差距,全面建设小康社会,再现河南发展的辉煌,归根结底有赖于加快发展、科学发展、跨越发展的思路。而实现中原崛起,正是新时期河南加快发展、科学发展、跨越发展的战略目标和必然要求。

1.实现中原崛起是重现河南历史辉煌的伟大梦想。河南是中华民族和中原文明的发祥地,有着灿烂的文化和辉煌的历史。在中原大地,我们的祖先创造了裴李岗文化、仰韶文化、龙山文化等令人赞叹的文化。在五千年中华文明的历史长河中,河南经济社会文化发展几度达到鼎盛,先后有 20 多个朝代建都或迁都于此。北宋以后,由于战乱和灾荒,河南逐渐衰落下来,到新中国成立之初,成了全国最贫穷落后的省份之一。1949 年,河南工农业总产值为 21.02 亿元,仅占全国工农业总产值的 4.5%;人均工农业总产值仅为 50.3 元,只有全国平均水平的59%；河南人口为4174万人，占全国总人口的7.7%；而人均工农业总产值比全国平均水平低41%。新中国成立以来，在中国共产党的领导下，河南人民一直在为改变贫穷落后的面貌不懈地奋斗着。经过60多年的不懈努力，河南经济获得了长足发展。2008年，河南省GDP总量达18407.8亿元，成为仅次于广东、江苏、山东、浙江的经济大省，名列中西部18个省、市、区之首。尽管河南经济获得了较大发展，但仍存在着许多突出矛盾和问题，比较落后或欠发达仍然是河南的主要特征。实现中原崛起，是加速河南经济发展、重现河南历史辉煌的战略抉择，是亿万中原儿女的伟大梦想。

2.河南应对区域经济竞争必须加快中原崛起。加快中原崛起进程，是河南应对区域激烈竞争的必然要求。国内外经济发展的实践证明，越是危机阶段，形势越是复杂，越是调整时期，竞争愈加激烈。当前，长三角、珠三角等区域经济体已相继破题布局“后危机时代”，出招加快发展。从中部发展的态势看，湖北、湖南、安徽等省纷纷提出走在中部崛起的前列，根据各自发展特点，制定了切实可行的发展战略，并上升到国家层面。特别是在应对金融危机的大环境中，中部各省纷纷采取措施着力优化经济结构、推动经济转型升级、加快提升区域经济竞争力。作为内陆发展中的河南，面临的区域竞争压力在进一步加大。一是抢占产业升级制高点，在以产业升级和新兴产业培育为标志的新一轮区域竞争中，河南新兴产业发展优势并不明显。2009年，全省高技术企业利润仅增长2.8%，亏损额却增长443.2%。二是各区域间竞相争取国家政策和项目布局。近年来，国家连续出台了10多个区域经济发展规划，这些经济发展规划的批准和实施，必然推动相关区域利用自身的独特优势，在政策扶持下争取更大的发展空间。三是竞相争夺市场份额。在全球性市场需求持续不足、传统产业产能过剩突出的背景下，全国性的由库存调整向产能调整进而调整供给结构的步伐转换将十分迅速，特别是沿海发达省份外向型企业内销布局的完成，使得河南产品的市场更为狭窄。显然，新一轮区域经济竞争已悄然拉开了序幕。奋力实现中原崛起，是河南面对国内新一轮日益激烈的区域经济竞争做出的有力回应。

3.缩小河南的发展差距必须加快中原崛起。改革开放30多年来，我国东部沿海地区快速发展，经济社会现代化程度大大提高，无论是经济发展的量还是质，都远远高于河南。进入21世纪，东部沿海发达地区的目标是在基本实现小康的基础上，继续发展，率先实现现代化。河南要缩小与发达地区的发展差距，就必须加快中原崛起进程。而且，从河南自身发展的趋势看，目前河南的经济总量已居中西部地区首位，但人均 GDP 在全国却居第 18 位，虽然已经比 20 世纪 90 年代初前进了 10 个位次，但目前在中西部地区省份中仅居中下水平，有一些经济指标并不靠前。“十一五”期间，河南省 GDP 增速在中部仅居第 4 位，近两年更是下降到第 5 位，对外依存度在六省中居最后一位。特别是 2007 年以来，河南的 GDP 增长速度、人均 GDP、固定资产投资、吸引外资增长率、进出口产品产值等主要宏观经济指标开始下降，产业结构调整的压力加大，加快城镇化进程的任务加重。如果河南不加快发展，不仅现有的一些优势将逐步丧失，而且也会丧失新的发展机遇，与发达地区的差距将逐步扩大。河南必须加快发展，加快中原崛起，走在中部崛起的前列，才能缩小与发达地区的发展差距。

4.河南全面建设小康社会必须实现中原崛起。实施中原崛起战略，是河南加快全面建设小康社会步伐的现实选择，是建成一个惠及 1 亿人口，发展水平更高、更全面小康社会的必然要求。河南曾经是全国最贫困的省份之一，经过 30 多年的改革开放，河南取得的成就有目共睹，河南正在迈向全面小康，但目前，河南人均水平仍然明显落后于全国及东部先进省份，远远未达到全面建设小康社会的目标。2000 年，河南的城镇居民人均可支配收入和农村人均纯收入，分别为全国平均水平的 75.8%和 88.1%。到 2009 年，河南城镇居民人均可支配收入增至 14372 元，农民人均纯收入增至 4807 元，但依然分别低于全国平均水平 2803 元和 346 元；人民生活水平也与河南经济大省地位不相符。2009 年，河南人口占中部的 27.6%，但固定资产投资总额占 26%、地方财政收入占 22.4%、社会消费品零售总额占 25.5%、进出口贸易总额仅占 17.3%，工业化率和城镇化率与先进省份相比差距更大。实现中原崛起，意味着河南的经济社会发展速度要比全国平均水平快。在新的形势和时代背景下，党中央提出全面建设小康社会的重大方针。这要求河南必须深入贯彻落实科学发展观，把中原崛起战略谋划好，努力实现跨越式发展，在促进中部地区崛起中发挥更大作用，走在中部地区前列，早日实现全面建设小康社会的目标。

（二）实现中原崛起是加快中部地区崛起的客观需要

2009 年，国务院正式批复《促进中部地区崛起规划》，是继《西部大开发“十一五"规划》《东北地区振兴规划》之后，国家从促进区域协调发展的战略角度出发，出台的又一重大区域性规划。这是将中部地区潜在的比较优势转化为现实经济优势的需要，是形成优势互补、良性互动的区域经济发展新格局的需要，是指导当前和今后一个时期中部地区经济社会发展的纲领性文件。在这种大背景下，实现中原崛起，有利于加快中部地区崛起步伐、开创中部发展新局面，有利于深入贯彻落实国家区域发展的总体战略。

1.实现中原崛起有利于开创中部地区发展新局面。自2006年中央做出实施促进中部地区崛起的战略决策以来，中部六省抢抓机遇、乘势而上，加快发展的积极性、主动性和创造性，发展活力竞相迸发，呈现出经济持续快速增长、社会全面进步、人民生活明显改善的良好局面。但也应该看到，随着战略实施的不断深入，中部地区存在的产业发展基础不牢、基础设施支撑能力薄弱、城乡公共服务能力不足、资源环境压力不断加大等制约长远发展的矛盾和问题逐步凸显出来。同时，随着国家扩大内需、保持经济平稳较快发展一揽子计划的全面实施，对中西部地区的支持力度进一步加大，广阔的市场资源、辐射周边的区位潜力也使中部地区面临着加快发展、迎头追赶的空前机遇。在这种情况下，按照中央关于促进中部地区崛起提出的要求，奋力实现中原崛起，有利于强化"三个基地、一个枢纽"建设，巩固和提升中部地区在全国发展格局中的战略地位；有利于有效化解各种错综复杂的矛盾和问题，逐步消除制约发展的瓶颈和障碍，切实增强发展后劲和活力；有利于继续发挥综合优势，尽快提升总体发展水平和竞争力，不断开创中部地区发展的新局面，通过推进中原崛起来促进中部地区崛起。

2.实现中原崛起有利于中部承接发达地区的产业转移。目前，我国东部沿海地区一些产业向外地转移具有强烈的内在要求。推进沿海地区产业向中部地区转移，既可以加快沿海地区产业结构升级，又可以加快中部地区经济社会发展，更是我国现代化进程中东、中、西部互动，梯度推进的客观需要。现在，我国中部地区已经具备了承接沿海产业转移的各方面条件，这里资源能源丰富、交通运输方便、市场前景广阔、劳动力供应充足、政府运作效率提高、全社会发展意识增强，可以说天时、地利、人和，样样都占先机。促进中原崛起，正是适应了沿海产业优先向中部地区转移这一历史趋势，使中部地区更好地实现与东部地区产业衔接，加快中部地区社会环境和基础设施改善，发展中部地区具有优势的农业、能源、交通、原材料和重化工业等。目前，河南面临的环境、条件和时机都好，第一人口大省和中部地区经济强省的显著地位，地处中原和全国重要交通枢纽的区位优势，我国重要的粮食生产和食品工业基地、重化工业基地、能源原材料工业基地、冶金建材工业基地、轻纺工业基地等特殊经济地位，决定了河南在经济产业和经济实力上具有吸引沿海产业转移的强大优势。实现中原崛起，将有力地促进中部承接发达地区的产业转移，推进中部地区发展进入新阶段。

3.实现中原崛起是发挥河南优势、凸显中部崛起的战略支撑。实现中原崛起，有利于河南成为要素流动的高效集散地。中原崛起直接意味着河南的吸引力、凝聚力、辐射力、带动力实现突破性的提高，随之带来巨大的人流、物流、资金流、信息流。生产要素的集聚，不仅凸显河南的地位与作用，同时也将大大助推中原崛起。而且，实现中原崛起，有利于河南成为承东启西、接南通北的关键枢纽。河南位于联结我国东、中、西三大地带的中部腹地。独特的承东启西、连南接北的区位优势，造就了得天独厚的交通优势。加快中原崛起，对河南争取成为中部六省中最为关键的核心枢纽具有决定性影响。从城市群发展上来看，中原城市群以 10412 亿元的经济总量，领跑中部六省经济圈，居中部第一位。河南人口众多，资源丰富，农业特别是粮食生产优势明显，工业基础比较雄厚。河南不仅是全国粮食生产基地，而且是全国重要的能源和原材料基地、制造业基地、现代装备制造业基地，为全国发展提供粮食、能源、原材料和装备工业等重要支撑。因此，在很大意义上说，如果河南不加快发展、不实现中原崛起，中部崛起就缺乏强有力的支撑。只有中原兴，才能中部兴。目前，河南经济总量虽然居全国前列，但人均占有量还比较靠后。经过近 10 年的努力，如果河南能确保达到和高于那时全国的平均水平，那时不仅是河南的发展水平上了一个大台阶，也将进一步凸显河南对中部崛起的战略支撑地位。

4.实现中原崛起是河南科学发展、推动引领中部崛起的需要。河南作为中部崛起的关键板块，实现科学发展、奋力率先崛起既具有必然性、可行性和优势条件，又责无旁贷。一是河南经济总量规模大。从经济发展上看，河南已连续 7 年居中西部地区首位，人均生产总值的位次大幅前移，庞大的经济总量反映出巨大的经济基础，主要经济指标也多年来居中部省份之首，具备了一定的实现经济持续增长的物质条件。二是工业基础较好，交通、能源条件大为改善，现代服务业发展迅速。河南已形成了门类比较齐全的工业体系，五大支柱产业发展势头强劲，特别是拥有一批“国字号”的大型、特大型企业和在国内同行业屈指可数的新兴企业。依托这些高新技术产业和优势企业，加快企业改造、结构调整和技术升级，将不断培育和壮大新的经济增长点，使之成为中部地区的产业创新区和提升区域经济竞争力的“龙头”。三是投资、消费总量较大，经济发展空间广阔。较大的固定资产投资规模，为河南经济的快速增长提供了有力支撑。四是具有超前意识。在“中部崛起”尚未成为国家战略之前，2003 年河南就率先在中部正式提出“实施中原崛起”战略。党和国家领导人在视察河南时，明确提出河南省要走在中部崛起的前列，发挥带动作用。河南必须贯彻落实这一要求，加快中原崛起，巩固提升河南在中部和全国的地位，不辜负中央领导同志的嘱托。更重要的是，通过深化改革、调整结构，河南经济持续快速增长的动力机制正在形成，经济增长的内在活力不断增强。

（三）实现中原崛起是全面建设小康社会、加快民族复兴的历史选择

实现中原崛起，就是要按照科学发展观的要求，努力走在中西部前列，经过不懈努力，基本实现工业化、城镇化和人均生产总值、居民收入等主要发展指标赶上或超过全国平均水平，这对于全面建设小康社会、促进全国区域协调发展、实现中华民族的伟大复兴，具有重大的战略意义。

1.实现中原崛起有利于解决小康社会建设的难点和重点。中原崛起，是实现河南经济社会又好又快发展的全面部署。从实现程度上看，全面建设小康社会的重点在农村，难点也在农村。河南是中国第一农业大省，也是第一农业人口大省，2008 年河南农业从业人员比重达到 48.8%，高于全国平均水平 9.2 个百分点，农民收入水平偏低，是全国“三农”问题最为突出和集中的区域，解决“三农”问题任重道远；从地区发展上看，豫中地区、黄淮地区、豫北地区和豫西、豫西南地区经济社会发展不平衡，需要推进协调发展；从结构转换来看，城镇化和产业结构调整是重点，河南城镇化率为 36%，甚至低于部分西部省份，城镇化道路漫长；从产业结构看，现代农业尚未形成规模，工业技术层次低，总体竞争力不强，第三产业发展滞后，无论是就业比重还是增加值比重都低于全国平均水平；从区域创新能力看，全面提高人口素质是重点，也是河南把人口压力逐步转化为人力资源优势、实现人口大省向人力资本强省转变的迫切需要；从自然资源和社会环境看，可持续发展是重点，河南要加快发展方式转变，形成节约能源

资源和保护生态环境的产业结构、增长方式、消费模式;而且河南的自主创新能力不强,河南省高新技术产业发展长期滞后,技术力量薄弱,具有自主知识产权的核心技术较少,产值占规模以上工业增加值的比重仅为3.8%。因此,加快中原崛起,用发展和改革的办法解决前进中的问题,必将加快河南和我国全面建设小康社会的步伐。

2.实现中原崛起有利于扩大国内需求和转变发展方式。积极扩大内需、增强经济发展内生动力,是我国转变发展方式的一项重要内容。党的十七大报告指出,要坚持扩大国内需求特别是消费需求的方针,促进经济增长由主要依靠投资、出口拉动向依靠消费、投资、出口协调拉动转变,增强经济发展内生动力。面对国际金融危机的冲击、外需持续萎缩的宏观环境,这一任务更显得突出而紧迫。2009年6月,温家宝同志在中部地区考察时指出,要从全局和战略的高度,深刻认识加快中西部地区发展在应对国际金融危机中的重要作用,在实施一揽子计划中注重向中西部地区倾斜。中原地区是我国扩大内需潜力最大的地区之一,这一潜力来自中原地区1亿人口所拥有的广阔市场和实现富裕生活的美好愿望,来自中部地区在工业化和城镇化进程中,推进基础设施建设、产业结构和消费结构升级、生态建设和环境保护、社会事业发展所蕴藏的巨大需求。而随着国家刺激消费需求的各项宏观经济政策的逐步到位,人民生活水平和家庭收入的提高以及消费环境的进一步改善,河南人口众多所形成的巨大消费市场将日益显现。显然,实现中原崛起,进一步把中原地区巨大的潜在需求转化为现实的市场需求,有利于推动我国经济发展方式由主要靠投资、出口拉动向靠消费、投资、出口拉动转变,逐步转向由内需为主,有效化解国际金融危机带来的不利影响,为实现全国经济可持续发展做出新的更大的贡献。

3.实现中原崛起有利于促进全国宏观经济协调发展。我国的区域发展,可以用百舸争流、千帆竞技来形容。先是东部沿海地区改革开放,经济发展日新月异;然后是西部大开发,经济发展速度吸引了世界的目光;接着是振兴东北老工业基地政策的实施,东三省焕发出勃勃生机。然而,改革开放30多年来,中部地区的经济虽然有了较快发展,经济实力有了明显提升,但由于起点低、底子薄,中部地区在很多方面与东部地区和全国平均水平相比仍有较大差距,发展水平低于东部,发展速度慢于西部。在这一背景下,促进中部地区崛起规划进入全面实施阶段,这是党中央、国务院站在全局和战略的高度做出的又一重大决策,是新时期我国区域发展总体战略的重要组成部分,是加快形成东、中、西互动,优势互补、相互促进、共同发展的区域发展新格局的必然选择。而中央提出的“中部”区域实际上是广义的“中原”,河南在这一区域显然居于中心位置,在全国经济发展的大格局中,具有明显的区位优势、市场优势、资源和劳动力丰富的优势。河南的省情从某种程度上说,就是中部地区发展状态的代表。河南在全国有举足轻重的地位,既是全国第一人口大省、第一农业大省、第一粮食转化加工大省,也是全国重要的工业大省、经济大省。尤其从区位条件上看,河南位于中部腹地,承东启西、连南贯北,区位优势独特,只有中原率先崛起,才能有力地推进中部崛起,更好地支持西部大开发、支撑东部大发展,促进区域协调发展。可以说,中部地区如果塌陷,中国就难以实现科学发展;而河南如果发展滞后,中部崛起就自然缺失活力和动力,就会拖全国发展的后腿,延缓全国全面建设小康社会进程。可见,中原崛起对全国实现区域协调发展,具有重要的战略意义和决定性的作用。

4.实现中原崛起是加快中华民族伟大复兴的战略需要。实现社会主义现代化是中华儿女的梦想与追求,也是中华民族伟大复兴的必然要求。在我国推进现代化建设过程中,河南至关重要。河南是中华民族的摇篮,华夏文明的重要发祥地,有着厚重的历史文化底蕴,肩负着中华文明和中华文化维系与传承的重任。从全国区域经济发展战略考虑,我国亟待建立新的经济增长极,以带动和顶托中西部经济的整体发展水平和促进国民经济持续发展。我国的改革开放从沿海开始,沿海地区经济发展很快,但要实现国家的全面振兴,必须加快中西部地区的发展速度。从经济发展规律来看,东、中、西三大地区发展不平衡的矛盾要靠中部大发展来解决。现在东、西部在经济上具有异质性,不能对接,不能由此及彼地直接过渡,必须借助与两者接近的中部地区的发展来带动和转化。河南是中部非常重要的区域,在中部地区发展中扮演着主要而关键的角色。河南独特的区位优势和陆路交通的枢纽地位,是承接东西产业转移的重地,是沟通南北经济联系的桥梁。河南又是中国的写照和缩影,无论是从经济总量、人口看,还是从产业结构的特征看,河南均类似于中国在国际上的地位。中原兴,才能中部兴;中部兴,才能中国兴。没有中原的崛起,我国统筹协调发展的局面就不可能形成,全面建设小康社会、推进现代化建设、实现中华民族的伟大复兴就会落空。河南要切实增强历史使命感、责任感,加快中原崛起,率先实现中原崛起，为国家现代化建设和中华民族的伟大历史复兴做出重大贡献。

二、中原崛起面临的财政困难

改革开放以来，河南省财政实力不断壮大，公共财政体制初步建立，促进了河南经济、文化和社会各项事业的发展，形成了财政与社会经济良性互动发展的局面。但同其他地区相比，河南财政状况差距呈现出“三低一弱”的特点，面临着诸多困难。

（一）财政收入占 GDP 比重低

1.财政收入总体不足。改革开放以来，河南省财政收入从整体上看呈现出增长趋势，从 1978 年的 33.73 亿元增加到 2008 年的 1008.90 亿元，年均增速为 12.0%，但低于全国年均增速 2.2 个百分点。财政收入增速波动较大，分阶段来看，1978—1989 年，财政收入逐年增加，但是增速呈现震荡加快后趋缓态势，在 1985 年达到 24.6%的峰值后平稳增长；1990—1997 年，虽然经历了 1994 年的分税制改革，但财政收入增长速度逐年加快，1993—1996 年保持在 30%以上，财政收入实现了高速增长；1998 年至今，财政增速在经历了较长时期的低速增长后，从 2004 年起均保持在 25%以上，实现了财政收入稳定增长的良好态势，但是受国际金融危机的影响，2008 年财政收入增速放缓。与其他省份相比，2008 年河南一般预算收入位列全国第九位，与经济总量排名第五的地位不相符。

受财政收入的限制，公共保障能力将受到制约。虽然近年来河南财政收入规模保持了 25%左右的增速，但随着科学发展观的全面落实，按照公共财政的要求，重点支出项目随着各项事业的发展越来越多，财政支出压力有增无减，财政收支矛盾仍然突出。虽然河南省财政实力在不断壮大，但随着中央把构建和谐社会放在突出的位置，使之成为我国的根本性战略任务，公众对政府公共服务的要求不断提高，特别是农村公共服务的长期匮乏，仅靠现有财力的调整是无法满足其需要的。河南一些县乡的财政支出自给程度低，减免农村税后，相当部分的镇、村出现了财政困难，这势必增加省市级对农村公共产品的支出责任和支出压力。所以河南财政收入的增长难以满足日益增长的公共服务的支出需求，财政支出收入规模总体不足（见图 1）。

2.财政收入占 GDP 比重低。一个地区财政收入的增长将直接反映并影响一个地区的经济发展状况。财政实力较弱影响了宏观调控的发挥。与其他省

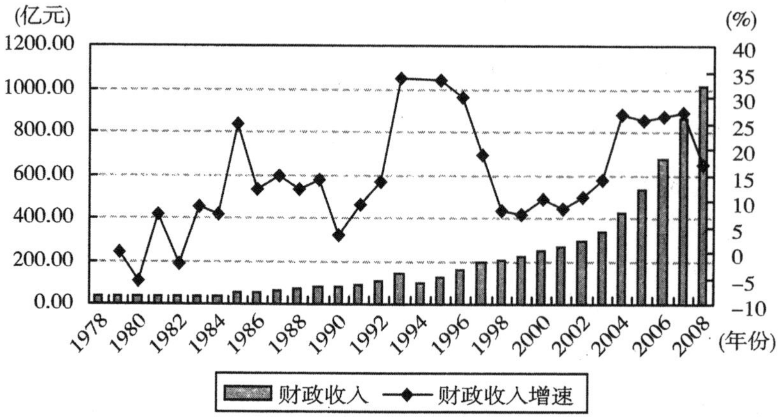

图1　1978—2008年河南省历年财政收入及财政收入增速

份相比,河南省的财政收入占GDP的比重依然很低,并且和全国人口大省、农业大省对财政资金的需求相比有很大的缺口。1978—2008年,河南财政收入占GDP的比重却呈现出不断下降的趋势,从1978年的20.7%,下降到2008年的5.5%,下降了15.2个百分点。随着经济的发展,地方财政收入占GDP的比重应该呈现出不断上升的趋势,而河南自1994年以来,财政收入占GDP的比重一直保持在5%,财政收入占GDP的比重并没有随着河南经济的高速发展而呈现出逐步增加的态势。此外,河南财政收入占GDP的比重与全国的差距在不断拉大,1978年,河南财政收入占GDP的比重比全国低10.4个百分点,到1993年,这一差距缩小到3.9%,从1994年起,这一差距就在不断拉大,到2008年这一差距达到了14.9%。过低的比重不仅影响了政府对经济的调控能力,而且直接影响了全省公共财政体制的建立。

从全国范围来看,2008年河南的财政收入占GDP的比重位居全国倒数第一,比广东、山东、江苏、浙江分别低3.8个、0.8个、3.5个、3.5个百分点。河南财政收入增长的乏力和财政收入占GDP比例较低影响了财政作为一个宏观调控手段的有效发挥,直接影响地方政府对公共工程、基础设施、科教文卫等一系列需要政府支持的部门的投入。很多政策都缺乏落实资金,财政对河南经济增长的乘数效应也会因此而削弱。“十二五”期间,河南地方政府欲支持高新技术产业发展、扶持国家重点企业等,都需要财政收入的支持。没有财政收入的支持,政府即使有完善的发展政策,也只能束手束脚,无法发挥应有的财政调控作用(见图2、图3)。

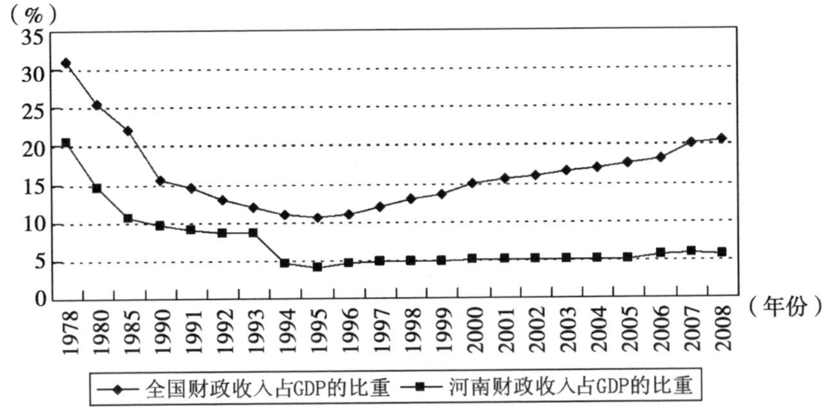

图 2　1978—2008 年全国财政收入占 GDP 的比重和河南财政收入占 GDP 的比重

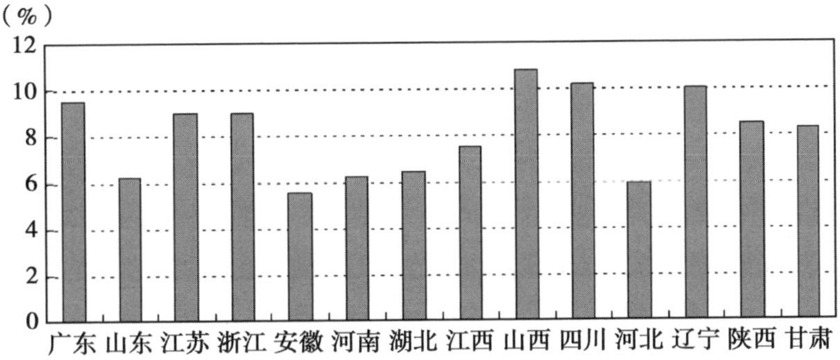

图 3　全国部分省份财政收入占 GDP 的比重比较

（二）分项财政支出水平低

1.财政支出总体情况。（1）财政支出规模。财政支出的规模反映的是政府活动的范围和对经济的干预程度。财政支出的绝对规模越大，表明政府的活动范围越大。财政支出的相对规模在一定程度上反映了政府在整个经济中的地位和作用。随着社会和经济的进步，政府职能的不断扩展，出现了更多的公共支出项目，公共支出的规模呈现出不断增长的势头，这也可从河南省的财政支出增长趋势中得到证实。河南省财政支出从整体上看呈现出平稳增长趋势，从 1978 年的 22.67 亿元增加到 2008 年的 2281.61 亿元，年均增速为 15.8%，高于全国年均增速 1.5 个百分点。但财政支出占 GDP 的比重却呈现出下降的趋势，从 1978 年的 17.0%下降到 2008 年的 12.4%，下降了 4.6 个百分点，这与世界各国财政支出的普遍规律不一致。瓦格纳经过对西方资本主义国家 18~19 世纪近百年公共支出的研究，提出了公共支出不断增长的命题，西方各国财政支出占 GDP 的比重从整体来看呈现出不断上升的趋势，且所占的比重也远远高于我国。近年来河南经济快速发展，生产总值快速增长，但河南省财政支出的相对规模日益缩小，地方财政调控能力逐渐弱化，对全省经济的影响也相对淡化，部分市、县财政相当困难，不能满足日益增长的公共需求（见图 4）。（2）财政支出结构。从财政支出结构看，2008 年，用于维持性支出占财政支出的比重达到了 24%，比 2007 年减少了 1.5 个百分点；用于经济性支出占财政支出的比重达到了 10.7%，比 2007 年增加了 0.3 个百分点。用于社会性支出占财政支出的比重达到了 61.9%，比 2007 年增加了 2.5 个百分点。其他支出占财政支出的比重达到了 3.4%，比 2007 年减少了 1.3 个百分点（见表 1）。①

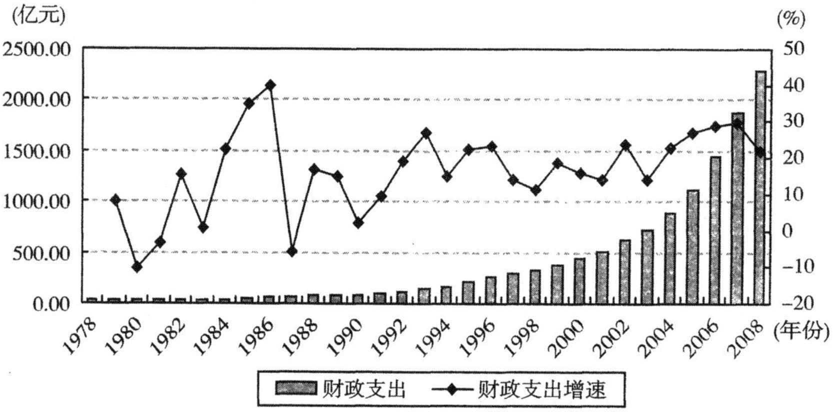

图 4　1978—2008 年河南省历年财政支出及财政支出增速

① 维持性支出包括一般公共服务、国防、公共安全等；经济性支出包括工业、商业、金融等事务、交通运输等；社会性支出包括农、林、水事务、教育、科学技术、文化体育与传媒、社会保障和就业、医疗卫生、环境保护、城乡社区事务等。

表 1　2007—2008 年河南财政支出结构分析

项目	2007 年		2008 年	
	绝对数	比重(%)	绝对数	比重(%)
支出合计	18706135	100.0	22816093	100.0
一般公共服务	3557104	19.0	4065896	17.8
国防	13169	0.1	19280	0.1
公共安全	1196850	6.4	1391862	6.1
教育	3661231	19.6	4440264	19.5
科学技术	252287	1.3	304389	1.3
文化体育与传媒	333802	1.8	414616	1.8
社会保障和就业	2812238	15.0	3302343	14.5
医疗卫生	987788	5.3	1454726	6.4
环境保护	429188	2.3	758510	3.3
城乡社区事务	1112654	5.9	1353822	5.9
农、林、水事务	1525128	8.2	2095859	9.2
交通运输	402964	2.2	431727	1.9
工业、商业、金融等事务	1549053	8.3	2005786	8.8
其他支出	872679	4.7	777013	3.4

2.行政管理支出较高。长期以来,行政管理支出的膨胀,已大量挤占了急需的其他财政支出项目。经济发展水平越低,行政管理支出占财政总支出的比重越大,特别是在一些贫困地区,财政成为典型的“吃饭财政”,有的连工资也不能保证,更不用说用于经济建设和其他社会性支出。行政管理支出属于消费性支出,其增长速度不应大于财政支出的增长速度,而应该小于财政支出的增长速度,这样才有利于政府把财政支出增长的大部分用于科教事业和基础设施建设,从而更好、更快地促进经济的增长,这对于河南省来说尤为重要。2008 年河南省行政事业费用支出为 406.6 亿元,与财政总支出的比重达到了 17.8%,与其他省份相比所占的比重较大。

3.科教文卫支出比重偏低。科教文卫事业的发展具有明显的外部经济效应,既有利于经济发展,也有利于提高人民生活水平,对于开发一个地区的人力资源、提高地区自主创新能力和地区发展知识经济都是至关重要的。2008 年河

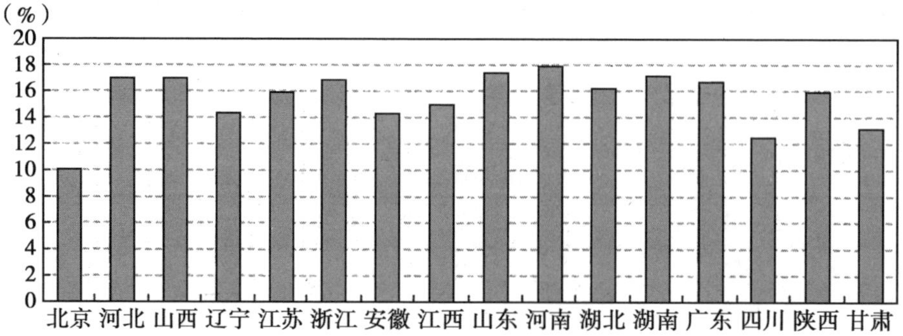

图 5　全国部分省区一般公共支出占财政支出比重的比较

南省科教文卫支出占 GDP 的比重达到了 30.0%,在中部六省中位列第一,但与东部沿海发达省份相比,还存在差距(图 6)。

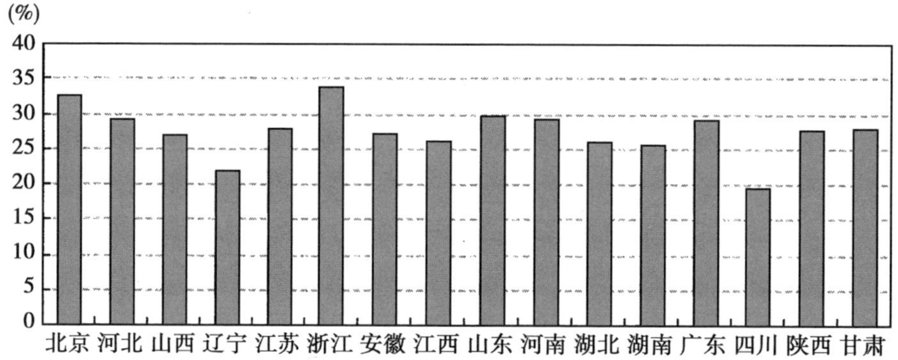

图 6　全国部分省区科教文卫支出占财政支出比重的比较

4.社会保障和就业支出不足。社会保障是现代社会实现公平的基本要求,也是保证社会稳定的重要支柱。虽然河南省财政社会保障支出绝对数额一直在增长,但其占财政支出的比重仍然较低。2008 年河南省社会保障支出占 GDP 的比重达 14.5%,在中部六省中位列倒数第二,这导致社会保障支出的比重长期达不到应有的水平。社会保障是社会政治经济的稳定器和减震器,社会保障支出过低会给社会的安定团结带来极大的威胁,也不利于经济的持续发展(见图 7)。

(三)人均财政收支水平低

1.人均财政收入水平与全国差距不断拉大。随着河南经济的快速发展,人均财政收入也保持较高的增长速度,从 1978 年人均 47.73 元增长到 2008 年人均 1017.24 元。但是河南人均财政收入始终远远低于全国平均水平,2008 年人

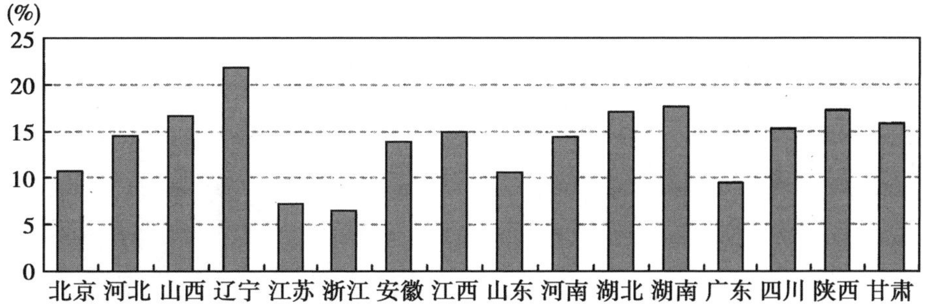

图 7　全国部分省区社会保障和就业支出占财政支出比重的比较

均财政收入居全国倒数第四位，仅高于甘肃（1008.19 元）、贵州（917.13 元）、西藏（866.98 元）。与中部六省相比，财政收入位列六省之首，人均财政收入位列六省之末（见图 8）。

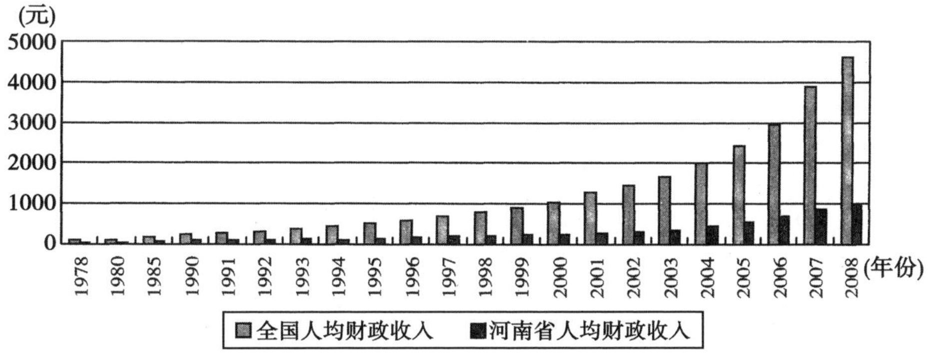

图 8　1978—2008 年河南人均财政收入与全国的比较

河南人均收入与全国水平差距逐步拉大。2008 年河南人均财政收入是 1978 年的 21.3 倍，年均增速 10.7%；而 2008 年全国人均财政收入是 1978 年的 39.3 倍，年均增速 16.5%。同年相比，1978 年河南人均财政收入为全国平均水平的 2/5，到 2008 年河南人均财政收入仅为全国平均水平的 1/5。可以看出，河南人均财政收入不仅基数低，而且增长速度也远远低于全国平均水平，照此情况发展下去，将与全国的差距越来越大（见图 9）。

2. 人均财政支出水平居全国之末。改革开放以来，河南人均财政支出呈现连年递增的态势，从 1978 年人均 39.15 元增长到 2008 年人均 2233.47 元。但是河南人均财政支出始终远远低于全国平均水平，2008 年河南人均财政支出位于全国倒数第一。

由于河南人口多，预算收入相对较少，地方可用财力增长缓慢，财政支出的

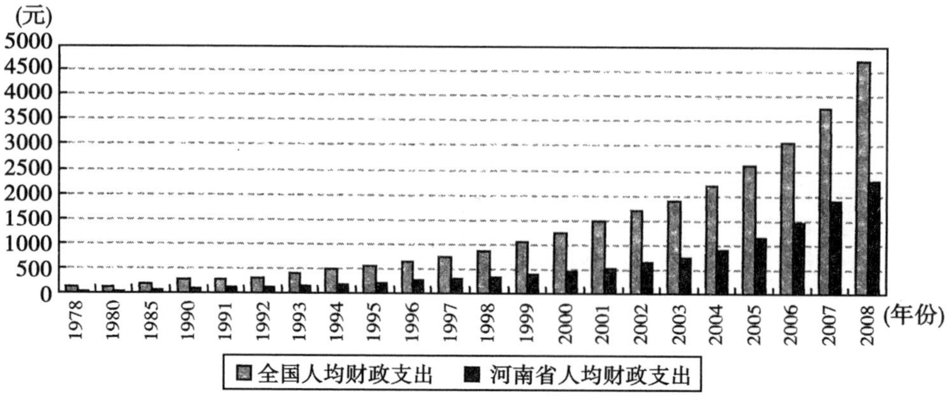

图 9　1978—2008 年河南人均财政支出与全国人均财政支出的比较

压力逐年加大,人均财政支出乏力,"三农"、民生等需要加大投入的领域还很多,财政收支矛盾仍很突出。这些情况严重制约了政府公共服务职能的实现,不利于和谐社会的建设。

(四)财政调控能力弱

1.县乡财政困难。自 1994 年实行"分税制"财政管理体制以来,由于受国内外不断变化的经济形势和国家宏观调控政策的影响,各地县级财政收入增长趋缓,在职能不断扩展的情况下,支出大幅度增加,财政收支矛盾日益突出,财政困难程度不断加剧,职能作用逐步弱化,已成为我国县级财政工作中最突出的问题。

(1)政策性增支数额大,县乡财政难以承受。1999 年以来,国家几次增加行政事业人员工资和离退休费,虽然中央对中西部地区给予了一定的补助,地方仍然要负担相当一部分增资额,随着财政供养人员增加,其增加的幅度超过了财政收入的增长规模,人员经费供给压力越来越大。同时,县乡财政还要落实科技、教育、农业、计划生育等法定增长支出,建立"公共财政",县乡财政在社会保障、就业、粮食风险基金方面也要增加投入,这些政策性增支超出了县乡财政的承受能力。

(2)债务负担重,冲击县乡财政正常运行。县乡政府债务是多年积累下来的:一是财力不足,乡政府贷款发工资;二是利用世界银行和外国政府贷款建设工业项目,由于企业效益不好,没有还款来源,形成政府债务;三是政府借款或担保为企业融资,由于经济环境变化,企业破产、倒闭,资金转化为政府债务;四是超越经济发展阶段，投资基础设施，搞“形象工程”“政绩工程”和各项升级达标活动，形成政府债务。

(3)县级公共财政运行机制不完善，缺乏有效的监督调控手段。实行分税制后，县级公共财政管理体制也相应地进行了一系列的改革。但由于受到各地经济发展水平的制约，县级公共财政运行机制建设明显滞后于分税制财政管理体制改革进程。一是缺乏负债监督管理机制。受国家集中财力的影响，县级公共财政可用财力严重不足，许多地方为了搞建设、保运转，不得不从上级财政及金融机构举债。加上多年来县级公共财政一直缺乏有效的财政负债评估体系及监控办法，许多县级政府不顾偿债风险为中小企业举债担保，这些中小企业倒闭破产后，其负债就自然转嫁到县级公共财政头上。二是缺乏财力负担预警机制。在编制县级公共财政预算时，长期以来一直以支出定收入，这不仅违背了市场经济规律，而且对支出增长无法进行有效的控制。三是缺乏财力均衡机制。实行分税制后，县、乡两级财政的资金上解和转移支付渠道基本理顺。但对部门预算外收入一直缺乏有效的监督、管理、调控手段，分化、肢解了县级公共财政收入，弱化了县级公共财政的宏观调控能力，扩大了县级公共财政用小财权保大事权和县属部门用大财权保小事权之间的矛盾。

2.地方财政支持经济发展能力不足。河南各市经济发展不平衡状况明显，河南省经济发达程度不同的市县人均财政支出水平极为悬殊，而且有进一步拉大的趋势。就 2008 年而言，全省经济和财政收入水平最高的郑州市人均财政支出为 3927.4 元，人均财政支出水平最低的周口市仅为 234.7 元，郑州市的人均财政支出是周口市的 16.7 倍，相差 3692.7 元。而 1998 年全省财政支出水平最高的郑州市人均财政支出为 557.0 元，最低的周口地区人均财政支出为 150.0 元，前者的人均财政支出为后者的 3.7 倍，相差 407.0 元，仅 10 年时间，两市人均财政支出差就扩大了 13 倍，相差 3285.7 元。从经济发展性支出来看，经济发展地区由于人均收入水平较高，财力充裕，在企业挖潜改造、城市维护、文教科学卫生事业等有利于改善投资环境、促进地区经济长远发展方面的支出比重较高，而经济落后地区由于人均支出水平低，用于这方面支出的比重也较低。这一差距直接影响全省文教科技水平的全面提高和城乡基础设施建设状况的改善，更会进一步拉大各市之间经济发展的差距。

3.财政支持文化产业能力弱。(1)财政文化投入欠账太多。财政投入是文化资源保护和开发的主要资金来源,而河南财政的文化投入欠账太多,许多本来应该加大投入的项目,因财政状况的限制而难以满足需求。譬如文化事业费占财政支出的比重,河南省连续多年居于全国倒数位次,长期徘徊在0.28%至0.29%之间。2008年,河南省的文化事业费在比上年大幅增加40.15%的情况下,才达到0.34%,仍远远低于全国的平均水平(见表2)。(2)税收优惠政策难以到位。为落实中央部委有关文件精神,河南省出台了相应的实施意见或配套措施。但从执行情况来看,效果很不理想,有些税收政策很难落实,执行起来很困难。(3)信贷支持力度远远不够。对国有或国有资本控股的大型文化企业而言,信贷支持相对来说落实得比较好,而对中小型文化企业,尤其是对民营或私

表2 2006—2008年全国部分省市文化事业费占财政支出比重情况

省份	2006年文化事业费占财政支出比重	2007年文化事业费占财政支出比重	2008年文化事业费占财政支出比重
全国	0.39	0.40	0.40
北京	0.49	0.77	0.76
河北	0.37	0.30	0.28
山西	0.39	0.53	0.56
辽宁	0.37	0.36	0.39
江苏	0.52	0.44	0.43
浙江	0.87	0.83	0.86
安徽	0.38	0.36	0.31
江西	0.40	0.38	0.38
山东	0.42	0.41	0.43
河南	0.28	0.29	0.34
湖北	0.51	0.48	0.44
湖南	0.38	0.34	0.32
广东	0.60	0.55	0.54
四川	0.38	0.41	0.37
陕西	0.35	0.37	0.42
甘肃	0.49	0.46	0.41

资料来源:引自中华人民共和国文化部财务司网站2009年6月16日刊登的《2008年全国文化统计数据分析报告之二》。

营文化企业而言,有很多都享受不到信贷支持的优惠政策,信贷支持力度远远不够。(4)投融资渠道还不够畅通。河南省上规模的投资公司或财务公司还不多,民间资本进入文化产业的渠道还不够畅通,外来资本进入文化产业或文化企业还有很多限制,社会资本进入文化产业或文化企业还处于无章可循的状态。河南省许多中小型文化企业因受制于资金"瓶颈"的制约而举步维艰。

三、河南财政困难的原因分析

(一)经济增长的驱动力不强

投资、消费和出口是拉动经济发展的三驾马车,而河南的经济增长主要依靠的是固定资产投资。2003—2008年,河南省地区生产总值从6867.70亿元增长到18407.78亿元,年均增长13.3%;全社会固定资产投资总额从2310.54亿元增长到10490.65亿元,年均增长33.9%;社会消费品零售总额从2539.33亿元增长到5662.55亿元,年均增长16.3%,显示出固定资产投资的增长速度远远高于地区生产总值的增长速度,表现出"重投资、轻消费"的经济增长模式。从投资和消费对经济增长作用的特点来看,投资需求对经济增长的短期拉动作用十分明显,但不能成为经济增长的持久拉动力量,只有消费需求才是市场旺盛和经济活跃真正持久的动力。因此,没有消费需求配合的投资需求单方面快速增长,必然会产生短期政策效果明显、长期政策效果不佳的结果。在经济增长越来越受到"需求约束"的今天,消费率的长期偏低,将导致投资增长最终失去消费需求的支持,阻碍河南经济进一步发展。

1.投资偏重,效率低下。投资是当前拉动河南经济增长的主导力量,近年来,河南投资增长迅速,但是投资效率不高。一是过高的储蓄率必然形成高投资的压力和诱因。社会主义市场经济体制的确立,特别是住房、医疗、教育市场化改革以后,居民收入差距扩大,而未来收入不确定性和未来预期支出增大,都推高了本来就较高的储蓄率,而高储蓄率为高投资型的经济增长提供了条件。二是投资的收益率偏高,必然引导投资高速增长。一方面,由于政府可以最有效地降低和控制投资成本,所以,在市场化收益诱导下,政府有着巨大的投资冲动,政府可以利用其资源配置权,廉价甚至无偿地获取在其他市场化国家难以获取的大量经济资源,甚至利用掌握的资源直接投资。另一方面,在产业结构中,工业比较利益最高;在工业内部,重工业收益最高,国有垄断企业和外资企业收益最高。过高的投资回报不仅强化了政府投资冲动,而且诱导企业形成

“高投资—高回报—高投资”的不断累积和循环的现象。当前投资率的提高主要是由固定资产投资的扩张拉动的,集中表现为生产能力的扩张。而高投资积累的结果,形成了河南畸形的产业结构:高达56.9%的第二产业比重(2008年)和高达69.3%的重工业比重(占工业,2008年);扭曲了投资和消费的关系及企业、政府和居民之间的消费需求结构。三是面临着高速增长的沿海地区和不断拉大的经济增长差距,河南要缩小与沿海地区发展差距,要全面建设小康社会,就必须加快发展。在传统的经济发展方式中,较高的投资率就是弥补投资效率较低,加快经济增长的有效方式。

2.消费增长疲弱,消费率偏低。表面来看,河南投资率的不断攀升是以挤占消费特别是居民的消费为代价换来的。从更深层的原因看,则是经济增长的效益不高和不合理的收入关系造成的居民收入增长缓慢和收入结构严重失衡的必然结果。经济增长的效益不高主要是由于传统的粗放经济增长方式造成的。高速的经济增长并没有给广大居民带来相应的收入增长,高企的预期开支、不确定的经济前景都强化了人们的储蓄倾向。扭曲的宏观需求结构、不完善的社会保障、过高的支出预期以及收入的低速增长都压制了消费的同步增长,所以消费率就表现为逐年下降,拉动经济增长的作用有限。

3.经济外向度低,对外开放水平不高。2008年河南进出口总额174.79亿美元,仅占全国进口贸易总额的0.7%;经济外向度6.7%,全国的经济外向度高达59.8%,在中部六省中居于倒数第一,这与河南经济总量在全国的地位比例极不相符。较低的对外经济依存度使得河南难以有效利用外部资源和市场,主要是因为河南企业的竞争力不高、出口渠道不畅。从贸易商品、方式和企业的性质结构来看,河南与沿海地区最大的差距在于:资源性产品比重较高而劳动、技术密集型产品较低,一般贸易比重较高而加工贸易比重较低,内资企业比重偏高而外资企业比重偏低。河南的竞争优势主要体现在资源等初级产品的生产而非加工制造业,作为河南的最大优势——劳动力资源却没有得到充分的体现,原因就在于沿海以地理、市场环境和政策的优势所形成的企业竞争优势以及对外开放的先导优势所形成的高收益对河南劳动力资源所形成的“虹吸”现象——劳动力资源源源不断地向沿海转移。而深居内地的地理、政策及市场环境劣势都限制了河南生产要素优势的发挥。由于市场环境和政策的限制,内地也难以形成外资企业主导的加工贸易出口格局,对外贸易的发展就会因“渠道”

不畅而受到限制。

（二）初级加工业和农业比重偏高，经济效益偏低

1.高附加值产业少，利润水平低。从工业内部结构看，河南长期以来扮演着东部地区的能源、原材料供应基地的角色。河南原煤产量占全国的比重较大，工业中大多数属于采掘工业和能源、原材料工业，由于加工业薄弱，产品的附加值低，增值能力弱，致使资源优势难以转化为产品优势和经济优势。而高科技含量、高附加值和深加工产品发展相对落后，技术含量低、附加值低、综合利用程度低、物耗高、能耗高、污染高的“三高三低”问题突出，而带动性强、关联度高、对长远发展有重要影响的新型制造产业等相对较弱，河南2008年工业增加值比重前十位的行业，基本上以能源、钢铁、有色、化工、电力等行业为主，优势产业大都集中在国民经济产业链的前端和价值链的低端。由于河南行业结构、产品结构层次低，形成了经济总量大而效益差的特点。

2.老工业基地负担重，资本结构不合理。我国“一五”期间的156个重点项目，在河南地区集中布点的数量并不亚于东北许多重工业城市，如洛阳占了7个、郑州占了4个。至于“二五”以及“三线建设”的工业布局，河南也是占有相当分量的。随着由计划经济向市场经济转轨和改革的深化，如同东北老工业基地一样，河南多数国有大中型企业负担深重，逐步陷入困境。河南老国有企业资产结构不合理，资产负债率高，利息负担重，影响利润水平。

3.农业产值占全社会产值比重高，农业税收贡献低。河南是传统农业区，农业以粮食生产为主，粮食产量比重大，而农产品的生产处于落后地位。目前全省农业和农村经济中的结构性矛盾较为尖锐。这主要体现在产业层次低、产业化经营水平低、龙头企业带动能力不强、农民的组织化程度低等诸多现象。一些地方只注意了粮经种植比例的调整，而在提高产品质量、科技含量及加工增值上下功夫不够，既导致了新一轮地区之间、产业之间、产品之间的结构雷同，又导致农业效益不高，企业利润较少。大中型龙头企业数量偏少，产业链条短，产品附加值低，带动能力弱。2008年，河南第一产业占生产总值的比重为14.4%，高于全国3.1个百分点。农业所占的份额大，对全省的财政税收贡献低，造成整体经济税收贡献率难以提高。

（三）河南历史贡献大，国家补偿不足

1.劳务输出的贡献得不到合理补偿。改革开放以来，东部优先发展，吸引了

中部大量人才,但城乡二元分割的户籍制度造成了外出务工人员与当地居民的差别待遇,从而形成了一种奇特的劳动力生产、使用、流动、保障的机制,河南一方面仍然承担着大量劳动者巨额的教育、医疗、社会保障等费用;另一方面为东部外向型经济的发展,贡献着廉价的劳动力和高素质人才,而东部沿海在用人时,能够大幅度压低工资水平,获取廉价劳动力的额外利益,却无须支付劳动力再生产的必要费用,当前中国制造业劳动力比较优势的发挥,是以中部人才流失、劳动者培养和保障费用补偿不足为代价的。中国工业化过程中农村剩余劳动力的转移任务巨大,而河南的负担尤其沉重。

2.农业原始积累的贡献补偿不足。河南作为中国最重要的农产区,承担了向工业化提供巨额资金和大量产品的责任,为工业化做出了极大的贡献,作为国家粮食主产区的地区分工,从新中国成立以来,国家就一直通过工农产品价格剪刀差政策为工业化提供资本积累,使粮食主产区做出了巨大的牺牲。一方面,在工农产品价格剪刀差之下,粮食产区在粮食区际流通中都处于纳贡的地位,提供的粮食越多,其农业资金的流失量就会越大。另一方面,粮食主产区由于工业相对落后,要从一些工业发达地区大量购入农业生产资料和生活资料,由于工农产品之间不合理的比价关系,又加速了粮食主产区的价值流失到其他工业发达地区。致使农区生产的粮食越多,对国家的贡献越大,农民增收越难,地方财政越穷,社会包袱越重,改革和发展的困难越多。目前,推进工业化进程、提升产业结构和就业结构受到国家要求农区重农抓粮、保障粮食安全的制约。

3.能源原料基地的贡献造成巨大包袱。河南在计划经济的控制下,片面强调重工业的发展。尽管这种工业化模式在特定时期起到了一定的作用,但却造成了河南重工业畸重、轻工业畸轻的局面,改革开放后的很长一段时间,这种模式仍然没有改变。再加上河南矿产资源丰富,这样的区域禀赋结构也在客观上造成了河南的能源、原材料等资源与资本密集型产业比重过大。多种因素的叠加致使河南的工业结构一直偏重。重工业以大量资金为支撑,发展速度虽快,但对劳动力的利用有限,难以有效带动农村富余劳动力的非农化配置。同时,重工业优先发展战略及其工业自我服务的封闭结构,对城市经济的发展也产生了直接影响,服务业被视为非生产部门,长期以来受到限制,整体水平较低。工业发展中的结构偏差最终导致了河南省许多重工业城市、资源型城市、老工业基地地方财力弱,城市化滞后于工业化,城市建设落后,基础设施差,城市改造成本高。

4.财政体制贡献大,可用财力补偿有限。按照地方财政收入加上区内上缴中央税收的全口径计算,1979—1999 年河南财政每年都是收大于支,也就是说河南财政每年要向中央净贡献一定的财力,这 21 年间累计向中央净贡献为 338.7 亿元,占同期财政支出的 13%,平均每年贡献 16.1 亿元。分税制体制实行后,1994—1998 年河南向中央的贡献趋于扩大,由 15.7 亿元增长到 51.7 亿元。随着一般性转移支付力度加大,河南财政才逐步从净贡献省转变为净补助省,但无论是补助的总量,还是补助的力度,都要低于河南所做出的牺牲,特别是粮食主产区的合理补偿机制尚未完全建立。同时,在中央对河南的补助中,专项补助所占份额较大,地方可自主支配的财力不足。中央专项补助都严格规定了用途,且需要地方配套,其中相当一部分是跨省区受益的公共物品,属于中央的支出责任,补助并不能缓解地方财政困难。

(四)财政管理体制的制约

我国实行的是分级管理的财政体制,中央财政和地方财政的职责划分不清。国外成熟市场经济国家对中央和地方的事权有明确划分,并以立法的形式加以规定。而我国长期以来,中央与地方事权划分模糊,"你中有我,我中有你",在一些事务上互相推诿,政府存在事权划分不明、彼此交叉的问题,一些应由地方政府承办的事情中央政府仍在承办,而应由中央政府承办的事情地方政府仍在承办。在原有的体制下,地方财政是中央的派出机构,在工作中听从上面的指示,没有自己的独立性,不能按照自己的实际需要安排支出,这与国外的地方财政的高度独立性有很大的区别。在预算安排上,应由各级政府根据自己的财力确定支出规模,但事实上往往受上级政府的干预而难以自主决定;在预算支出标准的确定上,应给予地方政府充分自主权,以便制定符合自身财力可能的支出标准,但目前各级地方政府要执行中央财政统一的支出标准,各级预算编制内容区别不大,地方预算除国防、外交支出,其他项目与中央预算基本相同,缺乏自身特征。特别是对于河南这样需要大量转移支付补偿的省份,只有在完善的转移支付制度下,经济相对落后地区才能保证其基本的公共产品和服务支出,同时也可以使经济发达地区的地方政府避免因长期预算盈余而产生过度消费开支。

四、支持中原崛起的财政政策思路

（一）加快新型工业化进程，提升工业发展方式转变

1.强力推进工业化，促进产业结构优化升级。一是依托优势产业，大力发展现代制造业；二是整合政策资源，加快产业结构调整升级；三是建好重点工业园区，促进产业聚集，努力形成经济规模效益和集聚效应。

2.支持推进国有企业深化改革，盘活存量。财政要支持建立有效的社会保障体系，真正分离国有企业的社会保障职能，加大对下岗职工再就业的支持力度，从制度上解决国有企业负担过重的问题。引导国有企业从一般竞争性行业退出，向战略性新兴产业、现代服务业发展。重点推进能源、化工、钢铁、有色、装备制造等省内行业骨干企业的战略重组。

3.促进民营经济和中小企业的发展，增强活力。财政应安排资金，对新创办的民营和个体企业、高新技术企业等实行税收减免、政策补贴、技术转让费用税前列支等特殊优惠政策，增强民营企业自我积累和发展能力。积极筹集资金，支持建立民营企业、中小企业信用担保体系和风险补偿机制，提高其风险抵御能力。清理完善现行财税法规和政策体系，规范和整顿涉及企业的收费项目，平等实施相关产业的优惠政策，优化民营经济发展环境。

4.发挥中原区位优势，建设交通网络和现代物流业。在加大财政投入的同时综合运用资本金注入、投资补偿或补助、贷款贴息等方式，发挥政府投入的“乘数效应”，带动更多的社会资金投向交通网络及物流基础设施建设。完善重点物流企业财政支持政策，加大对培育物流市场主体支持力度，加大物流人才引进和培养的支持力度。调整物流引导资金使用结构，着力发展冷链、医药、钢铁等十大专业物流，整合物流资源，改造提升物流业态，推动物流业与制造业联动发展。

（二）推进农业现代化，建设社会主义新农村

1.大力推进农业产业化、现代化进程。制定切实可行的措施，在项目审批、土地征用、税费征缴等方面予以优惠，重点扶持一批规模大、规范性程度高、辐射带动能力强的农村合作经济组织和专业协会。运用贴息、奖励等方式引导各种资金对农业的投入，重点加快农业结构调整，推动农产品精、深加工品牌创建，扶持生猪、牛、家禽等生产加工基地建设，提高农产品附加值，促进传统农业向现代农业转变。

2.加强农业基础设施建设。一是从资金、税收、信贷等政策方面给予支持，加强农业基础设施建设，增加农业科研及推广、农产品质量安全检验检测、农产品流通设施等方面的投入，支持种子、种苗、种畜、农机等服务体系建设，稳步提高农业综合生产能力；二是加大农业市场信息网络建设，及时正确地向农民提供价格信息、销售信息等，有效增强农产品市场开拓能力；三是着力支持农村公共服务体系建设，重点投入防洪安全、水资源保护、人口饮水、动植物防疫等工程建设，改善农村生产生活环境。

3.发展劳务经济，加快农村富余劳动力转移。一是应将农村劳动力就业培训、社区管理、法律援助所需经费纳入预算范围，全面落实无偿培训、创业税收减免等优惠政策，以提高农村劳动力的外出务工就业能力，降低农村劳动力转移的门槛；二是应加大投入，加强沟通城乡的劳动力市场建设，为农村劳动力提供就业信息、咨询、中介的畅通渠道，促进农民外出劳务有序、顺利地进行；三是发展农村第二、第三产业，促进农村富余劳动力就地转移。

4.建立农村救助体系。一是加大对农村公共卫生体系建设投入。改善农村卫生机构设施，加强医疗人才培养。二是健全城乡医疗救助体系。扩大城乡医疗救助制度试点范围，解决中原地区城乡贫困人口就医难问题。三是加快建立农民工社会保障制度。包括农民工的工伤保障制度、疾病医疗保障尤其是大病保障机制、社会救助制度，实现城乡劳动者之间公开、公平的社会保障服务。

(三)推进城镇化进程，增强城市服务功能

1.突出重点，推进中原城市群建设，打造中原的核心增长极。一是通过预算安排、财政贴息等方式，逐年增加对城市群基础设施建设和社会事业的投入，加快产业聚集和人口聚集。二是保证城市维护建设税的全额返还，专门用于城镇基础设施的维护建设，允许城市存量国有土地使用权出让金、土地增值税、城市建设配套费、城镇市场管理费主要用于城市基础设施建设。三是多种方式筹集资金，盘活城镇土地资源和存量资产。以收费权抵押、民间资金入股等形式筹资，拓宽城市基础设施和公用事业投资渠道。

2.结合优势，促进中等城市差异化发展。财政应扩大省与中等城市税费分成比例，整合财政专项资金，对城市建设资金、耕地占用税、国有土地使用权出让金、商业结构调整资金、科教文卫事业经费等各类资金集中投入，重点支持特色城市的建设发展，提升其硬件条件和人文品位。

3.发展小城镇，实现城乡统筹发展。调整投资结构，多向小城镇基础设施、交通、能源、水利等项目倾斜，吸引农村新办企业向镇区集中，引导大中城市的工商企业到小城镇开展商业连锁、物资配送、农副产品批发等经营活动；支持和促进小城镇各项事业发展。

（四）创造良好的外部环境，提高河南对外开放水平

1.提升和强化财政支持的力度，并注意与货币政策、贸易政策的协调和配合。财政支持的实质是通过财政和税收政策促进对外贸易的良性发展，因此，在提升财政支持力度的同时，要注意充分征求贸易主管部门的意见，或由贸易主管部门牵头、协调进行相关政策的调整与改革。

2.明确财政支持与市场调节的关系。在财政支持的同时，充分尊重市场经济规律，坚持补充、引导市场，而不是凌驾于市场之上。把财政支持的着力点放在提高外向型经济发展的质量和效益、优化贸易结构上，实现又好又快、好字当先的发展模式。

3.制定明确的财政支持外向型经济发展的指标体系。研究制定财政支持外向型经济发展的具体方向，评估财政支持外贸发展的效果评价指标体系，以发挥财政政策支持效应的重要补充。

4.注意与贸易有关的财税政策应坚持 WTO 的公共支持原则。财政支持的总方向应避免对出口的直接补贴，应从搭建公共服务平台，对企业的生产、研发与营销等进行普遍的支持，而不是特定企业的支持。

5.财政支持外向型经济发展要有所侧重。重点应放在突出培育和支持自主知识产权、自主品牌和自主营销渠道以及高技术含量、高附加价值、高效益（“三自三高”）产品出口上；放在注重货物贸易与服务贸易、出口与进口、发达国家与发展中国家市场及不同贸易方式的协调发展上；放在注重外向型经济发展对全省经济发展、全省就业率提高以及社会福利的增长上。

（五）调整收入分配结构，提高社会公共支出水平

1.完善科技扶持政策。一是逐年增加财政对科技的投入资金，调整科技三项费用支出结构，侧重于启动重大科研计划、促进技术改造与技术创新、鼓励核心技术的重点突破；二是安排财政专项资金，提供贷款、贴息和担保，积极扶持一批以生产促进中心、科技创业服务中心和科技企业孵化器及在孵企业为重点的科技转化平台，促进科技成果向现实生产力转化；三是结合高新技术园区优

惠政策,加大对基础研究和应用型研发项目的扶持力度,支持建立“产学研”体系,努力培养前沿优势技术的原始创新和集成型创新,以及对引进先进技术的消化吸收和再创新。

2.加速教育事业发展。一是强化政府对义务教育的保障责任,均衡配置义务教育资源,特别是要切实保障农村义务教育经费和进城务工人员子女享受义务教育的权益;二是继续优化高等教育发展,支持高等院校发展和重点学科建设;三是整合职教资源,发展多形式、多层次的职业技术教育和成人教育,加大对劳动者就业和技能培训的投入。

3.支持文化资源保护与开发。一是对文化资源保护和开发给予必要的财政支持;二是加大对文化事业的财政支持力度,进一步完善公共文化服务体系建设,提升公共文化服务能力;三是推动文化产业快速健康发展,综合运用财政、税收、信贷政策,重点支持文化娱乐、图书出版、广电事业和文化创意产业等文化领域的发展,深入发掘地域文化优势,打造文化知名品牌,培育一批大型文化企业集团,提高产业集中度和综合竞争力,增强中原文化的影响力。

4.促进卫生事业发展。一是财政支持加强公共卫生服务体系建设,健全疾病预防控制、卫生监督和城乡医疗急救体系;二是财政支持完善医疗卫生服务体系,建立比较完善的农村医疗卫生服务网络和城乡社区卫生服务网络;三是财政支持推进公共卫生服务均等化,由政府为城乡居民提供疾病防控、计划免疫、妇幼保健、健康教育等基本公共卫生服务;四是完善民营医疗机构和健康产业发展的相关规划、投资、价格等优惠政策,配合财税优惠政策,鼓励和引导社会资本兴办各类医疗机构,以多种方式参与公立医院改制重组。

5.加大社会保障支持力度。一是扩大社会保障覆盖范围,继续完善养老保险、基本医疗保险、工伤、失业、生育等各项社会保险制度,重点做好非公有制经济从业人员、农民工、灵活就业人员、城镇居民等群体的社会保障工作。二是逐步提高社会保障待遇水平,继续提高企业退休人员基本养老金水平,建立养老金的正常调整机制;增加对城镇居民基本医疗保险、新型农村合作医疗的财政补助,适当降低职工个人医疗保险自付比例;适时调整工伤、失业、城乡居民最低生活保障等社保待遇水平,确保全体人民共享经济发展成果。

(六)深化财税体制改革

1.理顺省以下政府间财政关系。财力适当向县倾斜,促进县域经济发展,实行省与市按统一比例分享主要税种，改变新旧体制"双轨并行"的做法，建立"并轨运行"新体制。

2.深化省以下财政体制改革。全面推进"省直管县"和"乡财县管"，逐步取消市管县体制，实行省级财政在体制补助、一般性转移支付、财政结算、资金调度等方面直接面对县；虚化乡财政，对经济欠发达、财力较弱的乡镇实行乡财县管体制，建立地方财政分配激励机制，调动地方政府的积极性和主动性。

3.规范转移支付制度，增强县乡基层财力保障能力。以一般性转移支付为主，专项转移支付为辅，优化转移支付结构；科学测定标准收支，提高一般性转移支付的合理性；建立动态的专项转移支付项目库，全省统筹经济发展和社会事业专项投入。

五、支持中原崛起的财政政策建议

（一）增加和优化对河南农业的财政投入

加大投入力度特别是加大农业农村公益性基础设施的投入力度，不断扩大公共财政覆盖农村的范围，从制度上建立公共财政普照新农村建设的长效机制，保证财政支持"三农"的支出增长高于财政总支出的增长，使新增财政支出和固定资产投资切实向农业、农村、农民倾斜，并把国家的重大支农政策规范化，通过强化管理使支农资金充分发挥作用，为推进农业现代化和建设社会主义新农村提供强有力的支持。一是国家设立农业产业化专项资金，集中用于对粮食主产区农业产业化项目的贷款贴息或资本金补助；二是加大对种粮农民直接补贴、良种补贴、农业机具补贴、退耕还林补贴力度，以及对粮食主产区农业税收减收部分的补助力度；三是核销主产区执行粮食最低保护价收购政策所造成的地方政府财政挂账和国有粮食企业亏损，主产区的粮食风险资金原则上应由中央财政全额负担；四是建立粮食主销区对主产区的利益补偿机制，集中全国的土地出让金，按各省在粮食生产中所占比例进行分配，支持粮食主产区发展粮食生产；五是加大粮食主产区阳光工程投资力度，更好地开展农民专业技术培训，加快转移农村富余劳动力；六是要对粮食主产区农业科技投入进行重点倾斜，尽快改善农业科研条件落后的状况。

（二）鼓励河南工业结构调整升级

一是配合能源基地、石油储备基地、电力输出基地、新兴和新型能源基地、重要的原材料基地建设，在中央财政安排的基础建设投资项目中，提高河南所占的比例。二是增加财政投入，同时进一步改善财政投资结构，理顺财政投资资金管理体制，集中扶持高成长性项目，积极支持和促进河南老工业基地的国有重点、骨干企业技术改造，鼓励企业进行技术创新，有重点地发展高新技术产业和新兴产业，促进产业升级和产业集聚建设，拉长产业链条，节能减排，加快新型工业化进程，推动产业、产品结构调整。三是建立政府信用担保机制，增加担保资金的投入，在工业结构转型升级的关键时期为中小型风险投资企业提供担保，在融资方面为风险投资的发展提供一系列的便利。四是把国家的各项税收优惠政策用好用足，为河南工业发展和工业结构调整升级服务，还要充分利用国家给地方政府的税收调控权力，配合政府有关工业发展和结构调整方针政策，有针对性地对鼓励和支持的特定行业及重点企业实施减免税、税收抵扣或税收返还等税收优惠，促进其发展，对产能过剩和污染严重的行业与企业限产和转型提供支持。五是充分利用政府采购来鼓励、支持河南工业发展和企业自主创新，创新产销对接方式，建立产供销对接长效机制；制定河南自主创新产品目录，政府采购优先使用目录内产品，尤其要加大对河南电动汽车、生物医药、新材料、电子信息等新兴产业领域的政府采购力度，推动“河南装备，装备河南”。

（三）利用财政杠杆和税收政策撬动河南现代服务业发展

立足河南资源条件、市场潜力和发展基础，河南应选择那些成长快、带动性强、需求旺、关联度高的产业作为着力点，大力发展旅游业，积极发展文化产业，做强做大现代物流业，做实做优现代商贸业，以重点突破带动全局跃升，促进河南现代服务业又好又快发展。这就要求财政和税收政策应根据发展现代服务业的需要，结合新一轮税制改革，对建立在传统产业基础上已不符合现代服务业发展的相关政策加以改革和进一步完善。一是完善公共财政体系，增加对现代服务业的投入，运用灵活多样的财政投资融资策略、财政补贴、贴息、奖励策略等，发挥引导带动作用，吸引社会资本投向现代服务业。二是采用积极的财税扶持政策，建立更加有利于产业结构调整的税收支出制度。例如配合国家增值税改革将现代服务业纳入增值税征收体系，并允许现代服务业企业抵扣其购进设备所含的增值税，实行即征即退、减半征收、税率优惠、财政补贴等一系列减税增支政策，允许企业将人力资源培训、技术研发等现代服务业项目支出在税前列支充减收入等，以提升河南现代服务业的竞争能力，吸引境外国际服务业流入。三是落实政府采购优先导向，建立地产名优产品推荐目录制度，争取更多本地名优服务产品进入政府采购目录和政府可调控的建设领域，在河南省各级政府采购目录中增加现代服务类产品，如物流、信息服务、金融服务、法律咨询等中介服务项目，鼓励并支持同等条件下，政府采购、市政建设、重点工程项目优先选用。四是建立财政支持现代服务业的体制机制，保障各种扶持措施的落实到位，包括完善组织保障机制，建立财政扶持资金稳定增长机制，探索财政扶持资金整合机制，建立并完善财政扶持资金监督管理机制等。

（四）引导河南加快转变对外经济发展方式

就河南来讲，加快外向型经济发展，迫切需要实现对外经济发展方式的转变，而这些转变需要政府的有效推进和积极作为。应根据进一步推进改革开放、完善外向型经济发展的需要、转变对外经济发展方式的需求，对财政支持外向型经济的相关问题进行调整和完善。

一要积极吸引省外和境外投资，提高利用外资水平。在用好国家给予的现有税收优惠政策的基础上，针对河南经济发展的软肋，敢于突破体制障碍，完善现有财税政策，有针对性地增添措施：其一，大力推进园区建设，及时兑现政府对园区税收优惠政策，安排资金对园区基础设施建设项目予以贴息，协调地方投融资集团建设标准厂房，着力打造承接产业转移的重要平台和外来投资的聚集地；其二，积极应对国内外产业转移，充分发挥财政资金“四两拨千斤”的作用，通过一系列财税优惠政策的扩面和强化，吸引国内外更多市场要素向中原地区集聚；其三，围绕产业转型升级和构建现代产业体系，引导鼓励外资投向高端制造业、高新技术产业、现代服务业、新能源和节能环保产业等领域，重点支持第一、第三产业引进外资；其四，在引资同时更加突出技术、管理和人才的引进，鼓励外商设立研发中心，与内资企业、研究机构开展研发合作。

二要加快转变外贸发展方式，促进外贸稳定增长。一是支持优势产品扩大出口，对出口业绩显著并且拥有自主知识产权或出口品牌的高新技术产品、机电产品以及传统优势产品和劳动密集型产品扩大出口予以扶持。二是支持提升出口农产品质量，对全省出口农产品质量可追溯体系和区域性检测中心建设予以扶持，推动农产品出口原料基地化、加工标准化、管理信息化、市场多元化。三是支持服务外包产业发展，对服务外包示范基地公共服务平台建设、外包人才培训予以扶持。四是对进口重要能源、资源性产品等给予扶持，切实发挥财政资金在扩大进口、推动产业结构调整和经济发展方式转变等方面的导向作用。五是支持加强风险管理，支持企业建立出口信用风险防范体系，鼓励企业合理利用出口信用保险，保障出口收汇安全，对参加出口信用保险的企业按实际保费的一定比例给予扶持；对企业参加反倾销、反补贴、保障措施和贸易壁垒应诉、复审工作发生的律师费用给予资助。

三要积极实施“走出去”战略，更好地利用域外的要素和市场，拓展发展空间。一是支持境外资源合作开发，对从事境外现代服务业及资源开发、生产研发类项目给予补贴；对企业到境外从事矿业、林业、农业等紧缺战略资源合作开发进行扶持。二是支持扩大对外承包工程，鼓励企业承揽技术含量高、能够带动技术出口的大型工程项目，拉长产业链。三是利用财政、银行、基金投资公司的优惠政策支持企业参股并购境外知名品牌、设计研发机构、营销网络、服务外包发包中心等。四是大力发展劳务合作，支持外派劳务输出基地建设，以推动河南外派劳务扩大规模、提升层次、打造品牌。

（五）加大财政对河南教育、文化、卫生、社会保障等事关民生方面的支持力度

教育事业方面。一是保证财政性教育经费的增长幅度明显高于财政经常性收入的增长幅度，并把财政投入的增量重点用于缩小地区之间、城乡之间的公共教育投入差异，尤其要加强对贫困县乡的农村中小学义务教育投入，按照有利于提高教育质量的需要，扩大财政对教育领域的公用经费的投入比例。二是要按照不同层次和不同类型教育的社会受益程度的高低，分别采取相应的投资模式，对于中小学基础教育，应该采取以政府公共投资为主的公共兴办模式，由各级政府承担起对中小学基础教育的投入责任；对于普通高等教育，应该按照公办民助或民办公助的兴办模式，由各级政府与民间主体共同承担相应的投资任务；对于应用性较强的职业技术教育，应该发挥财政资金“引子”“种子”作用，在政府严格审查资质条件的基础上，运用市场机制，鼓励职业院校产教结合、以产养教、实训创收、自我发展，通过多种融资渠道，积极引导社会资金对职业教育发展的投入。三是深化各级政府的教育公共投资体制改革，加大省级政府在教育发展中的公共投入比例，加大中央和省级财政对县级财政的均等化转移支付力度，最终通过调整中央、省、县三级政府对义务教育的投入分担比例，明确各自对义务教育的投资责任，从财力上形成义务教育投入不断增加的长期有效的保障机制。四是建立义务教育经费问责和绩效责任制度，此外，财政与

教育行政管理部门还要加强对教育经费和教育项目资金的监管。

文化资源保护与开发方面。一是财政支持。在充分调研、科学论证的基础上,筛选和推出一批重大文化产业项目,予以重点支持;着力培育一批以高新技术为支撑、以新兴文化业态为引领的大型文化企业;强化文化产业发展专项资金的引领作用、杠杆作用,重点支持文化创意产业和新兴文化产业;设立文化产业投资基金,由省级财政注资引导,吸收大型文化企业、国有控股企业和金融机构认购,实行市场化运作,通过股权投资等形式,推动文化资源重组和产业结构调整;设立中华历史文化核心保护区,在加大省级财政对文化资源保护和开发财政投入的同时,争取中央财政支持;加大政府对公共文化事业的财政投入。二是税收支持。认真落实国家支持文化发展的税收优惠政策;在国家政策规定的范围内灵活运用税收优惠政策;进一步明确“政府鼓励的文化企业”的范围,以便能够让更多符合条件的文化企业享受到国家的税收优惠政策;恢复对新办文化企业实行的3年免征所得税的规定,以鼓励社会资本进入文化产业;对高端文化创意人才的合法收入适当减免个税。三是信贷支持。加大对符合国家产业政策的文化企业的信贷支持,采取贷款贴息、项目补贴、补充资本金等多种方式,拓宽对文化企业的财政支持渠道,特别是要加大对新办文化企业、创新型文化企业和重大文化产业项目的信贷支持。

卫生事业方面。一是财政对医疗卫生的投入应旨在尽快降低城乡公共卫生和基本医疗服务的差别,保证公平性,从实际省情出发。当前河南省医疗卫生发展应致力于农村医疗卫生、社区医疗卫生,建设好部分公立机构,逐步完善覆盖全民的不同形式的基本医疗保障制度;二是调整财政对医疗卫生的管理级次,将医疗卫生服务项目按照从基本到特需的等级进行划分,越是基本的项目如计划免疫等,其管理级次应越高,可由中央或省级财政承担;越是特需的项目,其管理级次应越低,可考虑县财政或区财政承担。三是将财政投入方式逐步由直接投入向政府购买服务的形式过渡,使政府由服务的生产者和提供者转变为购买者和监督者,营造公平竞争的环境。四是发挥市场作用引导医疗服务领域开展竞争,在政府的监督管理下,引导和规范社会资金进入医疗服务领域,扩大医疗服务供给范围。

社会保障方面。一是加大公共财政对社会保障的投入力度,逐步提高社会保障预算内支出占财政总支出的比重,并建立规范的转移支付制度,加大对困难地区转移支付力度。二是将部门国有存量资产转化为社会保障基金,即在企业破产、兼并及股份制改造中将国有资产变现收入划入社会保险基金,实际上是将那部分名义上属于国有的资产还权于本应享受的职工。三是适时开征社会保障税替代现行的统筹缴费。四是建立和完善社会保障预算,从机制上增强政府对社会保障工作的宏观调控能力。五是运用税收优惠和分配政策支持社会保障制度的贯彻实施。六是发挥财政监督职能变事后监督为事前调控,以确保社会保障资金安全完整和合理有效地使用。

(六)建立健全河南财政投融资体系

统一河南省的地方财政投融资机构,健全运行机制,建立地方政策性银行。按照建立统一的、完整的财政投融资体系的要求,对现分散于各部门的政策性银行、信托投资公司等机构加以改造整合,以后地方财政投融资方面的相关业务,统一由地方政策性银行具体负责,但其筹资贷款形式、数量、期限、利率、投资方向等接受中央财政投融资机构的协调、指导和监督检查。

拓宽地方财政投融资筹资渠道。财政投融资的资金来源应区别于一般财政资金,以有偿性资金为主,且具有长期产业投资的部分,但在财政投融资制度确立初期还需财政予以支持。一是预算拨款作为无偿来源,在整个资金来源中不能占太大比重;二是邮政储蓄存款和社会保障基金的剩余金,从发展趋势看,应成为地方财政投融资的重要资金来源;三是政府保证债和政府保证借款,诸如向各专业银行发行中长期建设债券等;四是各种民间资金,应作为资金来源的重要组成部分;五是预算外资金"专户储存"中间歇资金的一部分,但不包括那些回转快、间歇时间短的预算外资金。此外,还应积极开拓财政投融资的筹资新方式:一是要大胆引进外资,可借助政府信誉,也可以财政担保方式鼓励企业和部门投资项目大胆借用外资。二是适当吸收社会个人资金,可考虑创立社会共同基金,吸收社会小额投资者的资金,也可以适当方式吸收个人大额信托存款。三是利用好国债和地方债,建议利用当前利率较低的优势,增发支持河南发展的长期专项国债,同时还应调整国债资金转贷比例,调整国债在河南的投资方式和重点,改变以往单纯的直接投资形式,采取多种形式来发挥国债投资的杠杆功能,带动民间资本和社会资本;此外,建议河南还可以发行一定量的地方债券。

整顿地方财政投融资资金运用范围,规范资金投向。财政投融资资金主要应用于社会效益大且存在一定经济效益的产业和部门:一是具有显著外部性的公共部门,如环保、基础科研和教育、交通运输部门;二是仅依靠市场力量难以支持其迅速成长的“幼稚产业”部门;三是高科技的战略产业部门;四是农业部门等。除此之外,财政投融资还应根据经济发展和政府宏观调控的需要,对一些需要进行政策性鼓励和支持的领域,如一些出口创汇企业、需要国家政策扶植的中小企业,给予一定的投资。

积极探索财政投融资的有效方式。如委托贷款、信托贷款、直接投资、证券投资、合作投资、贴息贷款、贷款担保、融资租赁、联营投资等多种灵活的形式,实现政府政策性投融资与民间金融的相互配合、补充。

加强监管,提高效益、防范风险。一是建立财政投融资投资计划编制制度,内容包括资金使用方向、资金用途分类、投资预期收益等;二是制定财政投融资资金使用的审批制度、监督检查制度、回收和效益考核制度、预决算制度及财政投融资内部财务核算制度等;三是建立合理、高效的组织治理机构,科学治理;四是应尽快制定财政投融资法,用法律、法规来规范财政投融资活动,使之纳入法制化治理轨道。

(七)改进和规范财政转移支付的方式方法

在我国目前的转移支付结构中,税收返还和专项拨款的比例过大,需要进行大幅度的结构转换,逐步扩大均等化转移支付和与特定政策目标相联系的专项拨款的规模,消解非规范化的税收返还等补助形式。与此相应,也需要改进转移支付的方法。目前我国现行的转移支付分配办法主要是采用“基数法”,即各个地方获得的税收返还额只取决于地方向中央政府提供了多少税收,而不取决于各个地方的自然人口因素、财力状况和支出需求等因素。“因素法”的基本原理是:选取一些不易受到人为控制的、能反映各地收入能力和支出需要的客观性因素,如人口数量、城市化程度、人均 GDP、人口密度等来确定各地的转移支付额。因此,政府应当逐步探索以“因素法”取代传统的“基数法”,统一和规范财政转移支付的标准。

具体而言,对于一般性转移支付,要确定地方的标准财政收入和标准支出,以此作为确定转移支付数额的标准。标准收入可用财政收入能力来表示,它是指各地在同等的征税努力程度下所能够取得的财政收入;在标准支出需求的测算过程中,应该全面考察人口规模、自然条件、经济实力、基础设施状况、社会发展情况、支出成本差异等方面的因素。对于专项拨款,也要有统一客观的分配公式可供操作,在公式的设计过程中,应根据各地不同情况和项目不同特点,选择相关性因素,进行精确客观的测算,并保证资金使用的安全、高效。

就河南实际省情而言,应将农业人口、粮食产量、城市化水平等作为计算一般性转移支付的因素,并加大其权重,合理加大中央财政对河南的转移支付力度,以保证中原居民可享受基本公平的公共服务和社会福利。

(八)合理明确划分中央与地方政府之间的财权和事权

一是推进政府职能转变,强化社会管理、公共服务职能,同时改革和完善行政管理体制,加强各部门间的协调配合。二是按照中央统一领导、充分发挥地方积极性的原则,进一步明确各级政府的财政支出责任。全国性公共产品和服务、具有调节收入分配性质的支出责任由中央全额承担,地方性公共产品和服务的支出责任由地方政府全额承担,具有跨地区"外部性"的公共产品和服务的支出责任,分清主次责任,由中央与地方各级政府按照一定比例共同承担。三是在维持中央财政收入占全国财政收入的比重相对稳定的情况下,结合下一步税制改革和政府间支出责任划分调整情况,按照财力与事权相统一的原则,适当调整中央与地方政府间收入划分。例如,对排污费、探矿权、采矿权等收入,由中央、地方分成改为地方收入。对车船购置税等收入,由中央全额收入改为中央、地方分成,加大车船购置税对河南乡村公路建设的投入力度。同时,在收费类专项资金使用安排上,建议由地方定项目,上报中央备案等。

(原载《经济研究参考》2011 年第 21 期)

支持中原经济区建设的财政政策研究*

财政政策是政府调控经济的重要手段和推进区域经济发展的重要杠杆。中原经济区建设已列入国家“十二五”发展的规划之中,并将“重点推进”。这表明中原经济区建设不仅是河南今后发展的总体战略,而且上升为国家战略。要建设好中原经济区,充分发挥河南在全国区域协调发展中的作用,必须充分发挥政府和市场的双重作用。从财政政策看,应紧紧围绕国家中部崛起的战略部署,立足中原经济区财政收支的特点,充分发挥公共投资、转移支付等多种手段的作用,创造有利于中原经济区发展的内外部环境,以激发中原地区的发展活力,争取早日实现中原崛起,促进中部崛起。

一、中原经济区建设面临的财政问题分析

“中原”作为一个地域概念,有广义、狭义之别,广义指中国中部的黄河中下游地区,包括今河南全省及山西、河北、山东等省的一部分地区。狭义指河南全域。中原经济区的战略构想取广义“中原”涉及的范围,是以河南为主体,延及周边的晋东南、冀南、鲁西南、皖西北、鄂北、苏北等部分区域,区域内具有山水自然相连、血脉亲缘相近、民风民俗相通、同属中原文化脉络、区域经济往来紧密等特点。改革开放以来,河南财政实力不断壮大,公共财政体制初步建立,促进了河南经济、文化和社会各项事业的发展,形成了财政与经济社会良性互动发展的局面。但是与其他地区相比,河南财政状况仍然面临着诸多困难。

第一,河南财政总体实力较弱。改革开放以来,河南财政收入从 1978 年的 33.73 亿元增加到 2010 年的 1381 亿元,年均增速为 12%,低于全国年均增速2.2 个百分点。与其他省份相比,2010 年河南一般预算收入位列全国第 9 位,与经

---

* 此文系 2010 年亚洲开发银行技术援助招标项目(TA7192)“支持中原崛起的财政政策研究”的阶段性成果。

济总量排名第5位的地位实不相符。河南财政收入占GDP的比重一直较低，1978—2008年，河南财政收入占PGDP的比重从20.7%下降到5.5%。1978年河南财政收入占河南省生产总值的比重比全国低10.4个百分点，到2008年这一比重比全国低14.9个百分点。2009年河南省财政收入占河南省生产总值的比重位居全国倒数第一。

第二，河南的财政支出结构亟待优化。河南省财政支出从1978年的22.67亿元增加到2008年的2905.76亿元，年均增速为16.2%，高于全国年均增速1.6个百分点。近年来河南经济快速发展，生产总值快速增长的同时，河南财政支出的相对规模日益缩小，地方财政调控能力逐渐弱化，对全省经济的影响也相对趋弱，部分市县财政相当困难，不能满足日益增长的公共需求。从财政支出结构看，维持性支出及行政管理支出占财政总支出的比重较大，特别是在一些贫困地区，财政成为典型的"吃饭财政"，财力难以保证经济建设和其他社会性支出。科教文卫支出比重偏低，2009年科教文卫支出占河南省生产总值的比重为29.0%，与东部沿海发达省份相比，差距较大。社会保障和就业支出不足，2009年河南省社会保障支出占河南省生产总值的比重为13.9%，在中部六省中位列倒数第一。

第三，河南人均财政收支水平偏低。河南人均财政收入从1978年人均47.73元增长到2009年人均1186.96元，但与全国平均水平相比不仅基数低，而且增长速度也远远低于全国平均水平。以2008年为例，河南人均财政收入居全国倒数第4位，仅高于甘肃、贵州、西藏。与中部六省相比，河南人均财政收入位列六省之末。再看人均财政支出，从1978年的人均39.15元增长到2008年的人均2915.38元，远远低于全国平均水平，2009年人均财政支出居全国倒数第一。

第四，财政杠杆的调控能力弱。突出表现在县乡财政困难和地方财政支持经济发展能力不足及财政支持文化建设能力弱等方面。以财政支持文化建设为例，河南省文化事业费占财政支出的比重，长期徘徊在0.28%至0.34%之间，连续多年居于全国倒数前几位。

二、支持中原经济区建设的财政政策思路

中原经济区是中原崛起、河南振兴的载体和平台，是河南探索一条不以牺牲农业和粮食、生态和环境为代价的"三化"协调科学发展路子的载体和平台，也是推进中原城市群建设、打造中部崛起的核心增长极的载体和平台,支持中原经济区建设的财政政策必须依托这个总体思路发散开来。

第一,中原经济区既有的一大优势是粮食生产。要保障国家的粮食安全,必须突出农业和粮食特色,以更多的政策支持和财力扶持粮食生产,包括农业产业化、农业综合开发、土地整治、优势农产品基地建设、水利建设等投入,促进中原地区传统农业向现代农业转变。

第二,充分发挥财政杠杆作用,促进中原经济区经济结构调整和经济发展方式转变。强力推进工业化,促进产业结构优化升级,支持推进国有企业深化改革,盘活存量,重点推进能源、化工、钢铁、有色金属、装备制造等区域内行业骨干企业的战略重组,促进民营经济和中小企业的发展,增强活力;发挥中原区位优势,促进现代服务业发展,建设交通网络和现代物流业;制定明确的财政支持开放型经济发展的指标体系,支持开放型经济发展。

第三,财政支持中原经济区"三化"协调推进,促进中原城乡统筹发展。特别是要大力支持发展小城镇,向小城镇基础设施、交通、能源、水利等项目倾斜,吸引农村新办企业向镇区集中,引导大中城市的工商企业到小城镇开展商业连锁、物资配送、农副产品批发等经营活动,实现城乡统筹发展。同时,要着力调整支出结构,提高社会公共支出水平。加大对社会保障支持力度,确保全体中原人民共享经济发展成果。

三、支持中原经济区建设的财政政策建议

(一)增加和优化对中原经济区农业发展的财政投入

一是国家设立农业产业化专项资金,集中用于对粮食主产区农业产业化项目的贷款贴息或资本金补助。二是加大农业核心区的投入力度,强化大型农田基础设施建设,加快推进农作物生产机械化。三是对粮食主产区农业科技投入进行重点倾斜,尽快改善农业科研条件落后的状况。四是加大对种粮农民的各种补贴力度,以及对粮食主产区农业增收部分的补助力度,尽快实现补贴的全覆盖。同时应该向实际务农者倾斜,并在分配新增补贴资金时直接与粮食产量、商品量和优质粮生产挂钩。五是加大对农业大县的奖励补助,加大对种粮农民特别是种粮大户的信贷扶持力度,支持发展主要农作物的政策性保险,促进农业稳定发展。六是建立农村信贷担保机制,探索建立农业贷款贴息制度。七是核销主产区执行粮食最低保护价收购政策所造成的地方政府财政挂账和

国有粮食企业亏损,取消粮食净调出省的地方财政粮食风险基金的配套,由中央财政全额负担粮食净调出省的粮食风险基金。八是建立粮食主销区对主产区的转移支付基金,安排专项资金实行转移支付。九是加大粮食主产区阳光工程投资力度,更好地开展农民专业技术培训,加快转移农村富余劳动力。

(二)支持中原经济区工业结构调整升级

一是在中央财政安排的基础建设投资项目中,提高中原经济区在能源基地、石油储备基地、电力输出基地、新兴和新型能源基地、重要的原材料基地建设方面所占的比例。二是进一步改善财政投资结构,理顺财政投资资金管理体制,集中扶持高成长性项目,积极支持和促进中原经济区老工业基地的国有重点、骨干企业技术改造。三是为有效地实现中原经济区工业发展和工业结构调整升级,要充分利用国家给地方政府的税收调控权力,配合政府有关工业发展和结构调整的方针政策,有针对性地对鼓励和支持的特定行业和重点企业实施减免税、税收抵扣或税收返还等税收优惠,支持其发展,对产能过剩和污染严重的行业和企业限产和转型提供支持。四是财政资金鼓励和支持自主创新,尤其要加大对经济区内的电动汽车、生物医药、新材料、电子信息等新兴产业领域的政府采购力度。

(三)利用财税政策杠杆撬动中原现代服务业发展

一是完善公共财政体系,增加对现代服务业的投入,运用灵活多样的财政投资融资策略、财政补贴、贴息、奖励策略等,发挥引导带动作用,吸引社会资本投向现代服务业。二是采用积极的财税扶持政策,建立更加有利于产业结构调整的税收支出制度。例如,配合国家增值税改革将现代服务业纳入增值税征收体系,并允许现代服务业企业抵扣其购进设备所含的增值税,实行即征即退、减半征收、税率优惠、财政补贴等一系列减税增支政策,允许企业将人力资源培训、技术研发等现代服务业项目支出在税前列支充减收入等,以提升中原经济区现代服务业的竞争能力,吸引境外国际服务业流入。三是落实政府采购优先导向,建立地产名优产品推荐目录制度,争取更多本地名优服务产品进入政府采购目录和政府可调控的建设领域;在中原经济区各级政府采购目录中增加现代服务类产品,如物流、信息服务、金融服务、法律咨询等中介服务项目,同等条件下,政府采购、市政建设、重点工程项目优先选用本地服务产品。四是建立财政支持现代服务业的体制机制,保障各种扶持措施落实到位,包括完善组织保障机制、建立财政扶持资金稳定增长机制、探索财政扶持资金整合机制、建立并完善财政扶持资金监督管理机制等。

(四)财税政策引导中原经济区开放型经济的发展

要改变中原经济区开放型经济发展水平很低的局面,一要在用好国家给予的现有税收优惠政策的基础上,针对中原经济区经济发展的软肋,敢于突破体制障碍,完善现有财税政策,有针对性地增添措施。二要加快转变外贸发展方式,促进外贸稳定增长。支持鼓励进口重要能源资源性产品。支持培育自主出口品牌。进一步创造条件吸引跨国公司及子公司在经济区内设立地区总部、运营中心、采购中心、结算中心。三要积极实施"走出去"战略,更好地利用区外的要素和市场,拓展发展空间。河南要发挥人口优势,鼓励企业开展对外承包工程。建设外派劳务基地。四要加快推进服务业的对外开放:鼓励国际知名服务业企业入驻中原经济区,支持服务外包业务发展,扩大金融服务业对外开放。鼓励跨国公司在中原经济区以独资或与当地企业、科研机构、高等院校合资的形式设立研究开发中心。

(五)加大财政对中原经济区事关民生方面的支持力度

教育方面。要保证财政性教育经费的增长幅度明显高于财政经常性收入的增长幅度,强化政府对义务教育的保障责任,促进教育公平,从财力上形成义务教育投入不断增加的长期有效的保障机制,做大做强职业教育。

文化方面。一是财政要重点支持重大文化产业项目,设立文化产业投资基金,重点支持文化创意产业和新兴文化产业;重点支持构建华夏历史文明核心传承区的战略实施,加大对文化资源保护和开发的财政投入;加大政府对公共文化事业的财政投入。二是认真落实国家支持文化发展的税收优惠政策。三是加大对符合国家产业政策的文化企业的信贷支持,特别是要加大对新办文化企业、创新型文化企业和重大文化产业项目的信贷支持。

卫生方面。一是要尽快把已经建立起来的覆盖全民的基本医疗保障制度落到实处。二是财政对医疗卫生的投入应旨在尽快缩小城乡公共卫生和基本医疗服务水平的差别,保证公平性。从中原经济区当前的实际情况看,财政投入要重点用于改善农村医疗卫生、社区医疗卫生的服务质量,提升县级医院的服务水平。三是将财政投入方式逐步由直接投入向政府购买服务的形式过渡,使政府由服务的生产者和提供者转变为购买者和监督者,营造公平竞争的环境。四是发挥市场作用引导医疗服务领域开展竞争,在政府的监督管理下,引导和规范社会资金进入医疗服务领域,扩大医疗服务供给范围。

社保方面。一是加大公共财政对社会保障的投入力度,逐步提高社会保障预算内支出占财政总支出的比重,建立规范的转移支付制度。二是将部门国有存量资产转化为社会保障基金。三是在国家统一规划指导下,建立中原经济区社会保险关系跨统筹区转移制度和信息网络,完善参保人员社会保险关系转移、衔接的政策措施,建立健全区域内流动人口管理与服务协调机制。四是适时开征社会保障税替代现行的统筹缴费。五是建立和完善社会保障预算,从机制上增强政府对社会保障工作的宏观调控能力。六是运用税收优惠和分配政策支持社会保障制度的贯彻实施。七是发挥财政监督职能变事后监督为事前调控,以确保社会保障资金安全完整和合理有效的使用。

(六)深化财税体制改革

一要根据国家促进中部地区崛起规划和布局中原经济区建设发展的战略构想,比照其他经济区,进一步加大中央财政转移支付、中央预算内专项资金和中央预算内投资以及其他中央专项资金对中原经济区的投入力度,增强中原经济区的财力。二要优化财政支出结构。以扩大内需作为财政支出结构调整的重心,使中原经济区在"十二五"时期基本形成一个涵盖教育、医疗、养老、就业、住房、最低生活保障的发展型社会福利体系。按照推动城乡统筹发展和区域协调发展的指导思想,有重点的加强财政对城乡基础设施建设的支持。加大对科技研发和新经济支柱产业培育的投资,打造中原经济区未来二三十年经济增长的新引擎。三要强化财政监督。全面实行财政科学化精细化管理,提高财政管理绩效。

(七)建立健全财政投融资体系

一要统一河南省的地方财政投融资机构,健全运行机制,组建地方政策性银行——中原银行。按照建立统一、完整的财政投融资体系的要求,对现在分散于各部门的政策性银行、信托投资公司等机构加以改造整合,以后地方财政投融资方面的相关业务统一由中原银行具体负责。其筹资贷款形式、数量、期限、利率、投资方向等接受中央财政投融资机构的协调、指导和监督检查。二要拓宽河南财政投融资筹资渠道。适当吸收社会个人资金,创立社会共同基金,吸收社会小额投资者资金,利用好国债和地方债,增发支持中原经济区发展的长期专项国债,也可以发行一定量的地方债券。三要整顿河南财政投融资资金运用范围,规范资金投向。财政投融资资金主要应用于社会效益大且存在一定经济效益的产业和部门,如环保、基础科研和教育、“幼稚产业”部门、高科技战略产业部门和农业部门等。要积极探索财政投融资的有效方式。如委托贷款、信托贷款、直接投资、证券投资、合作投资、贴息贷款、贷款担保、融资租赁、联营投资等多种形式,实现政府政策性投融资与民间金融的相互配合、补充。四要加强监管,提高效益,防范风险。

(原载《财政研究》2011 年第 6 期)

支持河南文化产业大发展的财政政策建议*

推动河南文化产业大发展，需要政府、企业、社会等多方形成合力。就政府而言，不仅需要做好产业规划与布局，营造良好的市场竞争环境，打造促进文化产业大发展的平台，而且还需要着力发挥财政政策的导向和激励作用。在中原经济区建设的大背景下，推进河南文化产业大发展，迫切需要加大政府对文化产业的财政支持力度。为此，特提出如下几点建议：

一、明确财政支持的投向，突出六个“重点支持”

省级财政应重点支持大型文化企业集团，重点支持重大文化产业项目，重点支持文化产业集聚发展，重点支持文化创意产业，重点培育有影响力的文化品牌，重点支持文化产业高端人才与复合型人才的培养和引进。通过六个“重点支持”，充分发挥大企业、大项目、大品牌的带动力、辐射力和影响力，强化产业支撑和人才支撑，形成企业、产业、创意、项目、人才五者紧密联系、互为依存的完整链条，进而形成整体效应，推动河南文化产业有更大的发展。

二、设立文化产业投资基金，解决文化产业发展的资金瓶颈

建议设立文化产业投资基金，由省级财政注资引导，吸收大型文化企业、国有控股企业、金融机构和社会资本积极认购。以文化产业投资基金为融资平台，多渠道筹措资金，为文化产业发展提供必要的资金支持。基金实行市场化运作，通过股权投资等形式，推动文化资源重组和产业结构调整。

三、强化河南省文化产业发展专项资金的引领作用

建议将河南省文化产业发展专项资金的数额由 2009 年的 3000 万元增加到 1 亿元，强化文化产业发展专项资金的引领作用、杠杆作用，重点支持文化创

---

* 此文与卫绍生合作，系亚洲开发银行技术援助项目“支持中原崛起的财政政策研究报告”的政策建议之一。

意产业和新兴文化产业，引领文化科技、艺术创作、工艺设计、动漫游戏等文化创意产业的发展。

四、发挥河南省文化产业投资有限公司的积极作用

充分利用河南省文化产业投资有限公司这一投融资平台，用政府资本融通社会资本、引领社会资本。通过风险投资、股权投资等形式，为社会资本进入文化产业开通渠道，真正做到“四两拨千斤”，推动文化产业大发展。

五、认真落实国家支持文化发展的税收优惠政策

要认真贯彻落实《国务院办公厅关于印发文化体制改革中经营性文化事业单位转制为企业和支持文化企业发展两个规定的通知》(国办发〔2008〕134 号)和财政部、海关总署、国家税务总局《关于支持文化企业发展若干税收政策问题的通知》(财税〔2009〕31 号)文件精神，落实税收支持政策，真正把国家对文化企业的税收优惠政策切实落到实处，让文化企业享受到应该享受的税收优惠。

六、在国家政策规定的范围内灵活运用税收优惠政策

要在国家政策规定的范围内，灵活运用税收政策。如财税〔2009〕31 号文件的附件《文化企业的具体范围》，对文化企业的解释既明确，又很有原则性。如第 12 条“从事与文化艺术、广播影视、出版物相关的知识产权自主开发和转让的企业”，就是一种原则性的规定。因此，在具体执行政策的时候不能画地为牢，做到既不违反政策，又能灵活掌握。

七、进一步明确“政府鼓励的文化企业”的范围

财政部、海关总署、国家税务总局《关于文化体制改革试点中支持文化产业发展若干税收政策问题的通知》(财税〔2005〕2 号)的附件《政府鼓励的文化企业范围》，规定 18 个大类的文化企业属于政府鼓励的文化企业，并给予税收优惠和扶持政策。但是，有不少小型文化企业对自己是否属于政府鼓励的文化企业不甚了了，有的文化企业甚至根本不知道有这么一回事。建议进一步明确“政府鼓励的文化企业”范围，用文件或列表的形式广而告之，使文化企业能够对号入座，以便让更多符合条件的文化企业享受到国家的税收优惠政策。

八、建议恢复对文化企业所得税的免征期

财税〔2009〕31 号文件既与财税〔2005〕2 号文件相衔接，又做了必要的修改。其最为重要的修改是删除了财税〔2005〕2 号文件中“对政府鼓励的新办文化企业，自工商注册登记之日起，免征 3 年企业所得税”的规定。文化产业是资

金密集型产业,投资大,见效慢,资本回收期长。建议根据实际情况,恢复对新办文化企业实行的3年免征所得税的规定,以鼓励社会资本进入文化产业。

(原载河南省社会科学院主办的《科研专报》2010年第5期)

推进中原城市群金融一体化进程

随着经济社会的发展,金融业的发展倾向于向优势地区集中,而实施中心和聚集战略也将更好地促进金融发展。作为中西部地区重要的城市之一和中原城市群的核心,郑州已经蕴藏着丰富的金融资源,并正不断地聚集形成更大的金融资源,构筑金融发展的新高地,必将推动中原城市群金融一体化的进程,推动区域金融机构合作新机制的形成,同时对促进中原城市群崛起乃至中部崛起具有重要的战略意义。

这里我们提出五条建议:

第一,要确立郑州区域金融中心的优先发展战略。我们认为,根据郑州区域金融中心发展的潜力以及未来它巨大的辐射效应,应优先发展郑州区域金融中心。未来的郑州区域金融中心形成之后可以发挥其在经济、金融方面的优势,与其腹地之间进行资金、人才、信息之间的交流,将其先进的思想观念、思维方式、生活习惯向腹地传播。

第二,建议积极培育壮大地方金融实力。在中原城市群金融领域建设中,以支持本地区的经济建设为主的本土金融机构无疑扮演着重要角色,因此采取多种措施在多个领域发展和壮大本土金融机构的实力,以便更加有效地反哺城市群的经济。

第三,建议构建中原城市群一体化的金融市场。围绕金融一体化的战略实现金融产品功能的突破,切实形成城市群金融关系之间的协调机制,以效益为中心,努力构建一个具有较强融资能力的开放性、网络化的区域性金融市场,进一步确立郑州在中西部地区金融中心的地位。

第四,建议建立中原城市群金融机构之间合作的新机制。由省金融办牵头,九市金融办配合,建立区域内的央行金融监管机构对话制度,区域内各金融监管机构对话制度,另外要改进和完善各商业银行的支付系统,提高支付服务的效率,方便人民群众的生产和生活。

第五,优化中原城市群金融生态环境,改善金融生态环境,大力推进征信体系的建设,不断提高全社会的信用水平,打造河南中原城市群的金融安全区。

(原载 2009 年 11 月 3 日《金融时报》)

培育构筑具有国际影响力的中原旅游核心隆起带*

郑州、洛阳、开封、焦作、新乡、济源六市处于我国东西部旅游发展的结合区域，交通便利，旅游资源丰富，布局相对集中，旅游基础设施较好，旅游产业体系协调配套，是全省旅游业的“王牌”，集中代表着河南的旅游形象，其旅游重点区域的优势十分明显。郑州、洛阳、开封三市在河南省旅游业发展初期就被确定为重点发展的区域，这里是华夏文明的重要发祥地，有悠久的历史、丰富的文化遗存。先秦文献典籍的记载，文物遗迹的考古发现，一次又一次地向世人证明了华夏文明根在中原。这里荟萃了河南省人文旅游资源的精华，是吸引境外游客的主要旅游城市。洛阳被称为郑州的“大客厅”，开封则被誉为郑州的“后花园”，首批全国评选的AAAA景区悉数集中于此。可以说，三个城市个个都有其让人仰视的独特景观。焦作近几年旅游产业异军突起，知名度越来越高，在河南旅游中三分天下有其一，被国内旅游界称为“焦作现象”。焦作自然旅游资源山水相依，可谓雄中含秀。山水景观密集度大、可观赏性强，峡谷规模大，峡谷群定位为峡谷极品。新乡集中了南太行最精华的旅游资源，八里沟以水见长，飞瀑流泉，奇峰异石，一派天然；万仙山以奇见长，万丈峭壁，内有悬崖村庄、影视基地等景点。焦作、新乡的自然旅游资源是河南山水旅游资源的集中代表，既有南方山水的秀丽，又有北方山水的雄伟。济源有北方的名山大川，传说中愚公移山的王屋山就在济源，也是传说中的“天下第一景点”。小浪底水库是河南水域旅游的“王牌”，黄河小浪底水利枢纽工程在济源境内，是黄河上一个浩大的工程，它从根本上改变了黄河的作用，不仅是中国治黄史上的丰碑，也是世界水利工程中的杰作，突出表现了伟大的黄河文化，它是小浪底景区最亮丽的风景线。

---

* 此文与张新斌等人合作。

培育和构筑中原旅游核心隆起带,使河南旅游中传统的郑州、开封、洛阳的人文景观延伸至焦作、新乡、济源的山水自然景观,极大地改变人们过去对河南旅游只有人文景观,缺乏优美自然景观的片面认识。将历史人文与河南自然风光结合起来,形成综合性的旅游,这种结合非常符合当今日趋个性化的旅游市场需求。目前,该区域旅游市场较为成熟,且正处在迅猛发展的阶段,联手形成强强组合,就是为了在相同的景区历史文化渊源下,郑州、开封、洛阳以自己的人文资源,焦作、新乡、济源以自己的山水资源,成为特色互补的旅游板块,经由快捷发达的高速公路的贯通而自然融合为以郑州、开封、洛阳三大故都为主题的历史文化游,以少林武术、太极拳为主题的功夫修学游,以根在河洛、黄帝故里为主题的寻根游,以白马寺、中岳庙为主题的宗教文化游,以焦作山水、南太行风光和北伏牛以及嵩山为主题的休闲度假游的大区域旅游框架。这一旅游核心隆起带,将成为河南旅游经济的龙头,它将对河南旅游经济的更快发展起着挑大梁的作用。

一、构筑中原旅游核心隆起带六地市所具备的优势

(一)旅游资源丰富

旅游资源是旅游产业发展的基础和根本,旅游业发展的过程也就是旅游资源发掘、整理、打造成为旅游产品的过程。根据 2003 年的河南省旅游资源调查,河南省共有旅游资源单体总数为 39802 个。旅游资源单体在各地市的分布并不均衡,从表 1 可知,郑州、开封、洛阳、焦作、新乡、济源旅游资源单体总数为 18677 个,占全省旅游资源单体总数的 47.3%。该区域既有丰富的人文旅游资源,如郑州、洛阳、开封的古都历史文化旅游资源,又有优良的自然旅游资源,如焦作、新乡、济源的太行山山水旅游资源。各种不同类型的旅游资源可以优势互补,打造多元化的旅游产品,满足不同层次的旅游市场需求。

表 1　六市旅游资源单体数量统计表

地区	自然旅游资源单体(个)	占全省自然旅游资源单体比例(%)	人文旅游资源单体(个)	占全省人文旅游资源单体比例(%)	旅游资源单体总数(个)	占全省旅游资源单体总数的比例(%)
郑州	610	4.21	2123	8.38	2733	6.9
洛阳	2948	20.4	3443	13.6	6391	16.1
开封	59	0.41	1006	3.97	1046	2.7

（续表）

地区	自然旅游资源单体(个)	占全省自然旅游资源单体比例(%)	人文旅游资源单体(个)	占全省人文旅游资源单体比例(%)	旅游资源单体总数(个)	占全省旅游资源单体总数的比例(%)
焦作	2232	15.4	2257	8.91	4489	11.3
新乡	1195	8.25	2248	8.88	3385	8.7
济源	284	1.96	349	1.38	633	1.6

(二)旅游资源品位度高

有优质的旅游资源,才能打造优质的旅游产品,旅游资源的品位、规模对旅游业的发展有着极大的决定性作用。在旅游资源分等定级中,《中华人民共和国国家标准》规定旅游资源单体共分为 5 个级别,级别越高,旅游资源的品位越高。郑州、开封、洛阳、焦作、新乡、济源集中了河南省最优秀的自然旅游资源和人文旅游资源。通过全省旅游资源调查(见表 2),在这六市中五级旅游资源(特品级)单体总数为 138 个,占全省五级旅游资源单体总数的 45.3%。在该区域不少旅游资源是精品、极品、孤品,具有高垄断性和不可代替性。比如焦作云台山的峡谷群是峡谷极品,反映七朝古都开封宋文化的清明上河园,以及洛阳龙门石窟、关林、函谷关等,都是在国内外有较大影响的人文和自然旅游精品;郑州少林武术和焦作太极拳文化,是中国乃至世界独有的旅游资源。

表 2　旅游资源单体的等级分类

地区	旅游资源单体等级标准							
	优良级旅游资源						普通级旅游资源	
	五级		四级		三级		二级及以下	
	数量	占全省比例(%)	数量	占全省比例(%)	数量	占全省比例(%)	数量	占全省比例(%)
郑州	34	11.18	238	17.9	153	4.2	185	2.01
开封	0	0	2	0.1	15	0.4	39	0.42
洛阳	67	22	568	42.6	991	27.3	1322	14.36
焦作	22	7.2	89	6.7	554	15.3	1567	17.02
新乡	0	0	36	2.7	169	4.5	978	10.62
济源	15	5	13	0.1	51	1.4	205	2.23

(三)旅游资源的密集度高

旅游资源的密集度是指旅游资源单体数量在地域上的密集度。旅游资源分布越密集,越利于旅游资源的开发、旅游路线的设计和旅游空间布局的优化。密集度大致可分为三个级别,即一级密集区、二级密集区、三级密集区。从表3可以看出,郑州、洛阳是河南人文旅游资源中心分布区,是一级密集区;焦作、新乡是自然旅游资源的一级密集区。焦作、洛阳、济源的自然旅游资源单体数量接近人文旅游资源单体数量,是自然与人文旅游资源相融合且密集度相对较高的区域。衡量一个地区旅游资源分布密集程度的另一个方面是旅游资源单体的覆盖密度。河南省旅游资源单体每平方千米平均覆盖密度为0.24,在这六市中,焦作、郑州、洛阳、新乡、济源的覆盖密度都远远超过省平均水平,只有开封为0.17,低于省平均水平。

表3　六市旅游资源单体覆盖密度表

项目	郑州	洛阳	开封	焦作	新乡	济源
旅游资源单体覆盖密度	0.57	0.42	0.17	1.1	0.42	0.33
覆盖密度在全省排序	2	5	12	1	3	8
自然旅游资源单体的覆盖密度	0.128	0.194	0.009	0.548	0.146	0.147
覆盖密度在全省排序	6	3	15	1	5	4
人文旅游资源单体的覆盖密度	0.444	0.226	0.16	0.554	0.275	0.181
覆盖密度在全省排序	2	7	11	1	5	10

(四)可进入性条件好

旅游者在选择旅游路线和旅游目的地时,首要考虑的就是交通。交通运输方式以及交通路线直接决定着旅行成本的多少和旅行时间的长短。现代人外出旅游追求的是旅游交通的舒适性、便捷性和安全性。因此如果旅游地有优越的可进入条件,加上有吸引力的旅游产品,就会成为游客旅游目的地的首选。

郑州地处中州腹地,号称“十省通衢”,是全国重要的交通枢纽。一横一纵两条交通主轴贯穿其中,一横为沿黄河由东西向的陇海铁路、连霍高速公路、310国道组成的复合交通轴,一纵为自北向南由京广铁路、京珠高速、107国道组成的复合交通轴。正在建设的河南“米”字形高速公路网也以郑州为中心点。航空方面,新郑国际机场为4F级机场。国内外航空公司已经在新郑国际机场开通了连接世界各地的十余条国际客运航线,2005年新开通了郑州至曼谷、法兰克福、洛杉矶、悉尼、新加坡等五条定期飞行的国际航线，同时，郑州至香港的航线也达到一天一班。多条国际航线为境外游客进入河南提供了便捷的通道。

洛阳作为一个成熟的旅游城市，交通条件相对完善。陇海、焦枝两大铁路干线在此交会，连霍（连云港—霍尔果斯）、太澳（太原—澳门）、洛界（洛阳—界首）高速公路和310、311、207国道纵横交错。洛阳境内修建了洛栾、临木、龙门大道、小浪底及汉光武帝陵旅游专线等一批旅游道路，增加了景区的可进入性。洛阳民航机场开辟有洛阳至北京、上海、广州、大连、重庆、成都、昆明、海口、杭州等多条航线。

开封有陇海铁路横贯东西，京广、京九铁路左右为邻，310、106国道纵横交会。开洛、开商高速公路成为横穿河南的黄金通道，有连霍、阿深、日南和待修的开封至新郑的四条高速公路相通，加之其他公路，形成以开封为交会点的通达的公路交通网络。

焦作的旅游交通条件也很便利。焦新、焦枝、焦太铁路穿境而过，东接京广，南连陇海，北至太原；焦郑、焦晋高速公路和焦作黄河公路大桥与国道贯通，与地方路网纵横交错，公路干线有106、107、310等国道，焦郑高速公路、焦作黄河公路大桥和已经建成的焦晋高速公路，将与310、107国道和开洛高速公路直接对接。

新乡境内有京广、太石两条铁路在此交会，106、107国道和京珠高速公路穿境而过，连接12条省道、45条县道、170条乡道，形成了豫北较大的交通枢纽。

济源焦枝铁路横贯南北，侯月铁路在济源境内与焦枝铁路接轨，使济源成为南北、东西两大铁路干线的“丁”字通道。207国道北抵山西晋城，南接郑洛高速公路及310国道。新济公路东起新乡连接107国道，西达山西垣曲。

开封、洛阳、焦作、新乡、济源五市距离中心城市郑州都在百公里以内，郑州和其他五市之间均有高速公路连接，发达的交通使得境外游客进入河南旅游变得轻松、省时，同时也有利于把六市旅游精品连成经典的旅游线路，使游客在较短的时间内游览更多的景点，欣赏更多的优美风光。

（五）旅游业发展迅速，旅游市场条件比较优越

郑州、开封、洛阳、焦作、新乡、济源六市是河南经济发展水平较高的区域，旅游业的主要经济指标占当地经济总量的份额较大，客源市场较为广阔。近年来旅游业呈现出强劲的发展势头，无论接待旅游者人数还是旅游总收入，增长

速度都非常之快。尤其是焦作和洛阳的栾川,被业界誉为“焦作现象”“栾川模式”,为国内旅游业提供了新的亮点。2005 年 1—9 月全省共接待入境游 403553 人次,其中郑州、开封、洛阳等六市入境旅游接待 354003 人次,占了全省入境游总量的 87.72%(见表 4)。河南省最早有六个城市被评为“中国优秀旅游城市”,其中就有四个分布在这六市之中。截至 2005 年年底,全省共有国家 4A 级景区 43 家,郑州、开封、洛阳、焦作、新乡、济源六市就占了 27 家。

表 4　河南省各地市 2005 年 1—9 月累计入境旅游接待情况

全省位次	城市名称	入境游客	外国人	香港同胞	澳门同胞	台湾同胞
1	郑州	133624	83494	14237	7362	28531
3	开封	66008	31680	18480	4999	10849
2	洛阳	110531	90751	9550	1150	9080
13	平顶山	2077	1857	89	8	123
9	新乡	3759	965	517	298	1979
4	焦作	37770	6357	11431	10371	9611
6	安阳	9551	3660	2455	1236	2200
11	鹤壁	2368	230	27	2	2109
7	濮阳	6614	4975	506	522	611
5	三门峡	13297	6573	2912	68	3744
10	许昌	2506	2055	254	5	192
14	漯河	1973	565	514	554	340
8	南阳	4976	2422	1125	601	828
15	商丘	1929	1281	365	196	87
17	信阳	1424	603	350	104	367
16	驻马店	1884	425	459	265	735
18	周口	951	468	177	76	230
12	济源	2311	1292	364	242	413
	合计	403553	239653	63812	28059	72029

(六)旅游产业体系初步形成,旅游基础设施较为完备

旅游基础设施和接待设施建设,是旅游业发展的基础,从 2000 年开始,河南省委、省政府决定要加强郑州、开封、洛阳等地的旅游发展,每年拿出 8000 万

元专款,支持旅游基础设施建设。目前,郑州市有国际、国内旅行社 200 多家;旅游星级饭店 100 多家,其中五星级酒店 4 家,四星级酒店 9 家。洛阳现有旅游星级饭店 38 家,共有客房 3675 间,床位 7067 张,从业人员 6900 多人,社会旅馆 800 家;有旅行社 82 家,其中国际旅行社 7 家,注册导游员 1100 人;有旅游定点单位 43 家,其中国内旅游定点饭店 13 家,定点餐馆 18 家,定点购物商场(店)8 家,定点娱乐场所 1 家;有旅游汽车公司 6 家,各种旅游专用车辆 126 辆(台),游船 210 艘;全市旅游直接从业人员达 3 万多人。开封共有星级酒店 21 家,旅游景区(点)18 个,旅行社 42 家。焦作现有涉外星级宾馆 15 家,旅行社 33 家,旅游汽车公司 4 家,旅游从业人员 3 万人。新乡有 15 家旅游景区和 5 个工农业旅游示范点,16 家旅游星级饭店和 38 家旅行社,3 家旅游车队 80 多辆旅游车辆,旅游从业人员达 4000 多人。济源市旅游行业旅游经营企业发展到 40 家,其中有 5 大景区(点),6 家旅游星级宾馆和涉外饭店,13 家旅行社,12 家国内旅游定点饭店餐馆,6 家旅游购物场所,2 家全国旅游商品定点生产企业,2 家旅游车船公司,旅游行业从业人员达 3000 多人。

郑州、开封、洛阳、焦作、新乡、济源六市的星级宾馆、饭店总数占了全省的 50%以上,已建成投入使用的景区(点)也有近半集中分布在这里。旅游服务设施基本配套,旅游产业体系初步形成,旅游业发展呈现勃勃生机,已成为河南省具有较强综合接待能力的旅游城市。

二、构筑中原旅游核心隆起带的重要意义

通过郑州、开封、洛阳、焦作、新乡、济源六市优质旅游资源的组合,凭借华夏最悠久文明的品位优势,培育和构筑具有国际影响力的中原旅游核心隆起带,再次生发出效益,提升河南旅游形象,打造河南品牌旅游产品,对开拓境外旅游市场,对促进河南省旅游企业向市场化、品牌化和国际化方向发展,形成一批适应市场经济的河南“旅游旗舰”,增强河南整体旅游竞争力有着极其重要的意义。

(一)能够提高旅游市场竞争力

虽然中原地区是中华民族的发祥地,历史悠久,文化灿烂,山川秀丽,有著名古都和历史文化名城交相辉映,旅游资源非常丰富,旅游竞争力具有一定的比较优势。但是除了洛阳是公认的传统旅游目的地,其他城市均不能构成旅游者作为唯一的旅游目的地选择。只有把六地市联合起来,以这些著名的城市和景观为主形成代表河南旅游精华的组合，将六市作为一个完整的旅游品牌对客源地统一营销，构成一个旅游核心隆起带，才能形成冲击力，也可以降低游客消费成本，吸引更多的客源，将河南旅游做大做强，在竞争日益激烈的旅游市场上占据新的制高点。

（二）能够充分发挥辐射作用，全面推动全省旅游业的发展

辐射作用是指核心隆起带对本区域及本区域以外相关旅游资源的整合、旅游市场占有率、旅游产品开发等事务的带动作用。通过构筑中原旅游核心隆起带，借助六市优势的旅游产品对境外客源市场的吸引力，可以使四邻八方更多的游客有机会了解河南六市以外的旅游资源、旅游产品，增加游客在河南停留的时间和旅游消费。依托发达铁路、公路的交通网络体系和各具特色的主题旅游线路安排，充分发挥中原旅游核心隆起带横向的牵动作用和纵向的辐射作用。郑州、洛阳、开封的故都历史文化可以带动三门峡和商丘豫东平原文化旅游的连线连片开发，焦作、新乡、济源的山水品牌可以带动安阳、鹤壁等南太行休闲观光带的发展，洛阳栾川的白云山、重渡沟等著名景区可以带动平顶山、南阳等豫西南伏牛山自然生态旅游。由此，河南旅游将会在全省形成一个四面开放、全面发展的局面。

（三）能够突出河南旅游品牌，提升河南旅游形象

旅游是河南对外展示形象的窗口。在现代社会中，品牌的作用越来越大，旅游更是如此。有了品牌，才能形象鲜明，才会有号召力，才会吸引更多游客。中原旅游核心隆起带的历史文化游、功夫修学游、寻根游、宗教文化游、休闲度假游等特色鲜明、种类丰富的各项主题旅游及各条适应不同层次需求的精品旅游路线，将提升河南旅游整体形象、创造河南旅游品牌、扩大河南在海内外的知名度和影响力。

（四）能够加快要素聚集，促进旅游产业融合

旅游产业整合就是把构成旅游产业的各个环节、各种要素、各类企业按照效益、效率第一的原则，进行结构优化、资源配置和利益关系的调整，以达到旅游产业生产力最大化的整个过程。旅游产业整合既包括宏观层面的景区与景区之间（旅游资源）、企业与企业之间（旅游企业）、景区与企业之间的各要素重组配置，也包括微观层面的景区内部之间、企业内部之间的重组与联合。构筑中原旅游核心隆起带，可以使六市旅游资源得到深度开发，旅游产品结构得到

升级,旅游产业链条得到延伸,旅游要素得到均衡发展,旅游投资环境得到优化。

三、当前核心隆起带旅游业发展中存在的问题及制约因素

(一)六市发展不平衡

郑州、洛阳、开封、焦作在全省18个地级市中,连续几年入境游人数均排在前4位,而新乡和济源的排名要落后得多。以2005年1—9月累计入境旅游接待情况来说明(见表4),郑州的入境游客达到133624人次,排在第1位;洛阳达到110531人次,排在第2位;开封达到66008人次,排在第3位;焦作达到37770人次,排在第4位;新乡仅有3759人次,排在第9位;而济源仅有2311人次,排在第12位。来河南的海外旅游者大部分只是到郑州、洛阳、开封、焦作等地,新乡、济源接待量较少。国内游情况亦是如此。入境游是反映旅游业发展水平的一个重要指标,仅从入境游客的接待人次看,六地市的发展就很不平衡,新乡和济源两地发展较慢一些。

(二)核心隆起带缺乏旅游集散中心

郑州、洛阳、开封、焦作、新乡、济源六市尚没有形成明确的旅游集散中心。旅游集散中心是通过整合旅游景点,开辟旅游专线,以集团购买的形式降低成本,解决游客自主出行所遇到的交通、票务等问题,集中客源,方便游客出游,是目前国内各旅游城市发展大旅游,实现区域联动、资源共享、共同发展的重要措施和手段。旅游集散中心往往集旅游资讯中心和演艺中心为一体,丰富了旅游的文化内涵,提升了旅游服务的质量,是现代旅游业,特别是区域性中心城市旅游业发展过程中必然出现、不可或缺的产品要素。郑州的区位条件和交通优势更为优越,有建立旅游集散中心的良好基础,但洛阳也在朝着这个目标努力,因此旅游集散服务中心城市的定位还没有明确。

(三)旅游产业管理体制不顺

旅游业是一个涉及部门广、社会关联度高的产业,同时旅游业又是多头管理,各地的景区、旅行社、宾馆、饭店、交通分属宗教、文物、旅游、交通等不同单位管理。在管理上,旅游主管部门体制若没有理顺,就不能统筹安排,也不便于统一领导和分工协作。目前,只要是体制顺、管理职能强的地区,旅游的发展就相对较好,发展的速度也较快。著名的“焦作现象”“栾川模式”,其实就是政府主导的模式,在这些地区,政府成立了综合职能强、协调力度大的旅游管理部

门,并且由地市主要领导亲自抓管理。

（四）发展机制不活,市场化程度低

旅游产业没按市场经济的规则办事,影响了旅游市场主体的健康成长。主要表现是旅游企业的所有权、管理权和经营权所属不清晰,旅游企业改革步伐慢,规模化和集约化程度低,市场竞争力不强。旅游经济是市场经济,必须依靠市场化运作、遵循市场的游戏规则,引入市场竞争机制,旅游市场的主体才能健康成长。旅游企业的管理权和经营权若不分离,无异于既当裁判员又当运动员,违背了市场经济发展的要求,在旅游业内就很难催生出符合现代企业制度的经营实体和市场主体。

（五）旅游产业化链条短

主要表现是旅游的六大要素“行、游、住、食、购、娱”不够完善。拉长产业链条,是促使旅游向深度和广度发展,形成旅游大产业的必要条件。旅游的六大要素中,“购”和“娱”拉长了旅游的产业链条,延长了游客的游览时间,提高了旅游者的消费水平。目前,河南省旅游“购”和“娱”发展很不完善,我们的龙头品牌如龙门石窟、登封少林寺、开封宋城等在这些方面尽管已经取得了一些成绩,也依然存在问题。就旅游商品来说,表现在开发设计、生产及销售缺乏必要的相互协调;品种一般化,缺少有地方特色的精品;销售环节诚信度较弱。这些不足直接导致了游客的购物花费在整个旅游花费中的比例不高。河南是中国的文化资源大省,2004 年度更是在国际旅游市场打出了“河南——中华文明所在”的宣传口号。但是在“娱”这个环节上,河南旅游市场并没有充分地展现出我们悠久的历史文化,娱乐设施和娱乐节目相当缺乏。

（六）旅游从业人员的整体素质有待提高

旅游业是劳动密集型的行业,旅游经济是一种体验经济,服务是市场竞争的一种强有力的手段。只有高素质的从业人员才能为游客提供高质量的服务。有一些景点的导游学识短浅,只知皮毛,不知内理;一些景区的管理者也是半路出家,缺乏经营管理理念,因而导致景区环境卫生、服务质量差,经营思路受限,从而制约了景区发展。从目前的整体情况看,河南旅游服务人员的整体素质不容乐观,从业人员素质偏低的现象普遍存在。

（七）旅游业发展的外部环境不够宽松

个别地方领导认识不到位,没有把旅游业放在应有的位置,这就使旅游业的发展得不到强有力的支持；社会投资的渠道还不畅通，景区建设要靠财政支持，无异于杯水车薪，这就使旅游业的发展得不到充分的资金支持。信用缺失对旅游业的发展影响很大，所以全社会诚信环境仍有待加强。

四、培育和构筑具有国际影响力的中原旅游核心隆起带的对策

（一）提高认识，改革旅游管理体制是培育和构筑中原旅游核心隆起带的前提

1.政府主导，提高认识。近年来的“焦作现象”“栾川模式”，在河南省乃至全国旅游界可称为奇迹，它们的崛起，有一个共同点是政府主导，认识到位。郑州、洛阳、开封、焦作、新乡、济源六市旅游资源丰富，经济相对发达，具备形成中原城市群旅游隆起带的先天条件。当前，其他市、县政府应该首先学习研究“焦作现象”“栾川模式”，提高主观能动性，将旅游业作为新兴的支柱产业来培育。其次发挥“啦啦队”“加油站”“催化剂”的作用，推动全社会对旅游业观念的转变。再次要从发挥职能寻求突破，为旅游业发展提出有预见性、指导性、规律性和可行性的建议，引导旅游产业健康发展。

2.政府主导，行业联动。“令出多门”是旅游相对发达的六市做大旅游产业的最大瓶颈。解决这一问题的关键是改变旅游行政管理方式，改旅游局主管为参谋、监督，旅游业的发展由市县政府亲自决策，将旅游开发经营由旅游部门延伸到各行业、各部门和全社会的共同行动。由此应该打破行业界线，成立由政府牵头，旅游、计划、财政、建设、交通、文物、宗教、林业等相关部门主要领导参加的旅游业发展委员会，搞好各部门之间的协作。旅游业发展委员会的具体职能为：一是定期分析本地旅游业的发展情况，对重大问题进行决策；二是通过旅游业发展委员会的行政会议，强化旅游产业发展领域中相关部门之间的协调与协作；三是由旅游业发展委员会通过决议，旅游产业中的相关部门实行责任分包制度，不同部门承担不同任务，相互监督，相互促进。旅游业发展委员会应该打破以往部门之间过于松散的议事方式，对议事范围、决策方式、会议制度、监督程序等事项进行严格规范，实施责任追究制度，真正起到“政出一门，行业联动”的统帅作用。

3.政府主导，解决资金。旅游产业发展的资金靠社会、靠市场，在理论上来说无疑是正确的，但对于河南省作为一个内陆省，旅游产业处于发展的初级阶段的情况来说，其投资风险大大超过旅游发达的省市。实践证明，市场经济有

一个不争的规则：人才和资金都“嫌贫爱富”，只喜欢流向经济发达地区、优势产业和收益好的项目，社会资本大量流入旅游产业还将有一个过程。目前河南省要实现由旅游资源大省向旅游强省的转变，郑州、开封、洛阳等六市要形成具有核心影响力的旅游产业隆起带，资金投入是很重要的一个环节。政府部门在理顺管理体制的同时，应该双管齐下，改变资金筹集方式，解决旅游产业发展资金不足的问题。建议在郑州、开封、洛阳等旅游产业相对集中地区，建立旅游发展资金。具体办法：一是从经营旅游业务的企业单位，包括旅行社、旅游宾馆、旅游客运公司、旅游商品生产企业、旅游景区景点、旅游餐饮娱乐企业中，征收一定的旅游产业补偿费，列入成本；二是从旅游资源丰富区域从事采矿、冶炼、发电、加工等生产经营的企业单位的营业收入中征收一定的旅游产业发展资助费；三是从林业、水利等与旅游产业关系紧密的部门中，抽取适当的资金。政府将这三种资金列入旅游产业发展资金，由税务部门代行征收，开设专门的财政账户，由财政部门监督，旅游发展委员会决策具体的旅游产业投资。当旅游产品经营赢利后，按一定的期限，将上述抽取的费用加利息与适当的盈余返还给相关单位，体现“谁投资，谁收益”的原则。设立旅游发展资金的做法，一是能有效缓解当前旅游产业发展资金贫乏的问题，体现政府的主导作用，保证重点项目开发；二是采用这种政府出一点、旅游企业以及相关部门分担一点的做法，使得政府财政与企业负担都感觉不太重，同时也强化了相关企业以及社会的旅游产业意识与发展旅游经济的责任感；三是以旅游资金为基础，有效引导和带动社会资金和外资的流入，大大加快旅游产业的发展，促使中原旅游核心隆起带的形成。

（二）健全旅游业经营机制，激活市场主体是培育和构筑中原旅游核心隆起带的基础

1.推动景区企业化改革，增强景区竞争力。郑州、开封、洛阳等六市的旅游景区，与全省90%旅游景区一样，还保持着事业单位体制，单位职工主动性不强，领导等、靠思想严重，加上退休职工的吃、穿、住等问题，使得景区背上了沉重的负担，这种情形严重制约了旅游产业的发展。当前首先要给景区经营自主权，将景区推向市场，将景区企业化；其次深化景区用人制度，实行严格的“优胜劣汰”，激活职工能动性。只有景区企业化，增强景区的竞争力，才能建立起完整的旅游企业体系，才能使旅游业真正具有大产业地位。开封清明上河园之所

以取得骄人业绩,就是完全企业化运作的结果。

2.建立旅游风险投资机制,深化旅游投资改革。要发展郑州、开封、洛阳等六市的旅游产业,六市应该改变过去的旅游产业投资模式:一是投资主体要由政府转变为责权明确的国有企业集团以及社会资本、外资等;二是遵循“谁投资,谁收益”的原则,政府投资要由无偿转变为有偿;三是资金运用上要由缺乏监督的“政府出钱,企业用钱,不论责权”,转变为由政府委托的企业集团采取独营、控股、参股、合营等多种方式直接参与经营管理,保证国有资产保值、增值。六市可考虑组建联合的旅游发展集团,具体负责国有资金的使用、重点景区和重点产品项目的开发建设、旅游产品重点项目债券的申请发行和运作,积极发展与省外、国外旅游企业及财团业务上的合作。

3.发展旅游企业集团,提高经营管理水平。郑州、开封、洛阳等六市旅游企业数目多,规模小。依据当前的基础和条件,要使旅游产业更快发展,应该采取如下措施:一是鼓励本地企业以收购、兼并或者参股、控股等方式,组建大型旅游集团。建议组建旅行社经营集团、旅游饭店集团、旅游客运集团、旅游商品开发营销集团。二是鼓励外省大型旅游集团参与本地旅游市场的竞争,引进资金与先进的经营理念。争取在“十一五”期间,形成两到三个以郑州为大本营的在全国有影响力的旅游集团公司。

4.积极发展合资、合作企业,大量引进资金。郑州、开封、洛阳等六市应该实现旅游企业构成多元化。当前国家为扶植中西部地区旅游发展,出台了在中西部省会城市设立中外合资旅行社的政策,郑州、开封、洛阳等六市作为河南省旅游相对发达地区,应该抓住机遇,内改机制,外引资金;选择主要客源地实力最强的旅行社组织,实行强强联合,争取成为拓展国际市场,增加本地客源的重要举措。同时政府应在旅游饭店、旅游客运、旅游商品开发等领域制定扶植政策,大力发展中外合资、合营企业,引进先进技术和管理经验,激活旅游经营市场,推动旅游产业发展。

(三)精化景区、整合资源是培育和构筑中原旅游核心隆起带的关键

1.精化景区,培育旅游龙头产品。郑州、开封、洛阳等六市旅游景区数量十分可观,下一步应该在打造河南旅游品牌上有新突破,着力培育旅游精品品牌:一是打造一批世界级精品景区,以郑州少林寺带动河南功夫旅游产品开发,以洛阳龙门石窟启动河南宗教艺术游,以焦作云台山促进中原山水游。二是打造

一批国家级精品景区，以栾川的重渡沟推广“开发一个洞，富了一个村”“开发一处景点，富了一个乡镇”的栾川模式；以开封的清明上河园，开启历史文化资源开发新模式；以郑州黄帝故里开发带动中原寻根文化游。三是要打造一批精品旅游休闲度假区，少林寺与嵩山、龙门石窟及云台山为代表的南太行山水绝对是世界级旅游资源，能否成为世界级的旅游精品，关键在于能否对景区进行深度开发，建设世界一流的休闲娱乐设施。重点开发“禅宗少林”“龙门礼佛”“清明上河园”等旅游演艺项目，同时培育郑州、开封、洛阳等六市周边的农业休闲游、工业观光游、科技体验游等旅游精品。

2.景区联合，建设旅游景区大联盟。与旅游较发达地区比较，河南省旅游景区还存在着许多问题，概括起来为四个字：小、散、差、旧。其中最突出的是“小”和“散”。“小”不仅表现为规模小，而且产品单一。“散”是旅游资源分割严重，景点都是一个个独立经营的主体。要促使郑州、开封、洛阳等六市旅游产业更上一层楼，首先要在培育精品景区的基础上，将景点连接为线，形成精品线路。精品线路是拉长旅游产业的前提。当前要重点培育南太行山水游、伏牛山水游、黄河风景名胜游、宋文化游、宗教文化游、古都文化游等精品线路。其次，在培育精品线路的基础上，使不同的景区利益相关，联合起来实施“集中资源、集中资金、集中产品”的“三集中”战略。打破郑州、开封、洛阳等六市的区域界线，依托资源特点组建综合性旅游景区集团或旅游景区联盟。再次，全面整合旅游资源，按类别、经营方式集中优化配置组合各类资源，创造资源规模化、多样化、系统化优势；集中旅游发展资金，建设精品工程。最后，将原来若干小规模的旅游景区产品集中起来，选择其中的精品组合成为一个种类较齐全、规模较大的旅游精品链，增强产品的吸引力，从而创建庞大的旅游景区(点)网络，组建几个跨区域的、具有全国影响力的旅游景区集团，构筑河南旅游产业核心。郑州、开封、洛阳等六市应该重点培育少林寺旅游景区集团、龙门石窟景区集团、宋文化景区集团、南太行山水景区集团、伏牛山景区集团、黄河文明景区集团、寻根文化旅游集团等企业。

3.景城联合，形成旅游营销新内涵。郑州、开封、洛阳等六市的旅游景点大多分布在城市的周边地区，六市尤其是郑州市以其得天独厚的交通优势成为游客的集散地。过去，六市旅游资源开发以景点为重点，忽略了旅游城市的建设。旅游“吃、住、行、游、购、娱”六要素构成的产业链很大部分分布在旅游城市中。

要培育中原旅游核心隆起带，就要将景区建设与城市建设统一起来，以争创和保持“中国优秀旅游城市”和“中国最佳旅游城市”为目标，使中心旅游城市建设成为河南省今后旅游产业增长的重要空间载体。完善旅游城市功能，将河南省旅游产业中的两大软肋“娱”和“购”纳入旅游目的地建设中，建设大型的购物和娱乐场所。使旅游城市不仅成为客源的集散地和中转地，也要成为终极旅游目的地。今后要努力把郑州建设成为中部地区重要的旅游集散地和旅游目的地，把郑州、洛阳、开封和焦作建设成为具有较强吸引力的国际化的旅游城市，把新乡、济源建设成为国家一流的旅游城市。

4.区域联合，建立旅游协作区。郑州、开封、洛阳等六市应建立旅游协作区：一是要进行资源整合和科学开发，通过制定六市的统一的旅游发展规划，来合理建设精品旅游产品，形成南太行、伏牛山水和历史文化的有机结合，优化旅游产品结构，避免重复和资源浪费。二是要集中力量，促使大旅游区的和谐发展。当前六市旅游资源开发程度不同，精品景区的影响力也不同。要以云台山的成功开发带动济源、新乡、安阳等南太行山水的整体开发，以“栾川模式”推动整个伏牛山旅游资源的开发，以郑州、开封、洛阳的历史文化资源的开发带动新乡、济源的相关产业开发，从资金、经营、经验等方面进行协作，形成布局合理、特色鲜明、优势突出的旅游产业格局。三是要建设六市大旅游区域交通网，重点建设“伏牛山旅游交通环线”“南太行旅游交通连线”“伏牛山、南太行旅游专线”以及郑州、开封、洛阳等六市旅游高速通道，实现六市无障碍旅游，鼓励客运企业开辟城市通往景区的旅游专线。依托郑州新郑国际机场和洛阳国家二级机场，开辟多条东南沿海航班、港澳航班，争取开辟韩国、日本乃至欧美的直接航线。四是促使六市客源互动，客源共享，建立景区企业与旅行社的互利合作机制。五是扩大旅游协作区范围，加强与省内其他地市在资源整合、宣传促销、客源互动方面的合作。进一步开展与外省的旅游合作，特别是江苏、浙江及其他旅游发达地区的旅游投资、客源互动等方面的合作，注重与陕西、山西等省的旅游资源整合、旅游线路建设合作。

（四）完善市场，积极开发旅游商品，是培育中原旅游核心隆起带的有力手段

1.发掘资源，开发旅游龙头商品。由于经营、管理体制上的问题，郑州、开封、洛阳等六市与河南省其他地方一样，旅游商品开发是旅游产业发展过程中的“短腿”。当务之急是充分调查本地的自然特产、工农特产，发掘历史文化资

源，深度开发旅游纪念品。重点开发少林武术健身器械、少林禅宗艺术品、黄帝寻根纪念品、龙门石雕艺术品、唐三彩、开封汴绣、南太行石制工艺品等。

2.集中力量，建立、健全旅游商品开发管理机制。首先，建议成立郑州、开封、洛阳等六市旅游商品联席会议制度，由旅游业发展委员会召集，六市旅游局主持，相关部门参加。会议主题由旅游局决定，各相关部门参与协同，调动各行业的企业积极性，共同进行旅游商品的开发设计、生产和销售。其次，建立郑州、开封、洛阳等六市社会团体性质的旅游商品协会，发挥社会团体和市场机制的作用，共同抓好旅游商品开发。

3.依托市场，推动旅游商品开发的良性循环。郑州、开封、洛阳等六市的旅游商品开发，应该由政府主导，依托市场，促使旅游商品创意、设计、生产和销售的良性循环，从而弥补本地旅游短腿，拉长旅游产业带。首先，鼓励建立旅游商品协调服务公司，提供设计、生产和销售等多方面的信息，这有利于将人才和资金集中到旅游商品开发领域，实现旅游商品发展的突破；其次，由郑州、开封、洛阳等六市旅游局牵头，成立"旅游商品开发基金"，对在旅游商品的开发设计、生产和销售领域做出贡献的单位和个人进行奖励。再次，郑州、开封、洛阳等六市联动，举办年度"旅游商品创意大赛"，开发旅游新商品。

4.规范市场，加快旅游商品流通。开发旅游商品，终极目的在于拉长旅游产业链。要利用旅游商品拉长产业链条，关键则在于加快旅游商品流通，因此建议如下：一是在郑州修建"旅游商品购物一条街"；二是在开封、洛阳、新乡、济源等地建立旅游商品交易市场；三是在郑州、开封、洛阳等六市的游客集散地与商业中心开设旅游商品连锁店；四是在旅游景区设立具有景区特色的旅游商品专营店，在旅游饭店、宾馆设立旅游商品专柜；五是旅游主管部门加大对旅游商品的市场监管力度，以期形成诚信的旅游商品交易环境。

（五）科学定位，联合促销是唱响中原旅游核心隆起带的有效方式

1.突出特色，确定景区营销主题。郑州、开封、洛阳等六市共同点是旅游资源丰富，这是六市资源整合的优势，也是旅游产业率先隆起的基础。但如果没有科学的规划，很容易造成重复建设，在旅游促销上失去竞争力。建议郑州以新郑黄帝根文化、少林武术文化为主题，开封以宋都文化为主题，洛阳以中华文化圣城为主题，济源以愚公文化为主题，焦作以太行山水为主题，新乡以牧野文化为主题，开发旅游资源。

2.加大投入，联合促销。郑州、开封、洛阳等六市旅游产业在“十五”期间得到了长足的发展，重点景区基础设施建设得到了很大改善，而宣传促销方面则显不足。“十一五”期间要改变这种局面，一是采取政府投入、企业支持的方式，成立旅游促销基金。二是六市联合行动，认真策划，取消以前以点（景点）单独作战的方式，改以线（旅游线路）、面（资源整合后的旅游区）结合的方式进行。三是加大对郑州、开封、洛阳等旅游城市的宣传力度，加快“景区旅游”向“城市旅游”的转变，推动中原旅游核心隆起带的形成。四是借助主流媒体，借助网络力量，借助节庆活动，借助名人效应，推销旅游产品。

（原载《河南文化发展报告（2008）》，社会科学文献出版社 2010 年 1 月版）

以“绿色化”思维布局“十三五”美丽河南建设

“绿色化”是前不久中央政治局审议通过的《关于加快推进生态文明建设的意见》首次提出的新的发展概念，将其上升到构筑新的综合国力和国际竞争新优势的高度，彰显了党对人类文明发展规律、自然规律和经济社会发展规律的深刻认识。“绿色化”已成为新常态下经济发展的新任务、推进生态文明建设的新要求，也为我省布局“十三五”建设美丽河南指明了方向。

“绿色化”思维提供了全新的发展观

提到美丽河南建设，我们往往简单地理解为主要是生态环境保护问题，而“绿色化”发展观，则是要把绿色的理念内化为人们的绿色素养，外化为人们的生产方式、生活方式，企业的绿色产业、绿色产品，政府部门的绿色管理、绿色治理方式。所以党中央将“绿色化”与新型工业化、城镇化、信息化、农业现代化并列，就是把“绿色化”从过去常规手段的环境治理提升到政治任务的高度，是一种新的治国理政理念。

“绿色化”是全新的发展观。生态环境的问题本质就是发展问题。生态保护是发展前提，留得青山在，才能有柴烧。生态环境是生存之本、发展之源，绝不能以牺牲环境和资源为代价换取经济的一时发展，美丽河南建设需要这样的发展，这样的发展才能使美丽河南真正做到有质量、有效益、可持续。

“绿色化”是全新的价值观。习近平总书记强调像保护眼睛一样保护生态环境，像对待生命一样对待生态环境，都凸显了“绿色化”的价值取向。保护和改善生态环境就是保护和发展生产力。美丽中国主要表现为，山清水秀、天蓝地绿，这样的生存环境才有价值。同时，绿色代表着人的健康，健康才可持续。

“绿色化”是全新的财富观。习近平总书记曾经精辟地指出,绿水青山就是金山银山。河南的绿水青山,是中华民族的祖先最早选下的生存佳地,也是气候适宜、物产丰富、灾害较少的风水宝地,美丽河南建设就是要以新的财富观,保护利用好老祖宗留给中原儿女的基本家底,使这笔巨大的自然财富在新常态下,释放更多的“生态红利”。

“绿色化”是全新的民生观。天常蓝、山常绿、水常净,这是一亿多河南人最基本的生存需求之一,也是小康生活最基本的内涵之一。习近平总书记指出,小康全面不全面,生态环境质量是关键。美丽河南建设就是要解决当前环境污染这个民生之患,坚持以人为本,牢牢把握“绿色化”发展方向,努力让人民群众在享受物质文明、精神文明和政治文明发展成果的同时,共享生态文明建设的成果,不断提高幸福指数。

推进“十三五”美丽河南建设的对策建议

把绿色化发展理念融入“四化”之中,规制其他“四化”的发展方向和目标,提升河南经济社会发展的质量。

以“绿色化”思维直接推进河南新型工业化和信息化的发展,最终实现美丽河南建设目标。比如,通过大力发展循环经济和可再生能源,促进产业结构绿色化升级。通过大力发展节能环保产业,打造新的支柱产业。有利于促进产业结构优化升级,提高能源资源循环利用效率。通过实施“互联网+”行动计划和“中国制造 2025”规划,带动传统产业绿色化升级改造。

把“绿色化”思维贯穿于河南新型城镇化的全过程之中。使绿色化在城乡基本建设和住宅的规划、设计、建设、环境等方面全方位落实,引导社会公众形成低碳绿色生活方式,崇尚勤俭节约、绿色低碳、文明。

以“绿色化”思维推进河南的农业现代化。通过大力发展纯绿色产业,带动生态、旅游、文化深度融合发展。通过发展绿色种植、特色养殖、绿色农副产品加工、生态旅游等循环经济,因地制宜地发展资源环境可承载的特色经济,带动生态经济的产业链条延伸和产业价值链提升,带动产业结构升级绿色化,创造新的经济增长点。

加快传统产业绿色化。通过降低消耗,升级改造和循环利用等措施,降低高能耗、高污染行业和企业的能耗和污染;对传统产业的生产设施、装备、工艺进行改造,提高先进产能比重;大力推动开展资源循环利用,加快产业集聚区生态化改造和建设,构建跨产业生态链,推进行业间废物循环利用。

加快新兴产业绿色化。主要依靠科技进步、劳动者素质提高、管理创新推动发展,不断增强新兴产业的支撑力,培育和形成新的经济增长点。

大力发展节能环保产业。加强规划、价格、财政、金融、土地、税收等政策引导,将大量存在的节能环保需求转换为实际的节能环保市场;坚持技术主导,支持鼓励各类产学研企业和单位加大技术研发和科技创新,不断提高节能减排、环境治理的效果和经济性;加强产融结合,创新商业模式,多渠道引入资金,破解投资大、回报低、周期长的瓶颈,加快形成新的支柱产业。

"十三五"争取为重构河南的能源结构打下基础,要在节约利用、替代利用、清洁利用三方面下功夫。明确三方面的目标,从能源的生产到消费的各个环节,降低消耗、减少损失和污染物排放、制止浪费,有效合理地利用能源。通过利用清洁能源和可再生能源,不断提高非化石能源在能源消费结构中的比重。全面推行清洁生产,从源头减少废物的产生,实现由末端治理向污染预防和生产全过程控制转变,控制和减少污染物排放,提高资源利用效率。

实现"十三五"美丽河南建设规划和建设目标,必须建立科学完善的制度体系,在"绿色化"制度建设上做出有力保障。包括政策、法律、法规、规章,以及各种规范性文件,涵盖制度的制定、执行、监督、调整的全过程。

构建推动绿色化的规划制度。在河南作为粮食主产区的大规划前提下,加快实施省内各主体功能区的空间规划,科学合理布局和整治生产空间、生活空间、生态空间;加快落实市县主体功能定位,在市县两级推动经济社会发展、城乡、土地利用、生态环境保护等规划"多规合一",统筹考虑本区域内的产业布局、能源结构、资源结构和环境保护等安排,形成一个市县一本规划、一张蓝图。

构建推动绿色化的监管制度。按照"谁主管、谁牵头、谁负责"原则,加强行政监管;推进环境能动司法和联动执法;整合环境审判资源,集中行使环境司法权,推行涉及环境的民事、刑事、行政、执行案件的"四合一"审执模式;将行政处罚、司法处罚等信息与市场准入、财政补贴、信贷支持、土地使用、税收优惠等挂钩,营造"守法者得实惠、违法者付代价"的社会氛围。

构建推动绿色化的考核评价制度。完善地方考核评价制度,针对不同的功能区域定位,分类建立区域发展成果评价指标体系,根据不同区域的能源、资源秉性和发展阶段,优化考核评价标准。完善干部考核评价任用制度,建立领导干部实行自然资源资产、环境责任的任期审计和离任审计,对造成严重污染环境、严重破坏生态的实行终身追责。

(原载 2015 年 7 月 17 日《河南日报》)

文化篇

中原文化及其现代价值*

在经济全球化和区域化趋势日益加强的知识经济时代，按照中国共产党第十五次全国代表大会提出的建设有中国特色社会主义文化的战略部署和具体要求，研究和探索地域文化和区域经济社会现代化问题，继承和弘扬中原文化优势，强化中原经济社会发展的文化支撑力，对于促进中原地区的现代化建设具有十分重要的现实意义。

一、孕育中原文化的自然环境

世界上任何一种文化，总是和它产生的地域密不可分。中原地区的自然环境，像大地母亲般地孕育了中原文化，中原文化作为一种地域文化与中原地区的地质地貌以及自然地理的特点密切相关。

中原文化主要是指以中原为地域依托，依据长期以来人与自然及人与人之间的对象性关系而形成的特定的生活结构体系，即中原大地上形成的物质文化、制度文化、思想观念、生活方式的总称。“中原”一词，作为一个地域概念，在历史上有狭义和广义两种界定：广义“中原”泛指中国中部的黄河中下游地区，包括今河南全省及陕西、山西、河北、山东等省的一部分地区，古代人所说的“中原”一般是广义的中原；狭义的“中原”，指今天的河南省。今之河南，在古代九州中谓之“豫州”，位于古代中国的中部平原，所以人们称河南为“中原”。近代以来，人们所说之“中原”一般专指河南，而不包括其他地区。本文所指中原文化的“中原”取狭义之“中原”，以古今河南文化为研究对象。

河南位于黄河中游的下段和黄河下游的中段，自古中天而立，东有辽阔无垠的豫东冲积平原，西依巍峨连绵的伏牛、熊耳山脉，南有蜿蜒起伏的桐柏、大别山脉，南阳盆地，北有太行山脉、华北平原，奔腾澎湃的黄河浩浩荡荡从中间

---

* 此文为“中原文化与现代文化”学术研讨会入选论文。

穿过。优越的地理位置和丰富的自然资源,使河南自远古起就成为黄河流域古老文化的一颗明珠。黄河文化作为中原文化的一部分,在历史发展的长河中融会了黄河支流上多民族的地方文化,逐渐凝结成浩瀚渊深的黄河文化。

黄河众多的支流不仅形成了黄河主干的滔滔巨流,而且这些支流也最先为中华民族的祖先提供了优越的生存条件。据现代考古发掘证明,在黄河许多支流两侧有较多的冲积平原和宽广的台地,洪水不易淹没,又有涓涓的溪流和山泉,依山傍水,是人类最适宜生存的地方。在这些支流上出现的远古文化,汇成了中华民族悠久的历史长河。河南境内的黄河、淮河、伊洛河、漳河等河沿河的台地和平原上,土层深厚,土质肥沃,气候温和,雨量充沛,既有适合狩猎采果、种植五谷的地方,又有能躲避水灾的地方,为古代人类提供了良好的生存环境。

二、中原文化的兴盛与衰落

(一)中原文化的孕育与萌芽

中原文化的孕育虽然可以追溯到距今四五十万年前的南召猿人,但大量考古资料证明,中原文化以旧石器时代距今两万年前的小南海文化为起点,中经裴李岗文化、仰韶文化、河南龙山文化,然后进入文明社会。

距今七八千年前的裴李岗文化,以豫中为中心,分布于新郑、新密、郑州、长葛、郾城、中牟等20多个县市,已发现的遗址有50多处。那时,人们已开始定居中原,以农业耕种为主,狩猎采集和家畜饲养并行,从磨制精细的石器来看,生产力发展水平处在母系氏族社会阶段。

继裴李岗文化之后的河南仰韶文化,是以彩陶和磨光石器为标志的新石器时代文化,在河南渑池县仰韶村、郑州大河村、淅川下王岗等遗址中有考古发现,当时的家畜饲养和原始的手工业都相当发达,人们定居生活相对稳定和巩固,村落扩大并稠密起来,中原大地上一夫一妻为基础的个体家庭出现,父系氏族社会特征显现出来。

经历了仰韶文化的巨大影响与各文化体的互相交流后,黄河流域涌现出大量高度发达的地方文化,而此时中原地区处在一种空虚状态,良渚、屈家岭等地方文化反过来影响中原地区,而此阶段正是中原文化的萌芽和形成期。约为公元前3000年至公元前2000年之间的河南龙山文化,广泛地吸收周边文化因素,仍以农业为主,轮制陶器提高了陶器的质量,在陶器种类、石器制作技术、建筑结构、埋葬制度、刻画字符等文化因素中出现了许多新的变化,文化面貌繁荣而复杂的中原龙山文化兴起，中原作为一个文化实体对周边文化兼容并蓄，为夏、商、周三代文明准备好了地域舞台，为中国文化的多重空间结构提供了基础。

传统中的三皇五帝，也大多以河南为活动中心，相传颛顼高阳氏居濮阳，太昊伏羲氏居淮阳，帝喾高辛氏居偃师，黄帝有熊氏居新郑，舜（有虞氏）居虞城。河南境内黄河、伊洛河、漳河、淮河等沿岸到处都有上古时期的文化遗址，但影响较大的是在黄河沿岸及伊洛河沿岸。到夏、商、周三代时期，西起陕县仰韶，中经洛阳、偃师、郑州，东到豫东商丘，北起安阳小南海，南到南阳淅川、南召的广大地区，文明高度发展，是我国最早跨入文明社会门槛的中心地区。

（二）中原文化的形成与发展

夏、商、周三代是中原文化形成和发展的重要时期，夏朝活动的中心在黄河大曲的南岸，黄河支流的伊水、洛水两岸，河南登封（阳城）、偃师（斟鄩）至河北、山西安邑一带。此间肇始了以华夏族为主体与周边民族的交往。中国第一个有阶级的王朝在中原出现，表明中原地区最早进入所谓的文明社会（即阶级社会）。殷商民族兴起于东海之滨的黄河下游，后多次迁都，建都中原，说明商族活动中心地区也在中原地区。在安阳小屯发现的十多万块的甲骨文，是世界古文字史上的一大奇迹，它证实了中国的古文字起源于中原文化，其形体结构“远取诸物，近取诸身”，形象逼真，千姿百态，形意结合，淋漓尽致地反映了客观事物和人类丰富的情感与活动。

人类活动文字记录的出现，表明中原文化已发展到较高的程度，周文化继承了夏商文化，又有重要演变，东周避犬戎东迁洛阳，天子与诸侯、诸侯与诸侯之间的关系逐渐解体。经济与军事力量强大的霸主崛起，诸侯彼此竞争、互相兼并的格局赢来了“百家争鸣”的局面，诸子百家在中原兴盛。春秋战国时期是政治上的诸雄并起的时期，也是中原文化与周边各族文化大汇流、大交融的时期。秦统一六国，一个伟大的汉民族在秦汉时期形成，中原文化作为中华民族文化的主体也得到了空前的发展。

（三）中原文化的兴盛与繁荣

从秦汉经魏晋南北朝到唐宋时期，是中原文化逐渐兴盛和繁荣的时期，这不仅是因为中原地区长期是中国封建政治统治的中心地区，更因为中原地区经济文化的实力在全国占据了主导地位。秦汉时期，中国的政治经济中心地区实际上在由沣水、渭水、黄河、洛河一线的“东西二京”沿着关中盆地、伊洛盆地延伸连接,形成黄河文化发展的中轴地带。这一地带不仅是统治全国的中心枢纽,而且把以关中平原为中心的西部经济文化区和以华北平原为中心的东部经济区连接起来,这一经济、政治格局一直延续到唐末时期。以三国西晋时期的文化发展为例,当时中国的文化重心在北方黄河流域。三国时,北方拥有最大面积的文化发达区,三国之中,蜀地出人出书最少,无法与魏相比。据姚振宗《三国艺文志》的统计,三国时代约551部书的作者可考,其中有363部书及其作者在曹魏境内,约占总量的2/3,说明中原文化仍具有绝对优势。就儒学而论,虽然洛阳周围与兖豫一带已较为衰落,但河东、弘农、关中、河西以及东部青徐一带仍相当发达,章句之业的大师仍以魏国为众。三国时期五经博士可考者36人①,其中曹魏博士即占29人,蜀、吴仅占7人,其中还有3人是北方流寓士人。唐末五代之后,由于黄河漕运干道泥沙增加,运输困难,致使天子们不得不"逐粮而居",就食东都洛阳,此后关中地区开始失去了容纳国都城市的经济基础。10~13世纪间,国都处于一种游离状态,先后在东京(开封)、临安(杭州)、建康(南京)等地建都,但洛阳—开封一线仍是中国的政治经济文化中心区。

北宋时期是中国古代经济文化发展空前繁荣的时期,也是中原文化的鼎盛时期。邓广铭先生曾指出:"两宋期内创造的物质文明和精神文明所达到的高度,在整个封建社会历史上是空前绝后的。"②有宋一代,不仅农业大发展,而且出现了工业,以煤和钢铁为核心的中国工业大发展,在中国"经济结构中有了剧烈的变化,可以称之为真正的革命性变化"③。经济的繁荣,促进了商业、金融业的发展,纸币第一次出现,纺织业、交通运输业与官营、私营手工业的发展,使北宋东京成为中世纪壮丽辉煌的东方大都会。

(四)中原文化的衰落

中国传统文化历来以南北的地域差异为主流,近代以来,由于先进的工业文化由沿海向内地的传播和辐射,加大了东南沿海地区文化与中原文化的差异。中国古代史是一部农业文化发生、发展、兴盛、衰落的历史,随着农业文化重心从北向南转移,中原文化也从中原地区开始向周边地区辐射扩散。从东汉

---

① 王国维:《汉魏博士题名考》,台湾"商务印书馆"1976年版。

② 邓广铭:《谈谈关于宋史研究的几个问题》,载《社会科学战线》1986年第2期。

③ 哈特威尔:《北宋时期中国铁煤工业的革命》,载《亚洲研究》1962年第2期。

末年到两宋之际，中原地区战乱不断，边疆游牧民族入驻中原，迫使黄河流域人民南迁到淮河、长江以至闽岭以南地区，又造成几度南北政权分裂对峙的局面。南迁的人民不但给南方增添了大量的劳动力，而且带来先进的技术和文化，移民过程实际上是一种文化快速传播的过程。魏晋以后中国社会的大变动大大加速了南方的开发过程，使南方的农业文化逐渐赶上并且超过北方，经济文化重心开始由北向南转移。

中国传统文化重心自西晋“永嘉之乱”就明显开始了转移，西晋“八王之乱”引起晋室南迁，此后是“五胡十六国”的分裂割据和战争，中原人士为远避战乱之苦，进行了大规模、长距离的迁徙。《晋书》载：“自永嘉丧乱，百姓流亡，中原萧条，千里无烟。”“俄而洛京倾覆，中州士女，避乱江左者十六七。”从东晋初到刘宋末年，从黄河中下游迁出人口达100万以上，且士人及附属人口居多，这批南迁的文化人与工匠、农民，带来了先进的中原文化，促进了南方的开发。唐宋时期，虽然中国文化重心仍在黄河流域的中原地区，但是南方的开发和繁荣，与北方的战乱与破坏形成较大反差，黄河中下游人口普遍减少。以河南府为例，开元时（713—741）有12万户，到唐宪宗时（806—820）只剩下1.8万户，这一人口大迁徙迁出的中心城市是洛阳。宋与辽、金对峙时期，中原居民南渡者仍川流不息，从1080年—1223年中，江南人口增加125%。《朱熹文集》有述：“中原涂炭，衣冠人物，萃于东南。”江南的经济文化从此超过了北方。

明清时期，中原文化更加衰落，鸦片战争之后，随着西方侵略者坚船利炮而来的资本主义工商业文化在东南沿海一带最早传播，以农业文明为基础的中原文化日趋衰落，随着沿海地区近代工业文明的发展，原本是中国政治经济文化中心的中原地区处于边缘化的境地。

三、中原文化的基本特质

（一）中原文化是中国传统文化的核心

就世界范围来看，中国传统历史文化虽然是世界上最古老的文化之一，却不是最早的文化。但在世界上所有古老的文明和文化中，唯有中国传统文化表现出最顽强的生命延续力。在四大文明古国中，印度文化因雅利安人入侵而雅利安化，埃及文化先后因亚历山大大帝占领而逐渐希腊化、恺撒占领而罗马化、阿拉伯人移入而伊斯兰化，罗马文化则因日耳曼人入侵而中断并沉睡千年，但是在中国，此类情形却从未发生。

中原地区是中国古代文明的重要发祥地，中原文化是以河南地区的华夏文化为主体，融会了三晋、秦、楚、齐鲁、燕赵、吴越以及巴蜀等地区的文化而成的，中国传统文化的根在中原。中国传统文化的常青树以中原文化为主干，因此，中原文化是中华文明古老文化的代表。中国传统文化强健的生命延续力的成因是多方面的，但中原文化的主干作用是其重要缘由之一。

严文明先生将中国新石器文化概括为中原文化区、山东文化区、长江中游文化区、江浙文化区、燕辽文化区和甘青文化区，并认为“中原以外五个文化区都紧邻或围绕着中原文化区，很像一个巨大的花朵，五个文化区是花瓣，而中原文化区是花心”①。这种比喻既形象又恰如其分，十分符合中国古代考古文化的发展情况。

中原文化在中国传统历史文化中的主干作用主要体现在以下几个方面：

1.士人众多，著述宏富。士人、学者是学术文化事业的创造者，也是文化繁荣发达的标志，从东汉到唐宋是中国传统历史文化发展的重要时期，恰在这一时期中原地区是中国政治、经济、文化中心地区，中原地区人才辈出，学者、游士会聚中州，留下浩如烟海、卷帙浩繁的古籍。以东汉时期为例，河南在士人、五经博士、私人教授、书籍的数量上都居全国第一，参见下表：

项目	总数	河南	山东	陕西	山西	江苏	四川	河北	安徽
士人	990	184	55	71	24	18	33	22	23
五经博士	74	29	16	7	3	3	2	4	0
私人教授	213	61	32	23	7	9	20	6	4
书籍(部)	508	188	117	89	5	34	38	4	6

资料来源：卢云《东汉时期的文化区域与文化中心》，复旦大学出版社，1978 年版；黄宛峰等《河南汉代文化研究》，河南人民出版社，2000 年 8 月版。

在中国历史长河中，辽阔的中原大地涌现出许多著名的人物，政治家、思想家、哲学家、军事家、科学家、文学家灿若群星。如道家创始人老子、庄子，墨家创始人墨子，名家邓析和惠施，兵家吴起和尉缭，杂家名相吕不韦，法家申子、韩非子，无神论者范缜，洛学奠基者程颢、程颐，明代唯物主义思想家王廷相，理学思想批判家吕坤，现代哲学史家冯友兰、赵纪彬，等等。封建社会的政治家商

① 严文明：《中国史前文化的统一性与多样性》，载《文物》1987 年第 3 期。

鞅、李斯、子产、张良、陈平、晁错、姚崇、赵普、王安石、吕蒙正等；文学家贾谊、应劭、阮籍、谢灵运、杜甫、韩愈、白居易、李贺、李商隐、李梦阳、何景明等；史学家班彪、班固、荀悦、裴松之、范晔、薛居正、司马光等；艺术家蔡邕、钟繇、吴道子等；科学家石申、张衡、张苍、张子信、僧一行、李诫、张从正、朱载堉、吴其濬等；经济学家陶朱公、范蠡等；军事家诸葛亮、岳飞等。这些著名的历史人物载于史籍的有千余人，他们对丰富人类科学文化知识，推动社会历史进步和中华民族的复兴做出了卓越的贡献。

2.思想活跃，学术发达。由于中原自古文人士子众多，学术思想异常活跃，学术事业兴旺发达，使古代河南成为全国各种思想的荟萃之地。春秋战国时期，道家、法家、名家、纵横家、儒家、兵家活跃于中原地区，尤其是以老庄为代表的道家思想，对中国社会的变迁产生了深远的影响，《老子》《庄子》更为历代士人所研考。贾谊的变革、进取思想，桑弘羊的"盐铁论"，张衡的唯物主义宇宙观，荀悦、范缜的无神论思想，魏晋玄学观念等都为中国古代思想文化的发展提供了丰富的思想资料。宋元以来，中原作为理学的最早发源地，产生了邵雍、程颢、程颐、许衡等一批著名理学家，理学思想由于封建官方的推崇和提倡，成为中国封建社会晚期六七百年的主要统治思想。

在中原学术文化方面，史学、经学、文字学、目录学、法学等都有极高的成就，展现了中国古代学术研究的最高水平。如文字学，中原地区是我国最早产生语言文字的地区，在河南舞阳发现的刻画文字，是我国目前已发现的最古老的文字符号。1899 年在安阳小屯发现的甲骨文是比较成熟的文字，河南上蔡人李斯用小篆作《仓颉篇》对统一全国文字起到极大的推进作用，河南郾城人许慎的《说文解字》对研究古文字、汉语语音史及古代社会史有重要价值，此后还有郭忠恕的《佩觿》、丁度的《集韵》、王洙的《类篇》等文字学著作。汉字的产生是人类走向文明的重要标志，文字学的发展成为凝聚中华民族的重要纽带，极大地推动了中华民族的进步。

宗教文化方面，在中原流行的主要有佛教、道教、伊斯兰教、犹太教和基督教等。道教是中国土生土长的宗教，教理来自老庄道家思想，自东汉产生之后，魏晋南北朝时"嵩山道士"寇谦之推行道教改革，使道教由民间教团变为官方正统宗教，成为为封建统治服务的工具。隋唐时期，封建统治者崇道抑佛，道教地位盛极一时，道教思想也深入人心，道教的思想精华融入我们民族精神的许多方面。佛教传入中国时最早在中原落地生根，从东汉到隋唐，中原地区出现许多有名的高僧，朱士行、玄奘、神秀、一行等佛教大师在引进改造佛教教理方面，做出了很大贡献，使佛教文化与中原文化融会在一起，对中原人的社会生活、思想意识、风俗习惯、文学艺术都产生了深远影响。

3.教育先进，文化繁荣。古代的中原教育文化发达，不仅培养了大批文化人才，而且促进了文化的传播。由于许多王朝都在中原建都，因此中原历史上不仅有各级地方官学、私学，而且有全国性学府——太学，其规模之大、生源之多，都是当时世界所罕见的。唐代的龙门书院、太乙书院，宋代的嵩阳书院、应天府书院、百泉书院、花洲书院、龙门书院、伊皋书院，明清时期的大梁书院、丽泽书院、百泉书院等，都是研究学问、聚徒讲习的教育场所。涌现出一批如伊尹、墨子、贾谊、韩愈、程颢、程颐、许衡、王廷相、孙奇逢、李时灿等教育家。

在文化艺术创造方面，诗、词、歌、赋在中原均有很大成就。以诗歌为例，诗歌是中原文学中的瑰宝，先秦诗歌的《商颂》《国风》反映了当时中原人民的喜怒哀乐和民风习俗，汉代张衡的《同声歌》《思玄诗》使中国诗歌向前跨进了一大步，蔡琰的《胡笳十八拍》是现实主义诗歌杰作，南北朝时期的阮籍、潘岳、潘尼、干宝等更为中原文学增添了绚丽的色彩，唐代的中原文学，群星璀璨，以杜甫、韩愈、李贺为代表的一大批作家，用他们的妙笔生花，把中原文化推向一个新的高峰。

4.科技领先，创新不断。科技发展是一个民族和国家文明程度的客观标尺。古代中原地区出现了不少的科学发明和科学家，在当时多处于全国和世界领先地位，如登封的周公测影台是世界上最早的天文台，比公元前 2 世纪西方最早的亚历山大天文台和罗马得斯观星台都早得多。张衡发明了世界上最早的漏水转浑天仪，是中国天文钟的前身。高僧一行第一次对地球子午线进行实测，是天文学史上的一大创举，比最早由阿拉伯人对子午线的实测早了 90 年。张仲景集医学之大成，写成《伤寒杂病论》，对医学发展产生了深远影响。清嘉庆状元吴其濬的《植物学名实图考》代表了中国古代植物学发展的最高水平。在陶瓷科技方面，中原唐三彩生产技术先进、艺术价值极高，曾通过丝绸之路传入西亚、波斯、埃及，使中原科技文化远播海外。宋代汝、官、钧三窑均在中原，汝窑中青瓷的窑变，使中国瓷器制造业达到登峰造极的水平，为中国制瓷业做出了杰出的贡献。

（二）中原文化博采众长，具有海纳百川的兼容性

在中国漫长的封建社会中，中原文化长期以来以明显的先进性多次“同化”以武力入主中原的北方游牧民族，反复上演着“征服者反被征服”的历史戏剧。如春秋以前的“南夷”“北狄”交侵中原，十六国时期的“五胡乱华”，宋元时期的契丹、女真、蒙古人接连南下，直至明末满族入关后对中原的统治。这些勇猛剽悍的游牧民族虽然在军事上大占上风，甚至多次在中原建立强有力的统治政权，但在文化方面，却总是自觉不自觉地被以华夏农耕文化为代表的中原文化所同化。匈奴、突厥、鲜卑、契丹、女真、蒙古等游牧民族和半游牧民族在与先进的中原文化的接触过程中，几乎都发生了由氏族社会向封建社会的过渡和飞跃，军事征服的结果，不是被征服者的文化毁灭与中断，而是征服者的文化皈依和进步。中国传统历史文化就是在这种不断的融合中，形成了独特的具有强盛生命力的文化体系，成为人类文化史上的伟大奇观。

任何一个民族或文化在成长发展过程中，都不是完全封闭独自成长的，而是一个开放、吸收、传播、融合的过程，是同周边文化不断交流、互相影响、彼此融合，不断发展壮大的过程。这种交流传播包括经济的、文化的、战争的、宗教的，交流层次上包括物质文化、制度文化和思想观念等几个层次。中原文化在成长过程中也经历了这样一个过程，如新石器时代，黄河长江流域仍是多种文化并存时期；三代时期，首先是夏、商、周之间统治地位的更替和彼此之间文化的同化、继承和发展，在文化上表现为后者向前者学习，文化落后的一方向文化先进的一方靠近，最终融为一个文化体系，古公亶父的“贬戎狄之俗”，大约就是这种文化认同和融合的反映。其次表现为中原文化同周边羌、戎、夷、狄、越人的文化融合，这一时期的战争是交往的主要形式。至战国时期，这一过程基本完成，中原文化的分布区域扩大，内在的统一性巩固。秦汉时期中原文化同北方草原民族文化、西方羌人文化、南方百越文化发生了初步交往，生活在河南这方土地和邻近地区的华夏族，与来到中原地区的戎狄、蛮夷逐渐杂居、通婚、融合，形成了汉民族。如豫南是中原与长江流域交汇处，也是文化交会点，楚文化，源于河南，盛于荆楚，是黄河流域的中原文化与长江流域的荆楚文化共铸的结晶。正是这种文化交流融合，促进了东西南北民族的大融合。南北朝时期是南北方文化融合的关键时期，北方的匈奴、鲜卑、羯、氐、羌等少数民族再度进入中原，与居住在这里的汉民族杂居，又一次实现了民族的融合，完成了少数民族

的封建化过程。南北对峙以及战争状态实际上也在扩大文化交流。唐宋时期是中原文化发展的鼎盛时期,中原文化同北方草原民族文化、西方羌人文化、南方百越文化之间直接交流,彼此之间相互影响,相互吸纳,特别是北宋以后,由于战乱与灾害频繁发生,居住在中原地区的汉民族也有大量人口迁徙他乡,移居我国东南、西北、东北一带,中原地区的先进生产技术和科学文化,促进了这些区域经济文化的发展。同样,移居中原的少数民族在民族融合过程中,也参与了中原地区的经济开发,五彩斑斓的少数民族文化也或多或少地融入中原文化。如游牧民族的骑射技术,荆楚地区的编钟音乐,边疆地区的物产、技艺等,都使中原文化增添了新的生命活力。同时,佛教自东汉传入洛阳以后,由于中原地区长期处于中国政治、经济、军事、文化的中心位置,同西藏、西域、东北、朝鲜、日本等更遥远地区的文化也发生了直接的交流。

在广泛的文化交流中,中原文化既积极向外传播,对周边地区产生深远影响,同时又以恢宏的气度、开阔的胸怀,从四邻地区文化中吸取营养,博采众长,融会贯通,促进自身发展。如中国历史上比较开放的汉唐时代,著名的丝绸之路就是以洛阳为起点。当时以洛阳为中心的河南地区,曾吸收了中亚各国的先进技术和先进文化、艺术,丰富了河南地区人民的文化生活,开阔了视野,促进了对外文化交流。在学术交流上,除儒学、经学外,道学、法学、佛学、玄学都可以在这里找到渊源。著名的建安文学、正始文学、唐诗、宋词及其他文学都是在这里兴盛起来后传播四方,推向全国文坛的。

(三)中原历史文化是农业文明的产物,具有良莠并存的特点

任何一种文化的产生和发展都离不开特定的自然条件和社会历史条件,中原文化的特质正是由其特定的自然、社会历史条件所决定的。从地理环境看,中原处于一种半封闭、相对稳定的内陆性地域,与沿海沿边地区有很大不同;从物质生产方式看,中原文化根植于农业社会的基础之上,封建的小农经济在中原地区有几千年的发展历史,这与某些游牧民族、工商业发达的海洋民族相比有很大的不同;从社会组织结构看,在漫长的中国封建社会中,由于中原地区长期处于封建统治的中心地区,专制制度、宗法制度及其思想影响根深蒂固。在没有发达的资本主义,没有经过资本主义文化批判和清除的情况下,中原古代文化中的大量糟粕部分仍存在,并与今天的社会主义文化相对立,严重地阻碍着农业大省的现代化建设。如古代官文化中的官本位、官至上的价值观,清官

“救世”思想，小农意识中平均主义、“多子多福”、小富即安的思想等，目前仍存留并体现于社会生活的各个方面，对中原地区的现代化起着相当大的负面作用。一旦放松对其批判，就会泛滥成灾，对此，我们必须有清醒的认识。

四、中原文化的现代价值

（一）中原文化中的思想文化是当今社会主义先进文化建设的重要思想资源

中原地区悠久的历史和优秀的文化遗产，在中国文化版图和世界文化格局中，是一颗璀璨夺目的历史明珠，研究开发这一散发着古色古香气息的文化资源，对于丰富中华文化宝库、增强中华民族文化的凝聚力、强化华夏文明的感召和纽带作用、形成时代精神和民族特色相结合的与社会主义先进文化相一致的伦理道德体系、推进“以德治国”都有十分重要的意义。

文化发展的历史表明：任何一种新文化的发展，都不可能是在完全抛弃现有文明的基础上凭空创造出来，而是以既有的文化为依据，以现有的条件为前提进行再创造。换句话讲，今日的文化都是在往日文化的沃土上生发出来的。正如恩格斯所说：“每一个时代的哲学作为分工的一个特定的领域，都是由它的先驱者传给它，而它便由此出发的特定的思想资料作为前提。”①也就是说，任何文化的发展，总是要从它的先驱那里继承一定的材料为前提和出发点。

中原文化中确实含有极有价值的思想精华，积淀和凝聚着极为深刻的思想内涵，为社会主义初级阶段的精神文明建设提供了丰富的思想资料。如中原先哲们《易经》中的“八卦说”，《洪范》中的“五行说”，《老子》中的“阴阳观”“自然观”“有无观”，程颢和程颐哲学中的“格物论”等整体思维和系统方法，如果进行科学分析和现代转化，完全可以成为我们今天认识社会、管理社会、管理企业的思想资料。

中原文化中蕴含的“天人谐和说”、道家思想中的“回归自然观”，为我们正确处理人与自然之间的关系提供了一套精辟的思想方法，对我们在市场经济条件下改造自然、顺应自然、不屈从自然、不破坏自然、坚持可持续发展都会有深刻启迪。

中原文化中包含的明“人伦”、讲“持中”、求“致和”的儒家思想，为我们提

---

① 恩格斯：《康·施密特》，载《马克思恩格斯选集（第四卷）》，人民出版社 1997 年版。

供了一系列关于协调人际关系、讲究心态平衡的合理思想，从中挖掘合理内核，对于建立文明、民主、和谐的社会主义新型人际关系会有重要促进作用。

中原历史文化中，杜甫脍炙人口的爱国诗篇，岳飞精忠报国的爱国情怀，杨靖宇、吉鸿昌为抗日而抛头洒血的爱国行动，将永远成为进行爱国主义传统教育的生动教材。

社会主义建设时期，中原地区涌现出的优秀县委书记焦裕禄、优秀乡党委书记吴金印全心全意为人民服务的公仆精神；林州人民把中华民族传统美德与现代开拓进取的现代精神相结合而形成的“自力更生、艰苦创业、团结协作、无私奉献”的“红旗渠精神”，都已成为中原大地上的广大干部群众“团结奋进、振兴河南”的巨大精神动力。

中原自古是中华武术之乡，流行于河南民间的武术有1200多种套路，拳类160多种。这其中少林武术和陈氏太极拳尤为著名，千百年来绵延不断，流派遍布大江南北，享誉海内外。中原作为少林武术和陈氏太极拳的发源地，应当发挥武术之乡的优势，鼓励人们强身健体，发展中原体育事业。

豫剧是中国戏曲艺术百花园中的一枝绚丽奇葩，不仅在河南全省有着众多的爱好者，而且观众遍布中南、华北、西北、东南等十几个省区，另外，中原地区还广泛流行着曲剧、越调、二夹弦等戏剧形式，利用这些传统艺术形式，赋予新的思想内容，创造出优秀的文艺作品，对于鼓舞中原人民在新的历史条件下振兴河南会产生巨大的精神力量。

（二）中原文物遗迹是开拓历史文化旅游的独特资源

源远流长的中原文化，留下极为丰富的地下遗存和历史文物。如旧石器时代的新郑裴李岗遗址，氏族社会时期的河南渑池仰韶村文化遗址，父系氏族社会河南龙山文化遗址，早已为世人瞩目；濮阳贾湖新石器时代文化遗址出土的骨笛和刻画符号，郑州大河村新石器时代遗址出土的房基和天文图像彩陶，濮阳西水坡遗址出土的用蚌壳堆塑排列而成的龙虎图案，更令人赞叹不已，据专家考证是中国龙文化的最早发现。此外偃师二里头文化遗址，郑州二里岗商代文化遗址，安阳殷墟尤其是殷墟出土的青铜器如后母戊鼎、司母辛鼎、铜镜等古迹和文物，都表现了古代艺术家的聪明才智。

又如西周时期三门峡虢国墓地出土的车马坑、青铜器、玉器，平顶山应国墓地出土的青铜礼器，东周时期温县出土的石圭盟书，淅川下寺出土的王孙诰编钟音域宽广、音律和谐、音频准确，在中国冶金史上具有划时代的意义。在城址方面，有登封王城岗、偃师尸乡沟、郑州商城、卫辉朝歌故城、安阳殷墟等遗址。中国七大古都，河南就有六朝古都安阳、九朝古都洛阳、七朝古都开封三座古都。在古墓葬方面，有淮阳太昊陵，东汉、曹魏、西晋、北宋皇陵。历史名人墓葬则不计其数，河南出土的碑刻墓志数量为全国之冠，历代墓葬中出土的青铜器、车马器、兵器、玉器、陶器、瓷器、竹简、货币、印章、汉画像石、画像砖等多类多种文物，以及隋唐洛阳含嘉仓和宋代汝、钧官窑遗址出土的文物，总数以百万计。这些文物，尤其是其中的精品，从不同侧面展示了中原文化的悠久与辉煌，它们是古代劳动人民和艺术家创造的物质文明和精神文明的实物见证，是中华文明的瑰宝。

在地上文物古迹中，洛阳龙门石窟已被联合国列为世界文化遗产，另有开封龙亭、大相国寺，登封太室阙、少室阙、启母阙、观星台、嵩岳寺塔、少林寺，洛阳白马寺，巩义石窟等。革命战争年代的鄂豫皖苏区政府旧址、中共中央中原局旧址和刘邓大军挺进中原军事会议旧址、淮海战役总前委后勤机关旧址等众多革命纪念馆、纪念地，这些革命遗址记载着一代又一代中原儿女为中华民族的解放事业前仆后继、浴血奋战的丰功伟业，他们是中原人民的骄傲和光荣，他们的英雄事迹成为教育一代又一代的珍贵的爱国主义教材，为开发中原历史、红色文化旅游提供了得天独厚的物质条件。

（三）中原历史文化资源是加快河南改革开放和现代化进程的宝贵财富

当今世界，与“全球意识”相并列的是人们的“寻根意识”，每一个民族和国家都各自存在着自己的特殊问题，都希冀从自己民族和国家的文化中寻求救世安邦的良方与文化之根，特别是那些已经实现现代化，过上富裕生活的人们，将怀着强烈的文化认同感，寻求祖先繁衍生息的文化土壤，这就是世界范围内寻根谒祖活动之风日盛的深层原因。在世界范围的寻根谒祖活动中，河南是华人寻祖的重点地区。中国传统文化以群体为本位，以家为中心，强调的是家、族、宗、国，人际关系注重伦理与乡土情谊。

中华民族是以中原地区华夏族为主体发展分布开来的，海外华人的祖根在中原，在漫长的历史长河中，华夏儿女从中原出发，走向全国，走向世界。

如河南是华夏文化的主要发祥地，也是华人姓氏的主要发祥地。史载太昊伏羲氏的居住中心在河南淮阳一带，距今已有4000~5000年。中外华人公认炎黄二帝为始祖，自称为炎黄子孙，而炎黄二帝长期在中原地区活动，黄帝所居住的轩辕丘就在今河南省新郑市西北。相传黄帝嫘祖、方雷氏、彤鱼母、嫫母4妃，生25子，得姓者14人，分别为12姓，另有5子，散居各地，后来发展到101个属地，派生出510个氏。其中仅一个姬姓，就衍生出198个氏。据有关专家考证，中国人古今使用的姓氏有8155个，其中起源于河南的有1500个，约占五分之一。按人口多少排出的全国100个大姓中，有73姓源于河南或部分源头在河南。在台湾有“陈林半天下，黄郑排满街”之美称的四大姓氏和“陈林黄郑李许蔡，天下占一半”的七大姓氏，均起源于河南。

又如今天在欧美、东南亚及台湾地区到处都有来自中国广东、福建的“客家人”，而客家人的祖根在中原。由于战乱、自然灾害、官职调迁、游学、避仇等原因，他们从西晋时起背井离乡，向南方辗转播迁，散落在湖南、江西、福建、广东一带，此后又遍及香港、澳门、台湾、东南亚及世界各地。多数客家人寻根的起点在闽南，终点无疑是河南，大多数台湾同胞的祖根500年前在福建，1300年前在中原。

历史上中原地区经济发达、文化先进，今天的河南无论与海外发达国家和地区相比，还是与国内东南沿海省区相比，都大大落后了，历史上中原地区经济的发展是在开放的环境下进行的，中原文化的繁荣是在同周边文化的广泛交流中繁荣的，在全面推进河南现代化建设的今天，仍然必须坚持创造开放的环境，借助发达国家和地区的技术、人才和资金促进中原地区经济文化的现代化建设，而古老的中原文化在全球性的寻根谒祖活动中，将会在吸引海外华人和中国东南沿海地区客商来豫寻根旅游、投资办厂方面找到广阔的用武之地，万古而常新的中原文化将会在河南的重新振兴和现代化进程中发挥重要作用。

（原载《中原文化与现代化》，大象出版社2001年10月版）

河南文化强省发展战略研究*

一、文化强省建设面临的机遇与挑战

（一）文化强省建设优势分析

1.文化资源优势。(1)总量大，分布广。河南省具有异常丰富的文化资源，种类繁多且分布广泛。全省地下文物、馆藏文物、历史文化名城、全国重点文物保护单位数量均居全国前列，现有世界文化遗产2处——洛阳龙门石窟和安阳殷墟；国家级历史文化名城8座，历史文化名镇（村）22个；全国重点文物保护单位189处198项，省级文物保护单位761处，市县级文物保护单位5091处。中国20世纪100项考古大发现中河南有17项，全国八大古都河南有4个。文化传统源远流长，文化底蕴十分厚重，有以裴李岗文化、仰韶文化、河南龙山文化为代表的中国史前文化，以夏商周文化、汉魏文化、唐宋文化为代表的中原历史文化，以老子、庄子、张衡、许慎、张仲景、吴道子、杜甫、韩愈、朱载堉为代表的名人文化，以新县鄂豫皖苏区首府、确山竹沟中共中央中原局所在地为代表的红色文化，以红旗渠为代表的当代创业文化等。还有以白马寺、少林寺、相国寺为代表的人文景观，以汴绣、钧瓷、汝瓷、唐三彩、南阳玉雕、朱仙镇木版年画、汤阴剪纸、浚县泥塑、淮阳泥泥狗为代表的民间工艺，以少林武术、宝丰民间演艺、濮阳和周口杂技、豫西社火、豫南民间歌舞为代表的民俗文化。河南还是全国戏曲大省，豫剧享誉海内外，曲剧、越调、坠子、宛梆等20多个地方剧种，魅力无穷。(2)底蕴丰厚，认同感强。中原文化的基本特质有以下几个方面：一是正统性。中原文化在北宋以前的历朝历代中始终处于支配地位，在以后的朝代里也有着重要的影响，是中国传统文化的重要支柱和核心。二是兼容性。中原地区在历史上曾是统治者争夺的中心，由于北方游牧民族的不断侵入，促成了民族

* 此文与王武、毛兵、卫绍生等人合作，系中共省委宣传部调研课题的阶段性成果。

的大融合。丝绸之路也不断传来域外的文化。这些都推动了中原文化多样化的形成,使其兼容并蓄、博采众长、丰富多彩。三是辐射性。中原地区在历史上曾长期是统治的中心,由于历史上中原人口的大迁移,中原文化逐渐扩散到祖国各地,直至海外。四是创新性。中原文化能延绵数千年,在于它自我继承的同时,又不断地创新发展,这也是中原文化生命力之所在、吸引力之所在。正是由于这些特性,中原文化得到了海内外华人的广泛认同,这从近年来的"中原寻根热"和成功举办黄帝祭典可以得到印证。

2.文化事业基础较好。(1)文化设施比较齐全。新中国成立以来,特别是改革开放以来,河南的文化事业取得了长足进展,形成了一批标志性文化设施,基础文化设施基本健全。目前,全省共有公共图书馆136个,博物馆78个,群众艺术馆、文化馆204个,文化站2000多个,农村集镇文化中心1423个,电影发行公司132个,城镇电影院477个。城市社区文化中心、乡村文化中心、文化大院等文化设施网络日益完善,广播电视初步形成有线、无线、卫星互为补充的交叉、梯度传输的覆盖网络,为群众就近、便利、有选择地享受文化成果、参与文化活动创造了条件。(2)拥有一定数量的文化人才。河南省文化产业人才主要分布在新闻出版、广电、报业、文化、旅游等传统文化领域。七类文化行业按人才数量排序,依次为:文艺类人才17651人,占河南省文化行业总人才量的25%;新闻类人才17037人,占24%;社科类人才13796人,占19.5%;网络类人才6430人,占9.1%;出版类人才6280人,占8.9%;图书情报类人才4869人,占6.9%;文博类人才4801人,占6.8%。中青年文化专业技术人才成为全省文化人才的主要力量。

3.文化产业初具规模。(1)文化企业数量和文化产业增加值快速增长。"十五"以来,随着经济社会的快速发展,河南文化产业也得到迅速发展,文化产业已初具规模,发展势头良好,在国民经济运行中的贡献占据一定份额。2005年,河南省文化产业实现增加值339.64亿元,比上年实际增长26.7%,占GDP的比重为3.2%。2006年文化产业进一步加快发展,总量和速度不断提高。2006年河南省文化产业实现增加值395.04亿元,增长17.1%,占地区生产总值的比重与上年持平。2007年全省文化产业增加值超增长约18%,超过当年GDP增长速度约4个百分点,一批文化企业集团成为全省文化产业发展的主力军。继河南日报报业集团有限公司、中原出版传媒投资控股集团有限公司走向市场后，经过整合后的河南文化影视集团有限公司、河南省杂技集团有限公司等以全新的面貌出现在河南文化市场上，标志着河南省文化产业发展集团化战略迈出了重要一步。至2007年3月30日，河南登记注册的文化企业共79563户，注册资本1511.2亿元。(2)拥有一批在国内外有一定影响的文化品牌。近10多年，在河南省委、省政府主要领导的关注下，河南涌现出“少林武术节”“梨园春”等一批国内外知名的文化品牌。文化领域坚持先进的文化方向，深入挖掘历史文化底蕴，培植文化优势，彰显文化魅力，精心打造中原文化品牌，一批“拿得出”“叫得响”的精品赢得了广泛认同。(3)新兴文化产业初露端倪。近年来新兴文化产业正在成为河南文化产业新军。一批动漫企业崭露头角，整体实力和影响力不断得到提升，已呈现出良好的发展态势。

4.区位和市场优势。(1)良好的区位优势增强了文化发展的承接力和辐射力。河南地处沿海开放地区与中西部地区的接合部，东接安徽、山东，北接河北、山西，西连陕西，南临湖北，呈望北向南、承东启西之势，区位交通优势比较突出。全省境内已形成由三纵四横铁路网、四通八达高速公路网和不断发展的航空运输、水运等组成的综合交通运输体系。这种优越的地理位置和方便的交通条件，更加密切了河南与全国各地的联系，便于传播河南深厚的文化，提高河南文化产品的市场竞争力，发挥河南文化产业的聚集、辐射和带动作用。(2)潜在的巨大市场为文化发展提供了巨大空间。河南有近1亿人口的消费市场，调查显示，居民文化消费预期较高。城镇和农村居民分别愿意拿出全部收入的5.9%和2.9%用于文化娱乐消费，按2006年河南城镇居民人均可支配收入9810.3元、农村人均纯收入3261.0元计算，全省城镇和农村居民年人均意愿文化消费分别应为578.8元和94.6元。而2006年城镇和农村居民实际文化消费占人均可支配收入和人均纯收入的比重分别为4.3%和1.5%，人均文化消费分别为423.9元和50.5元。城镇和农村居民意愿消费比实际支出分别高154.9元和44.1元，这一落差说明居民相当部分的文化消费支付能力尚未释放，有效的文化消费需求尚未得到满足。

5.政策优势。(1)文化强省建设被摆上重要位置。河南省委、省政府高度重视文化产业发展，继2005年7月召开河南省文化产业发展和文化体制改革工作会议、并连续出台了《中共河南省委河南省人民政府关于大力发展文化产业的意见》和《河南省建设文化强省规划纲要(2005—2020年)》后，河南省委又于2006年5月召开河南省文化体制改革和文化事业、文化产业发展工作会议，对全省的文化产业发展和文化体制改革做出具体部署。两次会议上，河南省委书记徐光春都作了重要讲话。连续两年针对几乎同一内容召开如此高规格的会议，这在河南乃至全国是没有过的。(2)政策法规日趋完善。近年来，河南省委、省政府出台了一系列政策措施，有力地促进了文化产业的发展。2005年的《中共河南省委河南省人民政府关于大力发展文化产业的意见》提出了河南文化产业发展的总体思路和具体政策措施。同时出台的《河南省建设文化强省规划纲要(2005—2020年)》制定了河南文化产业近期发展目标和具体举措，提出体制创新战略、龙头带动战略、名牌提升战略、科技推动战略、人才兴文战略，提高公民整体思想道德水平，推进文化领域的改革开放，规划建设一批标志性文化工程，全面繁荣文化事业。在具体实施方面，全省按照“区别对待，分类指导，试点先行，逐步推开”的原则，确定了郑州等5个省辖市、河南日报报业集团有限公司等55个单位为河南省文化体制改革试点地区和试点、重点单位，明确了12个文化体制改革重点项目。目前，已有14个单位完成了公益性文化事业单位内部三项制度改革、公司制和股份制改造、经营性文化事业单位转企改制的改革任务，25个单位已进入清产核资和人员身份置换的实质性阶段。

(二)文化强省建设面临的挑战

1.体制、机制创新亟待取得突破性进展。2003年以来的文化体制改革试点，结束了多年来的“双轨制”，改变了文化单位与国家的关系。过去国有的文化机构开始向独立的市场主体转变，但是，长期形成的体制矛盾不是短时期内就能彻底解决的。况且，文化体制改革与文化市场开放的步骤不协调，也不是只有河南才存在的，而是当前国内普遍存在的问题，调研显示制约文化大发展大繁荣的关键在于文化市场还没有建立起规范的准入和退出机制，也没有形成公平的市场竞争关系。

2.文化资源保护乏力、开发能力不强。(1)文化资源保护不力。近年来，河南经济发展步入快车道，再加上“三化”并举，城建规模急剧扩大。在经济利益驱动下，规避文物保护法规，造成文物资源破坏的现象时有发生。如睢县历史文化名城的明清一条街，前几年被拆得连一片瓦都没有保留，历史文化名城名存实亡。而对未列入《文物保护法》保护范围的其他文化资源，问题就更多了。究其深层原因，除了上述利益驱动，还有现行文物法规对于基本建设和文物保护的关系规定过于笼统,执法主体不明确,惩罚措施规定不严;文化资源管理保护体制不健全,责任不明确;等等。(2)综合开发能力不强。随着河南省文化建设的深入开展,不少地方借助本地文化资源,进行产业开发,举办特色文化活动,这对于弘扬中原文化,推进全省文化建设,发展文化产业是十分有益的。不过,从目前的发展态势看,河南文化产业整体开发能力不强,缺乏全省一盘棋的缜密谋划。《中共河南省委河南省人民政府关于大力发展文化产业的意见》和《河南省建设文化强省规划纲要(2005—2020年)》从宏观层面提出了有关河南文化产业的大政方针和目标措施,但仍需中观层次的配套落实,特别是迫切需要制定打破条块分割,按照集聚相关资源和拉长产业链条的立体开发、集成开发规划。

3.公共文化事业投入不足,体制僵化。从文化事业费投入总量看,河南在全国位次居中。作为全国人口第一大省,河南2005年文化事业费投入在全国排第13位。从人均文化事业费投入来看,河南已连续19年全国倒数第一,并且与排在倒数第二名的省份差距逐年拉大。投入严重不足造成了河南文化事业基础设施薄弱。文化领域现有的管理体制也不适应现代社会经济制度的发展。河南很多省辖市群众艺术馆仍一直沿用20世纪80年代的人员编制数,编制定额普遍偏低,急需的人才因编制所限进不来,影响了业务工作的正常开展。另外,由于长期受计划经济体制的影响,全省上下级文化行政主管部门的主要关系是指导与被指导关系,乡镇文化站用人权在当地政府,上级文化部门和政府基本无权干涉,缺乏有效监管,这在客观上造成了各地公共图书馆、群众艺术馆、乡镇文化站人员使用和管理的随意性大、业务人员少、业务水平偏低、人才青黄不接等种种问题的出现。

4.文化产业规模小、档次低、品牌少。从整体上看,河南文化产业规模较小,在全省经济总量中的比重偏低。2006年河南省文化产业实现增加值395.04亿元,占全省国内生产总值的比重为3.2%。而全国部分文化产业发达省份已取得了令人瞩目的成就,文化产业增加值比重占到6%~7%。河南省文化产业虽然已经初具规模,但结构不合理,主体产业所占比重偏低。文化产业中"核心层""外围层""相关层"在2006年实现的增加值之比为19.4∶7.2∶73.4,"核心层"和"外围层"所占的比重和总量明显偏低。这与全国文化产业平均水平37∶20∶43相比差别较大,全国的文化产业结构呈以文化服务为主体的状况,文化服务单位创造的增加值占全国文化及其产业单位增加值的57%，相关文化服务占了43%；而河南文化服务单位创造的增加值仅为27%，相关文化服务占了73%，与全国平均水平在结构上有着较大的差异。近年来河南文化产业之所以发展较快，主要得益于有一批知名品牌；整体实力和市场竞争力之所以还不够强，关键也在于缺少更多的知名品牌，特别是缺少具有自主知识产权的文化品牌，这直接制约了文化产业的发展。

5.创新型、复合型文化人才短缺。人才短缺已成为文化强省建设的重要制约因素。来自各方面的信息显示，几乎全省文化产业的每个领域都存在人才严重短缺问题。2004年，全省文化产业从业人员82.14万人，占全部从业人数的1.5%；2005年，河南省文化产业实现增加值增长了26.7%，但仅占全省生产总值的3.2%。浙江省2004年文化及相关产业从业人员为186万人，占从业人员总数的6.32%；而河南省文化产业从业人员120万人，从业人员仅占全部就业人口的2.1%。这与2010年全省文化产业要达到从业人员211万人，占全部从业人员的2.9%的目标还有不小的距离。

二、文化强省建设的总体思路

（一）进一步明确指导思想

1.必须进一步明确文化强省建设的指导思想，即以马克思列宁主义、毛泽东思想、邓小平理论和“三个代表”重要思想为指导，深入贯彻落实科学发展观，牢牢把握社会主义先进文化的前进方向，紧紧围绕实现全面建设小康社会宏伟目标和构建社会主义和谐社会的要求，弘扬以爱国主义为核心的民族精神和以改革创新为核心的时代精神，树立新的文化发展观，解放思想、实事求是、与时俱进、开拓创新，发展面向现代化、面向世界、面向未来的民族的科学的大众的社会主义文化，不断满足人民群众日益增长的精神文化需求，努力培育有理想、有道德、有文化、有纪律的社会主义公民，提高全民族的思想道德和科学文化素质，促进人的全面发展和社会全面进步，确保文化强省建设始终沿着正确的方向前进。

2.必须坚持以科学发展观为统领。文化建设离不开政治、经济、社会的协调发展，离不开相应的物质基础和社会政治环境。文化建设与政治、经济、社会建设既相互制约，又相互促进。因此必须坚持全面、协调、可持续发展的原则，统筹经济、社会、政治和文化发展，统筹城乡文化建设，统筹文化事业和文化产业。

3.必须坚持以社会主义先进文化和核心价值观为主导。文化建设是一项长期的、系统的工程，是提高公民综合文化素质和思想道德水平的综合性工程，因此，在文化强省建设中必须坚持先进文化的前进方向，坚持以社会主义核心价值观为主导，用先进文化与和谐文化建设文化强省。

4.必须坚持以人为本，以提高公民综合文化素质和思想道德水平为主线，以满足人民群众的精神文化生活为目的，全面推动文化强省建设，最大限度地满足人民群众的精神文化需求，让广大人民群众分享改革开放和文化强省建设的最新成果。

（二）进一步明确战略目标

河南省委、省政府于2005年印发了《河南省建设文化强省规划纲要》，确立了建设文化强省的战略目标。两年多来各县市的文化建设实践证明，这一战略目标合乎全省文化建设的实际情况，是切实可行的。为了统一思想，提高各级政府和组织对这一问题的认识，有必要进一步明确文化强省建设的战略目标，树立实现这一战略目标的信心和决心，扎实推动文化强省建设向既定目标迈进。

1.近期战略目标——从现在至2010年。进一步明确《河南省建设文化强省规划纲要》中制定的近期战略目标，即“到2010年，建立起与经济发展水平相适应的文化发展格局，做到公民素质明显提高、文化事业全面繁荣、文化产业形成规模、文化市场开放有序、文化设施建设成效显著，文化产业发展走在中西部地区前列，成为河南省新的经济增长点和支柱产业。人均文化事业费在现有3.01元的基础上翻一番；全省图书馆、群艺馆、文化馆（站）等公共文化基础设施达到国家规定标准；电视人口综合覆盖率达到98%以上，广播人口综合覆盖率达到98.5%以上；全省文化产业增加值年均增长17%左右，占GDP的比重4%左右；全省文化产业从业人员占全部从业人数的3%左右；城乡居民文化消费占全部消费支出的比重8%左右”。河南省委、省政府要把这一战略目标进行细化和分解，制定具体目标和实施措施，明确各级政府和组织的目标与任务，列入年度考核计划，以确保这一战略目标的实现。

2.中期战略目标——2010年至2020年。进一步明确《河南省建设文化强省规划纲要》中制定的中期战略目标，即“到2020年，全省文化产业增加值年均增长15%左右，占GDP的比重达到7%左右，文化产业成为河南省国民经济的重要支柱产业，文化产品的数量和质量基本满足人民群众的精神文化需求，文化结构的战略性调整基本完成，形成比较完备的文化创新体系、公共文化服务体系、现代文化市场体系，把河南建设成为文化发展主要指标、文化事业整体水平和文化产业发展实力居于中西部地区领先地位、在全国具有重要影响的文化强省”。各级政府和组织在制定经济、社会和文化发展规划的时候，要围绕《河南省建设文化强省规划纲要》提出的中期战略目标，结合本地区、本单位、本部门的实际情况，制定文化建设中期发展规划，使中期战略目标随着经济、社会的发展进步逐步得到落实。

3.长远战略目标——现在至21世纪中期。文化建设是一项长期的任务，要在文化强省建设的近期战略目标和中期战略目标的基础上，制定文化建设长远战略目标。我们要进一步贯彻落实党的十七大精神，按照科学发展观和构建和谐社会的要求，统筹经济、社会、文化发展，本着文化发展与经济发展相协调、社会效益和经济效益相统一、改革创新和继承借鉴相衔接、重点突破和整体推进相结合的原则，在基本实现文化强省的战略目标之后，还要继续加强文化建设，实现经济、社会、文化的同步腾飞。因此，建议在适当的时候着手制定河南省文化建设长远战略目标。

（三）进一步做好总体规划与布局

建设文化强省的总体规划和布局，是一项政策性、现实性、应用性、前瞻性都很强的综合性工作，应注意以下几个方面的问题。

1.把握好规划的总要求。建设文化强省的总体规划和布局，要在充分体现文化强省的指导思想，分解和落实文化强省战略目标的同时，注意以下几个方面：（1）要充分体现科学发展观的要求，做到科学性、实用性与前瞻性的有机统一；（2）要充分体现构建和谐社会的要求，使文化建设与和谐社会建设步调一致；（3）要充分体现文化建设的特点，突出先进文化在文化建设中的主导地位；（4）要充分体现效率与公平的原则，努力做到经济效益与社会效益相统一。

2.把握好规划的涵盖范围。建设文化强省，涉及文化建设的各个方面。任何一个方面的疏忽或落后，都可能影响文化强省建设的大局。建设文化强省可以在某个或某几个领域率先获得突破，但应在以下6个方面注重统筹兼顾：（1）既要重视提高公民的科学文化综合素质，又要重视公民思想道德教育；（2）既要大力繁荣和发展文化事业，又要强力推进和壮大文化产业；（3）既要兼顾公益性文化事业和一般性文化事业，又要兼顾优势文化产业与一般文化产业；(4)既要统筹城乡文化建设，又要统筹不同地区的文化建设；(5)既要处理好整体与局部的关系，又要切实做到点与面的结合；(6)既要做好物质文化遗产的开发利用，又要重视非物质文化遗产的开发利用。

3.把握好规划的总体布局。全省的文化资源状况和文化建设现状千差万别，各市的综合文化实力也有很大悬殊，建设文化强省的总体规划与布局显然不能整齐划一，不能搞“一刀切”。要把建设文化强省与河南的经济发展、社会发展紧密结合在一起，在统筹规划、协调发展的前提下，针对不同情况、不同地区、不同行业，进行建设文化强省的总体规划与布局。(1)文化事业。文化事业担负着满足人民群众日益增长的精神文化需求的重要职责，也担负着繁荣哲学社会科学、提高公民综合文化素质和思想道德水平的重要职责。繁荣和发展文化事业是建设文化强省的重要内容。建设文化强省，要根据新形势、新任务对文化事业的要求，按照中央有关文件和《国家“十一五”时期文化建设规划纲要》的主要精神，对全省的文化事业进行总体规划与布局，明确目标，划定职责，厘清界阈，加强管理，形成社科、新闻、出版、文艺、文博、图书、情报等文化事业同步推进、共同繁荣的局面。(2)文化产业。根据河南省经济发展的总体布局和加快服务业发展的要求，合理规划河南的文化产业布局。河南的文化产业目前已经形成以郑州为主轴，以郑州、洛阳、开封为“一带”，以豫南(以南阳为中心)、豫北(以安阳为中心)为“两翼”的区域文化产业优势和发展格局。建议在已经形成的“一带两翼”文化产业布局的基础上，以郑州商文化和三教文化、洛阳汉魏文化、开封宋文化、安阳殷商文化、南阳汉文化和玉文化为依托，发挥区位优势，对现有文化产业进行充分的整合，把郑州建成河南文化产业中心和全国重要的文化产业基地，把洛阳、开封、安阳、南阳建成河南文化产业基地，进而发挥中心和基地的辐射带动作用，促进相关市县文化产业的发展，壮大文化产业，引领文化产业又好又快发展。

4.把握好发展的重点。建设文化强省的总体规划与布局，要发挥优势，突出重点，培育品牌，打造精品，提升实力。通过实施体制创新战略、龙头带动战略、品牌提升战略、科技推动战略和人才兴文战略，加快建设文化强省的步伐。(1)确定重点发展的文化事业，尤其是提供公共文化服务和精神文化产品的公益性文化事业，如社会科学、新闻出版、文化艺术、图书情报等，要加快体制改革和机制创新，加大政策扶持力度，加大资金投入；繁荣发展文化事业，重点要做好以下三个方面的工作：一是要深入开展科学理论学习研究宣传，在理论武装和舆论引导上取得新进展；二是要深入开展社会主义荣辱观教育，在提高公民思想道德素质上取得新进展；三是要加大教育和科学事业发展力度，在提高公民科学文化素质上取得新进展。(2)在经过充分论证的基础上，合理布局文化产业中心、文化产业基地和文化产业园，形成中心、基地、园区三级开发模式；与此同时，要确定一批重点开发的文化产业项目，培育一批有产业优势的龙头企业，推出一批在国内外有广泛影响的知名文化产业品牌，借项目促产业，靠企业做项目，把传媒、出版、演艺娱乐、文化旅游、影视制作等企业集团做大做强。

三、建设文化强省的主要举措

(一)深化体制改革，繁荣文化事业

1.坚持以改革促发展，通过深化文化体制改革和机制创新，开拓文化事业发展之路。要深化文化行政管理体制改革。进一步改革行政审批制度，使政府文化行政管理部门的职能从"办文化"向"管文化"转变，实行政企分开、政事分开、管办分开、简政放权，让文化事业单位真正成为文化建设的主体；要深化文化经营体制改革，创新企业经营管理体制，按照现代企业制度的要求，加快部分国有文化事业单位的公司制改造，增强活力和竞争力；要深化文化事业单位内部机制改革，建立和完善绩效评估制度，逐步建立科学合理的用人机制和工作激励机制。通过不断深化文化体制改革，全面推进机制创新，理顺关系，建立与社会主义市场经济体制相适应，与社会主义政治体制相协调，与社会主义精神文明建设要求相符合，适应建设文化强省要求的文化事业管理体制，推动文化创新，加快文化事业改革，促进文化事业又好又快发展。

2.改革新闻、出版、广播、影视、文化艺术等文化体制，明确事业与产业之分，促进公共文化事业的繁荣与发展。新闻、出版、广播、影视、文化艺术等部门的情况差异很大，在改革中要注意从不同的情况出发，采取不同的具体改革措施，切不可套用一个模式。党报、党刊、电台、电视台、重点新闻网站和时政类报刊、少数承担政治性公益性出版任务的出版单位、重点社会科学研究机构，体现民族特色、地方特色和国家水准的艺术院团实行事业体制，由省财政重点扶持。新闻媒体中的广告、印刷、复制、发行、传输网络及影视剧等节目制作与销售部门，要逐步完成转制为企业的任务。其他艺术院团、一般出版单位和文化、艺

术、生活、科普等类别的报刊社以及影剧院、电视剧制作单位和文化经营中介机构,逐步转制为企业。公益性文化单位要创新体制机制,推进内部人事、收入分配和社会保障制度改革,健全岗位目标责任制,合理调节收入分配。经营性文化事业单位要坚持以市场为导向,注重社会效益与经济效益相统一;要在妥善处理好国有资产和安置好人员的基础上,逐步将经营性文化事业单位转制或改专职为文化企业,建立和完善资产经营责任制,确保国有文化资产安全。

3.大力发展公益性文化事业,积极扶持有地方特色、有发展前途和保护价值的文化事业。大力发展公益性文化事业,是实现文化强省目标的重要支撑。公益性文化事业是群众性、标志性、基础性、普及性的工作,是文化强省的重要方面。文化强省的建设不可能在公益性文化事业处于落后的状态下顺利进行,它与经营性文化产业是建设文化强省的"鸟之两翼",只有同时处于高翔状态,才有可能实现建设文化强省的目标。建设文化强省,必须坚持公益性文化事业和经营性文化产业两手抓。只有通过切实可行的措施促进公益性文化事业的全面繁荣,推动由市场为主导的经营性文化产业又好又快发展,双轮驱动,比翼齐飞,才能使文化强省建设走上良性循环、协调发展的轨道。在大力发展公益性文化事业的同时,要积极扶持有地方特色、有发展前途和有保护价值的文化事业。美术、音乐、舞蹈、戏曲、杂技、文学、民俗以及各类民间文化艺术,既具有丰富的历史文化内涵,又具有鲜明的时代特征。特别是少林功夫、太极拳、马街书会、朱仙镇木版年画和一批具有重要影响的非物质文化遗产,在全国乃至世界都有着很高的知名度。在河南的广大地域至今还传承和遗留着许多古老的民间习俗和富有地方特色的乡土工艺,是河南非物质文化遗产的重要组成部分,都有着深厚的传承发展基础,具有较好的发展前景和较高的保存价值。对这些有地方特色和发展前途的文化事业,要加大扶持力度,有条件的地方可进行保护性开发。

4.建立和完善覆盖全省城乡的公共文化服务体系。建设文化强省的一个重要指标就是要满足人民群众的基本文化需求。为此,政府必须建立和完善城乡公共文化服务体系,加大对公益性文化设施建设的投入,加快建立覆盖城乡的公共文化体系。各级政府要把公共文化设施建设纳入国民经济和社会发展规划,纳入土地利用总体规划和城乡规划,纳入基本建设投资计划和财政预算;要出台经济反哺文化的相关政策,提高公共文化事业费,使公共文化事业费的增幅高于同级财政收入的增长幅度；制定相应税收政策，鼓励社会力量捐助和兴办公益性文化事业；要完善公共文化服务网络，加强图书馆、博物馆、文化馆、美术馆、电台、电视台等公共文化基础设施建设，实现县有图书馆、文化馆，乡镇有综合文化站，村有文化活动室，切实提高公共文化设施的使用效率，加大公共文化设施的覆盖面；重视城乡文化建设，加大社区文化与新农村文化建设力度，加强和改善公共文化基础设施条件。各级政府在城市规划建设中要重视提高文化品位，保证公共文化设施的数量、种类、规模和布局符合国家规定要求，使城市的文化设施、服务网络和文化产品基本满足居民便捷享受文化服务的需求；在新农村建设中，要把文化建设提高到与经济、社会建设同等重要的地位，解决农民群众看书难、看戏难、看电影难、收听收看广播电视难的问题，满足农民群众的基本文化需求。对公益性文化设施建设项目，各级政府要发挥主导作用，加强对公共文化机构的指导、监督，对有关规费给予减免，并在选址、立项、投入等方面给予支持，保障公共文化设施正常运转和功能的充分发挥。

（二）强化机制创新，发展文化产业

1.发展文化产业必须走机制创新之路。根据不同文化产业的特点，实行不同的发展机制和市场机制。对经营性较强的文化项目，采取租赁制、承包制、股份制或拍卖出售等方式，积极稳妥地推进企业化改造。要以创新体制、转换机制、面向市场、增加活力为重点，加快经营性文化企业的改革和发展，培养一批有发展潜力且自主经营、自负盈亏、自我发展、自我约束的文化企业。进一步完善对改制文化企业的扶持办法，探索改制文化企业的科学发展道路。对于国有文化企业进行股份制改造，按照现代企业制度和现代产权制度的要求，努力打造一批符合市场经济要求、在文化强省建设中有战略影响的文化企业集团。

2.发展有规模优势、区位优势和市场优势的文化产业，培育文化产业市场和文化消费市场。各级政府应根据不同地区、不同文化的特点，发展有规模优势、区位优势和市场优势的文化产业；积极建构具有较强文化整合能力的大型文化企业集团，借助区域合作和区域互动的手段，增强区域文化企业集团内部的整体实力，做大做强文化企业集团，提高河南省文化产业的整体水平和竞争力；积极培育和发展文化产业市场，引入市场机制，建立健全生产创作、流通营销和服务收益相统一的文化机制，努力创作和生产思想性、艺术性和观赏性相统一，人民群众喜闻乐见的文化产品；重视文化市场基础建设，建立现代化、社会化、网络化的文化商品流通体系;要鼓励和引导文化消费,逐步建立成熟的文化消费市场;适应城乡居民文化需求与文化产品消费结构变化的趋势,创新文化产品和服务,拓展消费领域,培育消费热点,进一步提高河南省城乡居民的文化消费水平。积极引导文化娱乐、教育培训、体育健身、卫生保健等产业的发展。此外,各级政府还要改善文化消费环境,建立和完善文化产品消费投诉、受理机制,维护消费者的合法权益。

3.整合新闻、出版、影视、演艺等资本和人才资源,组建大型文化产业集团,提升整体实力。目前,河南省在新闻、出版、影视、演艺等方面具有一定的资源优势。但这些资源并没有得到充分利用,产品单一、品牌不多、创新能力不强、创收渠道较少、资源优势没有转化为产业优势的问题比较突出,且行业内部分割、不同行业缺乏交流,不能以市场为内驱力进行科学有效的资源整合。针对这些问题,各级政府应以文化体制改革和机制创新为突破口,优化资源配置,加大加快资源整合力度,组建大型文化产业集团,延伸文化产业链,形成产业集群和产业优势。按照市场规律,通过兼并、合并、重组等方式,加快在全国范围内组建多家跨地区、跨行业的综合性文化产业集团,参与国际国内竞争,增强文化市场的竞争力和影响力。

4.建立文化产品生产和交易中心,建设若干文化产业基地和文化产业园区,强化文化产品的市场定位。政府应加快建立文化产品生产和交易中心,充分利用现代科学技术,构建交易平台,加快文化基地和文化产业园区建设,形成文化产业中心、基地、园区相配套、相互促进、共同发展的大格局;要采取有力措施,促进各种文化资源的合理配置和产业分工,加快文化创意产业园区建设,使之成为文化创意产业的孵化器。形成若干出版、印刷复制、影视制作和文化产品批销等产业中心,办好以郑州为中心的文博会展业,充分发挥郑州作为文化中心的辐射带动作用。

(三)发挥资源优势,实施品牌战略

1.充分发挥资源优势,促进文化产业和文化旅游业的迅速发展。河南不仅拥有丰富的历史文化资源,而且具有明显的品牌优势,应充分发挥河南品牌优势,实施品牌带动战略,通过文化品牌带动带活一批相关文化资源,发展壮大一批文化产业。文化资源的开发及文化产业的壮大,必须依靠文化产品的开发、生产,文化品牌的塑造和文化产业项目的实施。河南拥有丰富的文化资源,其中有相当一部分已经成为或正在成为国内外知名文化品牌。这些品牌中虽然有一部分国际影响大、市场化程度高,已经形成产业规模,但是,大多数的品牌影响力还仍局限于国内和区域内,市场化程度不高,没有形成产业规模。要促进河南文化发展,建设文化强省,在进一步加强对优秀历史文化资源的研究保护和开发利用,继续向海内外宣传介绍这些品牌,强化其文化内涵,扩大影响力之外,还要充分发挥这些文化资源的品牌优势,实施品牌带动战略,做大做强优势企业,开发和推广创新型文化品牌,以品牌扩大影响,吸附资本,开拓市场,带动产业整体发展,带动文化旅游和相关文化产品的开发创新,提升文化产业和文化旅游业的整体水平。各级政府要立足资源优势,根据市场需求,发展重点项目。通过维护、创立、发展文化品牌,可以对文化产业的发展产生资本聚集、规模放大、品质提升、消费导向、产业示范、利润增值等多重效应。各地要在全面调查和评估当地文化资源的基础上,找准特色和优势,科学合理地制定发展规划,明确发展方向和重点,让文化资源和市场、资本、技术及人力资源等生产要素有机结合,有针对性地进行产品研发和市场开发,从而不断扩大产业规模,增强市场竞争力。

2.有计划地逐步向国内外推出河南的文化品牌。向国外推出河南文化品牌时,采取走出去、引进来的方式,通过举办大型河南文化展,承办国际国内各种比赛、会展等手段,对河南的文化品牌进行高品位策划、包装和推介,壮大河南的文化产业,促进旅游文化资源的整合,推出河南的文化品牌,进而通过文化品牌带动和促进文化产业的发展。进一步加强对洛阳龙门石窟、郑州少林寺、开封宋都古城、安阳殷墟遗址、商丘古城、温县太极拳、炎黄始祖文化广场等历史文化资源的研究保护和开发利用。加强文化与旅游的结合,以文化促进旅游,以旅游繁荣文化,塑造具有国际吸引力的文化旅游品牌,将古都文化、宗教文化、武术文化、寻根文化等河南优势文化推向世界。此外还要充分挖掘本地传统民间工艺,大力开发融艺术性、实用性为一体的新型旅游商品,不断开发新的旅游内容,使河南成为海内外有较高知名度的文化旅游目的地和入境游客文化旅游首选地之一。

(四)城乡两翼并举,统筹城乡文化建设

1.城乡并重,两翼并举。社区文化建设和农村文化建设,是建设文化强省的重中之重,必须两翼并重,两翼并举。河南作为一个农业大省,要想建设文化强省，完成从文化资源大省向文化强省的跨越，必须城乡并重，同时关注并促进城市文化与乡镇文化的完善与发展。要建立和完善覆盖城乡布局合理、设施完善、功能齐备、服务方便的公共文化服务体系，提供“均等化公共服务”，切实保障城乡居民群众看电视、听广播、读书看报、进行公共文化鉴赏、参加大众文化活动等基本文化权益，进而促进城乡协调发展。社区文化建设作为城市文化建设的重要形式，可以满足居民群众的精神文化需求，提高居民群众的综合素质和文化修养；农村文化建设是建设社会主义新农村的重要组成部分，可丰富农民生产生活，提高农民群众的生活质量和道德水准。这两者是将河南省建设成为文化强省的重中之重，无论哪个方面没有建设好，都会严重影响河南建设文化强省的发展步伐，因此，必须两翼并重，两翼并举，才能快速高效地实现河南省从文化资源大省向文化强省的转变。

2.发挥城市文化的辐射作用，以城市文化建设带动和促进乡镇文化建设。城市文化建设应以住宅小区以及企事业单位的文化活动场所为阵地，大力发展社区文化，利用各种载体引导群众广泛参与社区文化建设；切实做好组织、引导工作，努力提高居民群众参与社区文化建设的认同感，调动居民群众参与社区文化建设的积极性；以普及基础文化、活跃群众文化、发展高雅文化为原则，做到层次性与多样性相结合，满足居民群众的精神文化需求，提高居民群众的综合素质和文化品位，使居民群众在社区活动中得到文化享受，在文化交流中受到教育。政府应通过多种筹资渠道，建立社区文化服务发展基金，开辟活动场地，增建服务设施，开展形式多样的文化活动，满足不同文化层次、艺术修养及情趣爱好的居民群众的文化需求；发挥城市文化的辐射作用，将城市文化市场管理的手段延伸至农村，提高乡镇文化市场的文化层次和管理水平；扩大城乡文化交流与资源共享，深入开展形式多样、丰富多彩的文化活动，充分发挥城市文化对乡镇文化的示范与带动作用，促进农村文化建设，努力创造出富有时代精神和地域特征的地方文化，促进地方文化的发展与创新。

3.实施新农村文化建设工程，构建较为完善的县、乡、村三级文化服务体系。农村文化建设是社会主义新农村建设的重要组成部分。新农村的文化建设，就是要针对农村经济、社会、文化发展的现实问题，努力实施“文化惠民”工程，构建起农村公共文化服务体系，满足人民群众的基本文化需求；要以县、乡、村三级文化单位为依托，重点加强县一级文化设施建设，加快公共图书馆、文化馆、群艺馆、体育中心等公益文化场馆建设；乡镇文化站、村文化室要进行标准化建设，有针对性地丰富其文化内容，增强对农民群众的吸引力；要发挥公益文化职能，积极组织开展丰富多彩的群众文化活动，充分发挥公共文化服务体系的重要作用；要加强农村文化队伍的建设，稳定和发展专兼职相结合的农村文化队伍，逐步提高其整体素质；整合农村的业余文化力量，培训文艺骨干，指导扶持农村文艺团体，组建农村文化大院，支持农民兴办农民书社、电影放映队以及各类民间剧团，调动一切积极力量参与农村文化体系建设；要鼓励和引导各级专业艺术团体多创作“三贴近”的作品，多深入农村基层演出；大力发展农民自办文化，通过评比表彰、典型引导等方式，充分调动农民自办文化的积极性；鼓励开发具有民族传统和地域特色的剪纸、绘画、陶瓷、泥塑、雕刻、编织等民间工艺项目，不断提升农民自办文化的规模和水平，使各类民间文化组织成为农村基层文化建设的生力军。通过强化农村公共文化服务，来提升农民的综合文化素质。

（原载《中州学刊》2008 年第 1 期）

弘扬中原文化　传承创新华夏文明

党的十七届六中全会指出："优秀传统文化凝聚着中华民族自强不息的精神追求和历久弥新的精神财富，是发展社会主义先进文化的深厚基础，是建设中华民族共有精神家园的重要支撑。"中原文化是我国优秀传统文化的重要组成部分。弘扬中原文化，传承创新华夏文明，对于建设我国优秀传统文化传承创新体系、推动社会主义文化大发展大繁荣具有重要意义。

中原文化是华夏文明传承创新的重要基础

中原作为我国重要的地域概念，历史悠久、文化灿烂。这一地域以河南为主体，延及周边部分地区。从夏代开始的3000多年时间里，河南长期居于我国政治、经济、文化的中心地域，先后有20多个朝代的200多位帝王建都或迁都于此。传承中华文明的载体——汉字、传承中华民族亲缘关系的符号——姓氏，以及启迪中华民族的元典文化均起源并繁盛于此。可以说，中原地区的历史是中国历史的一个缩影。中原文化在华夏文明产生和发展中所体现出的根源性、传承性、厚重性和辐射性，是华夏文明传承创新的重要基础。

厚重的中原文化培育了河南人民自强不息、刚健有为、开拓创新等优秀品质。进入新世纪特别是"十一五"时期以来，河南坚持实施文化强省战略，大力推进文化体制改革，文化事业和文化产业实现了长足发展，走出了一条既符合科学发展要求又具有地方特色的文化强省之路，文化实力和影响力稳步增强；文化产业发展强劲，增速明显高于其他产业增速，文化建设已成为中原经济区建设的新亮点。

弘扬中原文化具有重要意义

弘扬中原文化有利于增强对中华文化的认同感，提高民族凝聚力和向心力。历史悠久的中原文化是中华文明的重要源头活水。弘扬中原文化，构建华夏历史文明传承创新区，通过一定的载体展示中国优秀传统文化，在物质、制度、精神等多个层面给人以启迪，对于增强海内外华人对中华文化的认同感、提高中华民族的凝聚力和向心力、提升中华文化软实力具有不可替代的重要作用。

弘扬中原文化有利于为中原经济区建设提供精神动力和文化支撑。中原历史文化资源和当代中原文化新的丰富内涵，是推动中原经济区经济社会全面协调可持续发展的强大动力。充分发挥中原文化的独特优势，有利于激发文化创造活力，增强文化发展动力，推动形成中原文化发展高地，带动中原经济区产业结构及经济结构调整、优化、升级。

弘扬中原文化有利于塑造具有中原特质、体现时代特征的人文精神。在社会主义核心价值体系统领下，大力弘扬兼容并蓄、革故鼎新的中原文化，继承发扬愚公移山精神、焦裕禄精神和红旗渠精神，开展群众性精神文明创建活动，倡导传统美德，对于增强人们的开放意识、市场意识、机遇意识和创新意识，提高人民素质，塑造具有中原特质、体现时代特征的人文精神，具有重要意义。

在传承与创新中推动文化大发展大繁荣

弘扬中原文化，推动华夏文明传承与创新，是社会主义文化大发展大繁荣的题中应有之义。目前，政府应着眼于为中原经济区建设提供文化支撑，走出一条以文化建设促进经济社会协调发展的新路子。

加强对中原文化思想价值的挖掘和阐发。以中原文化为重要内容的中华文化，塑造了中华民族的基本文化形态和民族性格。应通过挖掘和阐发中原文化，维护华夏文明的基本元素，使我国优秀传统文化成为新时代鼓舞人民前进的精神力量,实现中华民族优秀价值传统与社会主义核心价值体系的有机统一。

抓好非物质文化遗产的保护和传承。充分利用中原地区的文化遗产优势,依托洛阳龙门石窟、安阳殷墟、登封“天地之中”历史建筑群等世界文化遗产,建设具有国际意义的世界文化遗产保护研究基地。科学开发利用全球华人根亲文化资源,有效发挥中原地区丰富的始祖文化、姓氏文化等文化资源优势。

加快具有中原特色的文化产业群建设。充分展示华夏文明的独特魅力,建设一批具有国际影响的主题文化基地和特色文化体验区,积极发展文化旅游,促进非物质文化遗产保护传承与旅游相结合,发挥旅游对文化消费的促进作用。以文化产业发展促进中原经济区经济结构调整,提升中原经济区的综合竞争力。

坚持传承创新华夏文明与推进城乡文化发展一体化紧密结合。把社会主义核心价值体系融入华夏文明传承与创新的全过程,体现到精神文化产品创作、生产、传播的各方面。在文化惠民工程中传承与创新中原文化和民俗,使城乡公共文化服务水平共同得到提升,尤其是增加农村文化服务总量,缩小城乡文化发展差距,加快城乡文化发展一体化步伐。

(原载 2012 年 9 月 5 日《人民日报》)

传承创新华夏文明　推进中原经济区建设

“中原”作为一个地域概念,有广义、狭义之别。广义的“中原”指中国中部的黄河中下游地区,包括今河南全省及山西、河北、山东等省的一部分地区;狭义的“中原”指河南全域。中原经济区的战略构想取广义的“中原”涉及的范围,是以河南为主体,延及周边的晋东南、冀南、鲁西南、皖西北、鄂北、苏北等部分区域,区域内具有山水自然相连、血脉亲缘相近、民风民俗相通、同属中原文化脉络、经济往来紧密等特点,在中原经济区建设中构建华夏历史文明传承创新区具有深厚的文化根基。中原是华夏文明演进的核心区域,也是世界上较早进入人类社会文明的地区之一。中原文化在华夏文明产生和发展中所体现出的根源性、传承性、厚重性和辐射性,是华夏历史文明传承创新的基石。《国务院关于支持河南加快建设中原经济区的指导意见》把构建华夏历史文明传承创新区,作为中原经济区建设的五大战略定位之一。这不但表明华夏历史文明的传承与创新成为中原经济区建设强大的精神动力,而且意味着中原大文化建设迎来了一个大发展大繁荣的重大历史机遇。

一、重大战略意义

落实中原经济区建设方略,建设华夏历史文明传承创新区,对于建设优秀传统文化传承创新体系具有重要的战略意义。首先,建设华夏历史文明传承创新区,有利于增强中华民族的凝聚力和向心力,对于促进祖国统一和中华民族伟大复兴具有重要意义;有利于挖掘吸收中原文化精髓,保护中华优秀文化遗产,传承中国优秀文化传统,形成传承弘扬中华优秀传统文化核心区域,建设中华民族共有精神家园,对于促进祖国统一和中华民族伟大复兴具有重要意义。其次,建设华夏历史文明传承创新区有利于探索历史文化资源大省文化经济社会协调发展的新路径,对中原经济区建设起到引领、推动和支撑作用。弘扬中原大文化,有利于充分发挥中原文化的独特优势,增强中原儿女实现中原崛起目标的自信心,激发文化创造活力,增强文化发展动力,打造地域特色鲜明、展现中原风貌、具有国际影响的中原文化品牌,形成中原文化发展高地,推动文化全面繁荣发展、走向世界,为建设中原经济区提供强大的精神动力和文化支撑。最后,弘扬兼容并蓄、刚柔相济、革故鼎新、生生不息的中原文化,建设华夏历史文明传承创新区有利于塑造中原人文精神,有利于在社会主义核心价值体系统领下,塑造具有中原特质、体现时代特征的人文精神,树立中原人的新形象。

二、发展远景规划

(一)要充分挖掘和传承中华思想文化的优秀价值传统,传播和践行社会主义核心价值观,使中华民族优秀价值传统与当代人的核心价值体系有机统一,打造优秀传统道德观和价值观与社会主义核心价值观高度融合发展示范基地。中原思想文化塑造了中华民族的基本文化形态和民族性格,与社会主义核心价值体系的基本内涵具有深度的一致性,具有一脉相承的逻辑关系,传承中原思想文化精华和践行社会主义核心价值观,不仅可以丰富中华民族的精神宝库,而且可以对世界文化产生较大而长远的影响。

(二)要充分保护和利用全球华人根亲文化资源。发挥河南始祖文化、姓氏文化等资源优势,以黄帝故里拜祖大典、中华姓氏文化节等为主要平台,通过姓氏脉络、宗亲传继、精神弘扬等展现方式,把中原地区作为华夏儿女祖根、祖地的历史特点彰显出来,展示中原文化、老家河南海纳百川的博大胸怀,构建以中原文化为主体、吸收外来有益文化的对外开放大格局,积极开拓国内外文化大市场,扩大中华文化的影响力,使中原经济区成为全球华人根亲寻祖和文化寻祖的圣地、中华民族共有精神家园承载地。

(三)要充分利用中原丰厚的文化遗产优势,努力把河南打造成国内一流的世界文化遗产保护示范基地。保护文化遗产是传承文明的基础,也是永续历史文脉、促进文明进步的基础,依托洛阳龙门石窟、安阳殷墟历史建筑群等世界文化遗产优势,建设具有国际意义的世界文化遗产保护研究基地。在新型城镇化建设过程中,依托洛阳等大古都的优势,建设一批国家考古遗址公园(博物馆)和大遗址保护特区。加大非物质文化遗产保护力度,建设若干个国家级非物质文化遗产生态文化保护实验区和保护研究基地。

(四)要加强文化产业基地和区域性特色文化产业群建设。培育具有中国特色、中原风貌和国际影响力的文化品牌,提升中原经济区的文化软实力。充分发挥华夏历史文明的独特魅力，建设一批具有国际影响力的主题文化基地和特色文化体验区，使中原文化不断走向世界，占领国际文化市场，积极发展文化旅游，促进非物质文化遗产保护传承与旅游相结合，发挥旅游对文化消费的促进作用，把河南打造成具有竞争力的国际知名文化旅游目的地和历史文化交流基地。以文化产业发展推进中原经济区经济结构的调整，促进科学发展，提升中原经济区的综合竞争力。

（五）要积极推进文化创新，以内容创新为核心，辅以形式创新、传播方式创新，积极开发新业态，打造新兴文化企业孵化基地；强力推进文化管理体制机制改革。把河南建成全国文化改革发展综合试验区；积极探索文化资源大省向文化强省转化的新途径，以新的理念和意识，与国际文化产业接轨，把传统文化资源转化成为文化生产力。使文化产业逐步成为中原经济区的支柱产业，打造文化创新发展区。

（六）要把华夏历史文明传承创新与加快城乡文化一体化发展紧密结合起来。把社会主义核心价值体系融入华夏历史文明传承与创新的全部过程中，落实到文化事业以及文化产业开发的各个具体项目中，体现到精神文化产品创作、生产、传播的各个方面上，中原儿女既要成为中华优秀传统文化的忠实传承者和弘扬者，又要发扬中原文化在历史长河中长期引领中国发展的光荣传统，努力成为中国先进文化的积极践行者和创新者。

（原载 2012 年 7 月 23 日《中国社会科学报》）

建设华夏历史文明重要传承区刍议*

2010年11月19日闭幕的中国共产党河南省第八届委员会第十一次全体会议,审议并原则同意了《中原经济区建设纲要(试行)》,会议提出了建设中原经济区的战略构想。中原经济区,就是以河南为主体,延及周边若干区域,具有鲜明特点、独特优势,经济相连、使命相近,相对独立的区域经济综合体,河南处于主体地位、发挥主体作用。建设中原经济区是对中原崛起战略的持续、延伸、拓展、深化,与加快中原崛起、河南振兴一道构成了河南发展的总体战略。

中原经济区不仅具有区位价值、经济价值、社会价值、生态价值,而且具有突出的文化意蕴。建成华夏历史文明重要传承区是中原经济区的四大战略定位之一,是基于河南丰厚的历史文化底蕴的顺势之举,更体现出高度的文化自觉、文化担当和宽广的历史视野,是贯彻落实胡锦涛总书记"河南是中华民族和华夏文明的重要发祥地,是全国重要的历史文化资源大省,历史底蕴深厚,文化资源丰富,要充分发挥这一优势,推动文化发展繁荣"①重要指示的必然选择,必将对提升中原经济区建设水平、弘扬中华民族优秀传统文化,促进祖国统一和中华民族伟大复兴产生积极的促进作用。

《中原经济区建设纲要(试行)》中规划的华夏历史文明重要传承区,既包含历史上存在的、当代仍然保有的、数千年一脉相承的中原精神、文化形态、物质与非物质文化遗产,同时也是一幅建设蓝图,昭示着今后五年乃至更长一个时期,在中原大地将要形成的文化样态,具有极强的理论性、实践性和前瞻性,值得认真研究。

---

* 此文与毛兵、卫绍生合作。

① 2010年3月10日,胡锦涛总书记参加十一届全国人大三次会议河南代表团审议时发言。

一、建设华夏历史文明重要传承区的基础和意义，中原地区建设华夏历史文明重要传承区有着深厚的历史基础和坚实的现实支撑。

“中原”一词，作为一个地域概念，历史上一般指中国中部的黄河中下游地区，包括今河南省全省及山西、河北、山东等省的一部分地区。中原文化就是以中原为地域依托，渊源于历史上人与自然以及人们之间对象性关系而形成的特定的生活结构体系，亦是中原大地上形成的物质文化、制度文化、思想观念、生活方式的总称。

中原地区是华夏历史文明的核心区域，是世界上较早进入人类社会文明的地区之一。从公元前21世纪中国历史上第一个国家——夏王朝的建立，到公元13世纪金代灭亡的3500年间，先后有20多个朝代的200多位帝王建都或迁都于此，文化传承绵延不绝以至于今；轩辕黄帝的故里在此，姓氏、汉字、中华元典思想起源皆传承于此，“根在河洛”“根在中原”得到了海内外炎黄子孙的普遍认同；中原地区名人辈出，群星璀璨，在“二十四史”中立有列传者5700余人，仅汉、唐、宋、明几个朝代河南籍名人即达912人，占列名正史总人数的15.8%，名列第一；河南是当代中国的文物大省、非物质文化遗产大省，地下文物保有量全国第一；中国八大古都，中原占其四，龙门石窟、安阳殷墟、登封“天地之中”历史建筑群被列入世界文化遗产①。可以说，中原地区的历史就是中国历史的缩影。

20世纪90年代兴起的“寻根热”和“文化热”，促使学术界对中国历史文化的多源性与多线性给予更多关注。但近年来，学术界则更为倾向于这样的认识：既不否认中原文化的一元主导，又不否认其他文化的多元并存。最近，河南学者进一步从“中国的国家机构首先创建于河南”“汉字产生于河南”“青铜文明在河南发展到顶峰”“丝绸与丝绸之路”“河南是中国儒、墨、道、法四大显学的诞生地”②等文化发展视角阐明了上述认识，中原文化在华夏文明产生和发展中所体现出的根源性、传承性、厚重性和辐射性，是建设华夏历史文明重要传承区的基石。

同时，现代中原文化也具有相当的实力，除了拥有以新县鄂豫皖苏区首府、

① 张新斌：《中原文化解读》，文心出版社2007年版。

② 朱绍侯：《河南区域文化的特点和亮点》，载《区域文化与区域发展》，河南人民出版社2009年版。

确山竹沟中共中央中原局所在地为代表的红色文化,以红旗渠为代表的当代创业文化,特色鲜明的文学豫军、中原书法、中原戏曲,进入21世纪特别是“十一五”以来,河南坚持实施文化强省战略,大力推进文化体制改革、文化事业和文化产业发展,走出了一条既具地方特色又符合科学发展观要求的文化强省之路,文化实力和影响力稳步增强,文化产业增加值由2005年的339.64亿元,增加到2009年的623.31亿元,连续保持17%以上的增长速度。① 文化建设已成为全省经济社会发展的新亮点,胡锦涛等中央领导多次对河南的文化建设予以肯定、提出要求和希望,河南作为国内有影响的文化大省的地位得以确立。

在中原地区建设华夏历史文明重要传承区,不仅有着深厚的历史基础和坚实的现实支撑,而且具有重大的现实意义和深远的历史意义。

2010年7月22日,卢展工同志在河南省文化厅、河南省文联调研时指出:“中原文化自古形成,不仅有丰富的历史文化资源,也有实实在在的现实成果,文化强省不仅是指把文化本身做大做强,更重要的是文化在强省建设中要发挥重要作用、做出更大贡献。他进而强调,文化是根,是民族之根、文明之根、发展之根;文化是魂,是民族之魂、人类之魂、发展之魂;文化是力,是时代发展、人类进步的推动力、凝聚力、提升力;文化是效,不但产生经济效益,更重要的是产生社会效益、社会效应、社会效果。”②这些论断精辟地阐述了文化发展与整个经济社会发展有机结合的理念,体现了科学发展观指导下的高度文化自觉,对充分认识华夏历史文明重要传承区在中原经济区建设中的战略任务,更好地发挥中原文化对中原经济区的引领支撑作用具有重要的现实指导意义。

在中原经济区建设进程中,华夏历史文明重要传承区将充分发挥经济社会转型升级的战略支点作用:

一是引领推动作用。中原崛起,文化先行。在文化物质的、制度的、精神的三个层次中,价值取向、道德规范、思维方式、宗教信仰、审美趣味等精神层面的内容,居核心地位,发挥着引领实践的功效。中原文化在中原经济区建设中的任务,首先也应体现在这个方面,即凝心聚力、引领发展。具体讲,就是坚持以

① 张锐:《河南文化发展报告(2010)》,载《河南蓝皮书:2010河南城市发展报告》,社会科学文献出版社2010年版。

② 2010年7月22日,卢展工同志在省文化文艺单位调研发言。

科学发展观和社会主义核心价值体系为统领，积极树立和倡导当代中原人新的共同理想，把人民群众对美好生活的新追求、新期待，凝聚到中原经济区建设上来，筑牢中原经济区建设的共同思想基础；大力培育和张扬新时期河南精神，激励全省人民始终保持昂扬向上的精神状态，营造开拓进取干事创业的文化氛围；广泛吸收人类一切有价值的文化成果，挖掘、承继、弘扬中原文化中的积极成分，摈弃小农经济封闭保守的消极因素，推动中原文化实现创造性转换，为建设中华民族共有精神家园、实现中华民族伟大复兴做出积极的贡献。

二是聚合辐射作用。河南既有辉煌灿烂的历史文化，又有一定实力的现代文化；既有丰厚的革命文化，又有特色鲜明的民俗文化，百花争艳，亮点纷呈。这些文化亮点对于提升形象、营造发展新机遇至关重要，是区域竞争的强大内生力量。政府部门要围绕中原文化的突出亮点做文章，整合区域内文化资源，建设华夏历史文明重要传承区，形成文化高地，重塑中原文化的辉煌，重振中原这片中华民族腹地的雄风。

三是支撑提升作用。中原地区历史文化资源丰富，区位优势突出，市场潜力巨大，发展文化产业的条件得天独厚。要充分发挥历史文化资源厚重这一优势，进一步树立"生产性保护"的理念，积极探索历史文化资源开发利用的新思路、新途径、新方法，推动资源优势向产业优势转换，打造全球华人寻根拜祖圣地、世界级文化旅游目的地、中西部文化高地、中华文化走出去重要基地，支撑带动中原经济区产业结构、经济结构优化升级。

二、建设华夏历史文明重要传承区的目标与内涵

建设华夏历史文明重要传承区是一个总体的目标，需要有一系列具体的目标予以支撑。而所有目标既要体现"核心"，更要突出"传承"。按照这个要求，初步提出以下六个基本目标。

（一）将华夏历史文明重要传承区建设成为中华民族共有精神家园重要承载地。中原地区思想文化源远流长，博大精深，其中传统文化固有的"有容乃大"的（天下）包容精神，"天人合一"的和谐精神，"自强不息"的奋斗精神，"和而不同"的共生精神，"精忠报国"的爱国精神，"中庸兼爱"的宽厚精神，"恋家念祖"的内聚精神等；社会主义革命和建设时期形成的"敢想敢干、开拓进取、坚韧不拔、团结奋斗"的愚公移山精神，"自力更生、艰苦创业、团结协作、无私奉献"的红旗渠精神和"鞠躬尽瘁、执政为民"的焦裕禄精神等；改革开放新的历史

条件下中原文化体现出的“平凡之中的伟大追求,平静之中的满腔热血,平常之中的极强烈责任感”的“三平精神”等,都与中原这块热土息息相关,都是建设中华民族共有精神家园的重要内容,应该发扬光大。

(二)将华夏历史文明重要传承区建设成为华夏历史文明的重要展示地、体验地。中原大地五千年文明一脉相承,留下了丰富的物质文化遗产与非物质文化遗产,是认识和体验华夏历史文明的重要载体。因此,建设国际一流的文化遗产保护展示体验基地,是重要传承区建设成败的关键性指标。从展示地角度看,基地主要包括各类遗址遗存文物,如:史前聚落遗址、古代城址、手工业遗址、历史事件发生地等;官衙建筑、宗教建筑、教育文化建筑、商贸文化建筑、科技文化建筑、陵园墓群建筑等;馆藏文物,特别是其中经鉴定的国家一级文物1800多件和二、三级文物25万多件。从体验地角度看,基地主要包括“三皇”“五帝”文化、姓氏文化、农耕文化、汉字文化、名人文化、宗教文化等诸多非物质类文化资源。如将愚公移山等故事、传说口头传统和表述;民间音乐、民间舞蹈、体育竞技及杂技、戏剧及曲艺等表演艺术;淮阳太昊伏羲祭典、宝丰马街书会、浚县正月古庙会、安阳殷商文化旅游节、中国郑州国际少林武术节、洛阳河洛文化节、洛阳牡丹花会、开封菊花会等社会风俗、礼仪、节庆;洛阳正骨、辉县百泉药会、针灸铜人、焦作四大怀药种植与炮制等有关宇宙和自然界知识的实践;开封朱仙镇木版年画、禹州钧瓷烧制技艺、镇平玉雕工艺、西平棠溪宝剑铸造工艺、宝丰县和汝州市汝瓷烧制技艺、洛阳唐三彩、开封汴绣等传统的手工艺技能等。

(三)将华夏历史文明重要传承区建设成为海内外华人寻根问祖圣地。中原地区是中华人文始祖的主要活动区域。淮阳太昊陵是“人祖”伏羲氏的陵墓,黄帝及五帝之中的颛顼、帝喾等的主要事迹发生在这里,人文始祖后代枝繁叶茂,派生出许多姓氏。据统计,中国当今排名前300位的大姓中,源于河南的有171个。其中前5大姓氏中李姓、张姓、陈姓均源于河南,王姓和刘姓最早的一支也是在河南形成的。历史上中原先民曾多次南迁,再由闽粤走向世界,而固始就是当之无愧的闽台祖地。“根在河洛”“根在中原”得到了海内外炎黄子孙的普遍认同。

(四)将华夏历史文明重要传承区建设成为华夏历史文化资源开发利用示范地。建设重要传承区,传承是要务。因此,必须进一步解放思想、创新观念,积极借鉴国际通行的“生产性保护”理念,在充分保护遗址遗存和文物的前提下,通过再现历史场景、提炼文化符号、发展创意产品等途径,对区内历史文化资源进行整合开发,实施重大项目带动战略,利用国际化手段进行市场化运作,将丰厚的文化资源转化为文化产业,使之成为中原经济区新的经济增长点、转变经济发展方式的着力点。

(五)将华夏历史文明重要传承区建设成为中华当代文化发展新高地。中原地区现代文学艺术资源丰富,是当代文学重镇,文学豫军影响全国;书法艺术实力雄厚,书法艺术家数量在国内名列前茅;出版传媒业拥有众多知名品牌,如《大河报》《销售与市场》《梨园春》《华豫之门》等;豫剧是中国除京剧以外的第一大剧种,河南演艺杂技在国内外也广有市场;全省公共文化设施网络初具规模,这些都为繁荣发展具有民族精神和时代特色的社会主义先进文化打下了良好的基础。

(六)将华夏历史文明重要传承区建设成为中华文化“走出去”的重要基地。诞生于中原大地的少林文化和太极文化,是中国传统文化的瑰宝,凝聚了中国禅宗文化、道家文化、道教文化、武术文化与华夏艺术等文化精髓,在当今社会具有广泛的群众基础,在国外也具有非常广泛的影响,具备了走向世界的素质和实力,需要进一步推广。此外,杂技、工艺品等也有广泛的海外市场。

三、建设华夏历史文明重要传承区的对策建议

由于建设华夏历史文明重要传承区在国内尚属首次提出,没有现成的经验可资借鉴,同时,建设重要传承区既牵涉到精神文化等文化的核心层面,又牵涉到物质文化遗产等不可再生的宝贵资源,所以我们必须科学、严肃、慎重对待这一议题。

(一)需要进一步明确指导思想。建设华夏历史文明重要传承区,必须以邓小平理论和“三个代表”重要思想为指导,深入贯彻落实科学发展观,认真学习贯彻党的十七届五中全会精神,自觉践行社会主义核心价值体系,坚持重在持续、重在提升、重在统筹、重在为民,以支撑推动中原经济区建设为目标,以提高人民群众精神文化素质和满足人民群众精神文化需求为出发点和落脚点,以建设华夏历史文明重要传承区为载体,以改革创新为动力源泉,深入挖掘、科学保护、合理利用中原文化资源,坚持实施重大项目带动战略,积极运用现代高科技,大力推动文化与创意、文化与科技、文化与资本、文化与旅游、文化与贸易相

结合，变资源优势为产业优势，变文化优势为发展优势，全面提升中原文化的整体实力和竞争力、影响力，为加快构建中原经济区提供强大的文化支撑。

（二）在发展路径上，应坚持项目带动、品牌带动、创新带动和服务带动；在具体举措上，应抓好以下几个方面的工作。

1.重振中原文化精神。中原文化博大精深，但是，中原传统文化从本质上说是建立在农耕社会和自然经济基础之上，受专制制度、宗法制度、等级制度及其思想影响较深，再加上缺乏资本主义阶段的洗礼，由此而产生的封闭、保守、落后的小农意识等会对现代化建设产生负面影响。因此，重振中原文化精神必须坚持以社会主义核心价值体系为统领，深入挖掘中原文化的精神财富，凝练、提升、创新，使其加快实现创造性转换，形成新时期的中原文化精神，并予以大力张扬，为中原经济区建设提供强大的精神支撑和良好的文化条件。

2.构筑重要传承区的框架与载体。以“华夏文明之源，炎黄子孙之根”为主题，以世界文化遗产项目为龙头，以大遗址公园和文化生态保护区为依托，以国家文物保护单位、古都名城、国家和省级非物质文化遗产，以及以河南博物院为首的博物院馆网络为支撑，按照文化主题，打破行政区划，统一规划，统一保护，统一发展，尽快构筑重要传承区的框架与载体。

（1）建立世界文化遗产保护基地。以洛阳龙门石窟、安阳殷墟、嵩山“天地之中”历史建筑群为依托，引进国内外先进的文物保护理念和经验，吸引国内外先进的文物保护技术和人才，努力打造体现国际一流保护理念的世界文化遗产保护基地，使世界文化遗产地成为名副其实的世界性旅游目的地。

（2）建立国家大遗址保护主题公园。大遗址是华夏历史文明成就的物质载体。国家“十一五”期间确定的 100 处重要大遗址，河南占 14 处，此外长城、大运河 2 个项目也涉及本地区。要以保护好、管理好、使用好中原文化圈的大遗址为目标，把文化遗产展示与城市建设相结合，实现历史文化遗产与城市现代化的和谐共生。

（3）建立非物质文化遗产保护园区。认真梳理中原地区非物质文化遗产，以建设文化生态保护区为载体，通过建设各种非物质文化遗产专题博物馆、展示中心、传承基地，丰富非物质文化遗产的表现形式和传播手段，增强非物质文化遗产的吸引力和国际竞争力，推进非物质文化遗产活态传承，为发展特色文化产业和中华文化“走出去”提供支撑。

（4）建设中华古都名城体验区域。中原地区是中国都城文化的源头，中国八大古都有其四，还有八座国家级历史文化名城。应以古都名城为依托，组团形成我国最大的古都名城群，加大文化创意力度，完整展示中华古都名城发展史，打造中华历史文化古都名城体验区。

（5）建设中华姓氏文化园。充分发挥"根"文化优势，在郑州规划建设中华姓氏文化园，打造全球华人寻根拜祖圣地，使之成为中原经济区的重要文化支撑项目。中华姓氏文化园应有三个标志性载体和相应的产业园区，标志性载体是一座中华姓氏博物馆、一座大型百家姓文化广场、一座中华姓氏塔。建议河南省委、省政府把中华姓氏文化园建设纳入中原经济区建设发展规划中，并争取使之成为与曲江新区、深圳华侨城相同的国家级文化产业示范区。

（6）培育华夏历史文明研究基地。支持区内高校、科研机构深入开展以河洛文化、中华元典文化、中华姓氏文化、中华武术文化等为重点的文化研究，举办弘扬中华优秀传统文化的高品位活动，推出弘扬中华优秀传统文化的精品力作，推动研究、保护、展示中华历史文化专业化发展，形成中华文化研究学术高地、世界文明对话专业平台，为华夏历史文明重要传承区建设奠定坚实的理论基础。

3.高端策划，扩大影响。在中原经济区建设华夏历史文明重要传承区，机遇大，挑战也大。挑战主要在于两方面，一方面是自身思想、人才和物质条件准备还不足，还需要付出特别艰苦的努力；另一方面是重要传承区品牌必须打响，赢得国家和兄弟地区的认可和支持。因此，建议切实把华夏历史文明重要传承区的研究与宣传工作摆上重要位置，由省委宣传部牵头，发改委、文化厅、文物局、社科院、文联等单位共同参与，省内各媒体通力协作，坚持以我为主，坚持正面宣传，通过组织国内知名专家访谈、召开高端研讨会、宣传报道重要传承区主要内容等形式，并注意不纠缠历史细节，在国内外叫响重要传承区。

4.加强领导，完善政策。建设华夏历史文明重要传承区必须发挥党委政府的主导作用和保障作用。为此，应建立健全统一高效的领导体制和运行保障机制，制定科学周密细致的建设规划，明确建设范围、目标任务、保障条件等，特别是要进一步明确细化重要传承区建设的土地、资金、人才政策，并以地方立法形式，如由省人大出台《华夏历史文明重要传承区条例》等，使之固定下来、持续下去。

（原载《中州学刊》2011年第1期）

发挥资源优势，打造知名品牌 加快河南文化产业发展对策研究*

一、河南文化资源优势分析

（一）历史文化优势

1.始祖文化资源。河南流传和保存着许多始祖文化传说和名胜古迹。伏羲为中国传说时代的“三皇”之首，是中国历史上第一个具有综合性贡献的伟大人物，曾经在淮阳定都。女娲以撮土造人和炼石补天的传说而成为中国历史上的女祖神。炎帝为上古时期姜姓部落首领，首创耒耜等工具、发明农业、创建原始天文历法学，曾经在淮阳定都。黄帝是中华民族的人文始祖，他创文字、织丝帛、定历律、制舟车、造指南车、撰《内经》。颛顼与帝喾均列入中国上古时代的“五帝”之中。相传颛顼重视人事治理，实行人神分职，在上古时期占有重要的地位；帝喾高辛氏司掌三辰长以利民，取地之材而节用。帝舜是上古“五帝”之一，《史记》载：“舜耕历山，渔雷泽。”其中雷泽之地当在今河南濮阳一带。“三皇”“五帝”的遗址多，淮阳有太昊陵、画卦台、宛丘；上蔡有伏羲庙与蓍台，商水有伏羲祠、五谷台，巩义有伏羲画卦处，孟津有龙马负图寺；西华有女娲城、女娲墓，沁阳有女娲山、女娲祠；柘城有朱襄陵；新郑有黄帝故里、黄帝纪念馆、始祖山，灵宝有荆山黄帝铸鼎塬、黄帝陵与庙；扶沟有重修轩辕庙碑。内黄有颛顼帝喾所都顿丘城、二帝陵、濮阳颛顼高阳城、长乐亭、皇姑坟，偃师有帝喾之墟，商丘有帝喾陵；虞城有舜子商均墓。

2.古都文化资源。河南古都名城数量多。中国八大古都中，河南有郑州、安阳、洛阳、开封 4 个；我国现有国家历史文化名城 102 个，河南有洛阳、开封、南阳、商丘、安阳、郑州、浚县、濮阳市等 8 个；省级历史文化名城（镇）为濮阳市、许

---

* 此文与王建国、毛兵等人合作，系“2007 年河南文化产业发展大型调研活动”课题报告。

昌市、济源市、新郑市、登封市、巩义市、沁阳市、禹州市、卫辉市、邓州市、新县、淮阳县、淇县、汤阴县、汝南县、睢县、社旗县、朱仙镇、荆紫关镇、竹沟镇、陈桥镇等21个。另外河南还有大量的故城遗址。如上蔡蔡国故城、濮阳戚城遗址、固始番国故城、信阳城阳城址、偃师滑国故城、郑州荥阳故城、焦作山阳故城、温县古州城、济源轵国故城、新蔡葛陵故城、正阳江国故城等。河南古都名城历史文化底蕴深厚。郑州早在3600年前就是商王朝的重要都邑;安阳作为商朝后期的都城,历8世12王,共273年;洛阳号称"九朝古都";开封为"七朝古都";南阳地处要冲,有"南都"之称;商丘曾为宋国都城;淮阳古称宛丘,伏羲、神农曾在淮阳建都等。河南古都名城资源开发潜力大,如郑州的黄帝文化资源、安阳的甲骨文化资源、开封的宋城文化资源、洛阳的佛教文化资源等都具有开发为世界知名品牌的潜力。

3.宗教文化资源。河南佛教文化历史悠久。河南地处中原,是佛教在我国内地传播最早的地方之一,河南佛教在中国佛教历史上占有极其重要的地位。佛教于东汉初传入我国。汉明帝永平十一年(68年)在洛阳修建了中国最早的佛教寺院——白马寺,被尊称为"释源"和"祖庭"。河南佛教文化内容丰富,洛阳的龙门石窟作为佛教三大艺术宝库之一,已被列入世界文化遗产名录。中国佛教的译经事业开始于河南洛阳,开封和邺(今安阳境内)亦曾长期有佛经重要译场,许多历史上著名的中外译经师曾在这里译经传道,如印度高僧摄摩腾、竺法兰在白马寺内清凉台上共同译出了中国第一部汉文佛经《佛说四十二章经》,唐代偃师高僧玄奘是当时著名的翻译家。许多佛教宗派在河南形成或发展,如在国内外具有深厚影响的禅宗发祥地、禅宗祖庭——少林寺,净土宗祖庭开封相国寺。在中国创制戒坛传戒也始于河南洛阳。河南佛教文化名胜众多,重要的有:白马寺、少林寺、风穴寺、慈圣寺、相国寺、南海寺;龙门石窟、灵泉寺石窟、巩义石窟、千佛寺石窟、小南海石窟;嵩岳寺塔、永泰寺唐塔、少林寺塔林、修定寺塔、宝轮寺塔、天宁寺三圣塔、玄奘故里等。

河南也是道教文化的源头。道教直接吸收并发展了春秋战国时期的老子、庄子的道家思想。道教鼻祖老子故里在鹿邑县,老子在函谷关完成了道教的首部圣经《道德经》。庄子故里在民权,著有《庄子》。道教创始人张道陵曾在嵩山修道九年。河南道教文化丰富。西晋时,中原地区兴起了"帛家道",建有道观200余所;南北朝时,又有著名道士寇谦之在嵩山改革"五斗米道",创立"新天师”教；唐宋时期河南成为道教文化中心。河南道教文化名胜众多。著名的有鹿邑太清宫，道教鼻祖老子诞生之地；洛阳北邙山，道教最早传教点之一；函谷关，老子西行并作《道德经》之地；中岳嵩山，众多名道隐居之地；登封中岳庙，我国现存最早、规模最大的道教建筑群之一；济源王屋山，天下第一洞天；南阳桐柏山，著名道教福地；灵宝亚武山，真武大帝出家之所；沁阳二仙庙，上清派的宗源地；开封重阳观，全真教祖庭；此外还有延庆观、奉仙观、遇仙观、洞真观、崇福宫、中岳庙、初祖庵、吕祖庙、轩辕庙、阳台宫、天宝宫、碧霞宫、函古观、青龙宫、遇险观、嘉应观、火神庙等大大小小的宫、观、庵堂遍布河南名山大川。

4.姓氏文化资源。河南是中华姓氏的主要发源地之一。根据著名姓氏专家袁义达、谢钧祥、张新斌等人的研究，中国从古至今产生过上万个姓氏。而在这1万多个姓氏中，经初步统计，起源于河南的有1500姓，其中单字姓1014个，双字姓484个，3字姓2个，占古今姓氏总数的13%。在当今中国常见的100大姓中，源于河南或部分源头在河南的有78姓；排名前300位的大姓中，源于河南的有171个。其中前5大姓中的李姓、张姓、陈姓均源于河南，王姓和刘姓最早的一支也是在河南形成。宋代成书的启蒙读物《百家姓》中收录有438姓，明代《增广百家姓》中所收姓氏达到504个，其中郡望在河南者有115姓，居各省的首位。

5.名人文化资源。河南名人辈出，群星璀璨。根据丁文江先生对《二十四史》中立有列传的历史人物的籍贯进行的考证和统计，共有5700余人。据统计《二十四史》中在西汉时期，河南籍名人为39人，占全国总数的19%，名列各省第二；东汉时期，河南籍名人为170人，占全国总数的37%，名列第一；在唐代，河南籍名人为219人，占17%，名列第三；在北宋时期，河南籍名人为324人，占全国总数的22%，名列第一；在南宋时期，河南籍名人为37人，占6%，名列第四；明代，河南籍名人为123人，占全国总数的7%，名列第四；汉唐宋明河南籍名人为912人，占总数的15.8%，名列第一。另据王天兴等人主编的《河南历代名人辞典》，收录自传说时代至现代的河南名人共3730人，其中清代以前（含清代）3057人。历代的情况分别为：先秦时期120人，秦汉时期422人，魏晋南北朝时期365人，隋唐五代时期548人，宋辽金元时期756人，明清时期846人。姚泽清先生在《古代河南历史名人》中收录了在中国历史上有重要影响与杰出贡献的河南历史名人198位。

6.科技文化资源。河南科技文化历史悠久，在天文、数学、医学、冶铸、陶瓷、农耕等领域成就突出，出现了许多科技名人，如酒圣杜康、名医扁鹊、数学家张苍、天文学家张衡、医圣张仲景、名医华佗、建筑学家李诫、科学家僧一行、天文学家郭守敬、科学家朱载堉、植物学家吴其浚等。仰韶文化彩陶中的太阳纹、日晕纹、星座纹等天象图案，是目前我国发现最早的天文学资料。东汉张衡发明的地动仪是世界上第一台测定地震的仪器；唐代河南人僧一行，发明了世界上最早的自动计时器；元代著名天文学家郭守敬设计的登封观星台，是我国现存最早的天文台建筑，也是世界上重要的天文遗迹之一。朱载堉编制了《圣寿万年历》《律历融通》等书，有效解决了二十四节气和七十二候的计算、月朔和闰月的安排等问题，对回归年的长度及其古今变化问题也提出了新见，还精确地测量了北京的地理纬度和地磁偏角。在医学上，医圣张仲景的《伤寒杂病论》是我国最早的理论联系实际的临床诊疗专书，魏晋皇甫谧编著的针灸学巨著《针灸甲乙经》，是我国现存的第一部针灸学专著。河南古代的冶铸文化十分发达，早在龙山文化时期，河南就出现了铜器制品，1954 年郑州牛砦龙山文化遗址中，曾经发现熔化铅青铜的残破炉壁和铜器残片，经过鉴定为铅青铜。安阳武官村出土的司（后）母戊大方鼎，是我国目前已出土的最负盛名的四足方鼎。河南在春秋战国时期形成了很多冶铁中心，如宛城（今南阳市）是楚国的冶铁中心、新郑故城内的仓城村发现了韩国的冶铁遗址、韩国的阳城（今登封东南告城镇）近年发现有战国时代的熔铁炉底。另外鹤壁故县村、辉县共城等地也发现了战国的液态铸造铁器遗址。河南至今发现的含史前陶器文化的重要遗址 3000 余处。全省还发现 300 余处规模较大的瓷窑窑址，其中比较重要的有北魏的洛京窑、安阳的相州窑、鲁山段店窑、郏县黄道窑、内乡邓州窑、汝州窑、钧窑等，获得数十万件瓷器标本。巩义市黄冶村窑址是目前我国发现的第一个唐三彩窑址，隋唐时期以洛阳为中心的三彩器制造，蜚声海内外。在农业方面，河南农耕工具先进，西周时期就开始使用金属农具，春秋战国时期，铁制农具开始广泛使用于耕作，牛耕也已出现。河南在农业水利方面也很发达，大禹治水是最早的大规模治黄工程，淮滨县的期思陂是我国历史上最早的水利工程。战国时期，河南人郑国主持修建了关中地区早期最重要的水利工程“郑国渠”。重农思想的理论在河南率先出现，形成农家学派，有《齐民要术》《农桑辑要》等重要农学著作。

7.汉字文化资源。河南是汉字的起源地。传说仓颉造字。仓颉是黄帝的史官，活动在河南地区。仓颉根据鸟兽爬行的痕迹，结束了结绳记事的历史而首创文字，被后人尊为“字圣”。南乐有仓颉陵和仓颉庙，开封有仓王庙，虞城有仓颉墓，新郑、洛宁等地有仓颉造字台等。相应地，河南的史前文化，也发现了汉字起源的线索。裴李岗文化、仰韶文化、二里头文化和二里岗文化的陶器上，都曾发现类似甲骨文的刻画符号。河南是甲骨文字主要发现地。甲骨文是现存中国最古老的文字，大约有4500个单字，自从1899年被发现，迄今已达百年有余的历史。20世纪50年代之前，只有殷墟出甲骨文，所以一般就把殷墟甲骨文称作甲骨文。20世纪50年代在郑州商代遗址里发现过极少量的甲骨文，时代可能早于殷墟甲骨文。另外还陆续在一些地方发现了西周时代的甲骨文。不过从数量对比上看，殷墟之外所出的甲骨文是微不足道的，我国已发现的古代甲骨文的主体仍然是殷墟甲骨文。占近百年来发现的15万甲骨片总量的99.7%以上。甲骨文影响很大，出土的甲骨现分别藏于中国大陆、台湾和港澳地区，以及日本、美国、英国、加拿大、法国、俄罗斯、德国、瑞士、比利时、荷兰、瑞典等国家。世界上很多地方都有研究甲骨文的机构。安阳殷墟正在筹建中国文字博物馆，发挥殷墟世界甲骨文研究中心的作用，体现甲骨文世界名片的价值。另外河南上蔡人李斯规范汉字并首创“小篆”，河南漯河人许慎完成了《说文解字》这部汉文字学巨著，至今我们还在使用的规范性字体“宋体”字产生于河南开封，著名的活字印刷术也首先在河南发明。

8.思想文化资源。思想文化是民族的灵魂，河南在古代思想文化方面有突出贡献，尤其是诸子文化。在《诸子集成》中收录的16位先秦诸子中有一多半为河南人。其中道家的三位主要代表人物老子、庄子、列子都是河南人。老子的《道德经》，是东方文化的代表和中国哲学的主根，他提出的“道”，代表了事物存在和变化的最普遍的原则；《庄子》行文缜密，想象丰富，豪放酣畅，自由灵动，代表着中国文学语言的最高成就。其名篇《逍遥游》《齐物论》，含有大量的与欧美思想相通的自由、平等思想。法家的主要人物如商鞅、吴起、韩非，也都是河南人。商鞅变法以身殉国，遂有秦兼六国，一统天下；吴起一生在鲁、魏、楚三国出将入相，显示了卓越的军事才能，他是继孙武之后，既善于用兵又具有高深的军事理论的第一人，后世论兵，都称“孙吴”。韩非子是战国时期法家学说集大成者，他提出了法、术、势相结合的成熟法治理论，秦始皇统一中国后采取的许多政治措施，就是韩非理论的应用和发展，他的思想主要体现在《韩非子》一书中。墨家领袖墨翟是河南鲁山人，其著作《墨子》中"兼爱""非攻""尚同"等思想的核心就是主张强不凌弱，富不压贫，维护和平，反对侵略，这些理念对建构和谐社会、世界和平发展等都有积极意义。集先秦诸子之大成的杂家吕不韦也是河南人，他是历史上第一个以商人的心态从政并取得巨大成功的传奇式人物。他为秦相期间组织门客所编纂的《吕氏春秋》是杂家的代表作，集列国各家学说而成，是对战国百家争鸣时代的文化成就的总结。

（二）文化艺术资源优势

1.文学创作资源。中原文化悠久而丰厚，历史上出现过老子、庄子、杜甫、韩愈等许多大师级文学家，现代则有姚雪垠、魏巍、曹靖华、刘知侠等作家知名中外。新中国建立后，河南文学工作者取得了丰硕的文学成果。"文学豫军"已成为中国文坛一支引人注目的劲旅。"文学豫军"成名作家多，代表人物有苏金伞、徐玉诺、青勃、张有德、段荃法、张一弓、叶文玲、田中禾、乔典运、孙广举、王怀让、鲁枢元、刘思谦、张斌、二月河、李佩甫、张宇、周同宾、郑彦英、杨东明等。"文学豫军"著名作品多，如《三黑和土地》《李双双》《老兵新传》《检验工叶英》《新文学源流》《晨》《犯人李铜钟的故事》《张铁匠的罗曼史》《春妞儿和他的小嘎斯》《心香》《五月》《满票》《再寄陌生的父亲》《让艺术的精灵腾飞》《文艺心理阐释》《那拉演说》《中国人：不跪的人》《柳叶桃》《康熙大帝》《雍正皇帝》《乾隆皇帝》《城市白皮书》《疼痛与抚摸》《皇天后土》《羊的门》《远去的驿站》等。"文学豫军"分布领域广，在长篇小说、散文、诗歌、杂文、儿童文学、报告文学、文艺评论等诸多方面都取得了突出的成绩，在全国取得了多种奖项，诸如小说奖、儿童文学奖、诗歌奖等，有些作品被翻译到国外，引起了很好的反响。

2.杂技戏曲资源。河南省是中国杂技艺术的重要发源地之一，至今已有4000多年的历史。河南杂技植根于民间传统，服务于基层群众，与广大人民的关系形同鱼水，密不可分。河南现有濮阳、郑州、开封、漯河、新乡、驻马店、洛阳、南乐等8个专业杂技团。20世纪80年代以来，先后到五大洲的40多个国家和地区，共演出5000多场，观众达千万人次。河南专业的大型杂技马戏团即有13个，演职员近千人。民间杂技艺术蒸蒸日上，濮阳、周口号称"杂技之乡"，在国内外有重要影响。"玩猴县"新野、"魔术村"宝丰周营等地民间艺人走遍全国。目前，河南已拥有一支老中青相结合，专业和业余相结合，各种人才齐全、总数达1万多人的“杂技豫军”。河南杂技在国内外杂技界有着举足轻重的地位和影响。1984年11月,成立中国杂技艺术家协会河南分会。

河南被人们称为“戏曲之乡”。明清以来,在河南有据可查的曾经流行的剧种有45种之多。到了20世纪80年代,有专业或业余剧团演出的戏曲剧种仍有31种,主要有豫剧、曲剧、越调、大平调、宛梆、怀梆、怀调、洛腔、道情戏、四平调、柳琴戏、坠剧、豫南花鼓戏、蒲剧、大弦戏、京剧、二夹弦等。其剧目丰富,重要的有:《花木兰》《穆桂英挂帅》《朝阳沟》《风雪配》《收姜维》《村官李天成》《程婴救孤》《风中少林》《清明上河图》《河洛风》《木兰诗》《东京梦华魂》等。河南专业剧团较多,其数量最多时达到39个,居全国360多个剧种之首。戏曲家知名度高,常香玉、阎立品、马金凤、牛得草、王善朴、魏云、马琳、高洁都以其深厚的艺术功底、精湛的表演艺术为人们所称道。近些年来,又有许多青年豫剧表演艺术家,如汤玉英、王清芬、王希玲、虎美玲、谷秀荣等人渐渐成长起来,走向成熟。

3.书法摄影资源。河南省书法名家多。以著名书法家张海为首的一批领军人物的艺术水平不但在本省乃至在全国也属一流,如王澄、李刚田、周俊杰、王宝贵、宋华平、刘顺、谢瑞阶、陈天然、福桑凡、李进学等。河南省书法成就高。1989年举办的全国第四届书法篆刻展,展出作品597件,其中河南入选51件,占总展出作品量的8.5%,在全国各省市中位居第一。这一届书法篆刻展首设国家奖,在评出的51件获奖作品中,有河南9件,占总获奖数的17.6%,又是全国第一。从这一届国展算起到第八届国展,加上首届中国书法“兰亭奖”,15年间共举办6次国家级大型展览活动,河南书法作品获第一名5次,入选作品在数量上获第一名4次。河南书法大省的地位得到了书法界人士的普遍公认。河南省书法群众基础好。在全省约200万左右的书法爱好者中,有一定书法基础的占5%~10%,即20万人。其中国家级会员460人,省级会员3460人,市级会员7000人左右。

河南摄影界名流众多,有王世龙、魏德忠、陆轲、张世励等河南摄影界的前辈以及于德水、孙德侠、姜健、张爱图、史家民、刘鲁豫等新生力量。他们成绩突出,在1979年到2003年间,获得全国奖项48项,其中一等奖16项。河南省摄影界群众基础好,现有地市摄影机构20家,会员9870人,会员人数在全国位于前列。

4.民间艺术资源。河南民间艺术种类多，重要者有禹州钧瓷，平顶山汝瓷、官瓷，南阳玉雕、烙画，洛阳唐三彩，滑县点锡壶，济源盘砚（古称天坛砚），开封汴绣，朱仙镇木版年画，澄泥砚，汤阴剪纸，淮阳泥泥狗，布老虎，鹿邑的草编，新乡青铜器复制，濮阳麦秆画，鹤壁黄河古陶、石雕，浚县泥塑以及豫南信阳民歌，开封盘鼓，灵宝道情皮影，南阳曲艺，嵩山吹歌，河洛大鼓等。河南民间艺术影响大，灵宝道情皮影、南阳曲艺、开封盘鼓都是全国闻名的民间艺术；平顶山汝瓷、官瓷，南阳玉雕，朱仙镇木版年画，开封汴绣等远销海内外，深受好评。河南是民间艺人资源大省，据2005年《河南年鉴》统计，全省从事各类民艺活动的艺人有68760人，居全国首位。仅宝丰就拥有1400多家民间演出团体，55000位民间艺人，各占全国的一半。其他如卢氏县也有各类民间艺人600余名。河南省民间艺人中名人较多。如麦秆画艺人汤金明和聂远征、泥塑艺人张振福、面塑艺人李文增、剪纸艺人陈子豪、石雕艺人王中义等。

（三）自然山水优势

1.山水景观资源。河南山水资源数量多，种类全。根据2004年河南省旅游资源调查数据可知，全省各等级的自然旅游资源单体总数为14479个，占全省旅游资源单体总数的36%，这个数据也说明了河南的山水自然资源数量非常可观。河南山水资源既有名山大川、森林湿地、珍稀生物，又有河流湖泊、瀑布泉水、地质奇观，还有壮丽的大型水利工程奇迹。山岳名胜北有林虑山、大伾山、云梦山、云台山、王屋山，南有鸡公山、桐柏山、大别山，中有嵩山、浮戏山，东有芒砀山，西有亚武山、伏牛山、白云山等。河流、湖泊、泉水、瀑布等水域景观主要有郑州黄河风景名胜区、黄河故道湿地风景区、青天河、宿鸭湖、薄山湖、南湾湖、百泉、汝州温泉、安阳珍珠泉、石人山南麓瀑布群、云台山瀑布等；地质奇观有栾川鸡冠洞、巩义雪花洞、内乡天心洞、西峡云华蝙蝠洞、南阳恐龙蛋、豫西大峡谷等；大型水利工程有黄河小浪底水利枢纽工程、三门峡水库、红旗渠、丹江口水库与南水北调渠首工程等。

河南山水资源品位高。河南的山水不乏省级、国家级乃至世界级旅游吸引物。河南有嵩山、云台山、王屋山—黛眉山、伏牛山4个世界地质公园，有宝天曼世界人与自然生物圈保护区，有嵖岈山、关山、神灵寨、金刚台等11个国家地质公园，有太行山猕猴、南阳恐龙蛋化石群、豫北黄河故道等8个国家自然保护区，有寺山、花果山、龙峪湾等23个国家森林公园，有黄河小浪底水利枢纽、黄河三门峡大坝、黄河花园口、柳园口等20个国家水利风景区，有嵩山、神农山、青天河、林虑山、鸡公山、石人山、王屋山、云台山等国家重点风景名胜区。其中，云台山为国家5A级旅游景区。

2.山水文化资源。河南山水另一个突出的特点就是文化底蕴丰厚。如嵩山是一个宗教文化名山，儒、道、佛三教在此和谐并存，这里有禅宗祖庭少林寺、规模最大的寺庙建筑群中岳庙、现存最古老的石阙汉三阙和告城元代观星台；云台山的文化以竹林七贤为代表，他们隐居竹林，在酒、诗文、山水的交错之中，创作出许多传世之作，也留下了许多文人佳话；石人山是帝尧文化名山，又是墨子的出生地；桐柏山是盘古文化产生的中心，今有盘古庙及盘古庙会而闻名四方；新郑始祖山是中华人文始祖黄帝统一天下的根据地；云梦山是我国古代第一所军校的所在地，战国时期鬼谷子曾在这里培养了孙膑、庞涓、张仪、苏秦等名人；芒砀山是汉高祖刘邦斩蛇起义的地方，这里有目前全国发现的规模最大、结构最复杂的陵墓西汉梁国王室陵墓群；王屋山为道教名山，号称“天下第一洞天”，道教鼻祖太上老君李耳也曾在王屋山炼丹，现在天坛顶尚存“老子炼丹池”；大别山是红色革命根据地，也是红四方面军与红二十五军的长征出发地，新中国的许多将领都与这里有关系。黄河被誉为母亲河，孕育了古老的黄河文化，这里有我国新中国成立后修建的第一座大型水利枢纽工程——三门峡大坝和我国当今第二大水利枢纽工程——小浪底水库，这里还有黄河第一观——嘉应观，是雍正钦命建设的河神庙，为全国河神庙之首。淇河是一条诗河、文化河，7000年前就有人类在此生活。《诗经》中采自淇河一带的诗歌就有30篇。昭平湖是刘氏的祖根地，这里有刘姓始祖刘累故邑与刘累墓、刘秀的招兵台、孟良寨等遗迹。可以说河南的山水浸润了文化，文化成为河南山水的灵魂。

3.文化旅游资源。文化旅游是河南旅游的特色。深厚的文化底蕴使河南的文化旅游产品具有垄断性，如洛阳的龙门石窟、关林、白马寺、天子驾六博物馆，其中龙门石窟被列为世界物质文化遗产。安阳的殷墟，是中国古代文字的起源地；羑里城，为《周易》发源地。开封的包公祠、三门峡虢国墓群与博物馆、新乡的比干庙、济源的济渎庙、鹤壁的朝歌、汤阴的岳飞故里、南阳的汉画馆、内乡县衙，还有中原的河洛文化、许昌的三国文化、登封的少林文化、焦作的太极拳文化等都具有垄断性。

形成众多文化旅游精品线路。目前河南已推出系列具有较强吸引力的文化旅游精品线路,郑州、开封、洛阳沿黄河“三点一线”精品旅游线路是河南文化旅游最核心的产品,也是国家级旅游线路,其中,少林寺、龙门石窟、清明上河园等景区已成为河南旅游的名片;以云台山、嵩山、伏牛山等世界地质公园为旅游对象的科普考察探险游;以中华太极之乡陈家沟、少林发源地嵩山少林寺为核心的功夫修学游;以淮阳太昊陵、内黄二帝陵、新郑黄帝故里、濮阳帝舜故里等地为核心的始祖寻根游和以固始、周口等地为核心的姓氏寻根游;以开封菊花展、洛阳牡丹花会为核心的赏花游;以新县许世友故居、鄂豫皖苏区首府革命博物馆、烈士陵园、确山竹沟“小延安”革命纪念馆、杨靖宇故居等为核心的红色旅游。

4.节庆会展资源。节会经济作为现代城市经济发展的新现象和新的增长点,已经被越来越多的城市所认识和重视,辽阔的地域和悠久的历史文化积淀使河南有丰富的节会资源。河南 18 个地市,每个地市都有自己的节会,主要大型的节会就有 70 多个。如新郑的黄帝故里拜祖大典、桐柏的淮河源文化旅游节、洛阳的牡丹花会、开封的菊花花会、淮阳的中华姓氏文化节、焦作的国际太极拳年会、信阳的茶文化节、安阳的殷商文化节、南阳的张仲景医药节、宝丰的魔术文化节、洛阳河洛文化节等。

通过举办各种节会,可以吸引大批游客到河南旅游观光、寻根问祖。而且,节会也搭建了一个广阔的经济、文化交流平台,在促进河南文化产业招商引资、对外开放等方面都起到了巨大的作用。如前 21 届洛阳的牡丹花会共接待国内外游客 4380 万人次,各项经济活动成交总额 300 多亿元,实际利用外资 14.45 亿美元。丰厚的效益,推进了洛阳作为工业和旅游强市的快速发展。郑州与登封从 1991 年到 2007 年,相继举办了 7 届郑州国际少林武术节,引进资金 50 多亿元人民币,引进项目 200 多个,经贸总成交额 70 亿元。信阳茶文化节从开办以来,累计商品贸易成交额达到 86 亿元,签订招商引资项目 574 项。新郑市从 1993 年举办炎黄文化节与黄帝故里拜祖大典,使新郑的黄帝文化景观名扬海内外,年接待游客从 10 万人次上升到 2006 年的 60 万人次,社会和经济效益明显增加。

(四)基础条件优势

1.经济发展条件。河南经济发展速度快,经济总量大。“十五”以来,河南经济进入了高速发展的快车道,经济总量连续突破 5000 亿元、6000 亿元、8000

亿元大关。2005 年,全省生产总值达到 10535.20 亿元,在全国的位次由第七位跃升到第五位,成为继广东、山东、江苏、浙江之后全国第五个经济总量超万亿元的省份。人均生产总值首次突破 1000 美元,达到 11236 元人民币。金融机构存款余额超过万亿元,成为全国第 9 个存款超万亿元的省市,跨入"万亿元存款俱乐部"。

河南农业大省的地位更加巩固。粮食生产能力连续 8 年稳定在 400 亿千克以上,2006 年又突破 500 亿千克,粮食总产量占全国的十分之一,为保障国家粮食安全做出了新贡献。同时,河南新兴工业大省的地位基本确立。河南是全国最大的粮食加工基地、最大的畜禽加工基地、最大的铝工业基地。2006 年,全省工业实现增加值 6070.93 亿元,工业对国民经济的贡献率达 61.1%,全省规模以上工业企业实现利润 1145.31 亿元。居民收入增加,2006 年全省城镇居民人均可支配收入 9810.26 元,实际增长 11.9%;农民人均纯收入 3261.03 元,增长 12.1%,十年来首次实现两位数增长。到 2006 年年末,全省居民储蓄存款余额 7367.37 亿元,比上年末增长 13.5%。

河南经济已跨入了全国经济总量的第一方阵。经济总量的优势,意味着河南已经具备大力发展文化产业所需要的良好的经济增长条件和深厚的社会资源。经济的高速增长为文化产业发展提供了雄厚的物质支撑;居民收入水平的不断提高,使文化消费持续攀升,为文化产业发展创造了雄厚经济基础和广阔的市场空间。

2.区位交通条件。河南是中国之中,相对来说区位交通优势比较突出。河南地处沿海开放地区与中西部地区的接合部,东接安徽、山东,北界河北、山西,西连陕西,南临湖北,呈望北向南、承东启西之势,在中国占有重要的战略地位。

河南为中国交通枢纽。铁路方面,河南是全国铁路网的中心地带。国家铁路有京广、京九、宁西、焦枝、陇海、新菏等铁路线纵横交织于河南。地方铁路有漯阜、汤濮、朝杞、禹郸等,国家铁路和地方铁路交织,构成密集的铁路网。另外,我国将修建多条铁路客运专线,届时,郑州将会形成一个全国非常重要,也可能是唯一的高速铁路客运专线十字交叉铁路枢纽。2006 年郑州到西安的铁路客运专线已经开工建设,2007 年还要开工连接石家庄和郑州、郑州至武汉的客运专线建设,随后,还要再开工建设郑州至徐州客运专线。

在公路方面,105、106、107、310、311、312 等 9 条国道和连霍、京珠高速都穿越河南,国家最新发布的《国家高速公路网规划》中,济南至广州、大庆至广州、二连浩特至广州、南京至洛阳、上海至西安、日照至兰考、晋城至新乡等7条高速公路皆从河南经过。省内形成以郑州为中心,通往18个地市的高速公路网,到2006年年底,河南高速公路通车里程已经达到了3439公里,位居全国第一位。

航空方面,河南现有飞行航线48条,郑州、洛阳、南阳3个机场每周有500个航班往返北京、上海、广州、西安等56个城市。每周有5个航班直飞香港、澳门,经澳门可直达台北。郑州新郑机场是全国十大机场之一,也是北京首都国际机场的备降机场,日均起落航班140个,已成为全国重要干线机场,改造后,旅客吞吐能力达1000万人次。

水运方面,根据河南省交通厅制定的"532"复航规划,河南将打通沙颍河、涡河、沱河、淮河、唐河5条通江达海的河道,形成直接通达长三角地区的水上通道。

这种优越的地理位置和交通条件,更加密切了河南与全国各地的联系。它便于传播河南深厚的文化,提高河南文化市场竞争力,发挥河南文化产业的聚集、辐射和带动作用。

3.新闻出版条件。河南图书出版大力实施出版物质量创新工程,初步建成立足中原、辐射全国的大型发行基地。河南省现有图书出版社12家,图书重印率年平均为47.8%,21种图书获国家级奖项。2005年图书品种、图书总印数、总印张在全国分别居于第17、3、5位。

音像制品初步形成产业规模。河南省有4家音像电子出版单位、3家网络出版单位、4家光盘复制企业和4家磁带复录企业。2005年全省共出版音像制品356个品种,电子出版物32个品种。截至2005年年底,我省有光盘母版生产线2条、只读类光盘复制生产线19条、可录类光盘复制生产线32条,磁带复制生产线4条,年生产能力达到2.5亿张(盒),其中,DVD-R可录光盘复制量居全国第二位。

报纸和期刊有一批质量高、发行量大、竞争力强、深受读者欢迎的名牌刊物。全省现有报纸出版单位123家、期刊出版单位243家。《河南日报》《大河报》《洛阳日报》《销售与市场》《妇女生活》《小小说选刊》《领导科学》《中学生数理化》等报刊在全国具有较大影响。

印刷业发展迅速,已经跨入全国印刷大省的行列。截至2005年年底,全省经年度核验并换发《印刷经营许可证》的印刷企业有7453家。其中，出版物印刷企业321家，包装装潢印刷企业970家，其他印刷品印刷企业17家，专项排版、制版、装订印刷企业60家，复印打字印刷单位4385家。全省印刷企业从业人员近15万人，年产值已达120亿元，无论产业规模和印刷质量，在全国都位居前列。

发行网点建设和出版物销售额居全国前列。全省现有各类出版物发行网点10250个，其中省新华书店发行网点1294个，省邮政图书报刊发行网点28个，民营书业批发、零售网点6064个。按照现行新闻出版统计制度规定的统计方法和范围统计，2004年，我省新闻出版从业人员达到20.2万人，资产达到230亿元，全省新闻出版产业增加值为70.5亿元，占河南省生产总值比重为0.8%。

4.广播影视设施。广播影视基础建设发展提速，广播电视覆盖进一步扩大，传播效果大幅增强。目前，我省共有广播中短波转播发射台30座，电视转播发射台144座，已形成覆盖全省的有线、无线、卫星等多种技术手段并用的多层次、现代化的广播电视综合覆盖网，广播、电视综合人口覆盖率分别达到96.36%和96.16%，为我省广播影视产业发展奠定了坚实的基础。

有线电视网络和数字化改造建设全面推进。河南已经形成了由省、市、县三级光纤网络传输网和18个省辖市、109个县级市城市分配网组成的上下贯通的网络体系。全省广播电视干线传输网总长度达24788千米，其中，省级光缆干线网全长3920千米，市级光缆传输干线全长20000多千米，拥有有线电视用户4808605户。

广播影视内容丰富。2005年，全省开办了142套公共广播节目和162套电视节目，广播节目播出时间达到532699分钟，电视节目播出时间达到780393分钟。广播电视总体经营创收7.8亿元，其中省局广告经营创收5.9亿元，位居全国广电系统广告经营创收13位。

广播电视频率频道专业化、节目栏目品牌化。精办河南电台的交通频率、音乐频率、戏曲频率、旅游频率，河南电视台的都市频道、电视剧频道、精品博览频道、商务信息频道，形成以《梨园春》《武林风》《政府在线》等栏目为龙头的广播电视品牌方阵。大力培养一批在全国、全省有一定知名度、影响力的名主持人、名编辑、名记者、名导演。

二、河南文化品牌现状

(一)历史文化品牌

1.中国佛教艺术宝库龙门石窟。洛阳龙门石窟是我国三大佛教石窟艺术宝库之一。1961年龙门石窟被国务院公布为全国第一批重点文物保护单位,1982年被公布为全国重点风景名胜区,2000年11月联合国教科文组织将其列入《世界遗产名录》。龙门石窟自北魏孝文帝迁都洛阳始凿,历经400余年的雕刻,是北魏、唐代皇家贵族发愿造像最集中的地方,是皇家意志和行为的体现,具有典型的皇家风范。其中奉先寺规模最大,是唐代雕刻艺术中最具代表性的作品。主佛卢舍那大佛雍容大度、气宇非凡、撼人心魄,体现了大唐帝国强大的物质力量和精神力量,显示了唐代雕塑艺术的最高成就。龙门石窟现存窟龛2300多个,雕像10万余尊,碑刻题记30多万字。两山窟龛造像以数量之多、规模之大、题材多样、雕刻精美、内涵丰富而蜚声中外。它以碑刻题记数量为世界石窟之最而被誉为"古碑林";其造像内容广涉佛教,甚至包括道教的题材,这也是石窟艺术中所罕见的。龙门石窟以大量的实物形象和文字资料从不同侧面反映了中国古代政治、经济、宗教、文化等许多领域的发展变化,对中国石窟艺术的创新与发展做出了重大贡献。

2.甲骨文发现地安阳殷墟。安阳殷墟位于安阳市洹水两岸,是中国第一个有文献记载并为甲骨文和考古发掘所证实的商代都城遗址,为全国重点文物保护单位,2006年7月被联合国教科文组织列入《世界遗产名录》。1928年由中国学术机构独立主持考古发掘开始,目前在殷墟先后发现了110余处的商代宫殿宗庙建筑基址、12座王陵大墓、洹北商城遗址、2500多座祭祀坑和众多的族邑聚落遗址、家族墓地群、手工业作坊遗址、甲骨窖穴等,出土了数量惊人的甲骨文、青铜器、玉器、陶器、骨器等精美文物。其中甲骨窖穴主要分布在殷墟宫殿宗庙遗址。自19世纪末甲骨文发现以来,这里共出土甲骨约15万片,震惊了世界。安阳殷墟遗址具有重要的文化价值。甲骨文的发现和殷墟发掘,确证了中国商王朝的存在,重新构建了中国古代早期历史的框架,使传统文献记载的商代历史成为信史。以宫殿宗庙建筑和王陵大墓为代表的商代建筑,树立了中国古代早期宫殿建筑和皇家墓葬的典范。在殷墟出土的15万片甲骨上,发现了目前中国文字体系完整的最早的证据。以青铜器、玉器为代表的殷墟文物和以人祭、人殉、车马殉葬、兽祭等为代表的殷墟丧葬习俗,为商代晚期文化传统提供了独特的证据。2001 年 3 月，在由国内 48 家权威考古机构参加的“中国 20 世纪 100 项考古大发现”的评选中，殷墟以最高票数名列榜首。

3.海内外华人的祭祖盛会黄帝拜祖大典。新郑作为黄帝故里，开发了二十几年，影响逐渐扩大。2005 年炎黄文化节由郑州市政府正式承办，2006 年“丙戌年黄帝故里拜祖大典”、2007 年“丁亥年黄帝故里拜祖大典”由省政协主办，郑州市人民政府、新郑市人民政府承办，特色鲜明、主题突出。特点之一是主旨深。主办方力图透过拜祖大典，把物态化的历史遗迹、抽象化的文字资料、民俗化的文化现象和精神化的人的心灵有机结合起来，彰显和谐中原、和谐中国之万千气象，八方和睦融洽之血脉情长，绵长厚重河南之灿烂辉煌。二是内容丰。涉及寻根拜祖、文化研讨、文艺演出、经贸洽谈、旅游推介等多个方面。三是规格高。参加活动的人员包括全国人大常委会副委员长、全国政协副主席等国家领导人，香港、澳门特别行政区及兄弟省市领导、国内知名老艺术家及专家学者、国内外工商界知名人士、海外华人华侨首领等。中国国民党荣誉主席连战以及其他国民党高层相关人士也参加过拜祖活动。四是规模大。拜祖大典坚持高起点规划、高品位设计、高标准建设、高规格筹办等方针，规模盛大。黄帝故里拜祖大典和炎黄二帝塑像落成庆典两次主体活动，分别有 2 万人参加。炎黄二帝塑像，由海内外炎黄子孙捐资历经 20 年兴建而成，像高 106 米，气势雄伟。五是影响广。拜祖大典由中央电视台面向世界现场直播，河南、郑州的广播、电视、网络等新闻媒体联合国内及国际有关新闻单位予以联动报道。许多新闻媒体称拜祖大典为“中华第一圣典”。

（二）文化艺术品牌

1.广为传唱的地方戏曲——豫剧。豫剧具有光辉灿烂的发展历程。豫剧大约产生在清代乾隆年间，时称河南梆子，到了清代末年，河南全省各地都有了河南梆子戏的演出团体。民国时期，河南梆子进入成熟时期；中华人民共和国成立后，豫剧进入繁荣兴旺时期。豫剧一向以唱见长，首先是富有激情奔放的阳刚之气，其次是地方特色浓郁，再次是节奏鲜明强烈。豫剧的传统剧目有 1000 多个。《花木兰》《穆桂英挂帅》《七品芝麻官》《朝阳沟》《小二黑结婚》《人欢马叫》等剧目风靡全国。豫剧在其发展的过程中，培养了一大批艺术造诣很深的表演艺术家，常香玉、阎立品、马金凤、牛得草、王善朴、魏云、马琳、高洁等豫剧艺术家家喻户晓。豫剧诞生之后，不断向外拓展，不仅生根开花于河南全省的城镇乡村、平原山区，而且流布了全国16个省区，专业剧团数量最多时达到39个，居全国360多个剧种之首。从东海之滨到青藏高原，从宝岛台湾到鸭绿江畔，无处不有“豫剧迷”。进入80年代后，不少艺术门类，所有戏曲剧种都在惊呼危机，而豫剧却在与困难的奋力拼搏中显示了它特有的生命力，继续为自己赢得了荣誉。豫剧的上座率、自给率，豫剧的演员人数、观众人数在全国一直处于领先地位。

2.豫剧大师常香玉。常香玉，豫剧表演艺术家，河南巩县（今巩义市）人，1922年出生，原名张妙玲。她10岁登台，13岁主演6部《西厢》，名满开封。她在艺术表演形式上广泛吸收京剧、评剧、秦腔、河南曲剧以及坠子、大鼓等艺术之长，同时把不同风格的各种豫剧唱腔——豫东调、祥符调、沙河调等，融会于豫西调中，独创新腔“常派”，成为豫剧中的一支主要流派。她被誉为“豫剧皇后”。她的代表作有《花木兰》《拷红》《断桥》《大祭桩》《人欢马叫》《红灯记》等。常香玉1941年赴陕甘演出；1948年在西安创办香玉剧社，致力于培养青年演员；1951年为支援抗美援朝，率剧社巡回西北、中南、华南各地演出，以演出收入捐献“香玉剧社号”战斗机一架，有“爱国艺人”之誉；1952年参加第一届全国戏曲观摩演出大会获荣誉奖，同年出国演出；1994年6月荣获“亚洲最佳艺人终身成就艺术奖”；1995年被国务院授予“全国先进工作者”称号。

3.戏曲精品电视栏目《梨园春》。《梨园春》是河南电视台卫星频道1994年开播的全国性的大型电视戏曲综艺栏目。自1999年5月份改版以来，河南卫视坚持走现代电视手段和河南传统戏曲有机结合的道路，尤其是戏迷擂台赛的设置，充分调动起戏迷观众参与节目的积极性，也使栏目收视率不断攀升。《梨园春》走遍了长城内外、大江南北、海峡两岸，参加过乌鲁木齐戏曲周、北京戏曲周、台湾戏曲周等活动，在中原乃至全国观众中不断掀起收视狂潮。十年一剑，《梨园春》现已成长为全国优秀品牌栏目，已连续6年收视率在全国省级电视台中位居第一。十年辛勤耕耘，换来硕果累累，2000年、2001年、2002年《梨园春》均获河南十大文化成果奖；2000年《梨园春》获中国电视戏曲栏目一等奖、中国电视戏曲策划奖；《梨园春》春节戏曲晚会直播节目连续四年（2000年、2001年、2002年、2003年）获中国电视文艺“星光奖”二、三等奖，优秀栏目奖；在首届电视戏曲兰花奖评选中又一次获得晚会类节目一等奖，同时《梨园春》栏目获得兰花奖的特别贡献奖；另有多次获得中共河南省委宣传部和省广电厅通令嘉奖。

2004 年 8 月，国务委员陈至立做出重要批示，对河南电视台开办《梨园春》这样一档戏曲栏目的做法给予充分肯定，指出“河南的好做法值得推广”。

4.舞台艺术经典《风中少林》。郑州市歌舞剧院打造的河南省第一部原创舞剧《风中少林》，作为“郑汴洛文艺精品工程”的重点剧目，以全国一流的创作演出人才，采用市场化的运作方式，实行投资体制股份制、演职人员聘用制、主创人员委约制、主演签约制等形式，自 2004 年问世后就获得一片喝彩声。先后在郑州、北京、上海、台北等地演出，并已接到德国、美国以及北欧多个知名剧院的演出邀请。该剧以厚重的少林文化为底色，以柔美的古典舞蹈为基础，完美地再现了少林文化和中原文化的深厚底蕴。其刚柔并济、武舞相融的舞蹈语汇也赢得了国内外专家的好评，曾喜摘中国舞蹈艺术最高奖“荷花奖”，取得了 4 项金奖、1 项银奖和 1 项铜奖的好成绩，实现了河南省在该奖项上“零”的突破。

5.马街书会与宝丰现象。宝丰马街书会俗称“十三马街书会”，每年农历正月十三至正月十五都要举行一次曲艺盛会。来自河南各地及河北、山东、山西、陕西、甘肃、湖北、安徽、四川和北京、上海、天津等省、市的千余艺人云集马街，亮书会友、交流技艺，许多村民扶老携幼听书赶会，马街内外万头攒动，千座书棚吹拉弹唱，盛况历年如此。马街书会是珍贵的民族民间文化遗产，每年不断有专家学者来此调研。江泽民同志亲笔题词：“弘扬民族文化，繁荣曲艺事业。”李鹏同志题词：“中原名城，曲艺之乡。”宝丰县立足马街书会等历史文化资源，大力发展文化产业，形成全国瞩目的“宝丰现象”。全国共有 2000 多个民间演出团体，10 万多个民间艺人，宝丰县占了全国的一半。宝丰素有“魔术之乡”“曲艺之乡”的称号，民间表演团体农忙务农，农闲从艺，靠表演年创收入两亿多元，已形成了独特的文化产业。马街书会、清凉寺汝官窑遗址、赵庄魔术民间表演团体等，已经遍及全县 13 个乡镇。“宝丰现象”是在农村产业结构调整中以非物质生产的方式分流农村富余人口的创举，为解决“三农”问题、增加农民收入、发展先进文化、全面建设小康社会找到了一条重要途径，引起全省、全国人民的关注。

（三）旅游文化品牌

1.世界奇观云台山。云台山位于河南省修武县境内，是全球首批世界地质公园，同时又是河南省唯一一个集国家重点风景名胜区、国家 5A 级景区、国家地质公园、国家森林公园、国家水利风景区、国家猕猴自然保护区，六个国家级品牌于一体的风景名胜区。景区面积190平方千米，包括泉瀑峡、潭瀑峡、红石峡、子房湖、万善寺、百家岩、猕猴谷、茱萸峰、叠彩洞、青龙峡十大景点。云台山以文聚友，唐代诗人王维在茱萸峰写下了“每逢佳节倍思亲”的千古绝唱；白居易也留下了“天冷日不光，太行峰苍莽。尝闻此中险，今我方独往”的诗词，而山中更留有众多文人墨客的碑刻、文物，这又使云台山具有了丰富深蕴的文化内涵。云台山以史留名，汉献帝在此留有避暑台和陵基；这里还曾是魏晋“竹林七贤”的隐居故里；唐代药王孙思邈也曾在此采药炼丹。众多的名人都曾到过云台山，为云台山留下了众多历史故事。

2.精品旅游线路“三点一线”。2000年4月，时任中共中央政治局委员、书记处书记、中宣部部长丁关根同志在河南考察时，提出要大力加强郑州、开封、洛阳沿黄旅游线（“三点一线”）文明景区和文明城市的创建工作，以此带动河南全省旅游经济和精神文明建设的发展。省财政部门每年拿出8000万元专款，支持三市旅游设施建设。经过几年的建设，郑州、开封、洛阳沿黄河“三点一线”旅游精品工程建设取得明显成效，郑州、开封、洛阳、登封等城市荣获“中国优秀旅游城市”称号，多个景区景点被评为国家4A级旅游区，龙门石窟列入《世界文化遗产名录》，嵩山风景名胜区被评为“世界地质公园”，少林寺综合整治取得积极进展，清明上河园经过连续开发已成为全国最大的宋文化主题公园，郑州成功举办了黄帝故里拜祖大典，主要城市之间高速旅游环线基本形成，郑汴大道的开通，加快了郑汴一体化进程，旅游配套设施日臻完善，沿黄旅游线已成为我省吸引海内外游客的黄金旅游线路。

3.现代节会牡丹花会。“洛阳地脉花最宜，牡丹尤为天下奇。”1982年9月21日，洛阳市人大常委会通过决议，命名牡丹花为洛阳市“市花”，每年4月至5月在洛阳举办洛阳牡丹花会。从1983年起，洛阳已连续成功地举办了26届牡丹花会。20多年来，洛阳市委市政府坚持贯彻“以花为媒，广交朋友，宣传洛阳，扩大开放”的指导思想，“洛阳搭台，全省唱戏”，将牡丹花会办成一个融赏花观灯、旅游观光、经贸合作与交流为一体的大型综合性经济文化活动。洛阳牡丹花会的成功举办，为洛阳经济、社会的全面发展和腾飞注入了无穷的活力，洛阳牡丹花会在规模、层次、内容和形式上也不断得到进步和提高。洛阳牡丹花会的主要活动内容有：大型牡丹花展及牡丹精品展，河南省对外经济技术贸易合作交流项目洽谈会，参观龙门石窟、白马寺、关林、都城博物馆、玄奘故里，品尝洛阳水席。

（四）武术文化品牌

1.名传世界的少林功夫。少林武术是中华武术的一个重要流派，对其他拳派的形成与发展有很大的影响，故赢得了“天下功夫出少林”的美誉。少林武术的发源地少林寺为禅宗祖庭、武林圣地，蕴含着1500多年的历史文化，其禅、武、医一体化的文化体系，是少林寺最具价值的非物质财富。2006年俄罗斯总统普京、中国国民党副主席江丙坤、老挝国家主席朱马里，柬埔寨副首相贺南洪以及来自87个国家和地区的世界旅游小姐、美国联合武馆500名洋弟子等相继造访少林寺，使少林文化品牌在世界的影响力进一步扩大。少林寺还利用舞剧、武僧巡演、网络游戏、功夫大赛、音乐大典等形式，把少林武术文化做成了系列化的文化产业。目前，少林寺已取得了29个类别、43项注册商标的注册证书。2004年11月，少林寺商标被国家工商局认定为“驰名商标”。少林功夫已入选第一批国家级非物质文化遗产，少林已成为河南乃至中国的一个文化品牌。

2.刚柔并蓄的陈氏太极拳。太极拳是内家拳中最富智慧的拳种，它把技击与导引吐纳之术相结合，以经络为基础，以意念为指导，以螺旋、缠绕为基本运动形式，以意行气，劲由内换，柔中有刚，刚柔相济，是集技击和健身于一体的拳术，受到世界各地人民的喜爱。陈氏太极拳发源于温县陈家沟，由陈王廷创编，因此陈家沟成了太极文化的圣地。在陈家沟太极拳发展的基础上温县先后举办了多届太极拳年会，使太极拳风靡世界，享誉中外。太极拳被国家旅游局列为特种旅游项目，成为发展河南旅游业的拳头产品。现在，每年都吸引来自美国、德国、韩国、瑞典等60余个国家和地区的太极拳爱好者到这里修学观光、朝礼拜师、切磋技艺。

（五）红色经典品牌

1.中原“小延安”确山竹沟。确山竹沟具有光荣的革命斗争史。1926年党在这里就建立了基层组织，后来组建豫鄂边省委，创建红军游击队，开辟以竹沟为中心的革命根据地；抗日战争爆发后，竹沟逐渐成为河南抗日战争的指挥中心；1938年中共中央中原局在竹沟设立，刘少奇、李先念等人从延安来到竹沟，领导党的工作，竹沟成为党在中原地区的重要阵地和战略支撑点。党在这里培养了大批党政军干部和其他骨干力量。从这里先后走出了两任国家主席，4位副国家级领导，60多位省部级领导，100多位将军。因此，竹沟为革命圣地，有“小延安”之称。由周恩来题写馆名的确山竹沟革命纪念馆是全国建立较早的革命纪念馆之一，为全国重点文物保护单位，2005年3月被中共中央办公厅、国务院办公厅公布为全国百家红色旅游经典景区之一。每年来竹沟参观和进行革命传统和爱国主义教育的群众都在20万人以上。

2.将军县新县。第二次国内革命战争时期，新县是鄂豫皖革命根据地的中心和首府所在地，在这里诞生了红四方面军、红二十五军、红二十八军等主力红军，培育了李德生、许世友、郑维山等93位叱咤风云的共和国将军和省部级以上领导干部，吴焕先、高敬亭等5.5万优秀儿女在这里献出了宝贵生命，这里是全国著名的革命老区和“将军县”。

3.党员干部的好榜样焦裕禄。焦裕禄1962年到兰考县任职后，带领群众治理内涝、风沙、盐碱“三害”，为改变兰考面貌呕心沥血，英年早逝。兰考人民为了纪念他，修建了焦裕禄烈士陵园。焦裕禄烈士陵园现为全国重点文物保护单位，也是全国中小学生爱国主义教育基地、全国百个爱国主义教育示范基地之一、河南省规划实施的5条红色旅游精品线路和重点建设26个红色旅游经典景区（点）之一。目前，焦裕禄烈士陵园已成为全国各族人民学习焦裕禄精神，接受爱国主义教育的重要阵地，平均每年接待各地游客近50万人次。

（六）创业文化品牌

1.世界现代奇迹红旗渠。红旗渠开凿于太行山山腰，是20世纪六七十年代林州人民发扬“自力更生、艰苦创业、自强不息、开拓创新、团结协作、无私奉献”精神创造的一大奇迹。当年，电影《红旗渠》把林州人民在太行绝壁上开凿出“人工天河”的事迹传遍大江南北，那种“敢教日月换新天”的豪迈气概和中华民族在困难条件下勃发出的无限力量曾经打动过无数人的心。红旗渠的建成在国内外产生了较大的影响，成为我国水利建设上的一面旗帜。周恩来总理曾告诉国际友人：“新中国有两大奇迹，一个是南京长江大桥，一个是林县①红旗渠。”2004年红旗渠精神展在全国巡回展出，引起了社会各界巨大反响，慕名前来林州观光旅游的游客人数大幅攀升。如今，红旗渠是国家4A级风景旅游区、

① 林县于1994年撤县，设立林州市。

国家重点风景名胜区、中国旅游知名品牌、全国中小学生爱国主义教育基地、全国爱国主义教育示范基地、全国重点文物保护单位。

2.艰苦创业典范刘庄。刘庄在村党支部书记史来贺同志的带领下，从20世纪50年代开始，艰苦奋斗，探索走出了一条具有自己特色的快速健康发展的道路。早在20世纪60年代末，刘庄率先解决了温饱，1980年进入小康，从90年代初开始向现代化迈进，家家有空调、彩电、冰箱、洗衣机、摩托车等家用电器，还享受住房、上学、医疗等10多项福利，同时还不断满足群众的精神文化需求。党和国家领导人曾亲临视察并题词，有150多个国家和地区的外宾和友好人士前来参观访问；刘庄村和它的带头人史来贺同志为农村社会发展留下了宝贵的经验和精神财富，他是全省乃至全国农村艰苦创业、自力更生、共同富裕的一面旗帜。如今的刘庄初步实现了农村工业化、农业现代化、经济市场化、农民知识化、生活城市化，是全国农业旅游示范点和河南省旅游景点之一。

3.红色新村南街村。南街村是当代中国乡村最耀眼的明星村之一，被誉为“中原第一村”。朱镕基、李岚清等20多位同志和170多位将军，都曾到过南街村视察工作；《人民日报》、《光明日报》、中央电视台、《朝日新闻》、《美国之音》等众多国内外新闻媒体对南街村做了大量报道；美、英、法、德、日等20多个国家的新闻单位也都到南街村做过实地采访。南街村把毛泽东的集体主义树为旗帜，坚持外圆内方的理念，对外经营灵活，运用市场经济原则和办法，对内管理强调用毛泽东思想指导发展和教育干部群众，抵制邪恶歪风，强调集体主义奉献精神。村民们免费享受水、电、气、面粉、肉、蛋等14项福利待遇，家具设施均由集体免费配备，村民过着幼有所育、少有所学、壮有所用、老有所养的幸福生活。其集体企业南街村集团的“南街村”商标被认定为“中国驰名商标”，被评为“中国十大具有潜力商标”“中国十大公众喜爱商标”和“河南名牌”。南街村现在每年接纳40多万游客，是全国农业旅游示范点和河南省红色旅游景点之一。

（七）报刊出版品牌

1.报业新秀《大河报》。《大河报》于1995年8月1日创刊，是由河南日报报业集团主办的一份以“关切民生、倡导时尚、贴近生活、服务大众”为宗旨的综合性都市类日报。《大河报》关注国内外重大社会、经济、政治、军事、文化、体育新闻事件，弘扬正义、针砭时弊；其推出的《大河报·省会郑州市区版》聚焦省会，报道百姓身边的新闻，追踪热点话题，关注百姓生活，引导时尚消费。《大河报》全国日发行量达100万份，其中郑州市日发行40万份，发行密度居河南省报纸覆盖率之首，对河南周边省市的影响力也日益扩大，是中原报业市场处于绝对领先地位的第一品牌。2004年6月2日在伊斯坦布尔第57届世界报业大会发布了最新“世界日报发行量前100名”排行榜，《大河报》以第64位荣列其中。2004年6月28日，世界品牌实验室和世界经济论坛联合主办的世界品牌大会发布了“中国500最具价值品牌”排行榜，《大河报》以7亿元人民币的品牌价值位列第442名，是河南省唯一入选的媒体品牌。

2.文化出版巨著《中原文化大典》。《中原文化大典》由中原出版传媒投资控股集团有限公司投资2700万元，统一策划、组织300多名专家学者执笔撰稿，于2001年正式启动，是国家重点出版工程、河南出版界的标志性精品图书，被称为河南的“国书”和“名片”。大典总规模46卷56册，共分《总论》《学术思想典》《文学艺术典》《教育体育典》《科技典》《民俗典》《文物典》《人物典》《著述典》和大事记，5万幅图片，2000多万字。《中原文化大典》采取统一的编纂体例，上起远古，下至清末，全面系统地梳理中原文化的演变轨迹，揭示中原文化的发展规律，全景式地展示中原文化的辉煌成就，总结中原文化的宝贵经验，充分而有力地证明了中原在中华文化乃至人类文化史上的贡献和地位。这部大典的编纂是中原文化研究的一项重大成果，是河南文化积累、文化建设和文化产业发展史上具有里程碑意义的工程，它的出版将为河南文化体制改革和文化产业发展提供可资借鉴的经验和开发建设的基础。

三、当前河南文化资源开发利用与文化产业发展中存在问题及原因分析

在调查分析河南文化资源和文化产业发展优势的同时，我们看到河南文化资源的开发利用和文化产业的发展与国内外先进地区相比，还有很大的差距，存在着一些问题。

（一）存在的问题

1.文化资源保护不力，综合开发能力不强。近年来，河南经济发展步入快车道，再加上“三化”并举，城建规模急剧扩大。在经济利益驱动下，规避文物保护法规，造成文物资源破坏的现象时有发生。仅在郑州市，因为开发和基本建设对古文物和古墓葬的破坏事件就有很多起，其他地市就更不用说了。而对未列入《中华人民共和国文物保护法》保护范围的其他文化资源，问题就更多了。同

时，现行文物法规对于基本建设和文物保护的关系规定过于笼统，执法主体不明确，惩罚措施规定不严；文化资源管理保护体制不健全、责任不明确等问题也较为突出。此外，由于河南是文物大省、文化大省，文化资源丰富，在一些人的思想上，存在着“我们家底丰厚，损失一点不算什么”的认识。这种情况比较集中地出现在文物保护单位，特别是一些市、县级文物保护单位上。一些本应该放在库房或展室中的文物却被堆放在露天环境，任凭风吹雨打；还有一些古建筑，由于年久失修，有的已经摇摇欲坠，几近坍塌。

文化资源的一大特性就是不可再生性，只会越来越少，损失了就再也无法弥补。这些问题，虽然在近年来通过有关部门和相关专业人士的共同努力，得到了一定的解决，但我们仍然不能对此掉以轻心，一定要严防文化资源在我们的麻痹大意下逐渐消失。从实际层面看，要彻底解决文化资源的损毁问题，单靠文物、文化部门的力量是不够的，社会各界、各级政府，相关部门都要提高认识，共同协作，在全社会形成一个“文化资源重要，保护更重要”的理念，并通过及时完善法律法规，特别是结合河南实际制定针对性较强的地方性法规，把文化资源保护纳入法制化轨道。

在文化产业开发方面，随着河南省文化建设的深入开展，不少地方借助本地文化资源，进行产业开发，举办特色文化活动，这对于弘扬中原文化，推进全省文化建设，发展文化产业是十分有益的。不过，从目前的发展态势看，河南省文化资源整体开发能力不强，缺乏全省一盘棋的缜密谋划。《中共河南省委河南省人民政府关于大力发展文化产业的意见》和《河南省建设文化强省规划纲要（2005—2020年）》从宏观层面提出了大政方针和目标措施，但仍需中观层次的配套落实，特别是迫切需要制定打破条块分割，按照集聚相关资源和拉长产业链条的立体开发、集成开发规划。在微观层面，各地开发资源的热情较高，但存在一定的盲目性和无序性。甚至有个别的活动，打着开发历史文化资源的幌子，宣扬与时代要求格格不入的封建落后文化。

在具体的文化遗产开发上，一些地方不是把社会效益放在首要位置，对于物质文化遗产，如古迹、遗址和文物，不是在加强保护的前提下，通过开发替代品、衍生品等，使之产业化、市场化，而是把遗产本身当作文化产业的开发对象，或者避开现有文化遗产，复制或建设各种新“古迹”，如火如荼的寻根浪潮催生并助长了这种现象。对于非物质文化遗产，如民间信仰、民间文艺和传统手工艺等,应区别情况分类处理,那些适宜产业化开发的,要在保护其原生形态和知识产权的前提下,通过企业化、市场化运作,将其纳入文化产业范围;对于已丧失了生存环境的濒危民间文化,既不能人为地加以延续,也不能弃之不顾,而是要对其进行全面系统的搜集整理,作为文化资料予以保存、研究。不要让这些现象干扰了全省先进文化建设的大局。

2.文化产业规模小,档次低,品牌少。(1)文化产业整体规模较小。新世纪,文化产业已经成为现代经济的一个新的增长点。有关资料显示,美国文化产业的产值占 GDP 的 12%,英国文化产业产值占 GDP 的 10%,意大利则高达25%。目前,广义动漫产业在日本国内生产总值中已占十几个百分点,已经成为日本第三大产业。同时,文化产业也为众多的跨国公司带来了高额利润。在2001 年《财富》杂志的 500 强排行榜中,将文化产业作为其主营业务范围的 7 家跨国巨头有索尼、迪士尼、时代华纳、新闻集团、贝塔斯曼、维亚康姆和西格拉姆公司。这些文化企业巨头控制着全球 5 大唱片公司中的 4 家,控制着好莱坞 8 大影片公司中的 7 家,以及全球一些最重要的电视、报刊和出版集团,这些航母式的文化产业集团为所在国的 GDP 做出了巨大的贡献。其中仅贝塔斯曼集团财政年度的收入总额就达到了 147 亿美元;日本小学馆(出版社)财政年度的收入达到 89 亿美元;一本《读者文摘》一年的收入也达到 35 亿美元。据统计,400 家最富有的美国公司有 72 家是文化企业,美国的音像业仅次于航天工业,居于出口贸易的第 2 位。英国文化产业平均发展速度是经济增长的两倍。英国文化产业年产值近 600 亿英镑,平均发展速度是经济增长的两倍,相当于本国汽车工业总产值。每年约有 650 个专业艺术节在英国举行,其中爱丁堡国际艺术节是世界上最为盛大的艺术节。英国有许多拥有世界声誉的剧作家、工艺师、作曲家、电影制作人、画家、作家、歌唱家和舞蹈家。这类创意性产业在英国的国民经济中占据着重要地位,每年能产生 810 亿元人民币的利润,并解决 140 万人的就业问题。而我国的文化产业仍然处在初级阶段,尚未形成真正意义上的产业化和规模化。我国 2004 年文化产业营业总收入为 1.72 万亿元人民币,实现增加值 3440 亿元,占 GDP 的 2.15%。

河南省作为一个中部省份,发展文化产业起步较晚。从整体上看,河南文化产业整体规模较小,在全省经济总量中的比重偏低。2004 年,河南文化产业增加值为 264.5 亿元,占全省国民生产总值的比重为 3.0%;2005 年,河南文化产业增加值为339.64亿元,占全省国内生产总值的比重为3.2%。而我国部分文化产业发达省份已取得了令人瞩目的成就,文化产业增加值比重占到6%~7%。从表1和表2可以看出河南省与其他省市的差距。2004年名列全国第一位的广东省,其文化产业增加值为1122.76亿元,比河南省多出858.31亿元,占GDP的比重为7.0%,比河南省高出4.0个百分点;2005年北京市文化产业增加值为603.5亿元,比河南省多263.86亿元,占GDP的比重为8.8%,比河南省高出5.6个百分点。

表1　2004年全国和部分省市文化产业增加值及占GDP的比重比较

省份	文化产业增加值(亿元)	占GDP的比重(%)
广东	1122.76	7.0
上海	445.73	6.0
北京	328.7	5.4
云南	134.08	4.5
湖南	212	3.8
浙江	378	3.2
河南	264.45	3.0
江苏	258.55	1.72

表2　2005年全国和部分省市文化产业增加值及占GDP的比重比较

省份	文化产业增加值(亿元)	占GDP的比重(%)
北京	603.5	8.8
广东	1432	6.6
上海	509.23	5.6
云南	183.58	5.29
湖南	271.08	4.2
浙江	439	3.3
河南	339.64	3.2

表1、表2资料来源:《2007年:中国文化产业发展报告》,社会科学文献出版社2007年版。

同时,河南省文化产业所能提供的文化产品和文化服务的数量和质量,也不能适应广大群众日益增长的文化消费需求和多层次、多形式、多样化的文化消费特点。这与河南丰富的文化资源、良好的区位优势、人口大省具有的巨大消费市场很不相称。河南文化产业还缺乏拳头产品和重点企业。具体有以下一些问题:河南大型文化企业数量少、规模小,在文化市场上市场份额小,竞争力弱;资金规模小,软、硬件水平都较低;创新少,精品少。虽然一些文化企业已初具规模,如河南文化影视集团有限公司、河南日报报业集团有限公司、中原出版传媒投资控股集团有限公司等企业,但与全国文化产业的龙头企业相比还有距离。可以说,河南文化产业仍处于起步、探索、培育、发展的初级阶段。

(2)文化产业结构档次偏低。20 世纪末以来,随着高科技,特别是现代信息技术的发展,一些新兴的文化产业迅猛地成长起来。新兴文化产业已成为经济发展的重要力量和支柱产业,而河南省新兴文化产业发展的现状不容乐观。河南传统文化产业基础扎实,多项指标位居全国前列,但数字化特征不明显,总量和比重都较薄弱。一个新兴形态产业的快速发展离不开由各种支持要素配合构成的产业支持体系的支撑,缺乏完善的产业支持体系正是目前河南发展数字文化产业遇到的最大问题。目前,河南在发展数字文化产业方面还欠缺以下支持条件:产业链缺失且人才缺乏。河南在数字文化产业链方面一直缺少对产业链上游的控制力,比如河南网络游戏产业中的游戏运营企业多是从代理起家,大都位于产业链下游;动漫产业中,河南有重要影响力的原创品牌还很少,所以,整个上游价值链的缺失直接影响了河南数字文化产业的发展。同时,河南数字文化产业缺乏高质量的创意人才,导致原创作品严重缺乏。

相比之下,湖南省文化产业结构就比较合理。2004 年,湖南省 GDP 位居全国第 12 位。从全国对各省文化产业核算的增加值数据看,2004 年湖南省文化产业增加值总量位居全国第 8 位。2004 年全国文化产业增加值占 GDP 的比重为 2.2%,湖南省为 3.8%,高于全国平均水平 1.6 个百分点,湖南文化产业增加值占 GDP 的比重仅低于经济发达的广东、北京、上海、浙江、天津、福建,在中部地区位居第一位。湖南的文化产业之所以发展迅速,与其合理的产业结构有很大关系。湖南的新兴文化产业发展较快,卡通、动漫产业领跑全国同业。湖南卡通产业拥有原创、先发、人才、科技和品牌五大优势,已基本形成从动画原创、制作、出版、发行,到衍生产品生产、动画教育、媒体播出等较为完整的动画产业体系,并先后与境内外 21 家单位展开了合资合作,成为全国最大的动画原创基地,动画从业人员占全国一半以上,动画生产和播出占全国总量的 60%以上。

表3　2005年湖南省、河南省文化产业分类增加值比较

层级	文化产业分类	湖南省文化产业增加值		河南省文化产业增加值	
		总量(万元)	结构(%)	总量(万元)	结构(%)
	合计	2710792	100	3396417	100
核心层	核心层小计	781478	28.83	740872	21.8
	一、新闻服务	656	0.03	0.05	0.000001
	二、出版发行和版权服务	478558	17.65	501183	14.8
	三、广播、电视、电影服务	255093	9.41	107915	3.2
	四、文化艺术服务	47171	1.74	131774	3.8
外围层	外围层小计	843956	31.13	245714	7.2
	五、网络文化服务	20357	0.75	2077	0.06
	六、文化休闲娱乐服务	712980	26.30	175180	5.14
	七、其他文化服务	110619	4.08	68457	2.0
相关层	相关层小计	1085358	40.04	2409831	71.0
	八、文化用品、设备及相关文化产品的生产	761619	28.10	1737892	51.2
	九、文化用品、设备及相关文化产品的销售	323739	11.94	671939	19.8

资料来源:湖南省文化产业统计数字来自中国统计信息网2006年6月28日,河南省文化产业统计数字来自中国统计信息网2006年4月26日。

从表1、表2所示2005年湖南省和河南省文化产业增加值可以看出:湖南省文化产业对国民经济的贡献在不断提高;河南省文化产业在国民经济运行中的贡献度还远远不够。2005年,湖南省文化产业增加值已达271.08亿元,占GDP的比重为4.2%。2005年,河南省文化产业增加值为339.64亿元,占GDP的3.2%,比湖南省低1.0个百分点。

从表3可以看出,河南文化产业的主体部分——核心层与外围层构成的“文化服务”仅占29%,远远小于全国48.0%的水平,比湖南省60%的水平足足低了31个百分点。文化服务业是文化产业的核心部门,主要包括新闻出版、出版发行和版权服务、广播电视电影服务、文化艺术服务、网络文化服务和文化娱乐休闲服务等行业。文化服务业发展水平的高低是衡量一个地区文化产业发达与否的主要标志之一。河南的文化服务业与文化产业发展较好的省份相比显得相对滞后,面对当前群众文化消费大幅度增长,文化需求多样性、多层次、个性化的趋势,我省缺少高质量、高品位、切合文化市场需要的文化产品和服务。特别是包括新兴的互联网信息服务、与居民生活密切相关的文化休闲娱乐服务及其他文化服务的外围层所占比重太小,仅为7%,比全国平均水平低16.1个百分点,与先进省市的指标相比差距较大,比湖南省的31%的水平低24个百分点。河南文化产业的核心层比重比全国水平低近3个百分点,比湖南低近7个百分点。因此河南必须进一步采取措施,推动诸如网络文化服务、旅游文化服务、文化艺术商务代理服务以及广告和会展文化服务等新兴文化产业的发展。

从文化产业九大层次看,全国文化产业的核心层、外围层、相关层三者增加值之比为24.7∶23.3∶52.0。从表3可以看出,湖南省文化产业的核心层、外围层、相关层三者增加值之比为29∶31∶40,核心文化层举足轻重,外围文化层发展迅速,相关文化产业层初具规模。河南省文化产业的核心层、外围层、相关层三者增加值之比为21.8∶7.2∶71.0,文化产业结构不均衡,“核心”不够核心,“主体”达不到主体的程度,直接影响了全省文化产业的规模。2005年河南省文化产业的核心层实现增加值74.09亿元,占全省文化产业增加值的22%;湖南省以新闻、出版、广电和文化艺术为主的“核心层”实现增加值78.15亿元,占文化产业增加值的28.8%,河南省文化产业核心层实现的增加值比湖南省少4.06亿元,文化产业核心层占全省文化产业增加值的比重比湖南省低近7个百分点。2005年河南省文化产业的外围层实现增加值24.57亿元,仅占全省文化产业增加值的7%;而湖南省以网络文化、休闲娱乐、旅游文化、广告及会展等为主的“外围层”实现增加值84.40亿元,占文化产业增加值的31.1%,整个文化服务占文化产业的比重达到59.9%,文化服务已经成为湖南文化产业的主体产业。2005年河南省文化产业的相关层实现增加值240.98亿元,占全省文化产业增加值的71%;湖南省以从事文化用品、设备及相关文化产品生产、销售的“相关层”实现增加值108.54亿元,占全部文化产业增加值的比重为40.04%。

分行业看,在河南省“文化服务”的7个行业类别中,出版发行和版权服务业实现增加值50.12亿元,占全部文化产业增加值的14.8%,所占份额最高;其次是文化休闲娱乐服务业，实现增加值 17.52 亿元，占 5.2%；居第三位的是文化艺术服务，实现 13.18 亿元，占 3.9%；其余依次是广播、电视、电影服务业，网络文化服务，其他文化服务，新闻服务。在“相关文化服务”的 2 个行业类别中，文化用品、设备及相关文化产品的生产行业实现增加值 173.79 亿元，占全省文化产业增加值的 51%；文化用品、设备及相关文化产品的销售行业实现增加值 67.19 亿元，占全省文化产业增加值的 19.8%。总之，河南省新兴文化产业规模较小，文化产业还缺乏适应性和主动性。在互联网游戏出版、互联网学术文献出版等新经济增长点方面还比较滞后；相关文化产业相对规模较大，但科技含量较低，主要集中在传统的造纸、工艺美术品制造业上，家用视听设备制造、信息化学品制造等科技含量高产业比重较低。以数字化生产、网络化传播为主要特征的数字内容产业将会推动新兴文化产业大发展。

（3）知名文化品牌偏少。文化品牌是一种以物质为载体，以文化为依托，浓缩了心理学或社会内涵的符号系统，它提供给消费者多种精神享受，使消费者能够区分出不同的文化产品和服务，使市场呈现差异化竞争。文化品牌价值越大，在市场上的竞争力越强。文化产品对品牌具有依赖性。文化产品知名度越高、品牌越响亮，其社会影响力和市场竞争力就越强，其宣传教育价值和经济附加值往往也就越高。可以说，培育品牌是提升文化产业核心竞争力的主要手段，也是文化产业快速崛起的重要推动力。

在世界范围内文化产业快速发展、市场分割快速进行的今天，没有优势文化品牌，就意味着没有核心竞争力和产业优势，在市场占有和竞争中必然处于劣势。在发达国家，文化产业之所以成为支柱产业，与其文化品牌发挥的作用密不可分。美国文化产业的增加值绝大部分是由“迪士尼”“好莱坞”等具有品牌优势的公司所创造的。国内文化产业快速发展的省区的经验也印证了品牌带动对于加快文化产业发展、提高文化产业核心竞争力的巨大作用。国内文化产业也正在形成品牌，如浙江的横店集团已经发展成为“东方的好莱坞”、广西的《印象·刘三姐》已经成为旅游的金字招牌、湖南的电视产业和三辰动漫产业也形成了强势品牌。河南的文化资源优势明显，但是这些资源优势大多还没有形成具有产业优势的文化品牌，众多的资源还没有转化为现实生产力，正是从这一意义上讲，依托文化资源优势，实施品牌带动战略，打造知名文化品牌，拉动文化产业快速发展对于河南建设文化强省至关重要。

《梨园春》是河南影视业的一个知名品牌。据央视市场研究股份有限公司2004年第二季度《卫星频道竞争力调查报告》显示，河南卫星频道的戏曲文艺类节目是除中央电视台之外办得最好的，观众在对卫视频道进行满意度评价时，河南电视台卫星频道已由第八位上升到第四位，成为满意度快速提升的电视频道之一，其中《梨园春》所做的贡献最大。2005年《梨园春》在全国的平均收视率为23%，每期综合收视超过2亿人次。《梨园春》虽然在全国戏曲类节目中收视率很高，然而与国内第一流的综合类电视娱乐节目相比，还有很大的差距。湖南卫视2006年度《超级女声》在央视索福瑞14城市同时段收视调查中排名全国第一位，收视份额达到了7.77%，观众横跨各年龄层次。另外，《梨园春》着眼于豫剧这一地域文化特色的戏剧品种做文章，受众与综合类娱乐节目相比明显具有局限性，中老年观众所占比重较大。而以青春美少女为卖点的《超级女声》虽然以年轻人以及女性为主要收视群体，但其魅力却远远不限于年轻收视群体，观众群几乎横跨各年龄层次，且越到决赛吸引的观众层次跨度越大，这构成了收视现象的独特风景线。形式新颖和场内场外的庞大宣传攻势是《超级女声》创造收视高潮的制胜法宝。《梨园春》的品牌今后还需在继承以前优势的基础上不断创新。

目前河南卫视还有几个比较好的品牌栏目。《武林风》利用河南本土少林功夫和太极拳的丰富资源，立足中原，放眼全国。同时，借鉴《梨园春》的成功经验，在“散打擂台赛”的主体板块之外，增加了把娱乐和弘扬侠义文化精神融为一体的辅助板块。《华豫之门》是一个文化益智类栏目，以知识、趣味、娱乐、时尚为构成元素，用游戏娱乐的形式展示华夏文化和中原文化。

近年，河南歌舞剧也出现了几个较好的品牌。河南歌舞剧院创作的《木兰诗篇》在国际舞台上首创情景交响音乐剧这一舞台表现形式。该剧用交响乐这一高雅艺术形式为主体，吸纳了歌剧、音乐剧、戏曲、清唱剧等适合于情景表演的元素，以如诗如画的舞台艺术、灯光效果营造艺术氛围，以现代的视角和思维、全新的创意和追求，为中华民族古老而广为人知的故事注入新的内涵，使人们获得全方位的感官享受。2005年9月18日，《木兰诗篇》到纽约林肯艺术中心演出，得到了美国音乐界人士的高度评价。

同样由郑州歌舞剧院推出的大型原创舞剧《风中少林》也是一台不可多得的精品，该剧以精湛的少林功夫展示了中原武术的博大精深和英雄的恢宏浩气，以柔情的古典舞蹈演绎一场包蕴东方隐忍之美的凄美爱情故事，以强大的舞台制作给人以强烈的视听震撼和全新的艺术享受。舞台上追逐打杀的少林功夫和中国舞蹈的柔情似水结合在一起，气吞山河，横扫古今。该剧从全国11个省精选出55名舞蹈演员组成演出阵容，是将少林武术和舞蹈完美结合的艺术精品。2004年10月，《风中少林》在世界首届传统武术节首度上演后，引起美国、法国、英国、瑞典等10多个国家演艺机构的关注，纷纷约请《风中少林》在本国演出。2005年11月郑州歌舞剧院又与美国蓝马克娱乐集团签约，美国公司以800万美元"买断"《风中少林》，该剧将于2006年7月赴美国巡回演出两年约800场。

另外，洛阳的舞蹈诗《河洛风》、开封的歌舞剧《清明上河图》、河南豫剧二团的《程婴救孤》、河南豫剧三团的现代豫剧《村官李天成》、三门峡豫剧团的《虢都遗恨》都是近年来涌现出来的艺术品牌。

在肯定河南文化产业品牌所取得成绩的同时，我们还应看到当前河南的知名文化品牌还不够多，影响还不够大，品牌的市场价值还有待发掘。具有自主知识产权的文化品牌更少，这直接制约了文化产业的发展。河南省的电视内容产业在全国同类电视台节目中因为缺乏新意而导致竞争力不强，收视率和广告都排在全国中游。

河南省是戏剧大省，但戏剧形式单一。新民乐和歌剧风行全国的时候，河南省在较长的时间内没有做出反应。近年来河南虽然创作了《风中少林》《木兰诗篇》等四部歌剧产品，但市场前景被看好的只有《风中少林》，其他作品市场业绩平平。河南电视台的《梨园春》和《武林风》栏目，由于地域性太强，也受到一定限制。

总之，河南文化产品给人的总体感觉是品种少、品牌少、精品少，品位不高、创意不足。比如，河南的钧瓷、汝瓷、唐三彩在历史上是非常有名的，现在当地也很重视，但是由于许多人只是把它作为赚钱的手段，从而忽视了产品质量的提高。于是，大街小巷随处可见的粗制滥造的仿制品，不但产品卖不上价钱，还严重败坏了河南的声誉。另外，在新闻、出版、广播电视等方面，我们还缺少在全国叫得响的栏目和品牌，许多文化艺术产品还没有走向全国市场。现在河南的文化产品整体来说和发达地区相比还有相当大的差距，突出表现在保守有余而创新不足，同质化现象严重，低层次重复严重。

（二）原因分析

1.思想认识不到位。（1）对文化功能的多样性认识不全面，开发文化资源和发展文化产业的主动性亟待提高。党的十六大报告在确定全面建设小康社会的经济、政治、文化、生态环境建设四大目标时，第一次把文化建设分为文化事业、文化产业两部分。文化事业是社会主义精神文明建设的基础和主要载体，包括我们通常讲的文化馆、博物馆、图书馆、群众文化艺术馆、基层群众文化活动站等文化基础设施建设以及围绕这些基础设施建设开展的公益文化活动，还包括哲学社会科学研究活动；文化产业主要包括以新闻出版业、广播影视业、文化演出业、文化旅游业等行业为代表的主导文化产业，以网络服务业、广告会展业、文化创意业和动漫、网络游戏业等为代表的新兴文化产业以及以文化娱乐业、体育休闲业、艺术培训业和艺术品业等为代表的社会文化产业。

长期以来，我们只重视文化的宣传教育功能，而忽视了它的消费娱乐功能；只强调文化建设是个“战场”，而忽略了它还必须要面向市场，导致对文化产业重视不够，开发不足，对文化事业也管得过死，缺乏活力，严重影响了文化建设的整体推进；其次，过去，我们较多地强调文化为经济服务，而没有想到文化也是生产力，文化本身也能创造财富，缺乏运用市场经济和发展工业的理念发展文化产业的主动性，使我们在国际国内文化产业竞争中处于被动局面。

当然，作为商品的文化产品具有商品的基本属性，同样，文化产业发展也必须遵循商品生产的一般规律，其本质是以市场需求为指针，以追求最大限度的利润为目的的，因而文化就“产业”的属性来说，会出现文化产业的市场主体不仅缺乏开发公益文化产品、举办公益文化活动的自觉性的现象，而且还可能出现迎合部分消费者低级趣味的倾向。这就要求我们必须把大力发展文化产业与大力推进社会主义先进文化建设有机地结合起来，用先进文化的理念引领文化产业的发展方向，并促使其自觉担当起当代新文化建设的生力军，同时，大力发展文化事业，夯实当代新文化建设的基础，并用高度发展的文化事业弥补文化产业在社会文化建设上的局限性。在动力机制上，通过发挥市场机制的优越性大力发展文化产业，通过发挥社会主义制度的优越性，大力推进先进文化建设和文化事业发展，用好两种机制，使二者如车之两轮，鸟之双翼，相辅相成，共同进步。

（2）对知识经济的时代要求把握不深，大力发展现代文化产业的自觉性亟待增强。当今世界已进入知识经济时代。文化作为一个国家、一个地区综合实力重要组成部分的地位愈益凸显。打“文化牌”,利用特色文化壮大经济实力、政治实力和军事外交实力,不仅在国际竞争中司空见惯,而且在国内区域竞争中也已成为新的热点。可以说,知识经济时代的市场经济越发达,其对文化的依赖性就越强,经济文化化、文化经济化、经济文化一体化,是当前社会主义市场经济条件下文化生存和发展的基本态势。

从经济结构看,西方经济学家认为,知识经济时代的支柱产业主要有:信息产业、文化产业、旅游产业和体育产业。现实生活中,西方发达国家的文化产业收入在国内生产总值中所占的比例确实在不断提高,可以说,文化产业已成为新世纪全球经济新的增长点。

当前,河南正经历着社会结构和经济体制由农业社会向工业社会乃至新型工业社会、由计划经济体制向市场经济体制转变的深刻变化,旧有的相对平衡局面已被打破,而新的和谐格局尚待建立。在这个过程中,全省不少地方传统的发展工业理念仍占据着主导地位,因此,发展文化产业特别是以网络服务业、广告会展业、文化创意业和动漫、网络游戏业等为代表的新兴文化产业以及文化娱乐业、体育休闲业的认识不足,再加上城乡居民文化消费水平较低(2005年,全省城乡居民人均教育消费和文化娱乐消费分别为805.08元、177.66元,分别占消费支出的13%、9%),也使得政府部门发展文化产业的紧迫性不强。即使在切实转变经济增长方式,走节约发展、清洁发展、安全发展、可持续发展的路子的情况下,不少人的思想深处往往还是在改造传统产业圈子里打转转,从而使开发文化资源、发展文化产业、打造文化品牌往往流于一般号召。

(3)对科学利用传统文化资源认识不足,创新中原传统文化,真正实现中原传统文化与当代先进文化的有效对接,也是当前一个亟待解决的重要理论和实践课题。

中原文化是中华民族文化发展史上一颗璀璨的明珠,长期积淀形成的中原人文精神,如勤劳善良、淳厚节俭的精神,诚实守信、礼仪泱至的精神,坚忍不拔、自强不息的精神,爱国爱家、竭诚奉献的精神,等等,都是我们伟大民族精神不可或缺的“遗传基因”,是我们发展先进文化取之不尽、用之不竭的宝贵资源。中原文化还给我们后人留下了极为丰富的地上地下文物。同时,我国的许多姓氏源于中原,中原地区又形成了独特的“根文化”。再加上中原大地绚丽多姿的自然风光和四通八达的区位优势，这些都是我们建设文化强省的重要资源。但是，我们还应该看到，中原传统文化从本质上说是建立在农耕社会和自然经济基础上，以血缘关系为纽带的文化，它与以工业文明和市场经济为基础、以社会主义道德为规范、以业缘关系为纽带的社会主义先进文化有着根本差别。中原文化形成于漫长的封建社会之中，受专制制度、宗法制度、等级制度及其思想影响较深，再加上缺乏资本主义阶段的洗礼，由此而产生的封闭、保守、落后的小农意识等思想会对现代化建设产生负面影响，这是中原文化中的糟粕。因此，传统中原文化崇尚的价值观、道德规范和生活方式，必须实现创造性转换，才能成为适应新世纪河南发展文化产业的资源支撑。而当前在这方面的理论研究还比较薄弱，也就是说，开发传统文化资源与发展现代文化产业均缺乏有力的理论支撑。

2.人才和资金是河南文化产业发展的两大重要制约因素。近年来，顺应世界经济发展潮流和社会主义市场经济体制改革，河南文化产业呈现蓬勃发展的良好势头。但文化产业愈是发展速度快，文化产业领域人才需求严重短缺问题愈突出，这已成为制约文化产业发展的关键因素之一。

文化产业大发展需要诸多条件，如政策法律环境、体制机制环境、资本供给等，这其中的许多条件经过努力可在较短时间内补充起来，但是唯独高素质文化产业人才不是短时间就能造就出来的。于是，当我们面临很好的发展机遇时由于缺乏人才而痛失良机，当我们面对丰富的文化资源时却缺乏高超的策划创意人才。就像其他经济领域的竞争其核心是人才竞争一样，文化产业领域的竞争，其核心也是人才竞争。要把河南的文化产业做大做强，也就必须把我们的文化产业人才队伍做大做强。

来自各方面的信息显示，几乎全省文化产业的每个领域都存在人才严重短缺问题。

一是缺乏高素质管理人员。文化产业是以文化品为生产和创作内容的产业，因此它对从业人员的文化和艺术素质有很高的要求。又由于文化产业的产业属性，要求从业人员还要具有敏锐的市场意识和经营管理能力。在传统文化体制下长期从事文化事业的工作人员因没有经受市场竞争的磨炼，市场意识不强，营销能力较弱。可以说，河南文化产业从业人员知识结构和能力结构单一的现象比较突出，管理人员或缺乏经济和管理常识，或缺乏文化艺术的鉴赏修养和文化消费趋势的判断能力,整体缺乏既懂经济又精通文化娱乐业特点的复合型高素质经营管理人才。

二是缺乏新兴行业的专业人员。文化产业领域有许多新兴行业,如网络游戏业、动画制作业等。2006 年中国网络游戏的市场规模将达到 83.4 亿元,占到全球网络游戏营业额的两成,整个中国的网络游戏玩家占了 2600 万,而中国从事网络游戏研发工作的不足 6000 人。专家指出,在未来三至五年,中国游戏从业人员缺口就将达到 30 万,专业化人才奇缺将成为制约网络游戏发展的瓶颈。河南省的情况更加严重,其创新能力差、策划能力弱的主要原因还是没有这方面的高端人才。河南游戏研发人才匮乏,特别是中高级人才奇缺的情况,已成为严重制约网络游戏产业持续发展的瓶颈。

三是缺乏复合型人才。文化产业是一个比较宽泛的领域,包括诸多行业,而这些行业之间又具有互通性,因此,需要大量复合型人才,即以某专业为主,又兼通其他相关领域知识。由于对国际演出市场、对国际惯例缺乏了解,河南一些文化企业的许多做法与国际操作规程并不契合,这给交流带来了障碍,也延缓了优秀的传统文化走出国门的步伐。

四是缺乏创意型人才。文化产业是极具创造性的产业,有巧妙的创意的文化产品是最受市场欢迎的。创意是文化产品成功的关键。文化创意是利用文化资源中的信息,用想象力和创造力生产出的一种内容或形式的创新,或令人耳目一新,或具强烈的震撼力。河南文化产品之所以缺乏知名品牌,最重要的原因就是缺少一批懂技术、懂艺术、有品位的创新人才。

文化产业的发展一方面要靠资源,另一方面要靠创意,两者缺一不可。但在这二者中,起决定作用的仍然是人力资源,尤其是具有文化创意的人力资源。纵观国内外文化产业成功的先例,一个明显的事实就是拥有一批具有创意的文化人才。从文化产业发展较好的国家看,近 10 年来各国创意产业之所以引人注目无不得力于各国对创意人才的教育与培养。仅以游戏产业为例,2003 年,美国有 540 所大学(学院)设有游戏专业;日本有 200 所大学设有游戏(开发、设计、管理、运营)专业;韩国有 288 所大学(学院)设有相关专业,其中政府指定赞助的大学及研究院游戏专业就有 106 个。我国创意人才的培养,由于受到原有人才培养模式的制约,现在还不能完全适应快速发展的新形势,不过国内有不少大学已经开始意识到文化产业人才培养的重要性。北京大学、清华大学、中国人民大学、中国传媒大学、北京电影学院、上海交通大学、云南大学等院校已经建立了文化产业研究机构并尝试开设相关专业培养专门人才,河南省目前只有一所高校建立文化产业研究机构,开设文化产业相关专业。河南发展文化产业急需要一大批传媒人才、出版人才、设计人才、策划人才、旅游人才、计算机人才、动漫游戏人才、经营人才、管理人才,而且人才的需求呈现出综合化高层次的趋势,但是目前河南高校的人才培养刚刚起步,人才培养呈现散、小、弱的态势,显然不能适应这种要求。

值得注意的是,因原有体制、机制不灵活等原因,造成急需的人才留不住、引不来,富余人员推不出去,负担越来越重,恶性循环。例如许多年轻演员,经过艺术培养和舞台实践,业务素质日益提高,但因缺乏激励机制,有了名气之后,要么被待遇优厚的艺术团体挖走,要么面对大锅饭机制不思进取,不求上进,得过且过。民间艺术表演队伍趋于老龄化,急需培训并发展青年队伍。高层次的文化产业经营和管理人才更是寥寥无几。河南省文化产业受人才单位旧体制的限制,不能广泛地吸纳外地高层次人才,实行人才的活性流动。人才引进、培养、使用的力度不够,人才的生活环境、工作环境和人事环境还不能留住高层次人才,还没有建立健全文化产业人才激励机制,很难吸引省内外和境内外优秀人才加盟河南省文化产业。

新兴文化产业是一个高科技、高投入、高产出、高回报的产业。资金已经成为文化产业发展的决定性因素之一。但是,河南文化产业的资金投入还不能适应文化产业的快速发展。文化团体、文化经营单位设施、设备陈旧老化的状态还未改变,标志性文化设施缺乏,构筑文化大发展的大平台运转难以实现。以歌舞团、豫剧团为例,虽有省市财政保证的人头经费,但其他负担仍然很重,只能依靠大量增加演出场次来保证演职人员工资,无力投入更多资金,无力进行再创作,加上大多数设备仍沿袭计划经济体制下的最初建设模式,长期得不到改善,市场竞争能力极弱。河南新兴文化产业的发展普遍存在资金投入不足的问题。以动漫业为例,一部动画片的运作一般都需要上千万元的资金投入,一般文化企业仅仅依靠自身的积累,在短期内是不能够完成的。加之动漫产业刚刚起步,省内没有投资动漫获得大量利润的先例,有实力的企业参股投入都有一定的顾虑。动漫企业本身除了品牌、版权、项目这些无形资产,固定资产和货币资金都很有限,而无形资产又无法作为抵押物到银行贷款,这就形成动漫企业的资金瓶颈。如果资金问题得不到解决,没有一个解决动漫发展资金的绿色通道,动漫产业的发展将非常艰难。电视台、出版社等与动漫行业有着紧密联系的机构投资参与动漫产业的积极性不高,有资金实力的单位不想做动漫产业,有项目、有热情的单位缺乏足够的资金,这也直接制约着河南省动漫产业的深入发展。

另外,宏观经济政策还不能完全适应文化产业的发展。目前,河南在金融、税收、信贷、投融资等方面对文化建设、文化事业有可以倾斜和扶持的政策,但文化产业目前仍是单位规模小、文化产品市场竞争力差,自主发展、自主创新能力差的状况,很难成为真正的市场主体。文化企业受社会偏见、政策环境不稳定、负担沉重等因素影响,发展起伏波动较大。目前虽有文化广场的整体规划,但重点文化产业项目的论证、评估市场准入条件等并没有明确的规定,政策、法规滞后极易导致在吸引大量闲散资金介入文化产业的同时,又造成投资种类失衡、重复投资、盲目建设的无序局面。

河南目前缺乏有利于文化产业迅速成长的投资体制环境,这一要素既是目前各项缺失要素中最重要的,也是目前数字文化产业发展中遇到的最大障碍,同时还是最容易在短期内形成突破产生巨大推动力的一环。毫不夸张地说,抓住了这一环节,就抓住了数字文化产业发展的"牛鼻子",可以起到"四两拨千斤"的效果。但目前文化产业的投资体制仍然以政府资金为主导,社会资本参与程度严重不足,投资主体单一化,效率不高,民资进入限制过多,投资渠道不畅,没有建立起市场化、多元化的投资机制。

3.体制创新任重道远。河南省委、省政府高度重视文化产业发展,继 2005 年 7 月召开河南省文化产业发展和文化体制改革工作会议,并连续出台了《中共河南省委河南省人民政府关于大力发展文化产业的意见》和《河南省建设文化强省规划纲要(2005—2020 年)》后,省委又于 2006 年 5 月召开河南省文化体制改革和文化事业、文化产业发展工作会议,对全省的文化产业发展和文化体制改革做出具体部署。两次会议上,时任省委书记的徐光春同志都出席并做了重要讲话。连续两年针对几乎同一内容召开如此高规格的会议,这在河南乃至全国是没有过的。

但是,长期形成的体制矛盾不是短时期内就能彻底解决的。况且,文化体制改革与文化市场开放的步骤不协调的问题,也不是只有河南才存在的,而是当前国内普遍存在的问题。

2003 年以来的文化体制改革试点,结束了多年来的“双轨制”,改变了文化单位与国家的关系。过去国有的文化机构开始向独立的市场主体转变,但是这个过程还需时日,文化领域行政干预色彩还很浓,国有文化企业按照规范的现代企业方式运作难度很大,难就难在它要“带着镣铐跳舞”,这个现象在出版业、广电业表现得尤为突出。

上述现象的存在,深层原因还是文化管理体制改革还不到位,关键是文化市场还没有建立起规范的准入和退出机制,也没有形成公平的市场竞争关系。一方面,在传统的计划经济体制下形成的由政府包办文化事业的体制,虽然正被逐步打破,但是各种社会力量兴办文化的投资渠道还远远没有建立健全起来,文化单位仍有依赖心理,有问题不是找市场,而是找政府部门,要求投入,减免税费;另一方面,文化主管部门对文化产业管得过多、不够灵活。当前,文化产业经营的主体大多脱胎于传统的文化事业单位,还不能适应市场经济和产业发展的要求,在分配制度上还普遍存在“平均主义”;在人事制度上还没有形成流动机制和淘汰机制;在经营中盲目投资、缺乏科学决策,上当受骗的也较多。而不少社会办的文化产业,由于经营者不是将文化作为产业发展,急功近利,内部管理弊端百出。

客观地看,河南文化体制改革还处在起步阶段,制约文化发展的体制性、根本性问题还没有解决,面临的主要问题依然是改革不够。传统文化体制的弊端如:文化事业高度意识形态化,所有制单一化,文化机构行政化,管理机制、运行机制僵化等问题依然较为突出;文化产业的行业壁垒、地区壁垒较为严重,文化资源被文化、旅游、新闻出版、广播电视等部门分割使用,没有有效整合;改革的重点放在“集团重组”等方面,却没有重视“理顺党委、政府、企业和市场的关系”“催生民营企业”这些更为根本的问题,这些问题的直接后果是对文化产业的发展形成了极大的障碍,致使收入消费结构的变化并未对文化产业发展形成应有的拉动,严重制约着河南向文化强省的跨越。

与此相关,我们还要看到,由于发展文化产业的热潮已经形成,传统体制下的“一阵风”“大呼隆”现象也有所抬头,圈占“产业园区”,政府出面举办各种文化节庆活动且向企业摊派费用等,已经出现苗头。

最后,对新兴文化产业实施有效的政府监管也成为亟待创新的领域。数字技术不但开辟了新的产业空间，也带来了网络用户的超常增长，难免泥沙俱下，从而给政府依法管理带来了挑战。

四、整合资源、培育品牌，加快文化产业发展的对策建议

（一）提高认识，加强对文化产业发展的组织领导

当今世界，文化与经济和政治相互交融，在综合国力竞争中的地位和作用越来越突出。世界各国尤其是发达国家，纷纷把提升文化竞争力作为增强综合国力的一个重要手段，把发展文化产业作为一项重要的发展战略。从国内来看，文化产业发展势头强劲。一些地区特别是沿海发达地区把建设文化强省、文化大省、文化立市作为战略目标，文化产业发展迅猛；中西部地区也纷纷把发展文化产业作为新阶段赢得先机的战略性举措，制定规划，出台政策，抢占制高点。

推动我省文化产业加快发展，必须进一步解放思想，创新观念，提高认识。一要认识到文化不仅有只讲投入不讲产出的公益型意识形态属性，更具有文化经济价值和产业属性；二要认识到必须树立起以充分满足社会文化需求为标准的市场效益观念，而不能将文化的社会效益与经济效益对立起来；三要认识到文化产业在整个经济社会发展中具有不可替代的战略地位，而不能认为发展文化产业只是文化系统的事。

在提高认识的基础上，必须进一步加强对文化产业发展的组织领导。一要加强领导，健全机制。要建立健全党委统一领导、政府组织实施、党委宣传部门协调指导、行政主管部门具体落实、有关部门密切配合的领导体制和工作机制。各地市党委、政府和省直有关部门的主要负责人要亲自挂帅，靠前指挥，抓紧抓实抓好文化产业。各级文化管理部门要切实履行职责，搞好统筹规划，加强组织协调。各相关部门要各司其职，各负其责，发挥职能作用，相互协调配合，形成推动我省文化产业加速发展的强大合力。二要转变职能，创新管理。各级政府要把文化产业发展列入经济社会发展规划，加大财政对政府主导的公益性文化事业的支持力度。要进一步明确文化行政管理部门的职责，理顺与所属文化事业单位的关系，不断强化政策调节、市场监管、社会管理和公共服务职能，实现由政府办文化向政府管文化转变。三要抓好队伍，提供保障。要着力培养和造就一批文化产业领域的领军人物和专业人才、一批掌握现代传媒技术的专门人才、一批懂经营善管理的复合型人才，为改革和发展提供智力支持。文化战线的同志要加强学习，提高素质，增强能力，更好地担负起加快文化产业发展的

使命。

（二）摸清家底，建立文化资源数据库

文化产业具有内容复杂、涉及面广、单位规模小、数量多，且新兴服务项目不断涌现等诸多特点，这些特点决定了文化产业统计的难度较大。加上河南的统计条件相对较差，可供投入的人力、财力有限，技术准备也不足，使得全省的文化产业统计核算显得格外薄弱。所以，精确文化产业统计核算，摸清家底，建立全省的文化资源数据库就显得具有尤为重要，它将为研究和制定河南的文化产业发展规划与政策提供更加客观和翔实的依据。

1.按照国家《文化及相关产业分类》准则对全省的文化产业进行大“摸底”。根据这一分类，我国的文化产业统计范围覆盖了现行国民经济行业分类中的80个中小类。同时，又根据各类文化活动的特征和同质性的原则，将全部文化产业活动划分为9个部分，并根据文化产业发展分析研究与宏观决策的需要，将9个部分进一步归纳为以传统意义上文化产业为主的“核心层”、以改革开放以来的文化产业为主的“外围层”和生产、销售文化产品的“相关层”三个板块。

其中，文化产业核心层包括：（1）新闻服务；（2）出版发行和版权服务；（3）广播、电视、电影服务；（4）文化艺术服务。文化外围层包括：（1）网络文化服务；（2）文化休闲娱乐服务；（3）其他文化服务。文化产业相关层包括：（1）文化用品、设备及相关文化产品的生产；（2）文化用品、设备及相关文化产品的销售。

2.有条不紊地开展全省的文化资源“摸底”工作。要以统计部门为依托，文化、广电、新闻出版和文物等相关部门协同参与，在全省范围内开展一次文化资源的大“摸底”工作。对有产业开发价值的文化资源要进行注册、整理，对具有河南特色的文化项目要及时申请文化专属权。并以此为契机建立和完善全省的文化资源、文化产业数据库。

3.充分利用新的文化资源数据库。要及时组织有关专家对不断完善的全省文化资源数据库中的文化产业进行“会诊”，突出特色和优势，选准龙头带动企业，提出总体发展思路，明确突破口、基本布局和发展重点。并在此基础上，制定出全省的文化产业发展纲要，以指导和推进河南文化强省的建设尽快步入快车道。

（三）科学合理规划，优化产业发展布局

抓住文化产业发展的历史机遇，河南省已明确提出了从文化大省跨越成为文化强省的战略目标。如何把资源优势变成发展优势、产业优势、经济优势，把文化产业做强做大？其关键环节是科学合理地规划和布局。依照国家和河南省委、省政府有关发展文化产业的方针、政策，结合社会经济发展总体规划，立足区域，遵循科学合理性、可持续性、协调性、可操作性、独具特色的原则，制定突出特色、结合实际、因地制宜的文化产业规划。

一是制定全省文化产业发展总体规划纲要、行业规划和文化企业集团规划，明确文化产业的发展思路、重点和方向，确定鼓励和限制发展的文化行业导向目录，定期或不定期向社会公布，增加规划的透明度和公开性，为文化企业提供宏观信息导向。各地方政府结合全省文化产业规划和当地实际，准确定位，制定各具特色的地方文化产业规划。文化企业按照企业状况，制定企业发展的规划，确定企业发展中长期战略目标和计划安排。在制定文化产业发展规划时，应分步实施。第一阶段主要是在法律、资金、人才、组织等方面打基础。第二阶段重点发展外向型产品，开拓国内外市场，提高竞争力。第三阶段抓紧建设一批文化产业园区和基地，形成集约化、规模化产业经营。另外，应注意文化产业发展的短、中、长期发展规划的结合和衔接。

二是根据河南省经济发展的总体布局和加快服务业发展的要求，合理规划文化产业布局，不断提高文化产业规模化、集约化、专业化发展水平。“十一五”期间，河南文化产业将形成“一带两翼”的总体布局，即以郑州为主轴，以豫北和豫南为两翼，以各地特色文化产业区块为支撑，构建“一带两翼”的区域文化发展格局。一带积聚了河洛文化、黄河文化资源，两翼积聚了豫北殷商文化、豫南的楚文化和汉文化资源。一带两翼基本涵盖了河南省以七大文化名城为主体的文化资源富集区。着力打造具有中原文化和黄河文化特色的沿黄文化长廊，努力把郑州建成河南文化产业中心和全国重要的文化产业基地，形成对全省乃至全国文化产业的强劲辐射并起到带动作用。

在“一带两翼”战略框架内，要有重点、分步骤地，从点、线到面逐步展开。依靠文化资源，结合文化产业规划，做好文化企业、文化产业园区和基地的布局工作。集中有限力量，以郑州商文化、开封宋文化、洛阳北魏时期的佛教文化等为依托，以区域交通优势、区位优势和文化构造带上的连续性为基础，重点建设中原城市群沿陇海、黄河一线的文化走廊，实现郑州、开封、洛阳文化的一体化发展。按照中原城市群总体战略和文化发展总体规划，挖掘群内文化资源，发展整个城市群的文化产业，从而由点到线，由线到面，直至扩展到全省。

（四）加强多维联合，培育一批龙头企业

河南省发展文化产业起步较晚，从整体上看，河南文化产业总量小、比重低。同时，河南文化产业还缺乏拳头产品和重点企业。河南大型文化企业数量少、规模小，在文化市场上市场份额小，竞争弱；资金规模小，软、硬件水平都较低；创新少，精品少。虽然一些文化企业已初具规模，如河南文化影视集团、河南日报报业集团、河南出版集团等，但与全国文化产业的龙头企业相比还有一定的距离。河南文化产业仍处于起步、探索、培育、发展的初级阶段，虽然与发达省份相比差距还很大，但后劲十足，发展潜力和空间巨大。

要遵循“清理资源存量，优化资源配置”的原则，实现文化的集约化规模经营。以资本为纽带，以业务为连接，通过联合、兼并和重组等现代企业的运作手段，扶持发展一批实力雄厚、具有较强竞争力和影响力的文化企业和企业集团，加强文化企业的多维度联合，提高集约化、专业化水平。要注重文化产品生产经营和文化服务组织的特点，通过发挥政策引导和市场机制的作用来推进文化企业的规模化、集团化经营，不能靠行政手段撮合，不能盲目求大求全。一是鼓励强强联合、优势互补，形成规模效应。如书报印刷和影视行业。二是鼓励跨行业、跨地区兼营发展。三是广泛吸纳国有资本、社会资本、境外资本。比如在图书发行领域里面，鼓励吸纳各种非国有资本，扩大规模、增强实力。四是新兴文化产业，如动漫和网络信息产业等，要采取加快招商引资步伐、重点扶持等多种形式加快发展，使之成为我省新的龙头企业，带动整个产业的发展。

结合我省实际，以传媒、出版、演艺娱乐、文化旅游等产业为龙头，以文化体制改革为切入点，以建立现代企业制度为目标，以利益捆绑为特征的激励、约束机制，整合资源，形成形式多样、布局合理的产业群体，重点培育和扶持河南日报报业集团有限公司、中原出版传媒投资控股集团有限公司、河南文化影视集团有限公司等一批具有一定规模、实力的大型文化企业，建立了一大批突出河南特色、具有较强竞争力的文化企业集团，使之成为全省文化产业发展的主力军。

（五）加大资金投入，改造新上一批项目

多年来，我省对文化产业投入相对不足，欠账较多，文化设施比较落后；全省文化产业固定资产投资总量少、比重小。资金不足，是河南文化产业发展的一个瓶颈。政府应加大投资力度,创新投融资方式,大力推进投融资体制改革,加快文化产业的主体多元化、多领域、多渠道投融资体系建设,筹集文化产业发展资金。改造和提升落后文化设施,完善公共文化体系,基本实现市、县有群众艺术馆、文化馆、图书馆,乡镇有文化服务中心,村村有文化活动室的目标。推进文化资源、文化服务和广播影视、新闻出版数字化进程,推进广播电视"村村通"。深入开展创建文化先进县,先进文化进基层,文化、科技、卫生"三下乡"等活动。规划建设好省体育中心二期工程、省广播电视发射塔、河南中国文字博物馆等标志性文化设施。在专家充分论证的基础上,确立一批重点文化产业建设项目。加大产业基地建设,如以郑东新区出版园区为依托的出版基地,以河南出版物流为配送为中心的出版物发行基地,有区域带动和产业扩张能力的中西部印制基地,具有现代化水平的影视制作基地,创意、动漫游戏等新兴产业基地和广告会展基地。新上一批特色产业园区,打造南阳玉雕、烙画,开封汴绣、木版年画,平顶山汝瓷,许昌钧瓷,洛阳唐三彩,新乡青铜器复制,濮阳麦秆画,鹤壁黄河古陶等一批文化产品生产园区。建设濮阳、周口杂技,宝丰民间技艺,豫南民间歌舞,温县太极拳,登封少林拳等特色文化区块。在经济基础较好和科技优势突出的大中城市,探索设立文化产业试验区。

加大对文化产业的科技投入,加快对文化企业的技术改造,提升文化企业的技术装备水平,从而提高文化产品的科技含量和附加值,以增强我省文化产品的国际竞争力。广播影视业、报业、出版业、广告展览业、信息服务业、音像业等均属于科技含量大、高投入、精设备的部门,科技开发、技术装备具有主导作用。我省要以提高文化产品的核心技术为重点,开发一批技术含量高、市场前景好、竞争力强、能形成产业规模的文化产品,这有待于它与科技和装备制造业相结合。

(六)打造知名品牌,提升产业市场竞争力

文化品牌是文化企业的无形资产,是文化产业的核心和灵魂,品牌具有溢价效应,能够在不增加成本的情况下获得更大的价值,创造巨大的经济效益和社会效益。文化产业没有品牌就没有市场竞争力。河南要依托丰富的文化资源,实施文化品牌战略,把文化资源优势转变为文化品牌优势。实施品牌战略是发展文化产业的突破口,是提升文化产业市场竞争力的条件和动力。

一是打造历史文化品牌,充分发挥洛阳龙门石窟世界文化遗产、安阳殷墟世界文化遗产、清明上河园、少林寺等文化品牌的影响力。对黄帝故里、北宋皇陵、杜甫故里和杜甫墓、康百万庄园、商城遗址、二七工人纪念塔等历史文化遗迹进行全面整合和整体开发保护，构建一个完整的景区，使文化资源优势与文化品牌有机地结合起来。

二是打造旅游品牌。郑州是商王朝第一个国都所在地；开封是七朝古都，以宋文化为盛；而九朝古都洛阳则以北魏时期的佛教文化和大唐文化闻名于世。进一步巩固郑州、开封、洛阳沿黄河“三点一线”黄金旅游线，搞好沿线文化旅游精品景区景点的深度开发，提升品位和档次，建成世界级品牌。以洛阳龙门石窟、安阳殷墟遗址、郑州少林寺、开封宋都古城、商丘古城、温县太极拳、炎黄始祖文化广场为主，塑造具有国际吸引力的文化旅游品牌，将古都文化、宗教文化、武术文化、寻根文化等河南优势文化通过高品位策划、包装和推介，促进旅游文化资源的整合，开发一批立足国内、面向国际的重点文化景区，积极发展红色旅游，以大别山和红旗渠为主干培育重点红色旅游区和经典景区，形成产业优势。

三是打造文艺精品。建立和完善文艺精品创作奖励机制，积极开展群众性文艺创作活动，鼓励文艺作者成名成才。重点抓好文学创作、地方戏曲、书画摄影等项目的创作，力求有新的突破。加大力度对文艺演出精品进行宣传、包装和策划。大力支持文艺精品的生产、出版与交流。发挥演艺团体的原创自主开发能力，锻造拥有自主知识产权的戏曲和歌舞剧产品，积极创作和引进高雅文艺演出，不断提高河南文艺演出的知名度，整合优势演艺资源，促进重点艺术院团、剧场、演出公司等强强联合，形成名人、名团、名剧、名剧场品牌效应，扩大市场占有率和覆盖面，提高在全国的知名度，提升河南文化产业市场竞争力。

（七）扩大对外宣传，加大海内外营销力度

对于文化产业的发展，宣传和营销至关重要。近几年，河南省非常重视对河南文化的宣传和营销工作，也取得了显著成就，比如《梨园春》和《武林风》这“一文一武”两档节目，已经成为河南电视台的两个“当家花旦”，见证了河南两大传统文化——豫剧和武术的振兴与发展，在对外传播河南文化的同时，也带动了对河南区域品牌的营销。2006 年的祭拜轩辕黄帝大典和俄罗斯总统普京访问少林寺，这两次活动大大突破了以往对传统文化资源的开发形式，在注重活动本身及所带来的经济效益的同时，更注重对区域品牌的营销，对活动的定位也更具有国际视野。在《决策》杂志对中部六省城市群营销能力的评价中，中原城市群的文化策划能力位居榜首。但是，目前文化产品和文化服务贸易国际化日益加剧，河南要加快发展文化产业，就要充分利用河南文化的资源优势，创新文化“走出去”的形式和手段，吸收借鉴世界各国优秀文化成果，提升中原文化产品的影响力和竞争力，积极推动中原文化面向世界、走向世界。

第一，扩大对外宣传和对外文化交流，充分向外展示河南文化的风采，提高河南文化产品的知名度和吸引力，开拓省外和国外市场。利用重要节日、纪念日，组织举办高水平文化交流活动。主动开展对外文化合作，在国外举办河南文化节、文化周等活动，增进世界对河南文化的了解。

第二，发挥多元载体的文化传播作用，借助电影节、电视节、艺术节、书展、博览会等平台，积极推介河南文化产品和服务。精心选择参与单位及文化产品，展现河南整体文化实力和河南形象。积极参与或主办国际性书展、节展期间的文化论坛和主宾国活动等，提升河南的文化影响力。扩大商业性展演、展映和文化产品销售。充分调动各方面力量，形成对外文化交流的合力。

第三，构建海内外文化营销网络。重点抓好影视剧、出版物、文艺演出三大海内外营销网络建设。对符合条件的文化企业的国际市场开拓活动给予支持。突出重点，实施“走出去”重大工程项目，加快“走出省外、国外”的步伐，凭借WTO提供的全球文化市场平台，抓住文化产业链的两端——资源配置与市场拓展，通过品牌营销，整合发力，扩大河南文化的覆盖面和国际影响力。

（八）深化体制改革，完善文化创新机制

河南省文化体制改革还处在起步阶段，制约文化产业发展的体制性、根本性问题还没有解决，面临的主要问题依然是改革不够、文化产业发展不够。因此，必须坚定不移地深化改革，完善创新体制机制，加快文化产业发展。

第一，深入贯彻落实《中共中央、国务院关于深化文化体制改革的若干意见》，加快文化管理体制改革，各级政府及主管部门要转变职能、简政放权，强化管理与服务职能，以政策指导、法规约束、信息服务、检查监督为主要内容进行宏观管理，把部门微观的文化行政管理职能交由行业组织履行，并使二者有机地结合起来。要逐步形成以市场为导向、以资本为纽带的多种所有制形式并存的文化产业发展格局。加快经营性文化单位的企业化步伐，按照现代企业制度的要求培育文化企业，发展开放型、多层次、有特色的文化产业，开发市场前景较好的重点项目,实现资本、技术和市场的有效整合,使文化产业真正成为新的经济增长点。另外,文化体制改革要与经济体制、政治体制、行政管理体制等其他领域的改革相互配套、相互衔接。

第二,着力解决改革中的重点难点问题。围绕重塑市场主体、完善市场体系、改善宏观管理、转变政府职能等关键环节,深入开展调查研究,广泛听取意见,科学制定改革实施方案和配套政策,着力解决国有文化资产管理、文化事业单位转企改制、人员分流安置和社会保障等重点难点问题,切实维护职工群众的基本权益,调动广大文化工作者支持改革、参与改革的积极性,推动改革向纵深发展。

第三,建立完善创新型文化体制机制。着力增强文化创新能力,以新的机制盘活存量,扩张增量,拓展发展空间,培育新的增长点,加快文化事业和文化产业的发展。要重塑文化市场主体,按照创新体制、转化机制、面向市场、增强活力的原则,确立文化企业的市场主体地位;要完善文化产品生产经营机制,按照专业分工和规模经营的要求,优化资源组合,发展集约经营;要大力推进广播电视业的专业化制作、集约化经营、企业化管理、集团化发展。要健全现代文化市场体系,形成统一开放、竞争有序的文化市场体系。

(九)搞好专业培训,提供强有力的人才支持

文化产业集中体现了先进生产力要求(高科技性)和先进文化的前进方向(高文化性)的统一,是一个特别需要高素质、高科技人才运作的领域。而河南发展文化产业,最缺的就是人才,尤其是经营管理人才和市场策划人才。因此大批量培养文化产业方面的各种专家和经营管理人才,是河南文化产业参与国际竞争,提高竞争优势的关键。为此,要进一步贯彻《中共河南省委、河南省人民政府关于贯彻〈中共中央、国务院关于进一步加强人才工作的决定〉的实施意见》(豫发〔2004〕9号)精神,大力培养、吸引、用好文化人才。

第一,抓好文化产业人才培养工作,以“四个一批”工程为龙头,培养造就一批优秀理论人才,一批名记者、名编辑、名主持人,一批优秀出版人才,一批优秀文学艺术人才和熟悉文化产业经营管理的优秀人才。为适应新兴文化产业发展的需要,加速引进和培养文化创意、动漫游戏、广告会展、文化经纪、文化传播和营销等专业人才及复合型经营管理人才。

第二,建立灵活的用人机制,充分运用市场机制合理配置人才资源。注重

借助文化产业项目吸引优秀文化专业人才的柔性流动，打破行业和地域限制，广泛吸引国内外知名艺术家、经纪人、企业家来河南创业，以文化产业吸收、积聚人才。允许有特殊才能的文化人才以知识产权入股，充分发挥各类专业人才的作用；善于发现和培养本地优秀的创新型、复合型人才，根据他们的工作业绩给予精神鼓励和物质奖励，对文化产业发展有突出贡献的人员给予重奖，充分调动人才工作的主动性和积极性。创新人才机制，深化人事分配制度改革，加快培育人才市场形成能上能下、能进能出、合理流动的人才激励机制，实施优秀文化人才奖励制度，创造文化人才脱颖而出的环境，从而更好地促进河南文化产业的发展。

第三，做好培训工作。贯彻落实中央关于人才工作的战略部署，制定实施“十一五”时期河南文化人才培训规划，建立健全在职人员业务培训和继续教育制度，创新培训内容，完善培训机制，整合培训资源，针对不同领域和不同岗位人员的具体情况，分期分批进行专业培训。比如，郑州大学、河南大学等高等院校要积极调整专业结构，增设文化产业发展相关学科和专业，建立在职人员继续教育制度，不断提高文化队伍的业务水平和整体素质，为河南文化产业发展提供强有力的人才支持。

改革攻坚:促进河南文化发展的动力

一、河南文化体制改革攻坚的意义与时机

经过改革开放30年的发展,河南省已经实现了从农业大省向新兴工业大省和经济大省的转变,经济社会发展进入转型期,文化消费需求进入快速增长期。河南人口多、人均资源紧缺的基本省情,决定了河南经济社会要走可持续发展的道路,必须在加快工业化的同时,强力推进第三产业即现代服务业的发展。文化产业是现代服务业的重要组成部分,是河南省加快经济转型步伐的战略支撑产业之一。推进文化强省建设,深化文化体制改革,加快文化事业和文化产业发展,对推动河南省产业结构优化和近亿居民消费结构升级具有重要战略意义。

文化体制改革是促进文化发展的根本动力。近年来,中共河南省委、省政府把文化建设作为提高全省软实力的战略任务,积极推进文化体制改革,促进文化事业和文化产业发展,取得了一定的成效,制约文化产业发展的体制机制性障碍正在逐步破除,公共文化服务能力进一步增强,文化产业发展势头良好,中原文化的影响力不断扩大。但是,从河南文化生产力和生产关系的现状来看,文化领域不少方面受传统体制的影响制约还很深,经营性文化事业单位体制改革步伐慢,不到位,不平衡。文化事业投入不足,文化产业总量偏小,结构不合理,文化企业活力不强等深层次矛盾和问题仍然很突出。

目前,河南省文化体制改革已进入解决深层次矛盾的攻坚阶段,正处于由试点向全省推开的关键时期。2008年世界性的经济危机迅速蔓延,经济发展方式的转型刻不容缓,文化发展也面临许多机遇。最近,国务院办公厅印发了《文化体制改革中经营性文化事业单位转制为企业和支持文化企业发展两个规定的通知》,就转制单位的国有文化资产管理、土地与资产处置、收入分配、社会保障、人员分流安置、财政税收优惠等政策讲得很清楚,同时也为如何在改革中支

持文化企业发展等进一步明确了相关政策，这些政策的规定和安排，为河南省文化体制改革攻坚提供了政策支持，因此，必须认清形势，把思想统一到“早改早受益，早改早主动，早改文化生产力早解放，早改文化产业早发展”的认识上来，抓住机遇，进一步破除长期制约河南文化发展的体制机制性障碍，优化文化事业和文化产业发展的体制环境，解放和发展文化生产力，调动全社会参与文化建设的积极性，使河南文化综合实力进入全国前列。

二、河南文化体制改革攻坚的目标与思路

明确改革目标、理清发展思路是改革攻坚的前提。今后一个时期，河南省文化体制改革和文化事业、文化产业发展的目标是：深入贯彻落实科学发展观，遵循社会主义文化建设规律，适应社会主义市场经济发展要求，以满足河南人民日益增长的精神文化需求、提升文化产业的综合实力。继续解放思想，进一步深化文化体制改革，加快发展文化产业，繁荣文化事业，实现文化资源大省向文化强省的跨越，形成与河南省经济社会发展相适应的文化优势，为中原崛起做出贡献。

加快河南文化事业的发展，必须坚持基本公共服务均等化的原则，以满足人民群众基本文化需求为目标，加大政府对公益性文化事业的投入力度，鼓励全社会积极参与，努力构建覆盖全省的公共文化服务体系，进一步实现和保障公民基本文化权益。

推进河南文化体制改革，必须科学界定文化单位的性质和职能，区分公益性文化单位和经营性文化单位，按照不同的改革要求，区别对待，分类推进。坚持市场化、品牌化、集约化发展方向，推动文化产业结构战略性调整，做大做强传媒出版、文化旅游、武术杂技、演艺娱乐、工艺美术和文博会展等优势文化产业，加快发展网络文化、动漫游戏等新兴文化产业，培育一批大型文化企业或企业集团，打造一批文化产业基地和特色文化产业区块，全面提升文化产业竞争力，把文化产业发展成为河南经济的支柱产业。

三、加快河南文化体制改革攻坚进程

在目标明确、思路清晰、政策到位的前提下，改革进程是决定改革成效的关键，加快河南文化体制改革攻坚进程，省直试点单位和郑州、开封、洛阳、安阳、商丘五个综合试点城市，要加大力度，力争在 2010 年前取得重大进展。其他单位和省辖市要在抓好试点的基础上逐步推开，在 2013 年前全部到位。

一是继续深化文化事业单位改革。对于河南由各级政府办的图书馆、博物馆、文化馆(站)、群众艺术馆、科技馆、美术馆、广播电视发射转播台(站)等公益性文化事业单位,河南日报社、河南电视台、河南人民广播电台、大河网、河南人民出版社等实行事业体制的文化单位,要扎实推进人事、收入分配和社会保障制度的改革,通过全员聘用、岗位工资、业绩考核等办法,引入竞争激励机制,增强活力,提高效率,提高公共文化产品和服务的供给能力。报社、出版社实行采编与经营分开,电台、电视台要抓好制播分离,新闻媒体中的广告、印刷、复制、发行、传输网络部分,以及影视剧、娱乐、体育等节目制作部分,转制为企业。

二是加快推进经营性文化单位转企改制,使之成为参与公平竞争、充满生机活力的市场主体。河南文化体制改革还处于起步阶段,任务还十分艰巨,特别是经营性事业单位转企改制还不到位,真正实现"政企分开"还须加快进行。加快文化体制改革,关键就是要建立适应社会主义市场经济发展的文化市场运行体系,用市场的手段来发展和壮大文化产业。因此,在加快推进文化体制改革的进程中,一定要把发挥市场在配置资源中的基础性作用放在核心位置,以培育新型文化市场主体为重点,着力加强文化单位体制改革;以发挥市场机制作用为重点,积极培育文化市场体系;以优化资源配置为重点,加快文化产业结构调整。

受历史包袱和各种政策条件的制约,目前,河南文化单位的改革推进困难、进展缓慢。有些改革方案虽然早已确定,但推行阻力较大,特别是人员安置和养老保险问题。但是,推进文化产业发展绕不开深化文化体制改革,河南凡是发展相对好的文化产业单位,如河南日报报业集团有限公司、中原出版传媒投资控股集团有限公司、河南文化影视集团有限公司、河南电影电视制作集团有限公司、河南有线电视网络集团有限公司等,无不得益于改革,而且早改早主动,早改早受益,早改早发展。出版发行、影视制作、演出单位以及非公益性、非时政性报刊要进一步按照"归属清晰、权责明确、保护严格、流转顺畅"的现代产权制度的要求,规范化转制,构造新型的国有文化资产管理与运营体制。文艺院团的转企改制要大胆探索、有序推进,根据具体情况实行"一团一策",成熟一个转制一个。

当前,首先要抓好文化企业内部运行机制改革,解决好企业活力问题。要进一步推进劳动、人事、分配三项制度改革,变目前旧体制的身份管理和企业的岗位管理的混合制度为统一的岗位管理制度，建立竞争、激励和约束机制，解决能进不能出、能上不能下、能高不能低的问题。要尽快完善改革保障措施，文化、人事、社会劳动保障等部门要通力合作，妥善研究制订各项保障措施，减少改革阻力，确保改革的顺利推行。

其次，要努力在关键环节实现突破。继续推进经营性文化单位转企改制，按照建立现代企业制度的要求，盘活全省国有文化资源，打造一批有实力、有竞争力和影响力的文化企业和企业集团。要针对不同单位的实际情况制订不同的转企改制办法，把该从文化事业单位剥离出来的经营业务全部剥离出来，组建新的法人，形成一批新的文化市场主体。为了实现政企分开，需要建立一个国有资产授权机构负责文化资产的经营管理，这种文化资产公司承担文化资产的经营管理，通过该机构代理行使国有文化资产出资者权利和法人产权，实现所有权、财产权、监督权分离，从而明确投资主体与产权的关系。

最后，要进一步落实"事转企"单位的改革配套政策。目前，河南一些"事转企"单位的改革配套政策尚未全部落实到位。如中原出版传媒投资控股集团有限公司、河南日报报业集团有限公司都存在法人治理结构不完善、国有资产经营权不明确等问题，严重影响了集团改革发展和正常生产经营工作。其实只要认真贯彻落实国家和省政府关于集团"事转企"改革后的资产授权经营问题的决定及单位免征企业所得税等政策，这些问题就可以得到妥善解决。

改革要稳妥又要有魄力，各级政府及财税部门，要充分利用中央的政策安置好分流人员，搞好转制人员的社会保障，新进人员一律按企业人员管理办法执行。搞好转制单位国有文化资产管理，河南"事转企"改制既要稳妥，又不能久拖不改，应在 2013 年前全部改革到位。

三是改革政府对文化的宏观管理机制，按照政企分开、政资分开、政事分开、政府与市场中介分开的要求，理顺行政管理部门与文化企事业单位的关系，推动政府职能由"办文化"为主向"管文化"为主转变，由管微观向管宏观转变。要创新对文化产业的宏观管理机制，真正建立起党委领导，政府管理，行业自律，文化企业自主生产产品、依法运营的经营机制。在党委领导下，政府由办文化向管文化转变，由管微观向管宏观转变，把目前事转企改革体制工作列入政府部门年度考核目标之内，强力推进。搞好文化市场的管理，为文化企业的自主经营创造良好的法治环境和舆论环境，比如，眼下要实施重大文化项目带动战略,试建设一批有特色、有潜力的文化产业基地和区域性特色文化产业群,形成若干个文化产业密集区,使文化产业骨干企业有发展平台,便于扩张。

改革政府对文化的宏观管理,应积极发展各类文化行业协会。针对文化产业发展速度进一步加快、发展规模逐步扩大的趋势,一方面需要党委政府制定文化产业发展规划和政策,加大扶持和管理力度;另一方面也需要文化产业界加强沟通、交流与合作,实现行业自律。由行业协会协调全行业行动,有利于形成健康发展、自我约束和自我保护的机制。国外的文化产业之所以具有较强的生存和发展能力,与有效的行业自我管理有关。河南动漫产业协会、文化产业协会、网络文化协会于2007年相继成立,这些行业协会对推动河南文化产业的发展发挥了不可替代的作用。今后还需要进一步完善文化行业协会的职能,着力加强以下三方面的职能,即为企业服务的职能,自律、协调、监督和维护企业合法权益的职能,协助政府部门加强行业管理的职能,使行业协会在贯彻政府部门意图、交流经营信息、治理经营环境、提高管理水平上发挥应有的作用,真正成为沟通文化产业与政府管理部门的桥梁和纽带。

(原载《河南文化发展报告(2009)》,社会科学文献出版社2009年1月版)

加快河南文化产业跨越式发展的建议*

党的十六大以来，我国文化产业在文化体制改革的强力推动下，凭借着改革开放30年形成的社会主义市场经济体制环境和物质积累取得了突破性的进步，正在走向大发展大繁荣的新阶段。河南与全国同步，在省委、省政府加快由文化资源大省向文化强省跨越战略的大力推动下，全省各地发展文化产业的积极性空前高涨，文化产业增加值由2004年的264亿元增加到2007年的480亿元，年均增长17%以上，高于全省GDP的增长速度，呈现出快速发展的良好势头。

但是我们也应该看到，文化产业是工业化后期的产物，由于河南工业化水平滞后等原因，文化产业还处在"破茧而出"的发展阶段。虽然河南省委、省政府高度重视发展文化产业，从2005年起连续召开高规格会议，先后出台了一系列文件，大力推进文化产业发展，但因为河南在观念、体制、机制、政策、消费层次等方面都准备不足，文化产业发展仍表现出整体水平低、发展不平衡等一系列问题。2007年，河南文化产业增加值为488.98亿元，占全省国内生产总值的比重仅为3.25%，文化产业成为河南经济支柱产业还有一定距离。

为进一步推进河南文化产业跨越式发展，根据省有关领导要求，河南省社科院组建课题组，开展了专题研究。课题组先后到省直有关部门、大型文化产业集团以及郑州市、焦作市、许昌市、漯河市等进行了调研，还考察了北京市、湖南省文化产业的发展情况，在此基础上，提出以下10项建议：

一、思想观念要解放

继续解放思想是实现全省文化产业跨越式发展的迫切需要。近年来，河南

---

* 此文与毛兵、卫绍生、郭艳等人合作，系2008年河南省哲学社会科学规划项目的部分研究成果。

省委、省政府坚持以科学发展观统领中原崛起大局,结合河南实际和国际国内大势,把文化强省建设作为全省经济社会发展的主战略之一提升到前所未有的高度,本身就是思想解放的成果。同样,把河南这样一个发展中的内陆省份建成文化高地,还需要全省上下进一步解放思想。要清醒地看到,一些地方特别是领导干部的思想观念还不适应文化强省建设的要求,有的领导干部习惯于传统的发展观念和思维方式,一下子还转不过来;有的领导干部对文化产业发展的规律研究不够、琢磨不透,思路不宽、办法不多,成为导致文化产业发展说得多做得少、期望高落实难、畏首畏尾或盲目乐观、"等靠要"思想严重、整体发展不平衡、不协调的重要原因。

(一)进一步增强发展文化产业的坚定性

1.要牢固树立抓文化产业就是抓经济发展的思想。文化产业是第三产业的重要组成部分,要改变河南第三产业发展滞后的局面,必须解放思想,更新观念。要充分认识到发展文化产业是转变经济发展方式的重大战略选择,是培育新的经济增长点、调整产业和产品结构的重大举措,是在知识经济时代和资源约束背景下保持可持续发展的有效途径,从而真正把文化产业发展纳入重要议事日程、摆上重要位置,下决心抓实抓好。

2.坚定信心,克服畏难情绪。不少同志认为河南发展文化产业除历史文化资源有一定优势外,既无资金,又缺人才,对于发展文化产业没有信心。湖南的经验启发我们,只要认识上去了,内陆省份发展文化产业一样可以大有作为。湖南这些年文化产业发展较快,关键的一条就是勇于解放思想、更新观念。人们还在提倡"文化搭台、经贸唱戏"的时候,湖南就提出了"发展文化经济,建设经济文化";人们还在争论文化的事业产业属性的时候,湖南就提出要把文化作为事业来建设、作为产业来发展、作为行业来管理。解放思想、更新观念,是文化体制创新、产业发展内在的不竭动力。

3.增强机遇意识,克服"等靠要"思想。河南有丰富的历史文化资源,但资源优势不会自动转化为产业优势。特别是非物质性的历史文化资源更是天下之公器,谁先开发、谁开发得好就会为谁带来效益。在这方面,美国制作的《花木兰》《功夫熊猫》就是鲜明的例证。同样,在市场经济体制下,还必须牢固树立市场配置资源意识,围绕市场上项目,依托项目找资金、聚人才,滚动发展。当然,在发展文化产业初期,政府应发挥积极作用,但政府更多的是起到引导作用、是营造良好的政策环境，而不是大包大揽，所以在发展文化产业时一定要克服“等靠要”思想。

（二）坚持用发展工业的理念发展文化产业

提起文化，人们往往只注重它的意识形态属性，而对其产业属性认识不足，甚至以维护意识形态“纯洁性”为由设置重重障碍，束缚文化产业发展。这种眼界狭窄的做法在信息时代只能适得其反。

当然，发展文化产业，一方面必须遵循社会主义精神文明建设的特点和规律，要在确保实现社会效益的前提下实现经济效益的最大化。另一方面，作为一种现代产业，文化产业在很强的人化特征背后也遵循一般的产业发展规律。简单说，当前在河南迫切需要用工业理念发展文化产业，就是要把企业化生产、规模化经营、品牌化营销、市场化融资等工业理念融入文化产业发展的各个环节，用工业成果和技术不断对文化产业进行改造提升，使之逐步专业化、规模化、市场化、社会化。

只有把握了文化产业的产业属性并将其纳入正常的经济发展中，全省各级领导干部才能打破发展文化产业与发展其他产业的隔膜，不断增强领导文化产业的本领，切实破除阻碍文化产业跨越发展的条条框框，使更多企业作为投资主体和经营主体自主经营发展，才能解决当前文化产业与其他产业相比的“另类”状态，不断发展壮大文化产业。

（三）依靠文化创新推进文化资源向文化产业转化

发展文化产业，必须树立新的文化发展理念。一方面，河南历史文化底蕴丰厚，发展文化产业条件优越。但另一方面，河南历史包袱重，阻碍着新观念、新形式、新技术的推广运用，迫切需要在继承悠久历史文化传统、充分挖掘和利用现有文化资源的基础上，广泛吸收和借鉴一切先进文化、先进理念和科技成果，不断创新文化内容、文化样式和文化创作、生产、传播模式，更好地依靠创新驱动，把文化资源优势转化为文化产业优势，把创新精神贯穿到文化产业发展的各个环节，积极营造鼓励文化创新的浓厚氛围，完善创新机制，鼓励创新实践，使全社会的文化创造活力充分释放，文化创新成果不断涌现。

二、体制机制要创新

纵观近几年河南文化产业的发展，还具有从长期被束缚的体制中解放出来的“恢复性增长”的性质，市场机制刚开始发挥作用，但是体制性的束缚依然很强，市场内生性质的产业发展还处于萌芽阶段，体制性“松绑”和政策性推动还是产业发展的基本动力。因此，推动河南文化产业跨越发展，必须强化体制机制创新。

（一）进一步理顺文化产业的宏观管理体制

全省现行的文化管理体制存在管办不分、政事不分、政企不分、事企不分的问题，政府管理部门职能交叉、权责不明，致使文化产业领域还存在大量的行政垄断，产品价格信号往往被扭曲，商品流通不遵循等价交换原则，资产转移时常被低估甚至无偿占用，社会资本投入少，专业化中介机构不能很好发育等问题。这些体制机制问题导致的直接结果是，文化市场和文化产业发展缓慢，还要依赖政府出面组织提供各种专业资源，潜在的文化生产力不能有效地释放。这些问题都需要认真解决。

1.要强化政府文化部门的宏观管理职能。转变政府文化管理职能，实行政企、政事分开。要实现文化经营单位从事业型向产业型转制，必须首先实现政府从“办文化”向“管文化”转变，由直接管理向间接管理转变，通过“服务、咨询、监督、调控”等方式，把文化市场的管理纳入规范化、法制化轨道。各级文化行政部门只承担审计、监督、规划等行政职能，把政府职能与文化生产功能分开，文化企业单位应按现代企业制度转制。在文化产业发展的初期，文化产业办公室作为全省文化产业发展的领导协调机构，还需进一步强化宏观管理职能：主要负责研究制定河南文化产业发展的宏观战略规划，制定发展文化产业的相关重大政策措施；协调解决全省文化体制改革和文化产业发展中遇到的重大问题；检查督促全省文化产业重点建设项目的落实情况，规划、组织、协调全省文化精品工程、文化交流与合作等工作；总结探索全省文化产业发展的成功经验，为文化体制改革提供政策服务；为文化产业项目的推介提供服务；为培养文化产业管理经营人才服务；协调跨部门、跨行业的各有关部门为文化体制改革和文化产业发展服务。

其他各类文化部门也要明确各自的性质、职能，减少对文化企业的直接控制，从人事、财务、业务等具体管理中解脱出来，运用相关的文化政策、文化法规、文化经费，加强对文化艺术和对外文化交流事业的宏观调控，化直接管理为间接管理，发挥政府的全局导向作用。基层文化单位作为独立的法人，与政府主管部门不再是下级和上级的隶属关系，而是被指导和指导的关系，赋予基层单位最大的自主权，增强其自身活力，使其能够适应市场需求，更贴近广大人民群众。

2.要进一步加快文化体制改革。河南文化体制改革还处于起步阶段，任务还十分艰巨，特别是经营性事业单位转企改制还不到位，真正实现“政企分开”还须加快进行。出版发行、影视制作、演出单位以及非公益性、非时政性报刊要进一步按照“归属清晰、权责明确、保护严格、流转顺畅”的现代产权制度的要求，规范化转制，构造新型的国有文化资产管理与运营体制。文艺院团的转企改制要大胆探索、有序推进，根据具体情况实行“一团一策”，成熟一个转制一个。加快文化体制改革，关键就是要建立适应社会主义市场经济发展的文化市场运行体系，用市场的手段来发展和壮大文化产业。因此，在加快推进文化体制改革的进程中，一定要把发挥市场在配置资源中的基础性作用放在核心位置，以培育新型文化市场主体为重点，着力加强文化单位体制改革；以发挥市场机制作用为重点，积极培育文化市场体系；以优化资源配置为重点，加快文化产业结构调整。

3.要加强引导，积极发展各类文化行业协会。针对文化产业发展速度进一步加快、发展规模逐步扩大的趋势，一方面需要党委政府制定文化产业发展规划和政策，加大扶持和管理力度，另一方面也需要文化产业界加强沟通、交流与合作，实现行业自律。由行业协会协调全行业行动，有利于形成健康发展、自我约束和自我保护的机制。国外的文化产业之所以具有较强的生存和发展能力，与有效的行业自我管理有关。2007 年，河南动漫产业协会、文化产业协会、网络文化协会相继成立，这些行业协会对推动河南文化产业的发展发挥了不可替代的作用。今后还需要进一步完善文化行业协会的职能，着力加强以下三方面的职能，即为企业服务的职能，自律、协调、监督和维护企业合法权益的职能，协助政府部门加强行业管理的职能，使行业协会在贯彻政府部门意图、交流经营信息、治理经营环境、提高管理水平上发挥应有的作用，真正成为沟通文化产业与政府管理部门的桥梁和纽带。

（二）着力激活文化产业的微观运行机制

受历史包袱和各种政策条件的制约，目前，河南文化单位的改革推进困难、进展缓慢。有些改革方案虽然早已确定，但推行阻力较大，特别是人员安置和养老保险问题。但是，推进文化产业发展绕不开深化文化体制改革，河南凡是发展相对好的文化产业单位，如河南日报报业集团有限公司、中原出版传媒投资控股集团有限公司、河南文化影视集团有限公司、河南电影电视制作集团有限公司、河南有线电视网络集团有限公司等，无不得益于改革，而且早改早主动，早改早受益，早改早发展。

当前，首先要抓好文化企业内部运行机制改革，解决好企业活力问题。要进一步推进劳动、人事、分配三项制度改革，变目前旧体制的身份管理和企业的岗位管理的混合制度为统一的岗位管理制度，建立竞争、激励和约束机制，解决能进不能出、能上不能下、能高不能低的问题。要尽快完善改革保障措施，文化、人事、社会劳动保障等部门要通力合作，妥善研究制定各项保障措施，减少改革阻力，确保改革的顺利推行。

其次，要努力在关键环节实现突破。继续推进经营性文化单位转企改制，按照建立现代企业制度的要求，盘活全省国有文化资源，打造一批有实力、有竞争力和影响力的文化企业和企业集团。要针对不同单位的实际情况制定不同的转企改制办法，把该从文化事业单位剥离出来的经营业务全部剥离出来，组建新的法人，形成一批新的文化市场主体。为了实现政企分开，需要建立一个国有资产授权机构负责文化资产的经营管理，这种文化资产公司承担文化资产的经营管理，通过该机构代理行使国有文化资产出资者权利和法人产权，实现所有权、财产权、监督权分离，从而明确投资主体与产权的关系。与此同时，还要进一步落实“事转企”单位的改革配套政策。目前，河南一些“事转企”单位的改革配套政策尚未全部落实到位。如中原出版传媒投资控股集团有限公司、河南日报报业集团有限公司都存在法人治理结构不完善、国有资产经营权不明确等问题，严重影响了集团改革发展和正常生产经营工作，其实只要认真贯彻落实省政府关于集团“事转企”改革后的资产授权经营问题的决定及单位免征企业所得税等政策，这些问题就可以得到妥善解决。

三、扶持政策要落实

自 2004 年 12 月河南提出文化强省建设以来，为推动河南由文化资源大省向文化强省跨越，实现文化产业跨越式发展，省委、省政府相继出台了一系列扶持文化产业发展的政策，如《中共河南省委河南省人民政府关于大力发展文化产业的意见》《河南省建设文化强省规划纲要（2005—2020 年）》《关于加快文化资源大省向文化强省跨越的若干意见》等，从体制改革、税收优惠、资金支持、引导非公有资本投资与人才队伍建设等多方面对文化产业给予了政策支持。这些政策措施在近几年的文化强省建设中发挥了重要作用,取得了显著成效。但我们也应该看到,省委、省政府制定的许多扶持政策还存在着落实不到位的现象。同时,政府还应根据文化产业发展的新情况,调整并加大扶持政策的创新力度,使扶持文化产业发展的各项政策更具针对性,更具可行性和科学性。

(一)切实落实非公有资本准入政策

非公有资本目前已经成为文化产业投资中的重要构成,有力地推动了文化产业的发展。为此,国务院专门出台《关于非公有资本进入文化产业的若干决定》(国发〔2005〕10号)给予政策支持,湖南、陕西等省市也相应出台有关政策以推动非公有资本在当地的投资。而河南还没有针对非公有资本进入文化产业出台相关政策,这不利于文化产业的跨越发展。政府应进一步解放思想,在法律、法规允许的范围内,降低非公有资本进入文化产业的市场准入标准,提高非公有资本持股比例,扩大非公有资本投资领域,允许非公有资本进入文化产品领域、文化服务行业、新媒体及新业务的开发、文化设施建设和政府文化项目的采购和招投标等,对进行公司制改建的国有文艺表演团体、文化企业等,允许非公有资本控股。

(二)尽快出台专门的文化产业人才政策

目前,河南"引才"与"引智"相结合的文化产业人才政策已经取得良好成效,但从文化产业的长远发展来看,必须制定培养、引进与稳定文化产业人才的针对性政策。建立培育、选拔、引进文化产业专门人才尤其是创新人才的运作机制和政策平台,加强文化产业人才梯队建设。对现有文化宣传战线年富力强的文化创新人才,应给予特殊政策(比如允许留职停薪、保留原有待遇等),鼓励他们走出党政机关和事业单位领办、创办文化企业。

(三)切实解决税收优惠政策棚架问题

落实中央和河南省有关文化产业税收优惠政策;协调解决国税垂直管理与河南省规划性政策的税收优惠政策之间的不衔接问题;切实落实地税优惠,从地税负责征管的营业税、企业所得税、个人所得税、房产税、城镇土地使用税、印花税、城市维护建设税、教育费附加等多个税种,对新兴文化产业和扶持性的文化产业实行税收优惠;编辑税收优惠政策文件汇编,以利于文化产业企业进行监督执行。

（四）大力推进文化产业基地和产业园区建设

建议出台文化产业基地和文化园区建设的针对性政策，落实《河南省建设文化强省规划纲要（2005—2020年）》的规划，给予文化产业基地和产业园区特殊优惠政策与财政专项资金支持，重点扶持动漫、网络游戏开发等高新技术文化产业。

（五）积极鼓励高科技文化企业的技术创新

建议给予高新文化企业与高新技术园区同样甚至更为优惠的政策，扶持高新文化企业发展；同时设立高新文化企业专项发展基金，鼓励文化企业进行科技攻关，开发新技术、新工艺、新产品；鼓励从事文化产品研发的科研机构与高等学校向文化企业进行技术转让，并给予政策支持。

（六）认真规范文化产业发展专项资金的使用

建议学习北京、深圳出台文化产业发展专项资金管理政策，对专项资金的来源、使用原则、使用方式、审批程序以及资金监管等进行规范，将文化产业发展专项资金投向最具有发展潜力、最需要扶持的项目或行业。同时，随着河南经济实力的逐步增强，应逐年增加文化发展专项资金额度，扶持具有发展潜力与市场前景的文化企业。

（七）适时设立省级文化产业奖项

设立文化产业专家委员会，组织资深文化产业专家，每年（或每两年）对全省文化产业发展做出突出贡献的个人、项目和文化品牌进行评选，以省委、省政府的名义进行表彰，对特别优秀的文化产业企业、文化创新人才、著名文化品牌给予重奖，在全社会形成重视文化产业、推动文化产业发展、促进文化产业创新的新局面。

四、人才队伍要加强

发展文化产业，人才是关键。当前，河南文化产业发展特别缺乏领军人才、复合型管理人才、新兴行业的专业人才。人才问题已经成为制约河南文化产业发展的一个瓶颈。为此，需要不断加大文化人才工作力度，为文化产业跨越发展提供人才支撑。

（一）充分用好现有人才

目前，河南文化产业现有人才作用发挥不够，仍有人才闲置、浪费的现象。盘活和用好本地现有人才存量，既是一个急需解决的现实问题，又是最直接、最现实、投入成本较低、收效较快的人才开发捷径。为此,要探索建立用好用活现有人才的新机制,最大限度地挖掘和利用好现有人才资源,使资源优势转化为产业优势。充分利用河南现有的人才资源,要继续深化文化企事业单位用人制度改革,采用公开招聘、竞争上岗、法人代表负责制等用人机制,加快运用市场机制、竞争机制来配置人才和智力资源。同时,建立合理的分配利益机制,调动文化产业从业人员的积极性和创造性。完善按劳分配为主体、多种分配方式并存的分配制度,实现劳动、资本、技术和管理等生产要素按贡献参与分配,允许有特殊才能、有自主知识产权、有突出贡献的人以其管理、技术、专利、品牌等参与收益分配。加快培育人才市场,形成能上能下、能进能出、合理流动的人才激励机制。实施优秀文化人才奖励制度,创造文化人才脱颖而出的良好环境。

(二)大力引进急需人才

河南文化产业在引进人才方面,首先要树立“不求所有所在,但求所用”的新观念。一方面,根据河南文化产业发展需要,有目的、有针对性地加大对高层次、高技能、复合型、外向型人才引进的力度,妥善解决引进人才在住房、子女入学、家属随迁等方面的问题,以达到留住人才的目的;另一方面,要坚持“引人”与“引智”相结合,重点在引进智力人才和智力成果上下功夫。由于河南的文化产业发展速度与发达地区相比还有一定的差距,如果一味追求关系转过来、户口迁过来、家要搬过来、子女带过来的“刚性”引进,不仅难度大,而且成本高,延误时间。为此,要打破“只有为我所有,才能为我所用”的僵化观念,积极建立人才“柔性流动”的新机制。拓宽思路,主动出击,借脑引智,实现双赢,既可以聘请客座教授、双休日业务顾问,也可以利用电信、网络等现代化手段实行远程咨询等形式引进智力。同时,要树立“人才资源配置市场化”的观念。企业是市场的主体,也是引进人才、集聚人才、使用人才的主体。文化企业必须强化这种主体意识,面向市场找人才,善于运用市场化的手段广纳贤才。《禅宗少林》《云水洛神》等精品剧目就是以市场为导向,以利益为纽带,通过项目协作、信息交流、资源共享等途径,成功地吸引发达地区高层次人才参与进来,借助他们的智慧和能力,提高河南文化产业的创意、策划、生产水平。

(三)积极培养后备人才

选拔有潜力的中青年文化人才赴国内外大型文化企业研修、考察或赴高等学府学习、深造，培养一批复合型文化经营管理人才、文化经纪人才。整合河南教育资源，开办文化职业学院和特色专业，使之成为文化人才培养的重要基地。要特别注重新兴文化业态，如影视编导、制作、动漫、文化创意等方面的青年人才，为河南新兴文化创意产业培育后备人才。文化产业其实就是创意产业，制约河南发展文化产业以及文化创意产业的瓶颈是创意人才匮乏。从源头上来说，创意人才需要教育体制、教育思想的保障。着眼社会现代化进程，发展文化产业应该采用新的教育体制：一是创新教育，创意需要有创新意识和创新本领；二是个性教育，创意是个性的、求异求新的；三是复合式人才教育，文化产业人才知识思维结构要跨越艺术、文学、经济学、哲学等多个学科；四是实务性教育，文化产业教育一定要强调实务教学，突出教学内容的可操作性和现实针对性，切忌空谈理论。另外，要建立健全在职人员业务培训和继续教育制度，整合培训资源，完善培训机制，创新培训内容，针对不同领域和不同岗位人员的具体情况，分期分批进行专业培训，不断提高文化队伍的业务水平和整体素质。

五、文化资源要整合

河南是文化资源大省，将资源优势转化为产业优势，是实现文化产业跨越式发展的关键所在。目前，全省的文化资源开发还存在不少问题，主要有：行政管理体制造成资源分散在不同部门手中，各行其是，使资源优势得不到有效地发挥；行政区划造成画地为牢，割裂了资源的完整性，使品牌无法做得更大更好。因此，必须将资源整合提升到战略层面去认识与实施，重点抓好行业整合与区域整合。

表 1　河南区域文化一览表

<table>
<tr><th>文化名称</th><th colspan="2">内容</th></tr>
<tr><td rowspan="3">都城文化</td><td>古都</td><td>郑州、开封、洛阳、安阳</td></tr>
<tr><td>国家历史文化名城</td><td>南阳、商丘、浚县</td></tr>
<tr><td>省级历史文化名城</td><td>濮阳市、许昌市、济源市、新郑市、登封市、巩义市、沁阳市、禹州市、卫辉市、邓州市、新县、淮阳县、淇县、汤阴县、汝南县、睢县、社旗县、朱仙镇、荆紫关镇、竹沟镇、陈桥镇</td></tr>
</table>

（续表）

文化名称	内容	
宗教文化	佛教	少林寺、相国寺、白马寺、风穴寺、慈胜寺、南海寺；龙门石窟、灵泉寺石窟、巩义石窟、千佛寺石窟、小南海石窟；嵩岳寺塔、法王寺唐塔、少林寺塔林、修定寺塔、宝轮寺塔、天宁寺三圣塔、玄奘故里等
	道教	鹿邑太清宫、洛阳北邙山、函谷关、嵩山、登封中岳庙、济源王屋山、唐州桐柏山、灵宝亚武山、沁阳二仙庙、开封重阳观、济渎庙、延庆观、嘉应观、奉仙观、阳台宫、碧霞宫、天宝宫、南岳庙、清真宫、东岳庙、二仙观、静应庙、遇仙观、吕祖庙、城隍庙等
姓氏文化	李（鹿邑），王（卫辉、偃师），张（濮阳），刘（偃师、鲁山），陈（淮阳），杨（洛阳），黄（潢川），周（洛阳），孙（濮阳、固始、淮滨、淮阳）	
名人文化	人文始祖	黄帝（新郑），伏羲（淮阳），颛顼、帝喾（内黄）
	先秦诸子	老子（鹿邑）、庄子（商丘）、韩非子（西平）、墨子（鲁山）、列子（郑州）
	十大圣贤	文圣韩愈（孟州）、商圣范蠡（南阳）、科圣张衡（南阳）、医圣张仲景（南阳）、诗圣杜甫（巩义）、律圣朱载堉（沁阳）、画圣吴道子（禹州）、酒圣杜康（周口）、谋圣姜尚（卫辉）、武圣岳飞（汤阴）
工艺美术	禹州钧瓷，平顶山汝瓷和官瓷，南阳玉雕和烙画，洛阳唐三彩，济源盘砚（古称天坛砚），滑县点锡壶，开封的汴绣、朱仙镇木版年画和澄泥砚，汤阴剪纸，淮阳泥泥狗和布老虎，鹿邑草编，新乡青铜器复制，濮阳麦秆画，鹤壁黄河古陶和石雕，浚县泥塑等	

（一）同业资源整合要创新体制优化配置

1.同业整合，就是要对全省具有优势资源的行业进行归并，或对分割于不同单位的同业资源进行整合，使之形成优势互补、强强合作的新格局。

2.同业整合，创新体制是基础。如文化旅游是全省的支柱文化产业，依托的资源大多是文物，特别是在平原地区，由于缺少自然景观，主要打文化旅游牌。但资源分割在文化与旅游两个部门，无法使保护与利用有效地结合起来。建议在县、市机构改革时，在文化资源较丰富的地区，将文物、旅游两个部门整合成一个“文物旅游局”。当然，整合要立足当地实际，机构的设置要具有科学性，切忌一刀切。

3.同业整合,资源配置是关键。一是要关注资源分割在不同部门的问题。如河南的影视资源,分割在广电与文化两个系统,目前,经过内部资源的整合、提升与改造,已形成具有现代企业雏形的两大产业集团:河南电影电视制作集团有限公司与河南文化影视集团有限公司。从产业链条拉长与延伸的角度来看,二者可以形成产、供、销一体的更大型的文化产业集团。二是资源在同一行业为不同单位分割的问题。如河南的馆藏文物资源分布在全省不同的收藏单位,利用率有限。建议分门别类地进行组合配置,形成专题文物展,开展海外商业展出,利益共享。

4.同业整合,是全省文化资源整合的重要内容,涉及人、财、物方方面面,涉及新旧体制与观念更新等诸多问题。因此,在进行资源整合时要特别注意政策的把握、利益的协调,使改革风险降到最低。

5.还要注意以下几个问题。一是同业整合包括行业内部整合与行业外部整合,在整合时不要“拉郎配”,力争在内部整合的基础上,逐步扩展到外部整合;二是要切实解决好体制内老同志的生活与养老问题,力争一步到位;三是要以现代理念提升现有文化产业集团,使新创建的集团尽可能与国际国内市场接轨。

(二)区域资源整合要立足现实放眼未来

区域整合,就是对分割在全省乃至省外各个区域的同类资源进行有效整合,形成产业发展新优势。

河南的山水资源,在国内有一定的竞争优势。目前,全省的旅游基本格局为“一带四区”,其中伏牛山生态游,涉及洛阳、南阳、平顶山、驻马店等市的若干县。但是,伏牛山生态游存在着点散、区小、品牌弱的不足,亟待进行有效整合。这种整合包括品牌的整合、市场营销的整合、节会的整合等诸多方面,要在整合的基础上,打造河南最具影响力的山水休闲度假资源与品牌。

河南的杂技艺术也具有较高的知名度。杂技艺术资源相对集中于濮阳、周口两市,在其他地区也有一定的分布。在国内的重要景点、艺术表演团体中均有河南的杂技人才。河南杂技艺术,要在资源整合的基础上,形成具有龙头带动作用的杂技艺术产业集团;要开发国际市场,开拓高端市场,使传统杂技与现代演艺有机结合,从而形成具有国际影响力的文化产业集团。

唐三彩,是河南最具特色的工艺品资源。由于大批的小作坊粗制滥造,恶性竞争,使这一重要资源与品牌档次下降,影响力受到较大冲击。要以大洛阳的角度,整合分散在各县的生产厂家,提升档次,形成品牌,组建有一定影响力的唐三彩文化产业集团公司,开拓海外市场,实现两大效益的有机结合。

区域资源整合与同业资源整合,二者关系密不可分,区域资源整合为同业资源整合提供方便,同业资源整合带动文化产业资源的全省整合。在进行资源整合的过程中,要把政府强力推进与市场优化配置有机结合起来。与此同时,政府部门既要有战略眼光,也要有耐心与决心。尤其是要注意在相同的区域内进行前期整合,如对濮阳、周口杂技可以分别进行整合;洛阳的伏牛山生态景区、南阳的伏牛山生态景区也可以分别进行整合。在此基础上,根据需要再进行省内,乃至省外同类资源的整合。

六、产业结构要优化

优化产业内部结构对全省文化产业发展具有决定性意义。目前,河南文化产业结构存在的突出问题是:文化产业总体发展思路有待进一步落地;核心产业的龙头带动作用不明显;优势文化产业的优势不突出;文化产业整体科技含量低,市场竞争力差;大型骨干企业数量少、规模小;文化产业链条不完整,持续发展与再生能力弱等。破解这些问题,关键是要做实核心文化产业,做大优势文化产业,培育新兴文化产业,使整个产业活起来。

(一)做实核心文化产业是基础

核心文化产业包括新闻出版业、广播影视业、文化演艺业,这些行业历史久,根基深,覆盖面大,在从业人员与增加值方面,具有明显优势。但整体面临体制创新、水平提升、链条拉长、实力增强等问题。

新闻出版业。新闻业要以河南日报报业集团有限公司为龙头,推进企业的快速扩张、拉长企业产品链条,提高资本运作水平,以报业品牌占领市场,进一步巩固河南报业媒体在中西部的领军地位;要加大对报刊资源的整合力度,鼓励跨区域重组,以增强报刊企业的市场竞争力。出版业要在深入挖掘中原文化资源的基础上,推出更多具有河南特色并有市场竞争力的豫版图书,大力推动内容产业的发展;要以中原出版传媒投资控股集团有限公司为龙头,不断提高创新能力,打造河南出版的知名品牌;要加大内部资源的优化配置,不断拉长产业链条,加大跨地区、跨行业、跨媒体的经营力度,彻底摆脱河南出版依赖教材(辅)的单一局面,使河南出版真正做实。

广播影视业。要以河南电视台为龙头,进一步实施强势媒体的战略扩张,适时组建具有产业集聚能力的骨干企业。加大内容产业的发展力度,扩大《梨园春》《武林风》等知名精品栏目的影响力,加大市场运作力度,不断开发相关的衍生产品。加大培育河南电影电视制作集团有限公司与河南有线电视网络集团有限公司两大骨干企业,推进集团的市场运作力度,提高企业的再生能力与抗风险能力,使河南广播影视再上一个新台阶。

文化演艺业。要在进一步整合我省文化演艺资源的基础上,以名家为品牌,形成档次较高、影响较大的艺术表演团体。豫剧和杂技等特色艺术表演团体,可在适当时机整合成具有一定市场再生能力,走向海外的名牌演艺公司。要将现代艺术理念与传统艺术表演进行有机的结合,不断创新适合当代人欣赏水平,具有科技含量、声光电并重的舞台表演效果;要探索艺术与武术等资源结合的表演形式,加强戏曲与电视传媒结合的力度,在演艺与旅游等休闲活动相结合的基础上,使文艺演出业再现生机,取得精品力作与市场开拓两个方面的丰收。

(二)做大优势文化产业是关键

优势产业是立足于河南本地特色,具有较大开发潜力和发展前景的文化产业。优势产业的选择对河南文化产业的发展具有导向作用。我们认为,文化旅游业、广告会展业、工艺美术业可作为河南的优势文化产业,加以重点发展。

文化旅游业。要在"三点一线"提升的基础上,将"大黄河游"进行进一步整合,打造具有国际影响力的旅游核心隆起带。以嵩山古建筑群申报世界文化遗产为突破口,以龙门石窟、安阳殷墟为重点,整合河南文物资源,开发古都名城游、宗教文化游、姓氏名人游、武术健身游,形成河南对外推介的多个文化旅游精品线路。以东亚与东南亚、海外华人市场为重点营销对象,不断扩大河南文化在海外的影响,使河南成为海外华人旅游的目的地。

广告会展业。河南具有得天独厚的区位与交通优势,也有较好的会展设施与会展经验。要将广告会展业作为河南文化产业发展的重点,把新郑黄帝故里拜祖大典、中华姓氏文化节、商丘国际华商文化节、洛阳牡丹花会以及河南国际经贸洽谈会等节会,打造成具有国际影响力的文化经贸旅游节会。要重点引进类似于世界旅游小姐评选活动、华商大会、古都联盟等国际性组织扎根于河南。积极引进全国性、国际性重要节会、论坛等到河南举办。构造全方位、多门类的广告媒介体系,加大基础设施的改造与建设,不断提高河南的外向度与知名度。

工艺美术业。河南有较为丰富的民间艺术资源和文物复制品传统,利用河南的资源与区位优势,将河南打造成工艺美术生产、开发、交易的基地与中心,不但具有可行性,也有必要性。要加大对全省艺术品资源的整合力度,利用民间与社会资本,积极开发具有河南地方特色、适合国际市场的特色工艺品;要在郑州等中心城市,建造具有一定规模与档次的艺术品交易市场;利用现代化手段,开设网上交易等活动,不断提升市场的覆盖率;要吸引国内外知名的艺术品交易商落户河南,或到河南进行艺术品交易;要完善工艺美术品的产、供、销体系,将郑州等中心城市打造成国内外知名的中国艺术品交易地与集散地。

(三)培育新兴文化产业是方向

动漫游戏、网络服务、文化创意、信息咨询等新兴文化产业具有较高科技含量、广阔的发展空间和巨大的市场潜力,要努力培育和发展这类新兴文化产业。要发掘现有潜力,以现有的骨干企业为依托,逐步形成规模,拉长链条。要在郑州设立文化产业高新技术园区,不断提升服务水平,提升园区的档次,鼓励支持高校、科研单位和文化企业联合开发新型文化产品,逐步形成人才与骨干企业的强强联合,使新兴文化产业成为河南文化产业发展的新亮点。

七、投资渠道要拓宽

进入21世纪以来,河南文化产业投资不断增加,尤其是近两年全省加大了对文化产业招商力度,文化产业的投资规模和总量进一步扩大,文化产业投资继续呈快速增加趋势。但总的看,文化产业投资仍处于较低水平。2007年文化产业投资额为234.84亿元,在全省城镇固定资产投资中所占比重为3.6%;其中文化、体育和娱乐业投资额为59.13亿元,在城镇固定资产投资中占0.9%,低于全国平均水平。2006年开始建立的省级文化产业发展专项资金规模每年也仅有2000万元,与外省市文化产业发展专项资金上亿元的规模相比存在很大差距,与河南文化大省的地位和建设文化强省的要求很不相称。加上河南文化投入长期欠账较多,文化基础薄弱,资金不足已成为制约河南文化产业发展的又一瓶颈。

因此,要加快文化产业发展,就必须解放思想,开拓思路,冲破传统的"等靠要"观念的桎梏和纯粹依靠财政单一投入的思维定式,消除制约文化产业发展的投资体制障碍,构建投资主体多元化、投资方式多元化、投资机制市场化的新型文化投融资体制,逐步形成以政府资金为引导、以企业投入为基础、以银行信贷和民间资本为主体、以股市融资和境外资金为补充的多元化文化产业投融资体系。

(一)充分发挥公共财政的杠杆作用

公共财政要支持文化产业发展,是近年写入中央文件的指导性意见,并已经成为从中央到地方政府支持文化产业发展的重要方式。目前,河南财政对文化产业支持力度较小,效果尚不明显,建议各级公共财政继续加大投入支持文化产业发展。

1.省、市财政要建立足额的文化产业引导资金,采取贷款贴息、项目补贴、奖励等方式,重点支持新闻出版业、广播影视业、文化演艺业、文化旅游业等传统优势产业,网络服务、广告会展和具有自主知识产权的动漫、网络游戏、文化创意等新兴文化产业,以及一些富有地方传统特色的文化产业。确保文化产业增长速度高于地区生产总值和服务业的增长速度,把文化产业培育成国民经济的支柱产业。

2.提高政府主导投资重大文化项目和艺术院团的支持力度,一方面要通过财政购买服务为文化产业部门输入新的发展资金,另一方面要避免政府动辄直接上阵大举兴办各种豪华文化工程,提供免费的文化大餐,不仅要避免因政府投资文化项目,降低资金使用效率,诱发文化企业把政府作“客户”,开展不良博弈,滋生“等靠要”思想,而且要避免因政府投资带来对文化市场的扰乱,反而削弱产业竞争力的提升。

(二)积极鼓励非公有资本的进入

1.要制定区域非公有文化产业发展的优惠政策,采取奖励、贴息、补助等方式,鼓励区域内、外的各类非公有资本以直接投资、间接投资、项目合作、项目融资、兼并收购、租赁等多种形式进入一般竞争性文化行业,嫁接改造国有文化企业,开发和运营政策允许的历史文化资源,形成以国有资本为主导的混合经济结构和各类投资主体平等竞争、共同发展的区域文化市场格局。

2.在国有控股的情况下,非公有资本可以投资、参股出版物印刷、发行业务,投资、参股新闻出版单位的广告、发行业务,投资、参股广播电台和电视台的音乐、科技、体育、娱乐方面的节目制作,投资、参股电影制作、发行、放映,建设和经营有线电视接入网,参与有线电视接收端数字化改造。

3.允许非公有资本控股从事有线电视接入网社区部分业务,开办户外、楼宇内、交通工具内、店堂等显示屏广告业务,在符合条件的宾馆、饭店内提供广播电视视频节目点播服务等。

4.政府要鼓励、支持、引导非公有资本以股份制、民营等形式，兴办文艺表演、演出场所、互联网上网服务营业场所、艺术教育与培训、文化艺术中介、旅游文化服务、文化娱乐、艺术品经营、动漫和网络游戏、广告、电影电视剧制作发行、广播影视技术开发运用、电影院和电影院线、书报刊分销、音像制品分销、包装装潢印刷品印刷等文化企业，并在项目审批、资质认定、税收优惠、融资等方面享受国有文化企业同等待遇。

5.通过制定相关税收政策，鼓励个人和团体对文化事业的投资与捐赠，鼓励工商企业和社会人士对文化产业的赞助。

(三)努力用好用活金融市场

1.政府要在市场主导的前提下，建立《文化产业分类管理与银行贷款投资文化产业指导目录》，做好银行与文化企业、文化产业项目之间的牵线搭桥工作，协调和支持国家金融管理机构定期、不定期牵头举办银企项目推介会或商业银行与文化企业专项融资签约活动，鼓励和支持银行尽快建立对文化产业相应的评估体系，并对文化产业领域的企业贷款资质进行分类，有针对性地对部分文化产业项目和企业进行贷款，达到文化企业融资和银行开拓文化产业市场的双赢效果。

2.积极鼓励文化企业通过上市融资。一方面，要推出一批主业突出、核心竞争力强的文化企业进行积极培育，策划在境内外上市；另一方面，也可以通过资产重组和置换的方式买壳上市。

3.通过发行债券融资，主要通过企业债券、短期融资债券和可转换债券筹集文化产业发展资金。

4.鼓励和支持文化产业与信托的结合，通过信托业务为文化产业筹措发展资金。

5.要建立中小文化企业融资担保公司，开创文化名人、特色企业、文化名牌等无形资产评估担保贷款等形式，解决中小文化企业融资难问题。

(四)尽快组建文化产业创业投资基金

文化创业投资基金具有引导社会机构和个人投资者及境外投资机构的资金流向文化产业的示范效应。因此，要按照建设公共财政的要求，加大对这些资金的管理，完善投入方式，增强导向作用，提高投资效益。由多级政府共同出资，吸引社会资本投资参股，建立文化产业创业投资基金，用于对中小科技型文化企业进行项目开发和创业投资的专项资金支持，以加快新兴文化产业的发展。

（五）充分发挥政府的调控作用

1.政府要制定有关的文化投资法规、章程、实施细则以及相关配套的政策、措施，并通过监督实施，形成一整套行之有效的规范文化投资的法律法规体系，使文化产业投资有法可依、有章可循。

2.针对文化投资的短期效益和长远回报的矛盾，政府要采取必要的投资倾斜政策，引导投资方向、调整投资结构，使公共投资要做好与企业商业投资的衔接配套，以分担社会资本投资的风险，并分享投资效益。

3.政府要进一步认真落实对新办文化企业、新兴文化产业、高新技术文化企业的优惠政策，用足用好现行文化企业所得税返还政策，加大对转制文化单位、文化发展项目在财政税收、投融资、资产处置、社会保障、项目用地、规费减免和拆迁安置等方面的扶持力度，为文化产业营造良好的投资环境。

八、文化品牌要做大

文化品牌是提升文化产业核心竞争力的主要手段，也是文化产业快速崛起的重要推动力。河南的文化资源优势明显，但是很多资源优势还没有形成具有产业优势的文化品牌，还没有转化为现实生产力。虽然河南也涌现出一些知名品牌，但总量还不够多，影响还不够大，品牌的市场价值还有待进一步发掘。做大文化品牌就要在全面提升品牌知名度、丰富品牌内涵、拓展品牌营销网络上下功夫。

表 2　河南知名文化品牌略表

<table>
<tr><th>品牌属类</th><th>品牌名称</th><th>影响力</th><th>品牌属类</th><th>品牌名称</th><th>影响力</th></tr>
<tr><td rowspan="2">功夫娱乐</td><td>少林功夫</td><td>国际</td><td rowspan="7">工艺美术</td><td>钧瓷、汝瓷</td><td>国内</td></tr>
<tr><td>太极拳</td><td>国际</td><td>民权虎</td><td>国内</td></tr>
<tr><td rowspan="5">宗教文化</td><td>白马寺</td><td>国际</td><td>唐三彩</td><td>国际</td></tr>
<tr><td>少林寺</td><td>国际</td><td>木版年画</td><td>国内</td></tr>
<tr><td>中岳庙</td><td>国内</td><td>汴绣</td><td>国内</td></tr>
<tr><td>相国寺</td><td>汉文化圈</td><td>南阳玉雕</td><td>国内</td></tr>
<tr><td>太清宫</td><td>汉文化圈</td><td>天坛砚</td><td>国内</td></tr>
</table>

（续表）

品牌属类	品牌名称	影响力	品牌属类	品牌名称	影响力
世界文化遗产	龙门石窟	国际	寻根文化	黄帝故里	华人文化圈
	安阳殷墟	国际		姓氏文化节	华人文化圈
旅游	清明上河园	国内	山水文化	嵩山	国内
	开封府	华人文化圈		云台山	国内
	康百万庄园	国内	民间文艺	马街书会	区域(省内)
	关林	国内		濮阳杂技	国内
红色文化	红旗渠	国内	广播影视	河南卫视	区域(省内)
	竹沟	国内		河南奥斯卡电影院线	区域(省内)
动漫游戏	小樱桃	国内	精品栏目	《梨园春》	国际
	独角乐园	国内		《武林风》	国际
精品演艺	《禅宗少林·音乐大典》	国内	古都文化	郑州	国内
	《大宋·东京梦华》	区域(省内)		开封	国内
现代报刊	《大河报》	国内		安阳	国际
	《销售与市场》	国内		洛阳	国内

（一）塑造品牌首先要提升品牌影响力

市场认知是品牌价值的第一层阶梯，是消费者对同类产品中某个品牌的熟悉程度，它对品牌的重要性毋庸置疑，比如提起电视戏曲栏目，人们马上就能想到《梨园春》，说起武术，很快就能联想到少林功夫。因此，做大文化品牌首先就要着眼于品牌塑造和提升品牌影响力。如河南的文化旅游业，要充分发挥洛阳龙门石窟世界文化遗产、安阳殷墟世界文化遗产、清明上河园、少林寺等现有文化品牌的影响力，对北宋皇陵、玄奘故里、杜甫故里和杜甫墓、康百万庄园、商城遗址、二七纪念塔等历史文化遗迹进行全面整合和整体开发保护，构建一个完整的景区，使河南的历史文化品牌更具规模化和竞争力。另外，要将河南的古都文化、宗教文化、武术文化、寻根文化等优势文化通过高品位策划、包装和推介，促进旅游文化资源的整合，开发一批立足国内、面向国际的重点文化景区。

对一些知名文化品牌，要赋予其国家形象的意义，提升市场公认度和接受度。与此同时，要通过各种渠道、多种方式，有意识、有目的地宣传自己，举办高级别的旅游节，制作精美的宣传册，积极参与国内外举办的文化活动，提高社会影响力和竞争力。

（二）维护品牌要不断丰富品牌内涵

随着时间的推移，消费者文化审美和精神需求的发展和变化，文化品牌的影响力会有一定程度的减弱，因此必须积极开发相关衍生文化产品，延伸和拉长文化产业链，以保证现有品牌的可持续发展势头。对于以《大河报》《销售与市场》《梨园春》《武林风》等为代表的现代传媒品牌，以《风中少林》《程婴救孤》等为代表的演艺品牌，以唐三彩、汴绣等为代表的民间工艺品牌，以马街书会，濮阳杂技、周口杂技等为代表的民间演艺品牌，要以市场需求为基准，从利用资源到再造资源，从“我有”到“我能”，在保持总体风格一致的前提下，合理配置资源并开发新的附属产品，延伸品牌形象，巩固和拓展市场占有率。在这一过程中，品牌开发者更要有战略眼光，注重开发潜在受众群体，利用新鲜时尚的元素，为传统文化注入现代科技血液，吸引年轻群体的青睐，从而储备后续市场资源。

（三）发展品牌要积极拓展市场营销网络

做大文化品牌，宣传和营销至关重要。拓展营销网络一是要积极开展跨省、跨国合作，利用对方的先进技术和有效的管理经验、雄厚的经济实力和全球性的市场系统及网络系统，开拓国内国际文化市场。二是要发挥多元载体的文化传播作用，借助电影节、电视节、艺术节、书展、博览会等平台，积极推介产品和服务；积极参与或主办国际性书展、节展期间的文化论坛和主宾国活动等，提升河南的文化影响力；扩大商业性展演、展映和文化产品销售；三是要构建海内外营销网络。重点抓好影视剧、出版物、文艺演出三大海内外营销网络建设。对符合条件的文化企业的市场开拓活动给予支持。突出重点，实施“走出去”重大工程项目，加快“走出省外、国外”的步伐，抓住文化产业链的两端——资源配置与市场拓展，通过品牌营销，整合发力，扩大河南文化的覆盖面和国际影响力。

（四）切实加大品牌保护力度

由于文化品牌是一种共用性的地方品牌，很容易引起过度的开发和利用，造成文化品牌的恶化和枯竭。例如，河南的钧瓷、汝瓷、唐三彩在历史上是非常有名的，现在当地也很重视，但是由于许多人只是把它作为赚钱的手段，忽视了产品质量的提高，导致大街小巷随处可见粗制滥造的仿制品，不但产品卖不上价钱，还严重败坏了品牌的声誉；"四大怀药"比同类的其他中药材拥有更高的药用价值，但焦作一些当地居民出于对商业利益的追逐，从外地购入假怀药以次充好，严重败坏了怀药的名声；美国、欧洲、日本等西方国家已经大量抢注了以中国"少林功夫"为内容的商标，由于该商标被随意抢注和滥用，国际社会对少林文化及其代表少林功夫的认识开始产生混乱和曲解，这对真正少林文化的传播和发展影响很大。因此，我们要通过法律手段、以政府力量对文化品牌提供强有力的保护，申请文化品牌的原产地标识。政府要用行政手段等"有形的手"和市场这个"无形的手"维护文化品牌的形象，对于出假冒伪劣产品的害群之马，必须予以严厉打击。地方政府对知名文化品牌要给予政策和资金倾斜，使其不断创新，不断开发新的附属产品和利润增长点，保持其独特性和对消费者持续不断的吸引力，从而保持文化品牌旺盛的生命力。

九、龙头企业要做强

龙头企业是河南文化产业实现跨越式发展的重要支撑，也是文化产业转型升级的排头兵。虽然河南一些文化企业已初具规模，如河南文化影视集团有限公司、河南日报报业集团有限公司、中原出版传媒投资控股集团有限公司等，但与全国文化产业的龙头企业相比，我省的文化龙头企业大而不强，还存在辐射、带动力弱，发展缺少活力，创新能力不足，核心竞争力不高等问题。因此，河南要实现文化产业的跨越式发展，就要先创造条件使龙头企业做大做强，发挥龙头企业的带动示范效应，促进河南整体文化产业实力的发展壮大。

（一）依靠改革提高企业内在发展能力

企业要做大，必须要深化体制改革，加快体制机制创新，增强企业发展活力。要大力推进经营性文化单位转企改制，在以资产为纽带的基础上进一步优化产权结构，建立产权多元化的公司机制；建立健全股东会、董事会、经理层、监事会等机构有效运作，相互制衡的机制体制和"权责统一、运转协调、有效制衡"的公司法人治理结构；努力探索有特殊才能、有自主知识产权、有创作成果、有突出贡献的人通过管理入股、技术入股、专利入股、品牌入股等方式参与收益分配的有效形式；通过机制创新，使企业管理更加科学和规范，更有利于充分调动企业职工的积极性、主动性和创造性，进一步提升企业经营管理水平和持续发展能力。

（二）拓宽渠道，提高企业资本运作能力

企业要做大，必须要有资金做保障。只有拓宽文化企业融资渠道，创新投融资方式，走市场化融资道路，才能为文化产业的龙头企业发展提供足够的资金支持。要尽快建立投资主体多元化、投资方式多元化、投资机制市场化的新型文化投融资体制。此外，还要通过对文化企业的资产进行剥离、置换、出售、转让等途径，提高企业资本运作能力，促进河南日报报业集团有限公司、中原出版传媒投资控股集团有限公司、河南文化影视集团有限公司等重点龙头企业上市融资，借助资本市场这个重要平台，使这些龙头企业做大做强。

（三）推进一主多营，提高企业市场拓展能力

企业要做大，必须要多元化发展。企业要适应文化产业集团化、多元化的发展趋势，改变传统的经营模式，积极推进一主多营的发展思路，在坚持做强主业的基础上多元经营，外向发展。要按照市场经济规律，通过兼并、联合、重组等方式，加快组建跨地区、跨部门、跨行业和跨所有制的综合性文化产业集团，积极推进集团系统产业的多元化，大力延伸和加深产业链条，积极加入文化创意、动漫游戏、演艺娱乐、广告会展、文化旅游、现代传媒和文化服务等新兴文化领域，尽快形成集团的文化产业集群，不断提高企业市场拓展能力，培育企业新的经济增长极，增强企业的生存力和核心竞争力，使龙头企业做大做强，形成一批在国内有实力、在国际有影响力的影视产业基地、报业产业基地、出版产业基地、娱乐产业基地。

（四）运用现代科技提高企业创新能力

企业要做大，关键是文化产品要创新。要开发新型文化产品，不断创新文化产品的表现形式。传统文化产品需要与现代科技和市场元素相结合，以现代的方式进行新的演绎，才能产生无限魅力。因此，企业要从文化产品的内容表现形式和传播手段等方面，加强对数字、传媒、网络等现代高新技术的引进和自主开发，着力用高新技术手段改造传统文化，提高文化产品的科技含量，如在文艺产品方面，充分运用现代化的灯光、舞美、音效、服装设计等科技元素来进行精良的创作，制作出极具视觉冲击力和艺术感染力、震撼力的文化产品，实现思想性、艺术性和观赏性的高度统一，创作出更多像《风中少林》《清明上河图》等

富有特色的大型文艺精品项目。

(五)建立现代用人机制提高企业人才聚集能力

企业要做大,必须要建立现代企业用人机制。引入公平的竞争机制和激励机制,对企业干部实行动态管理,对贡献突出、业绩显著的干部予以重用;对不思进取、工作长期松懈的干部予以调整,对个别特殊领导岗位,在更大范围内实行招聘和引进,使具有创新精神、创业能力和管理水平的复合型人才能有大显身手、施展才华的舞台。对企业职工,要营造人尽其用的和谐环境,建立职工培训制度,积极主动地吸引外地优秀的文化企业人才到河南发展,从而为企业建设一支政治过硬、数量充足、素质优良、业务精通、作风扎实、开拓创新的人才队伍,为企业做大提供强大的人才支持和人力资源保障。

(六)充分发挥政府作用促进龙头企业做强

企业的发展离不开政府的引导,要充分发挥政府规划、协调、监督、服务职能,推进企业建立和完善现代企业制度,规范经营。政府应对企业发展的方向和重点给予强有力的指导,有计划地指导企业进行合并、重组,形成规模效应,为企业提高国际竞争力、开拓国际市场提供配套的政策支持;按照规范化、法制化的要求,使政府和企业之间形成良性互动机制,建立畅通的沟通渠道,形成良好的政策传导机制,努力提高政府服务企业的水平;在企业的发展论证、企业诊断、项目包装、政策扶持、法律顾问、信息采集与交流、技术培训、新产品开发、技术创新、市场开拓、产品展览、宣传营销等方面提供全方位服务,帮助企业发展壮大。

十、文化消费要拉动

随着"两大跨越"的提出和相关文化产业政策的实施,河南文化产业近年来呈现出强劲发展势头,文化产业增加值以两位数的速度增长。但我们也应该看到,在文化产业增加值连续保持高速增长的同时,文化消费不仅没有同步跟上,而且还出现了萎缩。2007 年,河南居民家庭文化消费总量为 191 亿元,其中城镇居民 154 亿元,农村居民 37 亿元;城镇和农村居民人均文化消费支出分别为 418.28 元和 59.4 元,在全部消费支出中所占比重分别为 6.1%和 2.2%,均比上年有所下降。根据国际经验,当人均 GDP 达到 1000 美元,恩格尔系数相应为 44%,文化消费应在个人消费中占到 18%。目前,我省人均 GDP 超过 2000 美元,恩格尔系数为 36%,按国际经验推算,2007 年,我省文化消费总量应为 915

亿元,但是实际文化消费总量仅为191亿元,占全部消费的比重仅为4.6%,还有4/5的文化消费潜力没有得到充分释放。

表3 郑州市2006—2007年城镇居民与农民家庭文化消费比较表

年份	2006	2007
城镇居民人均年消费性支出(元)	7619	8716
比上年同期	↑5.5	↑4.4
娱乐教育文化服务消费支出(元)	973	1111
比上年同期	↓5.4	↑4.2
娱乐教育文化服务消费性支出占消费总支出的比重(%)	12.80	12.70
农民家庭人均年消费性支出(元)	3288	3916
比上年同期	↑1.90	↑9.10
娱乐教育文化服务消费支出(元)	321	343
比上年同期	↓1.8	↑6.8
娱乐教育文化服务消费性支出占消费总支出的比重(%)	9.70	8.70
文化产业增加值(亿元)	82.6	101.7

当前,文化消费的萎缩,不是由于人们的文化需求有所降低,而是教育、医疗、住房、就业(或失业)及CPI的攀升等诸多外在因素制约了人们的文化消费需求,降低了人们的文化消费预期,抑制了人们的文化消费冲动。此外,文化消费观念和消费习惯的滞后、文化消费产品的结构与需求不能完全适应、文化消费环境尚待优化等问题,都是制约文化消费的瓶颈和软肋。因此,要加快文化产业跨越式发展,必须采取有力措施拉动文化消费。

(一)更新消费观念,刺激消费需求

要更新消费观念,就要破除教育、医疗、住房等是生活必需的消费,而文化消费则属于奢侈性消费的观念,树立精神需求层面的消费是提高生活内涵和质量的观念;要更新消费观念,就要破除仅仅看重文化的公益性和服务性而忽视文化产品的产业性和商品性的观念,重视文化产品的商品属性,树立正确的文化消费观念;要更新消费观念,就要破除文化服务应由政府大包大揽的观念,区分公共文化服务与文化产品的关系,明确政府保障公共文化服务,市场提供文化消费产品。要把具有商品属性的,如看戏、看电影、听音乐会、唱卡拉OK、欣赏和参与大型文化娱乐活动等文化消费,纳入正常的生活消费范畴,把上酒吧、茶座、咖啡屋、洗脚城的休闲性文化娱乐消费，作为正常的身心愉悦和精神享受；要积极采取行之有效的措施，经常性地举办轻松愉快、健康有益的文化娱乐活动，刺激居民的文化需求，激发人们的文化消费冲动，鼓励健康有益的文化消费活动。

（二）调整产品结构，适应消费需求

拉动文化消费最为有效的途径，就是生产适应消费需求的文化产品。如今已是信息化时代，科技的高度发达为新的文化产品的推出提供了现实可能性。但是，我省现有的文化产品仍集中在图书、报纸、戏曲、影视、杂技、娱乐等传统行业，新产品不丰富，层次感不清晰，针对性不很强，市场面不够宽，限制了人们的消费需求，影响了人们的消费欲望，进而影响到产品的消费市场，自然也就影响到文化产业的做大做强。因此，要拉动文化消费，就要调整文化产品结构，多生产适销对路、有需求、有市场的文化产品，拉开文化产品的价格、品位和档次，以适应不同对象、不同人群、不同收入阶层的文化需求，从根本上解决一些文化产品无销路和消费者多种文化需求得不到满足的矛盾。在这方面，湖南长沙的文化夜市很值得借鉴。现在长沙市拥有大小歌厅、酒吧等演艺场所 4000 多家，每年经济收入达 20 多亿元。而郑州市娱乐经营单位只有 425 家，全年主营收入仅 3.6 亿元，占长沙市的 1/5 还不到。但是，从娱乐消费潜力看，郑州市区常住人口 300 多万、人均 GDP 近 3 万元，长沙市区常住人口 200 多万、人均 GDP 为 2.7 万元。相比之下，郑州市的娱乐消费潜力还有待进一步挖掘。

（三）提供特色产品，拉动消费需求

文化消费是一种满足精神需求的特殊消费，通过文化消费活动，人们可以得到知识的积累、信息的获取、阅历的增加、精神的享受、身心的愉悦、肌体的强健和审美的满足。提供文化产品的企业，在生产一般性文化产品、满足人们一般性文化需求的同时，还必须根据文化消费的特点，生产和提供特色文化产品，满足人们对文化产品的特殊需求，以此来促进消费，拉动消费。特色文化产品不要求大而全，但一定要有特色，有针对性，有较高的文化含量和附加值，既具有消费功能，又具有娱乐功能、珍藏价值和升值潜力。通过特色文化产品提升文化产品的吸引力和竞争力，进而赢得市场，占领市场，拉动消费，满足人们不同的文化需求。美国迪士尼公司拍摄的动画片《花木兰》对我国花木兰传说的开发，西峡恐龙蛋文化对好莱坞拍摄的科幻片《侏罗纪公园》的启示，梦工厂制作的动画片《功夫熊猫》对武术文化与熊猫情结的整合,对我们是警醒、是启示,更是很好的借鉴。

(四)优化市场环境,培育消费需求

人们的文化需求是多元的,文化市场也应该是多元的。人们在进行文化消费的时候,不仅会选择适合自己的消费产品,同样也会选择适宜自己消费习惯和消费需求的市场。但是,如今的文化消费市场环境与人们所希望的还有不小距离。首先是一些文化娱乐和休闲场所,不是把为消费者提供健康、轻松、有益的文化服务作为宗旨,而是把消费者当作“唐僧肉”,巧立名目收费、附加性收费、超标准超规定收费,个别娱乐休闲场所甚至店大欺客,时有“宰客”现象发生;其次是一些行政管理部门频繁地超职能、超范围检查评比和文化市场的多头管理等现象,人为地加大了经营者的负担,干扰了消费者的正当消费,对文化市场的环境造成了一定负面影响,一定程度上造成了文化消费的萎缩;再次是消费大环境的制约,前面所说的教育、医疗、住房、就业(或失业)及 CPI 的攀升等诸多外在因素,都对文化消费形成了压力。因此,要建立多元化的文化市场必须优化文化市场环境,净化文化市场氛围,消除影响文化消费的制约因素,支持正当的文化消费,培育积极向上、健康有益的文化消费需求。

综上所述,尽管河南的文化产业起步晚,发展也不平衡,但只要我们坚持以科学发展观统领文化产业发展全局,认真贯彻落实省委、省政府的战略部署,进一步解放思想、调整政策、创新体制、狠抓落实,短时期内全省文化产业状况肯定会有明显改观,文化产业跨越式发展一定能够早日实现。

采撷老子思想精华　传承创新华夏文明*

以《道德经》为主要内容的老子文化，是中华优秀传统文化的重要组成部分，对中华文化的发生发展曾经产生过重要影响。在传承创新华夏文明、推动文化大发展大繁荣的今天，老子文化依然具有重要价值，可以发挥其应有作用。

华夏文明传承创新的重要依托

老子是道家的创始人，他的《道德经》是道家文化的奠基之作，也是中华文化的经典之作。老子以“道法自然”为核心，提出了“道”“自然”“无为”等哲学概念，系统地阐释了天道自然、人道守中、治道无为的生存哲学，以深邃的智慧、深刻的哲理、诗韵般的语言，探讨了宇宙的形成、自然界的规律、治国的方略、身心的修养等一系列重大问题，涵盖了人与自然、人与社会、人与人、人与自身等重大关系的理论命题，为华夏文明传承创新提供了重要思想依托。

老子文化在华夏文明的传承创新中不断发展，华夏文明也在汲取老子文化的营养中持续传承创新。作为先秦诸子百家的启蒙者，老子曾向儒家创始人孔子授礼，对儒家学派产生了深远影响；老子学说为魏晋学人所宗，成为魏晋玄学的渊薮之一，同时也深刻影响着宋明理学及“洛学”；老子的无为论发展为申不害和韩非的法家权术；老子的军事思想启迪了《孙子兵法》问世；老子的无名论发展为名家辩学；等等。

老子文化铸就华夏文明的思想根基，启迪中华思想文化的纵横展演。老子人与自然和谐共处的思想，对当今提倡的绿色发展、循环发展、低碳发展，是跨

* 此文与卫绍生合作。

越时空的回应。老子文化的“道法自然”与当今遵循自然规律的环境保护意识,“知和曰常”与稳健均衡的生态平衡思想,“去奢从俭”与提倡适度消费的发展观,都是高度契合的。老子认为,人源于自然并统一于自然,且必须在自然所给予的条件下才能生存;人与自然不应是对立、紧张的关系,人类的文化创造不应无视自然之理,而是应当尊重自然,遵循规律。在老子文化中,人是小我,宇宙是大我,小我只有顺应大我的运动规律,自然无为,无私无欲,才能达到“至上”或“至乐”境界。老子文化中人与自然和谐相处的理念,与现代可持续发展所倡导的人与自然和谐相处的思想,有着惊人的相似,为当今社会可持续发展提供了有益的理论借鉴,值得努力挖掘,大力弘扬。

老子文化以人为本,把人作为主体、手段和目的,强调对人的关怀和尊重。老子把“人”和“道”“天”“地”一样,列为域中的“四大”之一,认为“人”与“天”“地”一样在宇宙中占有重要地位。老子把人分为“圣人”和“民”,把君主作为治国的主体,把民众看作影响社会历史发展的重要力量。老子强调无为而治,要求治国者不干涉百姓之事,让百姓自由发展。“我无为,而民自化”,倡导让老百姓自己管好自己,目的是充分运用民众自己的力量;老子认为“圣人常善救人,故无弃人”,“圣人常无心,以百姓心为心”,把人的生存和发展作为治国的目标,倡导治国者关爱民众,尊重他们的生存和发展权利。

构建和谐社会的文化基础

和谐文化是中华优秀文化的重要组成部分。它不仅得到儒家文化、墨家文化和佛家文化的滋润,而且得到以老子文化为代表的道家文化的灌溉。无论是《尚书·虞书·舜典》“八音克谐,无相夺伦,神人以和”对人与音乐关系的论述,还是《左传》“如乐之和,无所不谐”对春秋时期诸侯关系的描述,都反映出古人对“和谐”的认识,都与老子文化的和谐思想有相通之处。老子认为:“人法地、地法天、天法道、道法自然。”所谓“自然”,就是应然之然,是事物发展应该呈现的本原状态。对于“自然”,人们只能适应它,而不可能去改变它。只有适应自然,顺应规律,方可达至和谐之境。为此,老子提出了“无为而无不为”的主张,认为在自然规律面前,人们不要胡作为,乱作为,而要顺应规律,尊重规律。

老子文化蕴含的这种顺应自然、尊重规律的思想，是中国和谐文化的渊薮，对中国社会的发展产生了重要影响。

老子文化视和谐为“自然”应该达至的境界，故老子提出了“和光同尘”的主张，要求人们与人和谐相处，与社会和谐相处，与周围环境和谐相处。只要每个人都能“和光同尘”，人与人的和谐、人与社会的和谐也就不难期待了。为此，老子特别推崇“不争之德”，把“不争”作为实现和谐的重要原则。他认为：“圣人处上而人不重，处前而人不害。是以天下乐推而不厌。以其不争，故天下莫能与之争。”只要人们都能奉行不争的原则，宽以待人，谦以处世，和谐相处，世间就会减少许多纷争，距社会和谐就会更进一步。老子的“不争”，表面看是谦卑示弱，实则是以柔克刚、以静制动，折射出的是刚柔并济、动静结合的和谐思想。

老子文化蕴含着丰富的和谐思想，是传统和谐文化的源头。无论其对人与自然、社会、他人及人与自身和谐关系的论述，还是对达至和谐之境方式及途径的论述，都与当下培育和谐文化、构建和谐社会的时代要求相一致，与人们对和谐社会的期盼相一致。因此，我们应借鉴老子文化中有价值的积极因素，结合时代需求加以继承和弘扬，进行创新、创造，为建设社会主义和谐社会提供历史传承和文化支撑。

文化旅游开发的宝贵资源

文化是旅游的灵魂，旅游是文化的重要载体。以老子文化为基础衍生出来的道家文化与道教文化，是我国重要的旅游文化资源。目前，我国道家文化名山几十座、文化遗址有几百个，道教宫观1500多座，且大多依托名山大川和自然景观，有热点，也有看点。近年来，随着道家文化热的兴起，道家文化中“道法自然”等理念受到空前广泛的重视，依托道家和道教文化开发旅游资源，可谓正当其时。

中原是道家文化的发祥地，可以开发利用的道家和道教文化资源非常丰富。以河南为例，道家学派创始人老子的出生地在河南鹿邑；洛阳是老子居住和担任史官的地方；《老子》成书于河南灵宝市函谷关……经过近些年的修复与建设，河南从东到西已经形成了一个较为完整的道家、道教文化旅游线路，基本设施齐全。依托道家文化和道教文化，可以使河南原有的精品旅游线路“开封—郑州—洛阳”三点一线进一步拉长加粗，让中外游客在欣赏中原美景的同时，更直观地了解道家和道教文化内容，感受其神韵，接受其熏陶，汲取其文化营养，体悟其养生方法。

民间文化遗产的开发利用

老子文化在漫长的发展过程中，形成了极为丰富的民间文化遗产。尤其是道教出现之后，老子被奉为道教“三清”之一，有关老子的民间传说随着道教的传播越来越丰富，形成了民间文化中的老子现象。民间文化中的老子，充满神奇色彩。如老子的出生，《史记》的记载甚为简略，但在葛洪的《神仙传》中，老子的出生则甚有传奇色彩。《太平广记》杂采诸家之说，老子的故事则越发丰富而神奇。再如传之久远的“孔子问礼”，《史记》的记载不足 200 字，而《太平广记》则是洋洋洒洒 500 余言，表现出丰富的民情民意。

围绕着老子及其《道德经》而形成的民间文化遗产，有许多至今仍活化在人们的日常文化生活之中。对于老子文化的这部分内容，应结合当下文化建设的实际，尤其要结合华夏历史文明传承创新区建设，遵循古为今用、推陈出新的原则，分门别类且有针对性地进行开发利用。譬如老子生日祭典，早在东汉时期，老子故里就已开始举办祭祀老子的活动。到了唐代，李氏王朝认老子为祖宗，给老子以崇高礼遇。唐高宗曾亲临老君庙致祭，将老子追号为“太上玄元皇帝”，建祠堂，置令丞；唐玄宗尊老子为“大圣祖高上大道金阙玄元天皇大帝”，将老子庙改名为“太清宫”；唐武宗时，以朝廷名义颁旨确定农历二月十五日为老子生日，即所谓的“降圣节”。宋真宗也曾亲谒太清宫，将老子加号为“太上老君混元上德皇帝”。鹿邑县利用老子生日祭典，恢复了老子故里已经间断数十年的老子庙会，以这种形式来传承老子文化，表达对老子的缅怀与敬仰之情。庙会期间举行的海内外李氏宗亲寻根谒祖活动，以及文艺演出和精彩的大型老子养生拳表演、民间绝活、传统杂技表演等活动，丰富了老子庙会的内容和形式，对华夏文明的传承创新做了有益探索。

与老子文化的巨大影响相比,老子文化的民间宝库大多处于尘封状态,远远不能适应时代对传承弘扬老子文化的要求。民间文化遗产中关于老子与道家、道教的故事传说及老子养生文化,大部分至今仍处于尘封状态,亟待进行传承创新,开发利用。而开发利用老子文化的最好方式,就是活化故事和再现场景。对那些可以通过活化故事和再现场景方式进行传承创新的内容,应在经过充分市场调研的前提下,加大开发利用力度。如孔子问礼的故事,《太平御览》记载比较详细,富有戏剧冲突性,只要稍加演绎,就可以转化为故事场景和艺术形象。老子出关、老子收服青牛等故事,本身就具有很强的戏剧性。20 世纪 30 年代,鲁迅曾据老子出关的传说,创作小说《出关》,在当时文坛引起不小轰动。可以在鲁迅小说《出关》的基础上,对老子出关西行进行再创造和艺术再现。至于老子养生文化,可供选择的开发方式比较多,如借助影视动漫等形式进行开发。

走文化创意与科技融合之路

走文化创意与科技融合之路传承创新老子文化,国内一些影视、动画等艺术机构,在这方面已经进行了一些有益的探索。见诸传媒的主要有动漫电影《老子》征集动漫形象创意、电影《老子》举行开机仪式、佛教卡通漫画《老子》等。创意与科技结合对文化传承创新的重要作用,已经逐渐为人们所认识。

走文化创意与科技融合之路传承创新老子文化,河南省越调剧团推出的越调《老子》,就是一次成功的探索。该剧围绕老子撰写《道德经》这一主线,加入了孔子问礼等情节,通过两位哲人的对话,表现出春秋战国之交剧烈的社会变化以及老子伟大的哲人情怀。在艺术表现上,该剧大胆创新,突破了越调以往的男女唱腔同调的韵式,强化了古朴、大气、洒脱、细腻、空灵、飘逸的风韵,充分展示了越调声腔艺术的独特魅力。该剧借助文化创意活化了老子故事,具有强烈的时代感,堪称老子文化传承创新的典范之作。

老子文化十分丰富,不仅包括老子其人其作,而且包括老子之后出现的诸多与老子和《道德经》有关的故事传说、文学艺术作品、风土民情、技艺工艺等。这些既与中原文化的发生发展息息相关,又是中原文化的重要组成部分,在华夏历史文明传承创新中理应发挥更为重要的作用。因此，对老子文化的传承创新必须拓宽视野，走出“就老子说老子、就故事说故事”的模式，寻找老子文化的现实结合点与生成点，按照古为今用、推陈出新的原则，回应时代呼唤，顺应文化需求，大胆创新创造。应在活化故事和再现场景上下功夫，在文化创意与现代科技融合上走新路，把老子文化的传承创新作为华夏历史文明传承创新的突破口和支撑点，为传统文化的传承创新探索出一条新路。

（原载 2012 年 9 月 20 日《光明日报》）

构建“道家文化河南游”旅游线的建议

一、构建“道家文化河南游”旅游线的意义

过去外国人到中国旅游,曾有人用“白天看庙、晚上睡觉”来描述,此话虽意在批评我国旅游内容的单一现象,但却也从侧面反映了我国宗教文化旅游产品的独特魅力。道家文化是中国传统文化的重要组成部分,道教是中国土生土长的宗教,道家文化旅游和道教宫观旅游是市场看好、前景广大的一种富有中国特色的旅游产品。随着改革开放以来中国在国际上的地位和作用日益提高,中国文化走向世界已成当今不可阻挡的潮流,文化传播方式也突破种种障碍,日益走向多样化、快速化,中国文化热在国际旅游市场上不断升温,特别是西方欧美各国,由于他们与我们的国情、民族文化和生存背景不同,一般的游客对中国文化的兴趣特别浓厚,对信仰文化、宗教民俗,天生怀有一种热烈的关注和探索的欲望。统计资料表明,中国现已上升为世界第五大旅游目的地。

了解和品味中国文化,离不开了解和品味道家文化。道家思想崇尚“师法自然、天人合一”的观念,道教追求长生不死、隐逸升仙的理想境界,师法返璞归真的田园生活,以养生健身为行为方式等理念,都与当今世界回归自然的旅游潮流——生态旅游、绿色食品保健旅游、森林旅游等旨趣相吻合,古今一脉,因此,这类产品将得到国内外旅游者的参与和追捧。可以做出这样的基本判断,随着中国在世界上地位的不断提高,中国旅游热潮将继续上涨,道家文化旅游必将以其独特魅力风行世界。

近年来,我国的综合国力和国际影响力显著增强。但中国文化在国际上的影响力和竞争力还与我国国际地位不相适应,与我国五千年文明积淀的丰厚文化资源不相适应,随着我国对外开放的不断扩大,外界了解中国文化虽然也有许多渠道,但通过旅游方式展示展现中华文化仍有许多潜力可挖。道家文化崇

尚自然、追求和谐,普遍受到各国人民的重视,通过道家文化旅游可以充分展现中华文化精神、展现中华文化的魅力,使世界上越来越多的国家和人民认识中华文化和热爱中华文化。

二、构建"道家文化河南游"旅游线的可行性

河南是道家文化的发祥地。道家学派创始人老子的出生地在河南鹿邑。洛阳是老子居住和担任史官的地方,《史记》中有"老子居周久之"的明确记载。《老子》一书是人类共同的文化宝典,该书成于河南三门峡的灵宝市函谷关。群众传说老子归隐于河南栾川县的老君山。道家学派的其他学者,如伊尹的出生地在伊川县,庄子的出生地在民权县,列子家乡在郑州市。道教在河南也存留有许多道观和历史遗迹,随着近年来道家文化在全国和全球范围内的兴起,道家文化中"道法自然"等理念正受到空前的广泛重视,海内外游客对道家文化名人和道教圣地的探询兴趣也在不断升温,因此,河南开辟和构建"道家文化河南游"旅游线应该说是恰逢其时的明智选择。

道家文化的发祥地,东起周口鹿邑,中经郑州嵩山中岳庙、洛阳栾川老君山,西至济源王屋山、三门峡灵宝函谷关,经过近些年的修复与建设,旅游景区基本设施齐全,有可看景观,有可游的景点,有可研究的文化,从东到西从一个景区到另一个景区,都不超过两个小时,高速公路、铁路都空前畅通,便利的交通设施为"道家文化河南游"旅游线提供了条件。

三、构建"道家文化河南游"旅游线的框架思路

"道家文化河南游"旅游线,必须充分开发和利用河南省的道家历史文化旅游资源,将丰富的道家文化遗产,遍地皆是的道教文化资源,以及独特的自然山水资源结合起来,把宫观旅游、城市旅游、乡村旅游、生态旅游和休闲旅游、养生体验旅游结合起来,形成集观光、休闲、度假、娱乐、健身、养生于一体的旅游线路。

该线路具体包括:周口鹿邑太清宫、老君台、明道宫、老子广场、老子故里、庄子故里、郑州中岳庙、洛阳古城、栾川老君山、三门峡灵宝函谷关和亚武山、济源王屋山、阳台宫等主要景点,结合这些地方的其他景点连成从东到西一条线,这条线可以使原来河南的精品旅游线开封—郑州—洛阳"三点一线"进一步拉长,丰富其观光内涵,充实其道家文化内容。

开辟和构建"道家文化河南游"旅游线不能单打一,必须加强体现道家文化

特点的基础设施建设，使田园风光、自然景观游与健身养生、度假休闲游为一体，大力培育清静娱乐环境，开发游客自身可以直接参与的娱乐项目，销售体现道家文化崇尚的旅游产品，配置购物等旅游要素，完善旅游服务网络，使“道家文化河南游”成为游客可以了解道家文化内容、受到道家文化熏陶、感受道家文化价值、体悟道家养生方法的旅游线。

四、构建“道家文化河南游”旅游线的景点布局

“道家文化河南游”旅游线主要由以下景区组成。

（一）老子故里——鹿邑

鹿邑古称“鸣鹿”“苦”“真源”“谷阳”“仙源”，元朝至元二年（1265 年）改为鹿邑县。老子于公元前 571 年诞生在今河南鹿邑的太清宫镇，司马迁在《史记·老子韩非列传》中记载得很清楚：“老子者，楚苦县厉乡曲仁里人也。”即说老子是河南周口市鹿邑县太清宫镇人。1997—1998 年，由河南省文物考古研究所、周口地区文化局和鹿邑县文化局派员组成的太清宫考古队对老子故里太清宫遗址进行了钻探和考古发掘，共揭露面积 3000 平方米，发现了一大批遗迹和遗物，取得重要收获，出土牺牲人殉 13 个，青铜器 68 件，兵器 20 余件，石器 80 余件，陶瓷器 100 余件，青铜器一组 6 件，其中国家级文物 6 件。大量的文献碑刻和实物资料表明，从商代到元代，太清宫镇（厉乡）一直是豫东的政治、经济、文化重镇，汉代以后，官方和民间一直把鹿邑太清宫镇作为老子故里，并在此祭祀老子。前些年有人提出老子诞生地在安徽涡阳，但是，随着大量考古资料在鹿邑的发现，安徽涡阳说不攻自破，2001 年老君台、太清宫遗址被国家文物局批准为国家级文物保护单位。宋初著名学者、道家修士陈抟也诞生在这里。

东汉延熹八年（165 年），汉桓帝两次派大臣到鹿邑朝拜老子并建老子祠。自汉桓帝以来，唐、宋、元、清等朝代典籍都有皇帝亲谒或派大臣拜谒老子祠的记载。唐朝帝王对老子更是尊崇有加，自称老子后裔，尊老子为圣祖，在鹿邑大兴土木，扩建老子祠成老君庙，后下诏改老君庙为太清宫。唐高祖年间，太清宫“宫阙如帝者居”。真宗赵恒率百官亲临太清宫，发国帑重修太清、洞霄二宫，“庙貌比唐时有加”。太清宫成为历代文人骚客流连驻足的好地方。谢灵运、李白、杜甫、苏辙、范仲淹、欧阳修等都曾在这里留下大量尊老崇道、咏物壮景的珍贵诗篇。目前老子故里除了太清宫、老君台，还有明道宫、老子广场等多处景点供游人观赏。

(二)庄子故里——民权

庄子姓庄名周,字子休,战国时期著名哲学家,人称“逍遥之祖”。他在哲学思想上继承和发展了老子“道法自然”的观点,使道家真正成为一个学派,他也成为道家的重要代表人物。他还是一位优秀的散文家,在文学史上也占有重要地位。庄子故里位于商丘市民权县顺河乡青莲寺村,有庄子胡同、庄子井等景点。庄子墓在青莲寺村南 5 千米处,墓高 9 米,周长 88 米。清乾隆年间立石碑一座,阴刻“庄周之墓”四字。

(三)中岳庙——嵩山

位于太室山东南麓黄盖峰下,在登封城东 4 千米处。四周群山环绕,风景秀丽。中岳庙原名“太室祠”,始建于秦。西汉武帝元封元年(前 110 年),游嵩岳时令祠官将中岳庙加增扩建,以后历代均有扩建。唐宋年间盛极一时。宋末至清初屡有废兴,清乾隆年间对中岳庙进行了一次大规模重修。现存庙制基本上保留着清代重修以后的规模,是中岳中现存宏大、保存较完整的古庙宇建筑群。现存文物有:殿、宫、楼、阁、坊、亭、台、廊庑、门庭等古建筑 400 余间,其中主要建筑多为清代宫廷式样,汉至宋代古柏 335 株。金石有太室阙、汉翁仲、魏碑、唐碑、宋八棱幢、宋代铁人、宋金四状元碑、金代中岳庙图碑、金代和明代铁狮、明代五岳真形图碑等百余件。除以上古建、金石外,庙内尚存木刻道教经典版百余块。另有《说嵩》《嵩岳庙史》《龙潭寺记》等板刻千余块。这些历史文物珍品为研究我国建筑史、艺术史、道教史提供了宝贵的历史资料。

(四)古都洛阳

相传周灵王二十一年(前 550 年)李耳随父亲到东都洛阳,周室贵族王孙满觉得李耳思维敏捷,博学多识,遂将李耳推荐给周景王,次年,李耳任周朝史官,称“柱下史”,守藏室史,主管周朝的典籍,兼记朝议。李耳任守藏室史期间,博览群书,学识共进,声名远播,孔子曾与鲁国的南宫敬叔一起到周朝的都城洛阳,向他请教“礼”的问题,孔子回去向学生讲:“老子犹龙。”春秋末年,诸侯争霸,周王室衰微,公元前 516 年,周王室发生争夺王位的五年内战,王子朝失败,李耳被免职,挂冠归里。李耳先后在洛阳城工作了 34 年。现今洛阳城虽然没有老子当年留下的历史遗迹,但有文可查的历史记载可以帮助人们追忆道家先人的足迹和事迹。

(五)老君山——栾川

老君山位于河南省洛阳市栾川县城东 3 千米处,是秦岭余脉八百里伏牛山的主峰,海拔 2200 米,原名“景室山”。后因西周朝“守藏室史”李耳到此归隐修炼,并被道教尊为太上老君而被唐太宗易名为“老君山”,沿袭至今。山顶太清观始建于北魏,历代重修,唐代尉迟敬德也曾监工重修,明朝最为鼎盛,铁椽、铁瓦金碧辉煌,千百年来,一直是豫、陕、皖、鄂等地众香客朝拜的中原道教圣地。近年来,东南沿海香客也慕名前来,仅台湾高雄九龙八风进香团每批朝山者就达百人之众。

(六)函谷关——灵宝

函谷关是老子著《道德经》的地方,老子著述道家学派开山巨著《道德经》,被公认为是世界上最古老的哲学经典,是除《圣经》外发行量最大的著作。三门峡灵宝市的函谷关是道家学派公认的灵谷圣地,道家文化的发祥地,位于豫、陕、晋三省交界处,是古代西去长安、东达洛阳的通衢咽喉。始建于春秋战国时期的函谷关是我国最早的雄关要塞,是中原文化和秦晋文化的交会地,是千百年来烽烟际会、兵家必争的战略要塞,是紫气东来、鸡鸣函关等历史故事与传说的发轫地。在漫漫历史长河中,这里以名人(老子)、名著(《道德经》)、名关(函谷关)留芳青史,声播海外。函谷关是国家 4A 级旅游景区,主要景点有太初宫、道圣宫、道家养生园、藏经楼、瞻紫楼、鸡鸣台、碑林、蜡像馆、博物馆、关楼、函关古道等 20 余处。

(七)“天下第一洞天”——王屋山

王屋山因“愚公移山”的寓言故事使世人皆知。相传黄帝曾在此设坛祭天,打败蚩尤统一华夏。王屋山也是古代道教圣地,在中国道教史上具有重要地位,曾经产生过深刻的影响。周灵王太子王子晋,曾修道于王屋山华盖峰,号华盖君。晋代道教上清派第一代宗师、南岳夫人魏华存,晚年也来到王屋山。著名道士葛洪,曾在王屋山抱朴坪炼丹,所著《抱朴子》一书,首次记载了“黄帝陟王屋而受丹经”的历史传说。南梁著名道教理论家、茅山宗第一代宗师陶弘景,在所著《真诰》中,称“王屋山,仙之别天,所谓阳台是也。诸始道者皆诣阳台。阳台是清虚之宫也”。唐朝道教茅山宗第四代宗师司马承祯被唐玄宗尊为全国道教首座,在王屋山自选形胜,创建宫观。后玉真公主拜司马承祯为师,入王屋山修道。司马承祯在所著《上清天宫地府经》中,首次系统地提出了洞天福地说。他把天下道教名山分为十大洞天、三十六小洞天、七十二福地，王屋山为第一洞天，号“小有清虚之天”。在唐朝近三百年间，王屋山的著名道士司马承祯、孙思邈、玉真公主、李含光、薛希昌、张探玄等人，都曾受过皇帝的封赐，他们在全国道教界享有盛名，并相继建起了紫微宫、阳台宫、清虚宫、十方院、灵都观、迎恩宫等规模宏大的道教宫观，王屋山成为全国道教的活动中心。著名诗人李白、杜甫、白居易、韩愈等都曾到王屋山寻幽探胜，访道吟诗。王维、李白、贺知章、孟浩然、宋之问、高适等，与司马承祯结为“仙宗十友”。李商隐两次入王屋山学道隐居。

“道家文化河南游”旅游线的景点布局在突出道家、道教文化景点的同时，不拘泥于这个小的范围，实际旅程安排可以根据不同的受众群体，增加这条线上的其他景点，尽可能地使游客能够完整地游历中原大地的秀美山水，感悟中原文化的独特魅力。

（原载《河南文化发展报告（2010）》，社会科学文献出版社 2010 年 1 月版）

加快推进王屋山保护与开发的调查建议

王屋山位于济源市西北部，东依太行山，西接中条山，南临黄河，景区规划总面积265平方千米，由王屋山、小沟背、五龙口、九里沟等7大景区125个景点构成，主峰天坛山，海拔1715米。王屋山相传是中华民族人文始祖轩辕黄帝设坛祭天之所，是“愚公移山”寓言故事的发祥地，是中国道教“天下第一洞天”。王屋山不仅有名声远扬的古建筑群，而且是世界地质公园、国家级重点风景名胜区、国家4A级景区、国家级猕猴自然保护区。对于这样一个集自然山水和人文资源于一身的旅游宝地，目前对它的保护、开发和利用都不能令人满意，根据我们最近调查的情况，特提出以下建议。

一、王屋山古建筑群的分布和历史价值

目前，王屋山古建筑群已确认的文物点包括阳台宫、迎恩宫、清虚宫、南天门、紫微宫、王母洞、孙思邈墓、道士坟8处。其中，阳台宫是全国重点文物保护单位，迎恩宫、清虚宫和南天门为河南省文物保护单位，紫微宫、王母洞、孙思邈墓、道士坟为济源市文物保护单位。

阳台宫创建于唐开元十五年（727年），为唐玄宗李隆基之妹玉真公主拜师学道之处，初名阳台观，后改称“阳台万寿宫”，习称“阳台宫”。现存主体建筑大罗三境殿、玉皇阁均为明清两代所建，其中正殿大罗三境殿的许多构件保留了宋、元时代的营造手法。玉皇阁内50余根高浮雕石柱通体雕刻云海游龙、花草瑞兽等图案，造型生动，为国内少有的艺术珍品。此外，阳台宫还保存有东西配殿、白云道院、王母殿等建筑和八扳大铁镬、明代石槽、千年龙凤柏、七叶菩提树等附属文物，都具有很高的文物价值。2006年，阳台宫被国务院公布为第六批全国重点文物保护单位。

迎恩宫创建于唐贞观年间，现存山门、东西配殿、祖师殿、玉皇殿等清代建筑，其中，玉皇殿为河南少有的无梁殿式建筑。

清虚宫为唐代创建的王屋山三宫(紫微宫、阳台宫、清虚宫)之一,现存三清殿、关帝殿和王母殿等清代建筑,其中三清殿为济源市体量最大的清代建筑。

南天门坐落于王屋山主峰天坛山顶,为明代砖石碑坊,艺术构件精美,为济源市仅有的砖石牌楼,具有较重要的文物价值。

紫微宫为唐代王屋山三宫之首,原有朝真门、三清殿、玉皇殿、钟鼓楼等,现存东厢房、钟楼和唐宋元明清重要碑碣石刻20余通,是研究王屋山历史文化的重要实物资料。

王母洞相传为王母娘娘会见轩辕黄帝的场所,现存王母洞石窟、灵山洞石窟和明清古建筑10余座,其灵山洞石窟的开凿方式和雕刻艺术,具有独特性和稀有性。

孙思邈墓保存有药王孙思邈的墓冢和纪念祠,是其长年隐居王屋山采药的历史见证。

道士坟是唐朝至明清时期王屋山著名道士的墓群。

二、王屋山保护与开发的现状调查

近年来,在河南省委、省政府"文化强省"和"旅游立省"战略推动下,济源市将王屋山作为重点打造的旅游文化品牌,不断加大保护与开发的力度,使其在海内外的知名度越来越高。

一是文物保护修缮逐步推进。文物部门和济源市先后对阳台宫山门、过厅、东厢房、围墙和迎恩宫山门、玉皇殿等进行了维修,对阳台宫踏道、围堰和紫微宫朝真门、围墙等进行了修复。《阳台宫整体维修方案》也已上报国家文物局,并通过专家组评审。

二是旅游开发建设初具规模。在王屋山总体规划的指导下,实施了景区山门、索道、总仙宫、地质博物馆等重点项目建设,开发了愚公移山处、白果树、天坛顶等景点,充实完善了道路交通、餐饮服务、娱乐购物等旅游配套设施,旅游接待功能逐步完善。《王屋山风景名胜区总体规划》已完成修编和评审,正报请国务院批准。

三是文化内涵挖掘初显成效。2005年,河南省举行了大规模纪念《愚公移山》发表60周年纪念活动,电视连续剧《王屋山下的传说》在中央电视台播出,大型抒情寓言豫剧《愚公移山》获得河南省文化大奖,"中国愚公文化之乡"于2009年8月份正式授牌命名,愚公移山精神的重大时代价值和保护开发价值得到有效凸显。济源市召开了高规格的全国道学文化研讨会,成立了王屋山道学文化研究会,王屋山道学的历史地位和文化价值得到专家的一致肯定。对王屋山创世神话进行了有效挖掘,“邵原神话群”被列入“国家级非物质文化遗产名录”。

尽管王屋山保护与开发工作取得了一定成效,但与其历史地位、文化内涵、自然资源有效利用仍有较大差距。总体来看,王屋山文化的开发利用程度较低,品牌定位有待提升;王屋山文物维修恢复起步较晚,进程较慢;景区基础设施老化,对外推介有待加强;相关产品开发刚刚起步,产业链条有待延伸。

三、王屋山保护与开发的基本思路和措施建议

(一)提高认识,将王屋山打造成具有国际影响力的文化品牌

王屋山文化内涵十分丰富,主要文化元素为创世文化、祭黄文化、愚公精神与道教文化,核心品牌为道文化。王屋山道文化体现为它是中国道教名山,为道教“十大洞天之首”,即“天下第一洞天”。主要支撑为名山(天坛山)、名洞(王母洞)、名宫(阳台宫)、名道(司马承祯、贺兰栖真)。王屋山文化内容丰富,要从科学发展观、构建和谐社会及打造中华“软实力”的角度,认识王屋山道文化的地位与作用。以把王屋山打造成中华道文化圣山为终极目标,构建以王屋山为龙头,鹿邑太清宫、灵宝函谷关、嵩山中岳庙、福地桐柏山、福地北邙山等为代表的中国道文化体验精品链,以带动河南道文化的总体开发。要将王屋山开发列入文化发展改革试验区之列,并将其纳入河南“旅游立省”战略的重要范畴。加大投入,改善设施,强力宣传,将王屋山打造成为具有国际影响力的文化品牌,并以此带动文化和旅游产业发展,推动经济结构优化,促进济源市经济、政治、文化、社会的协调发展,为河南“两大跨越”战略的实施做出积极贡献。

(二)科学规划,统筹利用王屋山文化资源

当地政府部门应根据“科学规划、严格保护、合理利用”的原则,围绕王屋山文化的最新定位,进行王屋山文化开发利用的总体策划,适时调整《王屋山风景名胜区总体规划》。在此基础上,完善王屋山景区的保护培育规划、风景游览规划、典型景观规划、游览设施规划、基础工程规划、土地利用规划等专项规划,编制完成王屋山文物保护与开发整体规划和阳台宫景区、天坛山景区、王母洞景区的控制性详规,统筹区域内林业、交通、水利等行业规划与王屋山总体规划相衔接。通过建立科学完备的规划体系,严格保护和合理开发风景资源,使王屋

山国家级风景名胜区成为景观优美、生态健全、环境优良、服务优质，环境、社会、经济效益协调发展的高品位的风景名胜区。

（三）落实项目，进一步加大王屋山保护与开发的建设力度

1.加强文物保护与开发。坚持王屋山文物"保护为主，抢救第一，合理利用，加强管理"的基本方针。在尽快实施阳台宫整体维修工作和制定完善相关规划的同时，继续争取上级有关部门大力支持，对迎恩宫、清虚宫、南天门尽快实施整体修缮。并按照有关法规要求，清理、保护与展示重要的建筑基址，对紫微宫、十方院、王母洞古建筑群等进行恢复。在保护的基础上积极申报阳台宫等主要道教建筑为道教活动场所，招引高道主持道事，以恢复王屋山道文化的本来面貌，走道文化兴山的路子，为人民群众提供感悟道文化的场所。

2.加强王屋山景点建设。一是加大综合服务设施建设。高标准建设游客服务中心、景区数字化管理系统、大型生态停车场，天坛顶—王母洞的旅游客运索道，改造升级现有餐饮、住宿、娱乐等配套服务设施，不断完善和提升王屋山综合服务和管理水平。二是加大景观建设。实施以紫薇湖—索道下站的河道综合治理和供排水项目建设等为重点的王屋山景观供水工程，丰富景区内涵，增强王屋山旅游观赏性。三是加大文化设施建设。建设王屋山道文化博物馆、愚公移山文化博物馆，改造愚公故居民俗展区，充分发挥王屋山爱国主义教育基地作用，大力弘扬愚公移山的伟大民族精神，不断提升王屋山的知名度和影响力。

3.完善王屋山旅游交通体系。充分发挥王屋山区位和交通优势，在现有济源—晋城、济源—洛阳高速公路的基础上，重点打通整个南太行旅游线，构建王屋山外部大环线，使王屋山成为贯穿南太行旅游线和连接郑汴洛旅游线的重要结点，将南太行景区带、郑汴洛旅游带和晋东南旅游区有机融合，形成以王屋山为枢纽的晋豫旅游经济区；建设济邵高速公路及市内国道、省道至王屋山的旅游快速通道，连通王屋山主景区与小沟背、九里沟等景区的道路，加快白果树—天坛顶—王母洞、王母洞—五斗峰步游道的建设和升级改造，建设林山—王母洞的车行道，提高王屋山交通的通达性。

（四）创新机制，推动王屋山文化改革发展试验区的建设

进一步加快王屋山景区体制机制改革，建立发展旅游业与文化产业的投融资体制，鼓励民营经济和社会资本参与景区开发，加快推进王屋山资源开发以

政府投入为主向引进战略投资者、项目招商等多种方式的多元化投入的转变。以实现景区所有权、管理权、经营权分离为目标，加大旅游景区招商引资力度，策划论证一批景区基础设施建设项目，积极引进国内大型文化企业和战略投资者，通过参股、特许经营、承包租赁等多种合作合资方式参与王屋山旅游开发和经营。优化王屋山景区管理体制，建立由旅游、宗教、文物、林业、水利等部门相互协调、密切配合、分工合作的管理体制。通过景区的体制机制创新，变事业化管理为企业化管理，变政府经营为市场化经营，实现优质资源与优势资本的对接、政府主导与市场经营的对接，促进王屋山景区健康、快速、可持续发展。

（五）扩大宣传，将王屋山文化的研究与弘扬提升到新的高度，加强对以愚公精神、道教文化、创世文化为主的王屋山历史文化资源的收集、整理、归纳、研究和利用。筹备举行“中国文化之乡暨新农村文化建设经验交流与成功展示会”；成立中国愚公移山精神研究中心（基地），将“愚公移山的故事与传说”列入“非物质文化遗产名录”，充分展示与推广愚公移山文化精神，有效提升王屋山的对外影响力。编辑出版《王屋山道文化大典》；每两年举办一次高规格、高层次的“王屋山道文化高层论坛”；适当时机举行“中国道文化祈福圣典”，扩大王屋山在海内外的文化影响力。进一步加大对王屋山历史文化的展示和开发，利用现代传媒手段和文学、文艺、书画等多种形式，创作一批反映王屋山文化的优秀作品。推出以王屋山文化为主题的大型实景演出，利用各种大型外宣活动，广泛深入宣传王屋山文化，使其成为厚重河南的新亮点。

（原载《河南文化发展报告（2010）》，社会科学文献出版社 2010 年 1 月版）

用红旗渠精神培育一代新农村的建设者

“自力更生、艰苦创业、团结协作、无私奉献”的红旗渠精神，是林州人民在修建红旗渠的伟大实践中孕育和产生的，是中国农民在生产力水平相当低下的情况中锤炼而成的思想精华，是在20世纪60年代林州人民与艰苦的自然环境进行顽强抗争的精神财富。当前，面对建设社会主义新农村的重大历史任务，要充分调动亿万农民群众摆脱贫困、奔向小康的积极性，发挥广大农民群众的主体作用，不仅需要提高农民的整体素质，而且必须大力宣传和弘扬红旗渠精神，用红旗渠精神培育一代新农村的建设者，使新一代农民成为高素质、有文化、懂技术、会经营的新型建设者；用红旗渠精神培育一代新农村的建设者，就是要用红旗渠精神武装农民，使他们具有自强自立的创业精神，具有民主意识和创新精神，具有团队意识和奉献精神，在新农村建设中发挥主体作用。在建设社会主义新农村的过程中，通过国家的支持和农民的辛勤劳动，发展农村社会生产力，提高农民的生活水平，改善农村的生产生活条件，发展农村各项事业。

一、新农村建设必须调动亿万农民的积极性

当前，中国正处于全面建设小康社会的关键时期，党中央立足中国新的发展实践，做出了建设社会主义新农村的重大战略部署。把建设社会主义新农村提到“我国现代化进程中的重大历史任务”的战略高度，其目标概括为20个字：“生产发展、生活富裕、乡风文明、村容整洁、管理民主”，全面体现了新形势下农村经济、政治、文化和社会发展的要求。

要完成建设社会主义新农村的历史任务，首先，必须充分认识新农村建设的重要性和紧迫性。新中国成立以来，特别是改革开放以来，我国农业和农村发生了历史性的深刻变化，农村经济社会发展取得了举世公认的伟大成就。但是由于我国农业和农村发展仍然处在艰难的爬坡阶段，存在农业基础设施脆

弱、农村社会事业发展滞后、城乡居民收入差距扩大等制约农业和农村发展的深层次矛盾。如果这种局面长期得不到改变,全面建设小康社会的目标就难以实现,不能实现全国人民共同富裕,就不能实现国家长治久安。因此,从党和国家工作全局的高度深刻认识建设社会主义新农村,是贯彻落实科学发展观的重大举措,是确保现代化建设顺利推进的必然要求,是全面建设小康社会的重要任务,是构建社会主义和谐社会的重要基础。

其次,建设社会主义新农村必须充分调动亿万农民群众的积极性。一般来说,一个国家、一个民族某个发展阶段历史任务的完成,必须充分发挥"两个积极性":一个是国家的积极性,一个是群众的积极性。党中央做出建设社会主义新农村的重大战略决策,提出解决城乡二元结构矛盾,同时强调城乡统筹的指导思想,是一个呼应新时期发展的战略性转变,随后党中央连续四次重申"三农"问题是全党工作"重中之重",把建设新农村作为建设中国特色社会主义的重大战略任务,国家加大了对农业、农村和农民的扶持。坚持"多予少取放活"的方针,各级政府加大对农业和农村增加投入的力度,扩大公共财政覆盖农村的范围,强化政府对农村的公共服务,建立以工促农、以城带乡的长效机制。但是,必须看到,仅有这一个积极性是不够的,必须充分调动亿万农民群众的积极性。

一方面,由于我国处于"以工促农、以城带乡"的初始阶段,政府财政投入的力度还不够大,仅从新农村建设中的公共产品需求来看,缺口还很大。而且从功能上看,国家财政投入主要是用于公共产品的提供,私人产品主要靠农民自己投入;即使在公共产品领域,在现有条件下,也得把财政投入为主同社会资金的筹措、农民自愿的投工投劳结合起来。要强化政府在新农村建设中的责任,使政府扶持同发挥农民的主体作用更好地相互结合,而不是大包大揽、包办代替。

另一方面,建设社会主义新农村,广大农民群众是建设的主体力量,是直接的参与者和受益者,是建设新农村的关键因素。我们要建设的新农村是农民群众需要的新农村,只有动员农民群众、依靠农民群众才能建设好新农村。没有农民群众的支持和参与,新农村建设只能是一句空话。为此,要把广大农民群众发动起来,让他们以主人翁的姿态积极投身于新农村建设的伟大事业中去。使广大农民群众克服与己无关的思想,迅速行动起来,牢牢抓住历史性的机遇,彻底改变农村贫穷落后的面貌,加快致富奔小康的步伐。

人类是社会的主体,人的主体性是人的本质特性,社会发展的状况如何,取决于人的主体性,中国农村的面貌如何,取决于中国农民。因此,建设新农村,必须充分调动亿万农民的积极性,使其真正发挥主体性作用。杜润生早在20世纪80年代,许多政府部门都在强调增加农业投入的时候,就提出千投入、万投入,不如调动一个农民积极性的投入。要充分发挥亿万农民的聪明才智。人民,只有人民,才是创造世界历史的动力。在革命、建设和改革的各个时期,广大农民群众都做出了历史性的贡献,展现出了无穷的聪明才智和巨大的创造活力。建设社会主义新农村,又一次为农民群众施展才华提供了广阔的历史舞台。广大农民群众要继续发扬优良传统,坚决相信自己,努力提高自己,紧紧依靠自己,在新农村建设的伟大进程中充分发挥聪明才智,展现社会主义新型农民的崭新风采和形象。

新农村建设既等不得,又急不得。推动新农村建设,政府责无旁贷,必须发挥主导作用。但主导不是长官意志,不是强迫命令,不是越俎代庖,而是尊重自然规律、经济规律和社会发展规律,引导、帮助和支持农民发扬自力更生、艰苦奋斗的优良传统,用自己的双手积极、稳妥、扎实地建设美好家园、创造幸福生活。中国农村地域广阔、农民人口众多,十里不同天,三里不同俗,村与村之间的经济基础、自然条件、传统习惯等千差万别。农民需要什么、期盼什么,他们自己最有发言权。各级政府制定规划或确定项目,应充分听取农民意见,积极引导他们参与,切实把发展自主权还给农民。坚持既尽力而为又量力而行,防止一哄而起、大拆大建、盲目攀比,真正把中央的惠民政策变为农民群众的福祉。

二、新农村建设必须大力弘扬红旗渠精神

林州人民在20世纪60年代极其艰苦的条件下,用极为简陋的劳动工具,每人每天6两粗粮,奋战了10个春秋,劈开了太行山,建造了人工天河——红旗渠,同时也创造了“自力更生、艰苦创业、团结协作、无私奉献”的红旗渠精神,红旗渠精神体现了立足本地条件、自力更生、艰苦奋斗的创业精神;表现了尊重客观实际、依靠群众、不畏艰险的务实作风;展示了不畏艰险、勇于拼搏的大无畏气概;体现了党员干部与沿线群众齐心协力、合作实干的团队精神;涌现了一批奋发向上、无私奉献的先进典型。红旗渠不是等出来的,不是要出来的,而是干出来的。正是靠着这种精神，林州人民创造了人间的奇迹，把世世代代的期盼变成了现实。这份珍贵的精神财富，能够给予人们以巨大的启示，为建设社会主义新农村提供了宝贵的精神财富。

当前，随着我国改革开放的进一步深入，社会物质财富的不断积累，人民的生活水平有了很大提高，建设社会主义新农村已经具备了比较好的条件。我国的国民收入总额已经达到18万亿元，财政收入也已达到3万亿元，国家总体上已经进入了工业反哺农业、城市支持农村的阶段。那么，在社会主义市场经济体系已经基本确立，我国物质财富日益丰富的新形势下建设社会主义新农村，还要不要弘扬红旗渠精神？答案是不言而喻的。

首先，红旗渠精神的核心内容是“自力更生、艰苦创业”，这既是我们党和中华民族的优良传统，更是一种顽强抗争、不屈不挠的精神气节。人作为现实社会的主体，总是要有一点儿精神的，越是艰苦的地方，越是复杂的环境，越是困难的事业，就越是需要精神力量的支撑。红旗渠之所以能在极其艰难困苦的环境里建成，靠的就是群众的这种精神；红旗渠的人民之所以创立战太行的“山碑”，靠的也是这种精神；如今红旗渠誉满全国，名扬世界，感动了并且还在感动着千千万万的学习参观者，也还是靠这种精神。历史和现实都表明，一个没有自力更生、艰苦奋斗精神作支撑的民族，是难以自立自强的；一个没有自力更生、艰苦奋斗精神作支撑的国家，是难以发展进步的；一个没有自力更生、艰苦奋斗精神作支撑的政党，是难以兴旺发达的。我国目前正处于工业化发展的中期阶段，社会主义新农村建设是在国家并不十分富裕的条件下建设的，实现新世纪新阶段的这一奋斗目标，只能靠大力弘扬红旗渠精神，同心同德、埋头苦干、励精图治、艰苦奋斗来实现，将红旗渠精神在亿万人民建设社会主义新农村的伟大实践中，转化为一种巨大的物质力量。

当前新农村建设中各地不同程度地存在着依赖国家、依赖政府加大投入的“等靠要”思想，由于物质生活的改善和提高，一代新人普遍存在着追求享乐、不愿艰苦创业的思想情绪，如果任凭他们贪图享乐安逸、懒于探索创造的思想蔓延，建设社会主义新农村的目标是不可能实现的。生产发展是社会主义新农村的核心，生产发展的中心问题是发展农村生产力，我国农村有大量人力资源，有大量可以利用的剩余劳动力，发扬“自力更生、艰苦创业”的红旗渠精神，摆脱农村自给自足的、传统的、封闭的、落后的小农经济思想，使宝贵的人力资源转化为现实生产力，什么人间奇迹都可以创造出来。

其次，红旗渠精神的基本价值导向是“团结协作、无私奉献”，红旗渠修建中如果没有林州几十万人民的齐心同力、团结协作精神是难以建成的；滚滚漳河水如果没有山西平顺人民的积极协作、紧密配合是难以顺利流到林州的；红旗渠在修建过程中如果没有像水利技术员吴祖太等先进人物那样牺牲生命的奉献精神，如果没有任羊成等劳动模范们的冒着生命危险的拼搏精神，如果没有“铁姑娘们”牺牲青春凿通“青年洞”的牺牲精神，红旗渠的人间奇迹是不可能出现的。可见“团结协作、无私奉献”的价值导向，对于一个集体、一个团队、一个民族、一个政党是多么重要。“团结协作、无私奉献”的价值导向体现了中国共产党人先进性的价值导向。与中国共产党人一贯倡导的集体主义、共产主义精神是一致的。无论革命战争年代或是建设年代，中国共产党靠着这种精神团结民众、凝聚人心，靠着这种精神使社会主义中国日益强大起来。

当前我国建设社会主义新农村，表现为两大难题：一是城乡发展的不平衡。长期以来，我国的城乡经济发展很不平衡，城市发展很快，农村发展滞后。特别是近年来，我国国民经济持续增长，工业化、城市化步伐加快，但城乡之间的发展差距也在扩大，不仅城市和乡村经济发展、生产力发展的差距扩大，而且城市居民和农村居民收入差距也在扩大，城市居民和农村居民在就业保障上的差距也在扩大。还有，农村在政治建设、文化建设、和谐社会建设方面也与城市存在着显著的差距。二是农村本身发展的不平衡。这体现在农村的区域间的差别，中西部的农村和沿海发达地区的农村差别尤为明显。农村居民的贫富差距问题也相当突出。此外，农村本身社会事业的差距也比较大。建设社会主义新农村，就是要改变中国“城市像欧洲、农村像非洲”的二元结构的现状，使中国 8 亿多农民全部走上小康之路，这些问题的解决，从社会发展观来讲，根本出路就是全面落实科学发展观，逐步实现农村的现代化、市场化、工业化和城镇化，统筹城乡协调发展；从民族精神上来讲，就是要靠“团结协作、无私奉献”的红旗渠精神。因为没有这种精神，党中央提出实行工业反哺农业、城市支持农村的方针就不可能很好地落实；因为没有这种精神，就不可能动员全社会的力量投入社会主义新农村建设。大力弘扬红旗渠精神，可鼓舞全国人民为了一个共同的目标，心往一处想，劲往一处使，甚至不惜牺牲局部的和个人的利益，投入新农村建设。

三、用红旗渠精神培育一代新农村的建设者

“人工天河”——红旗渠的建造是林州农民群众的伟大创造，“自力更生、艰苦创业、团结协作、无私奉献”的红旗渠精神，既继承和发展了中华民族勤劳坚韧的优良传统，又体现了当代中国人的理想信念和不懈追求。它产生于我国农业战线，其创造主体是中国农民。建设新农村是前无古人的伟大事业，“社会主义新农村”是农民自己的家园。要建设好“新农村”，发挥主体性作用的只能是中国农民。从中国改革、发展的目标来看，“社会主义新农村”与中国农民的现代化共命运，中国社会主义现代化与中国农民的现代化共命运。从中国改革、发展的历史进程来说，中国农民的现代化与中国农村社会的现代化是同步的。因此，培育和造就亿万新型农民，使之成为新农村建设和现代化建设的主体，使他们能够持续地、最大限度地发挥主体能动作用，是我国目前面临的紧迫而又根本的任务之一。当前“三农”问题的性质已经主要转化为农民问题，新农村建设千万不能“见屋不见人”，要将培养新型农民放在优先领域。新农村建设应该始终把提高农民的整体素质，促进农村生产方式和生活方式的根本性转变，作为一条贯穿始终的主线，提高农业、农村和农民的自我发展能力，特别是农民参与经济社会发展的能力，让更多的农民获得参与经济社会发展的机会、分享经济社会发展的成果。这是建设新农村的根本所在，也是新农村建设中坚持以人为本的基本要求。

首先，用红旗渠精神培育一代新农村的建设者，就是要用红旗渠精神，武装和培育现代新型农民，在新农村建设中发挥主体作用，成为有自强自立、艰苦创业精神的建设者。拥有真正的主体性，是新型农民与传统农民的分别所在。改革开放之前的传统农民在计划经济体制下处于依附和依赖的地位，一切经济活动由国家和集体来组织，农民缺乏必要的自主性、主动性、开放性和创造性，缺乏必要的独立判断和创造性思维，也缺乏竞争压力和利益动力。改革开放以来，通过实行家庭生产承包责任制、允许农民从事商品生产、扶持农民兴办乡镇企业、鼓励农民搞多种经营和基层民主管理活动，农民的主体性逐渐增强，在勤劳致富愿望的驱动和市场竞争的压力下发挥着越来越明显的主体性力量，为自身从整体上向当代新型农民过渡奠定了厚实的基础。用红旗渠精神培育一代新农村的建设者，使农民具有发挥自己力量艰苦奋斗的思想基础，有为改变落后贫穷面貌而奋发的创业精神。任何情况下都把改变自己命运的基点放在依

靠自己力量和智慧的基础上，不管物质条件怎么优越，不忘艰苦奋斗、艰苦创业的劳动本色。使广大农民在推动自身富裕和农村现代化的过程中有强烈进取心，为创造财富而渴求现代科技、智力开发和政策支持以改造自己的革新精神。要通过公正合理的制度安排，扭转和改变目前农村建设人才“空心化”现象，使农村青年立志于新农村建设，能够在农村留下来，站得住，大有作为。目前，在新农村建设中，政府要打造农村经济社会发展中最具活力的两支人力资本队伍。一支队伍是农村富余劳动力，他们迫切要求向非农产业转移，由农村向城市和城镇转移，但现行的体制和政策方面仍不同程度地束缚着他们身份的合理变迁和待遇的公平对待。党和政府要制定政策和措施，逐步消除不利于农村富余劳动力转移的体制和政策障碍，引导他们合理有序流动，把劳动力资源有效转化为劳动力资本。另一支农村人力资本队伍是大批仍愿意留在农村务农的农业劳动者，他们基于改变家乡落后面貌的意愿和改变自身贫困状况，渴望成为发展现代农业的生产经营者，成为现代农村的新型农民，但他们平均受教育年限较短，整体素质不高，要成为新农村建设的主体性力量还存在较多局限性。这就需要根据农业结构的战略性调整和特色农业产业化经营的需要，大力实施绿色证书工程、青年农民科技培训工程、新型农民创业培植工程、农村实用人才培训工程和农业远程培训工程，有组织有计划地扩大投入渠道，制定落实政策，为广大农民提供最基本的公共产品、公共服务、智力支持、能力培养和精神食粮。

其次，用红旗渠精神培育一代新农村的建设者，就是要用红旗渠精神培养新一代农民的独立意识和民主意识，使新一代新农村建设者具有较强的创业自主性，有自主选择职业和劳动方式、自主支配自己的劳动对象和劳动成果、自主选择进入市场网络的竞争精神，有自主参与农村基层政权组织管理和自我管理的民主意识和作风；当然，要通过社会改革实现制度创新，需要党和政府坚持党在农村的基本政策，在建立健全农民的教育保障制度、社会保障制度、医疗卫生保障制度、脱贫减贫制度、农村金融体制和土地征用制度、乡村民主管理制度和农民自组织管理机制等方面，使农民有平等的发展机会，有获得更多社会资源的能力和与其他阶层一道共享所创造成果的权利。

再次，用红旗渠精神培育一代新农村的建设者，就是要用红旗渠精神培养新一代农民的竞争意识和创新意识，使新一代中国农民彻底抛弃封闭、狭隘、落后的小生产观念，成为懂得市场竞争规则、能够在世界商品市场上搏击的竞争者；通过其创造性劳动，在改变自己命运和建设社会主义新农村乃至农业现代化中发挥作用。发挥红旗渠精神体现的创新精神，通过创造性劳动，不断地提升与实现自身的社会价值和自我价值。在社会主义新农村建设中发挥农民的创造性主体力量，就是要尊重农民意愿，尊重农民的首创精神，从各地实际出发深化农村改革，创新体制和机制，把农民的积极性保护好、调动好、发挥好，激发农民的活力。要建设好新农村，就不能不以农民为本，研究农民的现实需要，充分尊重农民的意愿，着眼农村的发展远景，立足当地的具体条件，在积极、科学的引导下，“大主意”让农民自己拿。相比之下，我国农村经济还是比较脆弱的，农民尤其经不起折腾，在“建设社会主义新农村”中坚持科学发展观，最要紧的是不能急躁冒进、盲目蛮干。

最后，用红旗渠精神培育一代新农村的建设者，就是要用红旗渠精神培养新一代农民的团队意识和奉献精神。马克思、恩格斯认为，农业现代化的过程，同时也是农业中的商品经济代替自然经济的过程，就是农业商品化、市场化、社会化的过程。社会主义新农村建设必将推动中国社会的大变革，必将带来中国农村面貌的大变化，同时也必将伴随着社会经济利益的大调整。必将推动农业的市场化，就是通过市场经济把整个农村、农业、农民联系在一起，把城乡、工农联系在一起，使农村、农业和农民融入整个市场体系。农业现代化要求不断提高农村的市场化程度，提高农产品的商品率，要求农民由传统的自给自足的个体劳动者变成从事企业化、规模化、集约化经营和劳动的现代农业的经营者和生产者。国家建立“以工促农、以城带乡”长效机制的实质，是要处理好对农民“取”与“予”的关系，改变农业和农村经济在资源配置和国民收入分配中的不利地位，改变农民在城镇化和工业化进程中的不利地位，加大公共财政的支农力度，让公共服务更多地深入农村、惠及农民。农民要发扬红旗渠精神中体现的团队意识和奉献精神，最大限度地发挥主体能动作用，团结一致，万众一心，正确理解党和政府的新农村政策，自觉克服“等靠要”的依赖思想，依靠自己的辛勤劳动、国家扶持和社会力量的广泛参与，加快新农村建设。用红旗渠精神培育一代新农村的建设者，使新一代中国农民在发展社会主义市场经济的大潮中，不仅有统一行动的团队精神和大局观念，而且有敢想敢干和无私无畏的奉献精神，既讲价值规律，又讲无私奉献，既讲权利，又讲义务，用正确的思想观念、道德理想来匡正市场经济以利益作为驱动所产生的弊端,增强抵御市场经济负面效应的能力。用一代人、几代人脚踏实地地创新和奋斗精神,完成社会主义新农村建设的宏伟目标,实现中华民族的伟大复兴。

(原载《红旗渠精神与建设社会主义新农村》,河南人民出版社 2006 年 10 月版)

在艰苦创业中实现人的价值

——林县[1]精神文明建设调研报告之一*

随着我国改革开放的不断深化,特别是社会主义市场经济体制的逐步建立,经济类型、分配方式、利益主体呈多元化的格局,加之国外文化的影响和渗入,人们的价值观正在发生着深刻的变化。令人忧虑的是,近年来,享乐主义、拜金主义、极端个人主义的价值观似有泛滥成灾的势头,而艰苦创业、开拓进取、无私奉献的价值观,却遭到了不应有的种种非议,面对价值观领域出现的这种新情况,应当提倡和确立什么样的价值观,已是摆在人们面前的一个十分严肃的问题。这一问题解决得好坏,直接关系到我国社会主义"两个文明"建设,关系到社会的全面进步和人的健康发展。林县人民以创业"三部曲"的伟大实践,向人们昭示出:人的价值,只能在艰苦创业中实现,在开拓创新中扩展,在无私奉献中升华。这种价值观,是中华民族优秀传统文化与改革开放时代精神的最佳结合,值得我们大力宣传,发扬光大,使之成为整个社会生活的主旋律。

一、在艰苦创业中实现人的价值

在社会主义市场经济条件下,人的价值是靠别人恩赐或在享乐中取得,还是靠自己的辛勤劳动,在艰苦创业中实现呢?对此,英雄的林县人民用自己的实践做出了正确的回答。

人作为历史活动和社会生活的主体,无论是面对自然还是社会,都不是被动地、消极地适应;相反,主动地、积极地改造不适应于生存和发展的现实,才是人的本质体现和价值所在。林县人民正是这样,他们面对恶劣的自然环境和极其贫困的生存条件,既不怨天尤人,更不坐等恩赐,而是在党的领导下,把敢想、

---

* 此文与乔法容等人合作,系河南省社科规划1997年招标课题。

① 林县于1994年撤县,设立林州市。

敢干和实事求是结合起来,自力更生,艰苦创业,顽强拼搏,战天斗地,重新安排河山,掌握自己的命运,谱写了壮丽辉煌的创业“三部曲”,从而显示出林县人的本质力量,实现了林县人的价值。

生存是人的最基本的需求,也是实现人的高层次价值的基础。因此,实现人的价值的第一个历史活动,就是通过劳动满足人的生存需要。我国社会主义制度的建立,为满足人的生存需要和未来发展提供了前所未有的优越条件。然而,人的生存价值需要通过人的劳动才能实现。

20世纪60年代,林县人民修建举世瞩目的浩大水利工程红旗渠,是一次战胜穷山恶水,改造自然、改变生存条件的伟大创举。林县位于太行山东麓,历史上就是一个土薄石厚、七山二岭一分川、水源奇缺的贫困山区。据《林县志》记载,500年间这里发生过100多次大灾,“连年干涸,颗粒无收中,十室九空,人相食……”。林县人民长期在极恶劣的环境中苦苦挣扎。就在新中国成立的第10个年头,即1959年,全县又有26000口水井干涸,5300条山泉断流。为了解决严重缺水问题,1960年2月,林县县委在对林县山川河流和区域人文地貌深入调查研究、认真勘测的基础上,毅然决定带领全县人民兴建红旗渠,把漳河水引入林县。

当时,正值我国最饥饿的年代。民工们每人每天只有6两粮食,只能靠野菜充饥。就在这种极其艰苦的条件下,林县人自发锻造了26万次镐头,打了15万把铁锤,自制11.5万千克炸药,踏平了1250座山头,钻透211个隧洞,架起152座渡槽,挖山石1818万立方米,苦战十年,硬是在悬崖峭壁、险滩峡谷中建造了1500千米长的人造天河——红旗渠。

这项惊天动地、造福人类的浩大工程的建成,不仅创造了林县人民赖以生存的物质条件,为解决林县进一步发展奠定了坚实的基础,而且还孕育而成伟大的“红旗渠精神”。它是林县振兴与发展的根本力量所在,创造了不可估量的价值。

林县人的生存条件改变了,物质财富也日益丰富,但是自力更生、艰苦创业精神并没有丢。20世纪80年代以来,林县十万建筑大军走向全国各地。这些人手里虽然有钱,而且又身在繁华都市,但仍然一如既往,吃大苦,耐大劳,创一流工程。在那里,早上五六点钟开始上工,月光洒地才收工的是林县工匠;拉着几百千克的水泥艰难前行的是林县工匠;在工地上省吃俭用的是林县工匠。他们走到哪里，干到哪里，就把艰苦创业的精神带到哪里，无不受到赞扬。在发展乡镇企业、向工业化进军的过程中，当社会上有的人斗富、摆阔气、挥霍无度的时候，林县人仍然在克勤克俭，艰苦创业。据统计，连续12年来，林县城乡居民储蓄存款一直居全省首位，1993年达到25亿元，人均2551元，有力地支援了国家经济建设。许多林县农民企业家，同当年修红旗渠一样，过着俭朴的日子，干着拓荒牛的活儿。临淇镇制药厂是一家技术水平、管理水平都比较高的出口创汇企业，产品远销澳大利亚，经济效益十分可观。就是在这种条件下，厂长兼书记的张栓成和支部一班人，仍然不改艰苦创业的本色，坚持同职工同吃、同住、同劳动，苦活重活带头干，几乎包揽了全厂原材料的卸车任务。大众实业总公司是一家拥有16个下属企业、4800名职工的中外合资企业。基建期间，总经理侯用和，不论白天黑夜地在施工现场挥汗如雨，同普通工人一样一身汗水一身泥地加班加点。十多年来，林县人正是由于继续保持和发扬了这种创业精神，轰轰烈烈地办起了乡镇企业，把林县的经济建设推向了崭新的发展阶段。

林县人民深刻地认识到，谋生存、求发展是人的本性；要生存得更好，发展得更快，就必须有自强不息、艰苦创业的精神，人的价值，只能由劳动创造，在艰苦奋斗中实现。

二、在开拓创新中扩展人的价值

人的价值是丰富的，也是多层次的。随着社会的发展，作为现实的、具体的人，不仅会对物质生活资料提出新要求，而且在精神生活层次上的追求也会不断提高。因此，为人类的生存和发展提供更广阔空间，丰富、扩展人的价值，就成为社会进步和人类历史发展的必然趋势。

林县人的不平凡之处，就在于红旗渠的建成，从根本上改变了林县人的生存条件，解决了水的问题，摆脱了“小进则满，小富即安，不思进取”的小农意识和狭隘的心理。在新的历史条件下，林县人民高举艰苦创业的旗帜，抓住机遇，不断进取，奋力开拓，谱写创业的第二、第三部曲。林县人的价值进一步扩展，并闪烁着时代的光辉。

十万大军出太行，是林县人民告别传统农业发展模式，转向工业化的历史性跨越，这意味着林县人新的崛起。1978年，党的十一届三中全会的春风吹遍了太行山麓，红旗渠精神培育下的林县人民，已不满足一亩二分地的劳作，纷纷冲出太行山，走向广阔的建筑市场，施展才华，再造辉煌。起步阶段，林县人主要为大中型企业提供劳务；实现了由量的积累到质的转变后，开始向经营型和集约化发展。他们在北京、天津、太原、郑州等80多个城市设立了专业管理机构，实行统一管理，为参与市场竞争，形成规模效益，开拓了更加广阔的活动天地。

林县人将艰苦创业精神与开拓进取的现代意识相结合，经历了“千辛万苦，千难万险，千山万水，千方百计”的历程，使建筑业由小到大，由弱到强。他们靠敢打硬仗、敢为人先的信心和勇气，打开一座座陌生的市场大门；靠优质服务、节约高效，赢得了市场。东到上海浦东，西到新疆边城，南到“天涯海角”，北到黑龙江江畔，林县人分布在全国24个省、市、自治区的250多个城市，并先后走出国门，参加了坦赞铁路和巴基斯坦、科威特、南也门、俄罗斯等国家的援外工程建设。十年来，林县人承包的建筑工程创优率一直保持在25%以上，每年创部、省、市优工程建设超过百项。为适应市场经济的需要，促进建筑业向高档次、综合型发展，林县人以强烈的改革意识和创新精神，调整布局，多业并举，由工业设备安装、装潢装饰、园林古建、防腐、房地产开发等关联产业延伸，拓宽了多元化发展的领域。

林县的建筑业不仅为林县的繁荣和发展积累了巨额资金，更重要的是锻造了具有时代意识和各种硬本领的13万建设大军，走出一条加速发展的路子。正如李长春同志所概括的那样，“饱了肚子，挣了票子，换了脑子，有了点子，走出了路子”，实现了“五子登科”。建筑业的发展，从资金、信息、人才、技术等多方面，有力地支持和推动了乡镇企业的“121”工程，为林县再造一个“红旗渠工程”扩展和丰富林县人的价值，开辟了广阔的道路。

几十年的艰苦创业，使林县人认识到，要扩展人的价值，还必须重视科技，重视教育，重视人才，全面提高人的素质。科技是第一生产力，经济发展靠人才，因此林县对人才培养靠教育的观念日益增强，到1992年年底，林县在工业、农业等领域获部级以上科技成果奖16项，省级科技成果奖37项。石板岩乡大垴村党支部书记许存山，创造了高寒地区农作物栽培技术及成果，被收入《中国科技成果大辞典》。全县集资办学，发展教育蔚然成风。近几年来，林县集资1.9亿元，改造和新建各类学校429所，338所学校教学设施达到标准化，从而使中小学的教学条件有了较大改善，教学质量明显提高。

为扩展林县人的价值，走向国际市场，密切同国外经贸界的联系，林县在香港开展招商引资活动,在北京人民大会堂举办新闻发布会,1992 年和 1993 年分别举办了国际“海峡杯”“日月神杯”伞翼滑翔公开赛等活动。许多乡镇企业以及从事经济管理工作的干部,积极参加关贸总协定、国际经贸知识和现代企业制度等方面的培训班,为林县人的思想进一步解放、思路更加开阔,提供了良好的环境。与此同时,林县县委、县政府提出了“力闯百亿,争当百强,全面振兴,实现小康”的奋斗目标。林县人在这块热土上,正以更加开放的全新意识和开拓进取的实践活动,多方面丰富和扩展林县人的价值。

三、在无私奉献中提升人的价值

发展社会主义市场经济,要提倡奉献精神,无论是理论上还是实际生活中,并不是每一个人都认可的。有人提出,搞市场经济就是要个人赚钱,讲奉献是“傻帽儿”,是道德上的“空想主义”。果真如此吗?

林县人用创业“三部曲”的成功实践,有力地回答了这个问题。

奉献精神是林县人民的优秀传统,也是当代林县人的价值追求。要奋斗,就会有牺牲,要创业,就一定会有奉献。修建红旗渠,关系到林县人的生存和发展,是为子孙后代造福,体现了林县人的根本利益,必须具有无私奉献精神。生命诚可贵,奉献价更高。无论是修建红旗渠,还是在海内外承包大型建筑工程、发展乡镇企业,各行各业的人都在奉献。许多人为此付出了青春,甚至献出了宝贵的生命。诸如,安林路拓宽改造项目,仅个人捐款就达 450 万元。不少建筑工队队长致富不忘家乡,把钱带回来,用在林县发展上,投入农业,投入企业。为了发展教育事业,共产党员万全江,先后投资 29 万元盖了一座教学楼;他还为全村通上了自来水,每年给五保户、困难户救济 4 吨大米、5000 元钱。1990 年,当他患重病做手术时,心里还在想,如果我能再活五年,我还要为村里再办五件实事:盖办公楼、建卫生所、修舞台、硬化街道、建电视差转台。他临终前嘱咐儿子:“我没有给你们留下积蓄,工队的资产和积累要归集体,你们不要争这些东西,要各自凭本事吃饭。不要忘了我没有办成的五件事,把它留给你们了。”小店乡东油村建筑企业家、共产党员崔明伍,把自己辛勤积攒下来的 45 万元捐给村里,建起了崭新的教学楼,还为家家户户通上了自来水。北关村老党员孙启生,创业一世,去世之前,捐出 30 万元积蓄和一幢 1400 平方米的教学楼……在林县,像这样的党员、干部、工队队长和农民还有很多,他们在无私奉献中建功立业,实现自我,提升个人的价值。

从我国现阶段来看，生产力发展水平不高，不同利益主体将长期存在，出现利益矛盾是不可避免的现象。如果只看到个人利益和局部的利益，看不到他人和社会的利益；只看到眼前的利益，不考虑社会发展的长远利益，那么，利益矛盾非但不能解决，而且还会激化社会矛盾，阻碍社会发展，贬低并压抑人的价值。因此，大力提倡无私奉献，是社会发展的客观要求，是道德崇高性的集中表现。

无私奉献，是社会主义本质和发展目标的要求。“社会主义的本质是，发展生产力，消灭剥削，消灭两极分化，最终达到共同富裕。”①发展社会主义市场经济，加速现代化建设，任务异常艰巨。共产党员必须牢记党全心全意为人民服务的宗旨，带头奉献，发挥示范效应，才能充分调动全体人民的积极性和主动性，使个人的价值在推动社会的进步中得以升华。林县的党员干部为我们做出了榜样。

林县的不少党员干部和先进人物，如果凭自己的能力，去搞私营经济，很可能成为百万富翁。然而，他们没有这样做，而是选择了在奉献中带领群众共同致富。定角村李广元，作为年产值超亿元的村党支部书记、公司总经理，他所在的公司中一线工人年工资多达 7000 元，推销人员工资高达万元，而他每年只是按规定领取 5000 元的工资。1993 年史家河村被评为河南省“先进党总支”，就是在党总支一班人的无私奉献精神感召和带领下，史家河村大兴村办集体企业，艰苦创业，走上了共同致富的道路。党总支书记、企业集团总公司总经理王发水，在 1983 年寒冬腊月，为了确定生产产品，北上考察。他为了节省开支，手掂两个内装挂面、菜刀的帆布提包、煤油炉等生活用品上路了。在 1990 年企业扩建工程中，王发水北上南下，东奔西走跑了 49 次，在汽车上度过了 33 个整夜，吃掉了两箱方便面，因过度疲劳致使糖尿病发作达 4 个“+”。按照承包合同，6 个承包人应得 127 万元提成款，但史家河村党总支一班人只干事业，不图金钱，为了让村民尽快富起来，这笔钱他们分文不取，全部留给了企业，用于扩大再生产和技术改造。该公司副总经理郭扶栓在身患癌症的情况下，坚持到工地指挥生产，直到生命的最后一息。林县县委、县政府在分析林县发展的原因时指出：“林县的各级党组织之所以有凝聚力，林县之所以能够发动群众干成一

① 邓小平：《邓小平文选（第 3 卷）》，人民出版社 1993 年版。

些大事,广大群众,特别是党员干部有很强的奉献精神是一个至关重要的原因。”

由此看来,如何认识奉献对于个人的价值实现和意义,主要在于评价人的价值标准问题。在以往的历史上,有以占有奴隶的多少作为衡量人的价值尺度,有以门第等级的高低作为衡量人的价值尺度,有以金钱、财富的多寡作为衡量人的价值尺度。社会主义社会评价人的价值大小的标准,主要是看为集体、为社会奉献的多少。因为,在现实生活中,利益矛盾是不可避免的,奉献精神的崇高价值,就在于当个人利益与集体利益、社会利益发生矛盾时,把集体利益和社会利益放在首位,牺牲个人利益。尤其在条件险恶的情况下,有时还需要献出生命。这就是说,人的价值唯有在无私奉献中才能提升。在我国改革开放的初期,针对有人反对提倡“大公无私”这一口号,邓小平同志曾严肃指出:现在有人对“大公无私”等庄严的革命口号进行荒唐的“批判”,“以及我们队伍中的一些人对这种批判的同情和支持,是不容继续下去的”,“要教育全党同志发扬大公无私、服从大局、艰苦奋斗、廉洁奉公的精神”。① 大力提倡无私奉献精神,是民族振兴、国家强盛的要求,是社会全面进步的集中体现。

林县人壮丽辉煌的创业“三部曲”之所以震撼人心,就在于他们始终保持和发扬创业、开拓与奉献的时代精神。正是靠这种精神,林县人奏出的“三部曲”,一曲比一曲更加雄壮,人的价值也在步步提升,充分展现了当代中国农民的精神风貌和道德境界。林县人的实践,为我国农村社会主义精神文明建设探索出一条路子。

林县人的价值观的深远意义就在于此。

---

① 邓小平:《邓小平文选(第2卷)》,人民出版社1994年版。

当代红旗渠精神的丰富内涵*

新华社的长篇通讯通过对当代林州人拓荒创业、守望精神家园生动实例的报道，将红旗渠精神新的丰富内涵做出了新的概括。

难而不惧，在理想召唤下排除千难万险。揭示了当代林州人有胆有识、敢作敢为的大无畏精神，表现出当代林州人在科学发展观指导下，不怕艰难险阻战胜一切困难的气魄和雄心。中国特色社会主义现代化伟业，是前无古人、史无前例的伟大创举，其建设过程中必然会遇到各种艰难险阻、挫折和失败，只有知难不惧，知难而进，才能到达胜利的彼岸。

富而不惑，在物质大潮中坚守精神家园。表现了当代林州人对中华民族传统美德的传承和坚守，在生产力大发展、生产生活条件大提高的今天，富不迷茫、矢志不移，富不骄奢、富不安逸，把今天的好基础、好条件，当作前进途中的新起点，永葆艰苦创业、务实进取的旺盛斗志。这种精神坚守是在富裕环境中清醒的忧患意识，是建立在对国情、省情、市情深刻把握基础上的正确选择。

自强不息，在激烈竞争中壮大发展，不断超越。展现了当代林州人自立自强、争强好胜的独特性格，也彰显出当代林州人彻底摆脱小富即安、小进即止的小农意识，是当年自力更生精神在新的历史条件下的新发展。面临当前激烈的区域竞争环境，中原经济区新老“四难”问题的破解需要这种精神，不等不靠、不断超越自己、不断超越他人，实现科学发展、持续发展。

奋斗不息，在复兴道路上奋力拼搏，永不停步。当代林州人在“战太行，出太行”的基础上，续写着“富太行，美太行”的新篇章，综合实力排全省前列，充分

---

* 此文系 2010 年 10 月 19 日，由河南省社科院主办的“当代红旗渠精神理论研讨会”上的发言稿。

展示出林州人奋斗不息的精神风貌。当前,中原经济区的宏伟蓝图已经绘就,需要亿万中原儿女发扬这种奋力拼搏精神,早日实现中原崛起的宏伟目标;中国特色社会主义现代化建设任重道远,需要全国人民弘扬这种奋力拼搏精神,齐心协力、共同奋斗,实现中华民族的伟大复兴。

(原载2011年10月25日《河南日报》)

社会篇

把大多数农民从土地上解放出来

农村劳动力向非农产业转移是一个国家现代化的必由之路,从我省人多地少、小农作业的实际情况看,要提高农民的收入、改善农民的生活,实现近1亿人的全面小康,进而走向现代化,尽管可以在调整农业结构、提高农业产出等方面做文章,但是根本出路只能是把大多数农民从土地上解放出来。

一、树立新观念,正确认识农村劳动力转移的战略意义

受计划经济体制的影响,我国形成了以城市和农村为地域界限的城乡二元社会结构,“农业”“非农业”户口制度的身份束缚,使得农民没能享受与城市居民平等的国民待遇,进城就业障碍重重。在市场经济发展的今天,社会上逐步形成了新的共识:农村问题的根本解决,是还农民以公平的国民待遇。对于他们的合理要求和应当享受的权利,应该和城市居民一视同仁。一是农民进城就业是增加他们收入、繁荣农村经济的好路子,是解决“三农”问题的一个关键环节;二是农民进城就业是减少农业人口、推进城镇化建设的主要途径,是城市经济发展不可或缺的重要力量;三是农民进城就业是一股不可逆转的时代潮流,是中国农村走向现代化的必然选择,否则,全面建设小康社会和现代化的宏伟目标就不能实现。因此,全社会都应更新观念,积极疏导,加强服务,依法维权。把农民工与城镇人员在求职就业时同等看待,创造公平的就业和发展机会,让城乡人员在同一起跑线上竞争择业。引导农民破除安于现状、守摊吃饭等思想,鼓励他们大胆走出去。

二、研究新思路,激励企业家发展劳动密集型中小企业,为农村劳动力转移创造机会

解决农民问题的根本出路,在于创新一种推动身份变革、逐步减少农民的新机制。工业化是一个经济结构变革过程,即社会财富的主要创造部门由农业转向工业为主;同时也是一个社会变革过程,即要使一大批农民离开土地、离开

农村,转变成为城市居民。只有这样,拓展国内的工业品市场才有可能,农民也才能依靠农业致富,进而工农业才能齐头并进地发展,最终实现国民经济的快速发展。也只有同时完成经济、社会这两个过程的变革,整个社会居民的消费方式才能与生产方式的变化相衔接。

"三农"问题的关键在于"农民",农民问题的核心在于就业。河南省目前共有农村劳动力4530万人, 除去从事非农产业的1400万人,还有3130万人在农村, 这其中农业生产需要季节性劳动力1700万人, 还有近1500万人基本上处于闲置状态,要实现农村的全面小康,必须从解决这些农民的就业、收入问题入手,解决农民收入问题的根本之道是大量转移农村劳动力,使生产农产品的人越来越少,消费农产品的人越来越多,从事农业生产的比较利益增加,农民的收入才会真正提高。所以党的十六大报告指出:农村富余劳动力向非农产业转移,是工业化和现代化的必然趋势。我们必须以这种新的思路来调整我们的工作着力点,大力发展民营企业,激励企业家发展劳动密集型中小企业,依托市场机制提高人力资本和资本配置的使用效率,促进农村劳力由"一产"向"二产""三产"流动,为农村劳动力转移创造就业机会。

三、推出新举措,为农民向非农产业转移提供良好、公正的社会环境

当前,政府职能部门正对一些区域性涉及农民进城就业的政策文件进行清理,做好立、改、废工作。所有歧视性的政策规定都应废止,并制定出新的平等的政策措施来保护所有劳动者的权益。应当树立起一种理念:农民工只要到城里的用人单位就业,就受到劳动法调整、保护,其待遇与同单位的城里人相同。

在农民工权益屡受侵犯的情况下,政府职能部门应把农民工维权作为一个执法重点。农民背井离乡来到城里务工就业,本来处境就比较艰难,再被无故拖欠、克扣工资,没有劳动安全、卫生和职业危害等方面的保障,他们就难以生存和发展。政府执法部门应给予他们更多的关爱和重点的执法保护,使他们在付出辛勤劳动的同时,感受到城市社会的公平、正义和经济发展带来的文明进步。

要通过完善劳动合同制度,提高农民工自我维权意识。农民工在就业中不签订劳动合同的现象十分普遍,一旦发生争议寻求法律解决时口说无凭,增加了其权益保障的难度。

突如其来的"非典"防治工作警示我们,在社会人员流动日益频繁的今天,针对农民文化水平较低、缺少专门技能培训,因而缺乏在城市和非农产业就业能力的现实,必须逐步建立促进农村劳动力流动和调控的长效机制,形成农村劳动力转移的社会化服务体系。比如,政府部门要建立输出、输入劳动力两大基地和相应的信息服务组织,为农村劳动力提供政策咨询、素质培训、信息保障、依法维权等综合性服务,减少目前农村劳动力的无序流动和盲目流动。政府部门要帮助建立一些民间劳动服务性协会,与当前农村劳动力用量较大的广东、上海、浙江、江苏、福建等省或直辖市建立劳动力供需关系,最大限度地解决农民就业问题,形成农村劳动力的有序流动,促进河南农村的现代化进程。

(原载 2003 年 8 月 25 日《河南日报》)

制度创新:统筹城乡协调发展的关键

人们一般把促进发展、增加收益的变革称为制度创新。兰德·戴维斯和道格拉斯·诺斯把所谓制度创新表述为:能够使制度创新者获得追加或额外利益的对现有制度的变革。如果没有强烈的外在冲击,制度在相当一段时期中是稳定的。但像技术一样,如果社会要发展,制度也必须变革。经历了新中国50多年的发展,特别是改革开放20多年经济的高速增长,中国到了需要通盘考虑调整城乡经济社会关系的阶段。从城乡二元结构带来的一系列经济和社会矛盾来看,中国社会向城乡交融的一体化方向发展的前提和条件都已经成熟。因此,正视中国经济社会中客观存在的二元结构,并通过统筹的方式协调和处理城乡关系,解决新时期的农业、农村和农民问题,是新世纪发展中,作为农业大国应有的、正确的战略选择。

城乡统筹是个新的发展理念,说到底就是在新的发展时期,城市与农村、工业与农业之间要协调发展,共同进步,通过改变二元经济社会结构,在市场经济体制下实现城乡社会一体化发展。对城乡统筹的结构转换和相关问题的分析表明,要实现城乡平等、和谐发展,必须触动传统经济社会的体制根基,大胆进行制度创新,要按照我国的国情,根据不同时期的社会发展特征,做出相应的制度安排。

一、从城乡差别看统筹发展的必要性和紧迫性

新中国成立后,为了加速工业化进程,我国实行的是排斥市场经济的重工轻农的工业化发展战略,通过计划经济的高度集中使资源配置到工业和城市,形成了"城乡差距发展战略"、城乡分割的"二元经济结构"和"以农补工""以乡养城"的国民收入分配格局。随着农业的积累不断向工业流入,工业部门逐渐成为国民经济的主导部门,农业部门的相对收入低于非农部门,工农收入差距扩大,农民成为相对贫困的社会阶层。改革开放之后,"三农"问题虽然受到全

国上下的重视，但由于旧体制和政策壁垒的极大惯性，偏向工业和城市的经济社会政策并没有得到及时和完全的矫正，国民收入分配再分配仍在向工业和城市倾斜。

从以下“十大差别”的分析中可以看出，二元经济结构非但没有得到破解，反而进一步得到固化，城乡之间、城乡居民之间的差距仍不断扩大。

1.“工农产品价格剪刀差”。计划经济时代，我国工农产品价格剪刀差累计达6000亿~8000亿元，目前每年仍高达1000多亿元。

2.“财政税收对农业的收支差”。农业各税和乡镇企业税金由1978年的54亿元增加到2001年的2594亿元，年均增长20.3%；1978年国家财政用于农业的支出占总财政支出的13.4%，1990年降为10%，到2001年仅为8%。财政支农支出占GDP的比重也由1980年的3.3%下降为2000年的1.4%。

3.“农村金融存贷差”。1995年以来，农业和乡镇企业从国家银行系统获得贷款额度一直呈下降趋势，最高的年份也没超过17%。20多年来，农村通过金融渠道净流出资金高达8000亿~10000亿元。农村资金大量外流的渠道主要是邮政储蓄和商业银行。1997年年末，农村邮政储蓄存款余额为1710.6亿元，2002年年末为4421.4亿元。邮政储蓄在农村只存不贷，吸收的存款全部存入人民银行。到2002年年末，农业和乡镇企业占所有金融机构贷款余额的比例只有5.24%，且有一部分投向了效益直接的工商业，农业发展资金十分短缺。

4.“土地征用与出让价格差”。1987—2001年，全国非农建设占用耕地3394.4万亩，其中70%是征地，不包括违法、非法用地。2000—2003年，全国16个省市共征地246.9万亩，失地农民达236万人，据此推算，目前全国至少有4000万农民失去土地。近十多年来，城市通过征用土地“补偿少”与出让土地“价格高”，拿走土地差价约在2万亿元以上，直接损害了农民的切身利益，使之更加贫困化和边缘化。

5.“城乡居民就业差”。据中国统计年鉴的资料，到2003年年底，全国城镇登记失业人数为800万人，城镇登记失业率为4.3%，而我国农村人口8亿多人，占总人口的64%，农村劳动力近5亿人，富余劳动力大约在1.5亿~2亿人之间，且每年约新增加1000万人。大量剩余劳动力的存在，是农民收入低的重要原因。

6.“城乡居民国民待遇差”。农民在户籍、就业、教育、社保等方面与城镇居民的差距有目共睹。据估计,目前,包括政府部门和企业在内的各种业主单位,仅欠农民工工资一项就在 3000 亿元左右。农民工已成为城镇中最缺乏保障的弱势群体。

7.“城镇化与工业化水平差”。到 2002 年,我国第二产业增加值占 GDP 的比重达到 51.8%,而城镇化率仅为 39.1%,城镇化滞后于工业化 10 个百分点以上,而世界公认的合理范围在 1.4∶1~2.5∶1 之间,体制和政策壁垒阻滞了由工业化带来的城市化水平的提高,强化了城乡二元经济社会结构。

8.“市民、农民收入差”。2003 年,全国农民人均纯收入 2622 元,扣除物价因素,实际增长 4.3%,城镇居民人均可支配收入为 8100 元左右,表面上看,城乡居民收入差距为 3∶1,实际上,在农民 2622 元收入中须扣除 40%左右的实物收入,再扣除 30%左右用于简单的维持再生产的费用,农民实际可用于消费的货币极为有限,加之城镇居民除工资、劳务等现金收入外,还享受住房、教育、卫生、社会保障等隐性福利,城乡居民收入实际差距比可能超过 6∶1。

9.“市民、农民收入增长差”。1997—2003 年,全国农民人均纯收入只增长了 695.9 元,不及城镇居民人均收入增长量的 1/5,年均增长速度不及城镇居民的一半,这其中,平均数往往还掩盖着个体之间的巨大差距。据国家统计局抽样调查,2000—2002 年,增收农户只占总农户的 56.4%,全国农村有 3000 多万人尚未解决温饱问题,近 6000 万人处于低水平、不稳定的温饱状态。

10.“社会政治参与权差异”。在全国人大代表中,农村平均 96 万人中产生 1 名,而城市平均 26 万人中产生 1 名,城市是农村的近 3.7 倍。工人有工会,农民是中国最大的社会群体,但全国没有一个统一的组织代表农民利益。

城乡差距的扩大、“三农”问题的形成和恶化,已经影响到中国改革发展稳定的大局。统筹城乡发展不仅是扩大内需、促进经济增长的需要,同时也是缩小城乡差距、解决“三农”问题的需要,更是建立公平竞争的全国统一市场经济体系、全面建设小康社会的需要。

二、制度创新:实现城乡协调发展的关键

一般看来,城乡差距的扩大、“三农”问题的形成和恶化,都与“城市偏向”的发展战略有很大关系,所以许多学者认为放弃“城市偏向”的发展战略,是解决“三农”问题、统筹城乡发展的关键。其实,现实绝非如此简单,要实现统筹城乡发展的目标,必须从消除城乡分割的体制人手,制度创新才是关键。

1.这是制度的根本性特点所决定的。发展战略是一个国家、一个组织或群体为达到某一发展目标而制定的带有全局性的发展规划，体现其发展思路和发展方向，具有阶段性和不确定性的特点，常常由于领导者发展思路的变化而变化。制度则与发展战略有根本上的不同，制度更多地表现出稳定性和根本性的特征。在计划经济体制下，我们采取了优先发展工业的“城乡差距发展战略”，自上而下地推进城市和工业的发展是必要的，同时也达到了预期的目标。目前，我国已基本建立社会主义市场经济体制，仅仅依靠调整发展战略不可能实现城乡协调发展的目标。充满活力的市场经济对制度创新的需求要远远大于对发展思路调整的需求。

2.这是由中国所处的发展阶段特征所决定的。统筹城乡经济社会发展的实质是处理好工业化进程中的城乡关系。从全球范围观察，人类经济社会的发展史，其实就是国民经济发展中工业与农业两大产业的结构变动史。工、农两大部门通过资源配置和产品供求形成的结构转换过程，推动了经济社会的不断发展。霍利斯・钱纳利和莫尔塞斯・塞尔昆将工业化过程归纳为依靠农业积累建立工业化基础的工业化初期阶段、工农业协调发展的工业化中期阶段以及工业支持农业发展的工业化实现阶段。不同的阶段决定其经济运行的阶段性特征。目前中国已进入了工业化的中期阶段，大约处于工业化中期的第一阶段。一般而言，工业化中期阶段是二元经济结构向一元经济结构转换过渡，工农、城乡关系开始改善最重要的阶段，这个阶段具有统筹城乡经济社会发展的前提和条件。工业化进入中期阶段后，国民经济的主导产业由农业转变为非农产业，国民经济增长的动力机制主要来自非农产业，这是世界各国经济发展的普遍规律。这一时期阶段性基本特征是农业不再为工业发展提供利润，工业将依靠自身的积累实现增长。刘易斯认为，随着农业完成工业化积累的转折点出现，经济的二元结构特征萎缩，农业应成为接受“补助”，而不是受“挤压”的部门。换言之，一旦农业利润不再作为积累流向工业部门时，农业就获得了利用自身积累来寻求与工业平等发展的机会与权利。因此，与工业化发展的阶段性特征相适应，如何确保农业积累不再为工业发展所吸取，农业与非农产业平等发展，统筹城乡经济社会发展就成为最重要的理念。

3.这是解决中国工业化进程中一系列问题的客观要求。农村居民收入偏低且增长缓慢问题，是现阶段城乡统筹发展要解决的最重要的问题之一，在很大程度上已成为现阶段中国二元经济社会结构诸多矛盾的集中体现。要缩小中国城乡居民的收入差距,按照城乡统筹的思路,从国际经验出发,就是要有战略性的长期政策,并辅之不断的制度创新方案。第一,要针对现阶段农村基本经济制度设计和安排中的矛盾,继续完善农村土地承包制度,根据农村双层经营体制发展的需要,建立产权多元化和依法流转的农村土地制度;第二,实现城乡就业制度创新,建立城乡统一的劳动力市场,推动农民大规模转移,努力降低产业结构和就业结构之间的偏差;第三,通过实施多元化的城镇化发展战略,增加农民就业,刺激农产品消费,增加农民收入,实现城乡结构的良性转换;第四,通过不断调整国民经济分配格局,建立国家对农业的支持保护体系,创造增加农民收入、缩小城乡居民收入差距的外部环境。总之,要通过制度创新,解除对农民的一系列体制约束,解放农村生产力,努力构建农民收入持续稳定的增长机制,确保城乡统筹目标的实现。

新时期城乡统筹发展的制度创新,就是要从国家现代化建设和发展稳定的大局需要出发,通过一系列正式和非正式的制度安排,致力于经济总量在长时期内持续稳定增长以及在新形势下的城乡一体化发展。要着眼于解决制约农村和农业发展、农民增收的体制性和结构性矛盾,彻底改革传统经济社会体制下形成的城乡分离的各种制度。同时,实行城乡协调发展战略,以增加农民收入为中心,采取从非均衡到均衡发展的战略部署,在促进农村富余劳动力转移,提高城镇化水平和调整国民经济分配格局,给农民平等发展机会和国民待遇等方面取得重大突破。

三、加快六大制度创新,实现城乡协调发展

二元经济社会结构向一元经济社会结构演变,不仅是生产力发展的过程,更是制度规则不断调整的结果。城乡统筹的制度创新作为一种自觉的社会改革举措,大量正式和非正式的制度安排,以新的制度规范促进经济发展,创造城乡统筹的良好氛围,可以催生和促进城乡关系的良性循环,构建一元化的城乡经济社会秩序。

1.实现城乡人口管理制度创新。根据刘易斯的二元经济理论,发展中国家城乡二元经济向一元经济转化的通道可以随着农村剩余劳动力源源不断地向城市转移来完成,但在我国,这一方法却被户籍制度无情切断。人口自由迁徙是经济和社会快速发展的重要推动力量。未来一个时期是我国经济迅速崛起

时期，也是人口大迁徙、布局大调整的时期。顺应人口流动趋势，必须尽快修订宪法和有关法律，制定人口自由迁徙法，赋予公民自由迁徙权，建立城乡统一的户籍制度，使城市户口与农村户口所承载的权益一致起来。按照国际惯例，建立城乡统一的以身份证管理为核心的人口流动制度，使户籍登记能够准确反映公民的居住和职业状况。随着人口流动情况的变化，统一城乡人口生育政策，这是从根本上解决农村人口过多、农民过多的必要对策，也是提高国民素质的长远战略举措。

2.实现城乡就业制度创新。农村劳动力无限供给，既是发展中大国二元经济社会结构形成的基本原因，也是实现城乡统筹发展的最大障碍。目前，农民收入增长主要来自非农产业；农村居民收入偏低及与城市居民收入差距不断扩大的事实背后的深层问题，主要是就业问题。从长远来看，解决"三农"问题的根本途径，是将大量农业剩余劳动力转向非农产业和城市，实现这个目标要统筹城乡劳动力就业市场，关键是要消除劳动力转移过程中的制度限制因素。为此，应尽快打破城乡、地区就业壁垒，建立跨地区、跨城乡的统一劳动力市场，制定平等的劳动行业进入制度，实行公平的就业政策，保障所有劳动者的合法权益，积极完善政府的疏导和调控功能。通过制度创新，使农民顺利转移，实现真正意义上的劳动力就业城乡统筹。

3.实现城乡产权制度创新。我国目前的城乡产权制度是不统一的，如城乡土地产权制度、住房产权制度、资金产权制度都不一致。城市土地属于国有，农村土地属于农村集体所有；城市公有和混合所有住房多，农村则以私房为主；市民的资金所有权能得到较好的保护，而农民的资金所有权常常受到侵犯。城乡不统一的产权制度使城乡之间的劳动力转移面临巨大障碍，使城乡之间的生产要素优化配置难以顺利进行。因此，要逐步建立城乡统一的产权制度。就当前来看，迫切需要地权制度创新。我国已经颁布了《中华人民共和国土地管理法》《中华人民共和国农村土地承包法》等关于土地的法律。但在制度设计上，实行的是农村与城市、农业与工业用地分别治理，没有形成城乡统一协调的土地市场。农民集体所有的土地不能进入工业和城市土地市场。国家工业化、城市化过程严重侵蚀了农民土地利益。这是城市出现"失地农民"和"城中村"问题的制度根源。有必要启动新一轮土地制度革命，使农民集体所有的土地物权化、股权化。要借鉴国际经验，制定符合市场经济要求的土地公平交易法，从法律上支持农民集体所有的土地按照市场效益原则自由流动，保障农民从工业化、城市化中得到的合理经济利益。将城乡土地尽可能统一明晰到自然人和企业法人身上，政府只控制必要的土地。要按照与城市居民同样的标准对农民的资金所有权进行保护，绝不允许各部门在国家法律规定之外随意侵犯农民的资金所有权。

4.实现城乡财税金融制度创新。我国在城乡分割制度和计划经济体制下，对农村和城市采取了不同的财税金融制度。农村的金融机构基本上是城市金融机构的下属和派出机构，不具有独立性，农村金融资金大部分被转移到城市。这种城乡不统一的财税金融制度，使农民承担了过多的负担和责任，而没有享受到应有的权益，扩大了城乡差距。因此，统筹城乡发展，必须建立城乡统一的财税金融制度，形成城乡统筹的财政和信用机制，鼓励农村金融创新。如统一城乡税制，统一城乡居民的非税负担，使城乡的财政支出与其人口比例大致相适应，建议尽快取消农业税、农业特产税。取消两税后，城乡统一征收个人所得税。从我国农业经营规模小、经营方式灵活的特点出发，挖掘利用传统信用文化，加快金融工具和制度创新，建立具有中国农村特色的金融体系。国家通过增加贴息等措施，鼓励金融机构向农民和农业生产经营组织的农业生产经营活动提供贷款。适时制定具有中国特色的农村信贷法，为农业和农村经济长期繁荣提供有力的金融支持。

5.实现乡镇政府管理制度创新。目前，中国有3.9万个乡镇政府，每个乡镇一级政府需要农民出钱养活的干部(包括教师)就达1200人，许多乡镇的各类机构多达二三十个，这极大地增加了农民负担，因此，乡镇政府管理制度创新势在必行。必须尽快清理现行的法律法规，废除强加在乡镇的不合理义务，重新构筑适应市场经济发展的乡镇治理机制。其基本目标是乡镇合并、机构重组、理顺关系。重点是政府职能转变。可以考虑撤销乡镇政府，建立乡镇公署，以恢复农村自治。精简机构，乡镇的“七所八站”，有的应予撤销，如人大办、工业办、劳动所、交管站等；有的应改由乡公所自治管理，如农技站、水利站、林政所、渔政所、环保所等；有的交由县管理，如司法所、派出所、检察室、土管所、电管所、计生办、畜牧检疫站等。农村教育则由县政府直接负责。尽快制定专门的乡镇组织法，减少乡镇管理事项，简化乡镇机构设置，规范乡镇政府行为。关键是在制度设计上，减少乡镇政府管理事项，切实按照市场经济的要求，把职能转向服务与协调，通过制度安排使行政权力与利益彻底脱钩。

6.实现公共产品供给制度创新。中国已进入工业化的中期阶段，根据国际经验，此阶段从国民经济发展格局来看，应当是工农业相对平衡增长、工农业协调发展阶段，是开始城乡统筹经济社会发展的最佳时期；从国民经济分配格局来看，应当是工业开始反哺农业，国民经济初次分配和再次分配向农业、农村和农民倾斜阶段。因此，城乡统筹经济社会发展，最根本的是要调整国民经济的发展和分配格局，给农民平等的发展机会和国民待遇。一方面要做大蛋糕，创造条件增加国民经济总量和可支配财力；加大对农业和农村的支持力度。另一方面要通过加大转移支付力度，加强农村基础设施建设，增加农村教育投入，增强农业和农村发展的内在性动力。

长期以来我国农村公共产品供给滞后。在水、电、路、通信、学校、医院、图书馆等公共产品的供给和基础设施建设上，实施的是城乡分割的二元结构政策，城市由国家提供，农村则主要靠农民自行解决，部分由国家予以补助。农民不能享受与城市居民平等的发展机会和国民待遇。目前，我国医疗、养老、住房、劳动保护等福利保障待遇基本上只施惠于市民，国家对农村的教育投资大大少于对城市的教育投资，很多地方的农村教育主要靠农民集资。新修订的农业法已经明确国家从科技推广、教育培训、市场信息、检疫检验、乡村道路、农村能源和电网、农产品仓储和流通等方面扶持农业生产；在农村依法实施义务教育，并保障义务教育经费。这些扶持政策和法规无疑是必要的和非常重要的。但是，农民的失业、疾病、养老及残疾等社会保障问题，是农村最基本的公共产品，急需增加供给。因此，要通过建立城乡统一的教育和医疗卫生制度，消除在城乡分割制度下农村劳动力在获得教育、技能培训、健康与营养等人力资本投资方面与城市劳动力存在的巨大差别。社会保障作为保证社会经济安全运行的公共措施，是典型的公共产品，应该由政府向全体公民提供平等的社会保障服务，从而减少贫困，最大限度地实现收入分配公平的目标。当然，由于目前国家财力不足，不可能在全国范围内为农民提供全面、高标准的社会保障待遇，但必须通过制度创新，在政策导向上坚持城乡一体化，逐步改变重城市、轻农村的社会保障政策，缩小城乡差别。

城乡二元经济社会结构的形成，是长期实行“城乡分治、一国两策”的制度、体制、政策所造成的，改变城乡二元经济社会格局，应进行一场制度变革和体制创新。统筹城乡经济社会发展,作为新时期中国处理城乡关系的战略决策和重大创新,为制度创新提供了难得的历史机遇。我们应该抓住机遇,大胆进行制度创新,通过改变二元经济社会结构,实现城乡社会一体化发展。

参考文献:

[1]杜青林.中国农业和农村经济结构战略性调整[M].北京:中国农业出版社,2002.

[2]W.W.罗斯托.经济增长的阶段:非共产党宣言[M].郭熙保,王松茂,译.北京:中国社会科学出版社,2001.

[3]H.钱纳里,S.鲁宾逊,M.赛尔奎因.工业化和经济增长的比较研究[M].吴奇,等,译.上海:上海三联出版社,1989.

[4]蔡昉,等.制度、趋同与人文发展[M].北京:中国人民大学出版社,2002.

[5]张宇燕.经济发展与制度选择——对制度的经济分析[M].北京:中国人民大学出版社,1992.

[6]樊纲,王小鲁,张立文,等.中国各地区市场化相对进程报告[J].经济研究,2003(3).

[7]韩俊.统筹城乡经济社会发展[N].人民日报,2003-02-20.

[8]王梦奎.关于统筹城乡发展和统筹区域发展[J].管理世界,2004(4).

[9]刘奇、王飞.论统筹城乡经济社会发展[J].中国农村经济,2003(9).

[10]宋葛龙.把统筹城乡协调发展作为扩大内需的着力点[J].经济研究参考,2004(40).

[11]施峰.着力解决"三农"问题,推进中国和平崛起[J].经济研究参考,2004(24).

(原载《中州学刊》2004年第6期)

统筹兼顾与我国城乡经济社会的和谐发展

党的十七大报告对科学发展观进行了科学的理论概括，明确指出科学发展观的根本方法是统筹兼顾。在新的历史阶段继续全面建设小康社会、发展中国特色社会主义、解决好“三农”问题，必须坚持统筹兼顾的方法，在总揽全局的前提下，突出经济社会发展的协调性，实施我国经济发展战略的“三大转变”，统筹城乡发展，建设美好和谐的小康社会。

统筹兼顾是科学发展观的根本方法

科学发展观包含丰富的思想内容，“第一要义是发展，核心是以人为本，基本要求是全面协调可持续，根本方法是统筹兼顾”。科学的理论内含科学的方法，科学的方法支撑科学的理论。统筹兼顾就是体现和落实科学发展观的根本方法。

第一，统筹兼顾的方法是马克思主义辩证唯物主义和历史唯物主义的思想方法。马克思主义的基本原理告诉我们，任何事物都是相互关联的，任何事物的发展都是变化的。要使人们的主观想法符合客观实际，必须从事物的整体出发，用全面的普遍联系的观点去看待事物的发展变化，而不是从局部，用片面的、孤立的观点去处理问题。统筹兼顾的方法是马克思主义关于事物发展的世界观的简练概括，是唯物辩证法处理问题的根本方法论，也是马克思主义唯物辩证法与其他形形色色的唯心主义、形而上学的世界观和方法论相区别之处。坚持统筹兼顾的根本方法，才能使我们的主观意愿符合客观发展的实际，坚持统筹兼顾的方法就是坚持马克思主义的根本方法。

第二，统筹兼顾的根本方法体现了对马克思列宁主义、邓小平理论和“三个代表”重要思想一贯坚持的思想路线。正如党的十七大报告所指出的“科学发展观是对党的三代中央领导集体关于发展的重要思想的继承和发展，是马克思主义关于发展的世界观和方法论的集中体现，是同马克思列宁主义、毛泽东思想、邓小平理论和‘三个代表’重要思想一脉相承又与时俱进的科学理论”。

第三，统筹兼顾是我们党在长期革命、建设、改革实践中形成的一条宝贵经验。早在抗日战争时期，毛泽东同志就提出要军民兼顾、公私兼顾。在西柏坡筹备成立新中国时，他又明确提出“统筹兼顾”的方针，将其作为一条重要的治国之策。1957 年 1 月，在省市自治区党委书记会上，毛泽东同志指出，“现在是我们管事了，我们的方针就是统筹兼顾，各得其所”，在《关于正确处理人民内部矛盾的问题》讲话中，他又把统筹兼顾作为社会主义建设的一条重要指导方针，强调“我们的方针是统筹兼顾、适当安排”。改革开放以后，邓小平同志进一步强调：“必须按照统筹兼顾的原则来调节各种利益的相互关系。”党的十三届四中全会以后，江泽民同志强调：“我们所有的政策措施和工作，都应该正确反映并有利于妥善处理各种利益关系，都应认真考虑和兼顾不同阶层、不同方面群众的利益。”党的十六大以来，以胡锦涛同志为总书记的党中央提出了科学发展观等重大战略思想。从方法论意义上讲，深入贯彻落实科学发展观，最根本的是要正确认识和妥善处理中国特色社会主义事业中的重大关系，切实做到统筹兼顾，既要总揽全局、统筹规划，又要抓住牵动全局的主要工作、事关群众利益的突出问题，着力推进、重点突破。党的十六届三中全会提出了“五个统筹”的思想，即统筹城乡发展、统筹区域发展、统筹经济社会发展、统筹人与自然和谐发展、统筹国内发展和对外开放。党的十七大报告在“五个统筹”的基础上，进一步提出要统筹中央和地方关系，统筹个人利益和集体利益、局部利益和整体利益、当前利益和长远利益，统筹国内、国际两个大局。上述对统筹兼顾方针的阐述体现了我们党对社会主义建设规律认识的深化，从而成为深入贯彻落实科学发展观的根本切入点和重要现实途径。

统筹兼顾是实现全面建设小康社会新目标的要求

“建设小康社会”是世代中国人梦寐以求的理想和追求，也是近代以来无数中华儿女、仁人志士为之奋斗、为之流血牺牲的奋斗目标。党的十六大以来，在全面建设小康社会宏伟目标的指引下，我国经济社会发展取得了新的重大成就，国内生产总值已经连续5年保持了两位数的快速增长。国家统计局数据表明，2006年我国人均GDP已经超过2000美元，“翻一番”的目标已提前一年实现。从总量上看，2006年我国经济总量达到2.645万亿美元，已经跃升至世界第四位，进出口贸易总额达到1.76万亿美元，跃升至世界第三位，国家综合国力和国际竞争力全面提高，创造了当今世界发展的奇迹。

党的十七大根据世情、国情、党情、民情发生的重大变化，从新的历史起点出发，在十六大确定的全面建设小康社会目标的基础上，对我国发展提出新的更高的要求，即“转变发展方式取得重大进展，在优化结构、提高效益、降低消耗、保护环境的基础上，实现人均生产总值到2020年比2000年翻两番”。要实现十七大提出的新目标，必须认真落实科学发展观，坚持用统筹兼顾的根本方法，增强发展的协调性，努力实现经济又好又快发展。从几十年的实践和今后的发展态势来看，我国现在面临的不再是速度问题，而是发展的质量和效益问题，是一系列影响发展质量和效益的要素之间的协调性问题。如国内储蓄和最终消费严重失衡问题，粗放的经济增长方式与土地、淡水、石油和重要矿产品供求矛盾日益尖锐问题，科技创新能力不强问题，城乡、区域发展不平衡和不协调的矛盾对经济持续增长的制约问题等。解决这些矛盾和问题，实现又好又快的发展，任务十分艰巨，需要坚定不移地贯彻科学发展观，用统筹兼顾的方法，在调整发展战略和完善体制机制等方面付出巨大的努力，同时进行力度较大的各项改革，从而实现全面建设小康社会的宏伟目标。

统筹城乡发展是实现“三个转变”战略的重要举措

改革开放以来，我国经济持续快速增长，综合国力明显增强，人民生活水平大幅度提高，现代化建设取得举世公认的伟大成就，但也应看到，我国在资源和环境方面付出的过大代价。要“加快转变经济发展方式，推进产业结构优化升级”，实现经济又好又快发展，必须按十七大报告提出的转变经济发展方式的基本思路，实现“三个转变”，即“要坚持走中国特色新型工业化道路，坚持扩大国内需求特别是消费需求的方针，促进经济增长由主要依靠投资、出口拉动向依靠消费、投资、出口协调拉动转变，由主要依靠第二产业带动向依靠第一、第二、第三产业协同带动转变，由主要依靠增加物质资源消耗向主要依靠科技进步、劳动者素质提高、管理创新转变”。这是我们党在深入探索和全面把握我国发展规律基础上确定的重要方针，也是从当前我国经济发展实际出发提出的重大战略。

1.要实现“三个转变”战略的第一个转变，必须坚持扩大国内需求特别是消费需求的方针，扩大消费在拉动经济增长中的份额，进而实现经济增长依靠消费、投资、出口协调拉动的新局面。

改革开放以来，随着工业化进程加快、城乡居民收入增加和消费结构的不断升级，国内需求一直是拉动我国经济增长的动力。1979—2005 年，我国经济年均增长 9.6%，其中国内需求的贡献率高达 92.6%，出口贡献率为 7.4%。近两年来，出口贡献率有所加大，国内需求贡献率仍有 91.9%。但如果对国内需求进行分析研究，就会发现，在推动经济发展的因素中，存在着投资增长过快，消费拉动不够甚至不断下降的结构性问题。资本投资拉动由 2000 年的 21.7%增加到 2006 年的 40.7%，最终消费拉动由 2000 年的 63.8%下降到 2006 年的 38.9%，虽然从国际上看，我国消费增长并不慢①，但问题是，我国投资增长过快，使投资和消费出现不协调，经济增长过多依靠资本形成，不仅容易造成宏观经济的大起大落，而且难以形成投资、生产与消费的良性循环，直接影响到经济的协调与可持续发展。

提高居民消费率，需要在调整发展战略和完善体制机制方面付出巨大努力。未来几年我们将坚持扩大国内需求特别是扩大消费需求的方针。从消费领域自身来看，消费不足的问题比较突出，然而我们如果从消费结构内部来分析的话，就会进一步发现，消费不足的突出问题，主要源于占中国大多数人口比例的农民和城市低收入者收入水平低，消费能力不强，农村市场上农民对耐用消费品的需求不旺，农民购买力低。因此，要实现“第一个转变”必须坚持科学发展观，走统筹城乡发展的道路，千方百计增加农民收入，从启动农村市场、扩

① 据世界银行《2006 年世界发展指标》，2000—2004 年我国居民最终消费支出年均增长 7%，远远高于美国的 3%、世界平均水平的 2.4%。

大农民最终消费入手,改变我国消费结构性不足的现状。

2.要实现“三个转变”中的第二个转变,必须针对农业基础薄弱的情况,着力增强农业的生产能力,改变农业“靠天吃饭”的局面。改革开放以来,我国农业发展取得了举世瞩目的成就,但由于人口众多,人均农业自然资源相对稀缺、农业生产条件和生产手段总体上还比较落后,粮食等主要农产品在正常情况下仍处于供求紧平衡状态。2006 年我国三次产业的生产结构比为 11.8% ：48.7% ：39.5%,三次产业的就业结构比为 42.6% ：25.5% ：32.2%,同工业化国家三次产业的生产结构、就业结构相比,差距主要是我国第三产业在生产、就业结构中的比重明显偏低,第一产业在就业结构中比重过高。虽然我国不少农产品总量位居世界前列①,但从投入产出和经济效益看,仍明显落后于发达国家,第三产业对经济增长的比重低,第二产业带动经济增长的强势格局一直在扩大,由 2000 年的 44.8%提高到 48.7%,对经济增长的贡献率高达 55.5%。这对我国的资源环境带来了巨大的压力。

按照党的十七大的部署,今后十几年必须着力增强发展的协调性,加快发展服务业,提高服务业比重和水平,就业结构上要加快第一产业劳动力向第二、第三产业的转移。

要实现第二个转变,必须改变目前产业结构不合理的状况,加强农业的基础地位,促进农业由弱变强,加速推进城乡统一的市场建设;快速发展服务业,特别是着力从城镇化推进中加快城乡服务业衔接与融通,提高城镇化水平,使大量农产品生产者变为消费者,拉动农产品及工业品的消费,推进工业化的发展。实现服务业快速发展,使经济增长由主要依靠第二产业带动向依靠第一、第二、第三产业协调带动转变。针对就业结构而言,要推动农村劳动力向第二、第三产业的转移,在技能培训、信息服务、组织协调、权益维护、社会保障等方面给予农民工支持和帮助,实现农村富余劳动力的有序化、批量化转移。

3.要实现“三个转变”中的第三个转变,就农业来讲,必须从科教兴农、提高农民素质等方面入手,打破日益严峻的资源约束,把经济增长主要依靠资源消耗转向主要依靠科技进步和管理创新的轨道上来。目前,我国农业科技贡献率只有 48%,科技成果转化率只有 30%,分别比发达国家低 30%～40%,这说明了

---

① 我国的谷物、肉类、禽蛋、水果等产量均跃居世界第一位。

我们的差距,也蕴含了巨大的发展潜力。中国特色的农业现代化就是要走依靠农业科技进步不断提高耕地产出率、资源利用率和劳动生产率的道路。当然在实现第三个转变的过程中,必须着力提高农村劳动者的素质,更加注重对新型农民的培养,改变我国农业目前面临的后继乏人的困境,大力培育有文化、懂技术、会经营的新型农民,造就现代化的农业经营主体。

统筹城乡发展是解决“三农”难题的根本途径

十七大报告指出,“解决好农业、农村和农民问题,事关全面建设小康社会大局,必须始终作为全党工作的重中之重”。世界上任何国家的农业现代化,都不可能仅仅依靠农民自己的力量来实现。我国“三农”难题的化解,必须以科学发展观为指导,跳出“三农”寻找解决方略。

世界上不少国家在推进工业化、城市化进程中,都曾因一度忽视城乡关系的协调发展,一度忽视农业而导致农业衰退、农村凋敝,因此付出了沉重的代价。当前,我国已进入工业化中期阶段,工业的成果已趋于成熟,工业自身的剩余除可以支撑工业化的进一步发展外,还可以扶持其他产业的发展。与工业相比,我国农业劳动生产率低下,农业资源大量流出,因而这一阶段应该进入工业剩余回流农业,以城带乡、以工补农的新的发展阶段。也就是说,解决“三农”难题,要用统筹兼顾的方法,统筹城乡兴“三农”。

统筹城乡兴“三农”,就是站在全局的高度,从统筹城乡经济、政治、文化、社会发展的各个方面,寻找解决“三农”问题的新思路,实行工业反哺农业、城市支持农村的方针,把农业发展放到整个国民经济发展中统筹考虑,把农村和城镇作为一个有机统一的整体加以统筹协调,形成以城带乡、以工促农、城乡互动、协调发展的体制和机制,建立公共财政体制,完善转移支付制度,形成既符合世界贸易组织规则又具有本国特点的农业支持保护体系。

目前,我国应进一步深化对统筹城乡发展战略的认识,实施更加有效的整合工业化、城镇化、农业农村现代化的各项政策,充分发挥城乡互动、互促作用,努力推进城乡一体化,促进形成党的十七大报告提出的“城乡经济社会发展一体化新格局”,逐步化解和消除我国的“三农”问题。

统筹城乡协调发展是构建和谐社会的必然要求

构建社会主义和谐社会，是党从中国特色社会主义事业总体和全面建设小康社会全局出发提出的重大战略任务。坚持科学发展观和构建和谐社会，标志着我们党“以人为本”发展理念、执政理念、发展方式和执政方式正在全面走向成熟，同时也预示着中国人民未来的全面小康社会更加和谐美好。

社会是一个开放的、多维的、多层的、立体的网络状结构的复杂系统，社会是由多元化和多样性的要素组成的。构建和谐社会必须树立系统思想，中国农村人口众多，面积广大，在人与自然、人与人、人与社会之间的和谐统一等方面仍然存在诸多矛盾，按照科学发展观的要求，要建立一个高度物质文明、高度精神文明、高度政治文明、高度生态文明的和谐发展社会，农村仍然是个重点和难点，农业与第二、第三产业，城市与农村存在着非常紧密的依存关系，工农关系、城乡关系始终是现代化进程中必须处理好而又容易出现偏差的一个具有全面意义的重大问题。正确处理城乡关系、工农关系，实现第一、第二、第三产业协调发展和城乡居民的和谐相处，是现代化进程中的一大难题，也是关系到构建和谐社会能否取得成效的重大问题。工业化、城镇化、市场化是农业现代化建设的强大动力，农业劳动生产率和综合生产能力的不断提高，是工业化、城镇化水平不断提升的必要条件，只有把农村人口和农村劳动力不断有序地转入城镇和第二、第三产业，工业和城市的发展才会有持续的动力，才会充满生机和活力。

党的十六大以来，我党加快推进以改善民生为重点的社会建设，着力维护社会公平正义、着力解决经济社会发展不平衡和影响社会和谐安定的一系列问题，但是，前进中还面临不少困难和问题。城乡区域、经济与社会发展仍然不平衡，城乡居民收入差距仍在扩大，城乡居民在劳动就业、社会保障、收入分配、教育、卫生等方面问题仍然很多，这些问题如果解决不好，就必然影响社会和谐稳定和全面建设小康社会的大局。同时，城乡居民在新的发展阶段上，对美好的生活都有新的期待，对教育、卫生、社会保障、公共服务、生活环境以及个人全面发展等方面提出了更高的要求，我们党也提出了社会更加和谐的目标。这就要求政府部门加快推进以改善民生为重点的社会建设,积极解决好教育公平、充分就业、分配合理、全民社会保障、基本医疗保障、社会安定团结等直接关系人民群众根本利益和现实利益的问题,努力使全体人民"学有所教、劳有所得、病有所医、老有所养、住有所居",推进和谐社会的建设。当然,构建社会主义和谐社会是贯穿中国特色社会主义事业全过程的长期历史任务,要形成全体人民各尽所能、各得其所而又和谐相处的局面,必须形成和谐社会建设人人有责、和谐社会人人共享的和谐局面。

(原载《中州学刊》2008 年第 1 期)

统筹城乡经济发展评价指标体系的构建及应用

统筹城乡经济发展是当前国内学术界的研究热点。尽管我国关于统筹城乡发展问题的研究已经取得了不少成果,但大多局限于定性的分析与描述,定量研究成果并不多见。本文试图对统筹城乡经济发展评价指标体系的构建目标、原则、设计、评价模型选取与评价方法等问题进行一些探讨,以求对统筹城乡经济发展的分析计量有所促进。

一、统筹城乡经济发展评价指标体系的构建及评价方法

1.统筹城乡经济发展评价指标体系构建的目标及理念。统筹城乡经济发展的基本指导思想是为了全面贯彻落实科学发展观,用统筹兼顾的方法监测我国城市和农村经济发展水平,监测城乡居民实际生活水平,为缩小城乡居民收入差距提供评价依据,为评价各级政府和各级党政干部是否贯彻科学发展观提供评判指标体系。

统筹城乡经济发展评价指标体系由一系列具有内在联系的指标构成,用以反映一定区域在一定历史发展阶段中城乡经济的基本面貌,从总体上反映城乡经济协调发展之间的关系,全面监测城乡经济协调发展的情况,综合分析研究和有效调控城乡经济协调发展中出现的重大问题,制定实施统筹城乡经济协调发展的策略措施,从而保证城乡经济协调与持续发展。

统筹城乡经济发展评价指标体系是城乡经济协调发展条件的集合,它是由若干相互联系、相互补充、具有层次性和结构性的指标组成的有机系列。评价指标应既能测度城乡经济发展的某一侧面,又能反映城乡经济关系的共性特征,进行地区间的横向比较;客观地反映城乡经济的发展状况,克服因人而异的主观因素的影响;简明扼要地用较少指标反映较多的实质性内容,提高指标体系的可操作性。同时,在设置指标体系时,还应注意选择的指标能够反映城乡经济协调发展动态过程。

2.统筹城乡经济发展评价指标体系的构建方法。统筹城乡经济发展评价指标体系中所涉及的指标众多,各个指标间难免相关,因此,在实际应用时,有必要根据各指标的特性,采取合适的指标选取原则和方法来对指标进行分析与筛选,以获得统筹城乡经济发展评价指标体系。我们主要采用频度统计法、理论分析法和类似于多元统计分析中因子分析确定主因子的方法,来解决指标的筛选问题。

3.统筹城乡经济发展评价指标体系的结构。根据统筹城乡经济发展的理论分析,运用评价指标体系构建的思路和原则,建立如图 1 所示的统筹城乡经济发展评价指标体系结构。

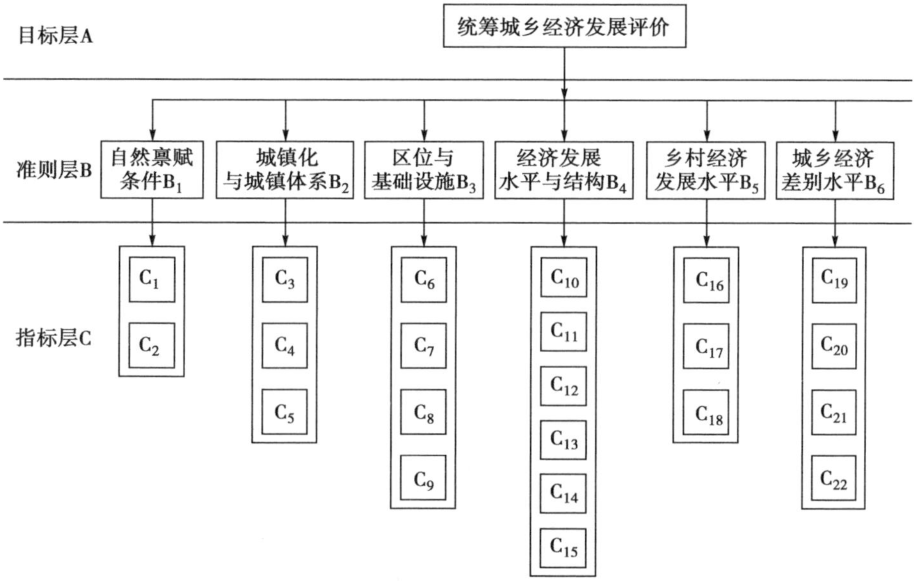

图 1　统筹城乡经济发展评价指标体系结构图

统筹城乡经济发展评价指标体系由目标层、准则层和指标层三层构成递阶层次结构,其中目标层由准则层加以反映,准则层由具体评价指标层加以反映。

(1)目标层 A:统筹城乡经济发展综合评价值(即城乡经济融合度)作为目标层的综合指数,在总体上反映了统筹城乡经济协调发展状况和趋势。

(2)准则层 B:由六个部分构成,具体为自然禀赋条件(B_1)、城镇化与城镇体系(B_2)、区位与基础设施(B_3)、经济发展水平与结构(B_4)、乡村经济发展水平(B_5)、城乡经济差别水平(B_6),它们分别从不同方面反映统筹城乡经济协调发展状况。

(3)指标层 C:由 22 个指标构成,具体为:

$$B_1=(C_1,C_2)=\begin{cases}\text{人均水资源指数}(C_1)\\ \text{山区面积比重}(C_2)\end{cases};$$

$$B_2=(C_3,C_4,C_5)=\begin{cases}\text{城镇化水平}(C_3)\\ \text{建成区面积比重}(C_4)\\ \text{城镇密度}(C_5)\end{cases};$$

$$B_3=(C_6,C_7,C_8,C_9)=\begin{cases}\text{方便便利度}(C_6)\\ \text{万人邮局数}(C_7)\\ \text{人均供电量}(C_8)\\ \text{城乡居民信息化对比指数}(C_9)\end{cases};$$

$$B_4=(C_{10},C_{11},C_{12},C_{13},C_{14},C_{15})=\begin{cases}\text{人均 GDP}(C_{10})\\ \text{GDP 非农比重}(C_{11})\\ \text{第三产业从业人员比重}(C_{12})\\ \text{人均社会消费品零售额}(C_{13})\\ \text{万人拥有限额批发零售市场数}(C_{14})\\ \text{经济外向度}(C_{15})\end{cases}$$

$$B_5=(C_{16},C_{17},C_{18})=\begin{cases}\text{农业支出占财政支出比重}(C_{16})\\ \text{乡村从业人员中非农业人员比重}(C_{17})\\ \text{人均乡村工业产值}(C_{18})\end{cases};$$

$$B_6=(C_{19},C_{20},C_{21},C_{22})=\begin{cases}\text{城乡人均 GDP 对比指数}(C_{19})\\ \text{区域二元经济结构指数}(C_{20})\\ \text{城乡居民收入水平对比指数}(C_{21})\\ \text{城乡居民消费水平对比指数}(C_{22})\end{cases}$$

4.统筹城乡经济发展评价指标赋权及评价方法。(1)权重的确定。本文采用网络层次分析法赋权。网络层次分析法即 ANP(The Analytic Network Process),是美国匹兹堡大学 T.L.Saaty 教授于 1996 年提出的一种适应非独立递阶层次结构的决策方法,是在层次分析法(AHP)基础上发展的一种新型实用决策方法。

首先,将系统元素划分为控制层和网络层。控制层包括拟解决的目标问题及决策准则,其中每个准则的权重与传统 AHP 确定权重的方法一致;网络层由受控制层支配的元素组构成,其内部是相互影响的网络结构。设 ANP 控制层中有元素 $p_1, p_2, \cdots, p_n$;网络层有元素组 $C_1, C_2, \cdots, C_n$,其中 C_i 中有元素 $e_{i1}, e_{i2}, \cdots, e_{in}, j=1,2,\cdots,n$。以上述网络层次中的控制层元素 $p_s, s=1,2,\cdots,m$ 为准则,以 C_i 中元素 $e_{i1}, i=1,2,\cdots n_j$ 为次准则,按各元素对 e_{i1} 的影响程度大小进行间接优势度比较,从而构造出判断矩阵:

e_{i1}	$e_{i1}, e_{i2}, \cdots, e_{in}$	归一化特征向量
e_{i1}		$w_{i1}^{(j1)}$
e_{i2}		$w_{i2}^{(j2)}$
…		…
e_{in}		$w_{inj}^{(jnj)}$

由特征根法得排序向量 $w_{i1}^{(j1)}, w_{i2}^{(j2)}, \cdots, w_{inj}^{(jnj)}$,其中 w_{ij} 的列向量 C_j 中元素 $e_{i1}, e_{i2}, \cdots, e_{inj}$ 的影响程度排序向量,并最终得到 p_s 准则下的超矩阵 w。这样的超矩阵共有 m 个,且均是非负矩阵,其子块 w_{ij} 是列归一化的,但 w 不是列归一化的,因此要以 p_s 为准则,对 p_s 下各组元素对准则 C_j 的重要性进行比较后得到加权超矩阵,此时其列向量是归一化的。w 中元素 w_{ij} 的大小反映了元素 i 对元素 j 的一步优势度,i 对 j 的二步优势度可用 $\sum_{k=1}^{N} w_{ik} w_{kj}$ 表示,它是 w^2 的元素,以此类推,当 $w^{\infty} = \lim_{t \to \infty} w^t$ 存在时,w^{∞} 的第 j 列就是 p_s 下网络层中各元素对元素 j 的极限相对排序向量,从而可得到极限超矩阵及充分考虑了各元素相互影响后的指标体系权重。

(2)统筹城乡经济发展评价指标综合集成。本文采用线性加权和法进行指标集成,并将其综合评价值命名为城乡经济融合度,以此综合评价值实现对不同时空层次城乡经济协调发展水平的量度。城乡经济融合度函数用线性加权和表示为:

$Z = w_1 \cdot x_1 + w_2 \cdot x_2 + \cdots + w_i \cdot x_i = \sum_{i=1}^{n} w_i \cdot X_i$,其中,$\sum_{i=1}^{n} w_i = 1$,$X_i$ 是第 i 个评价指标的数值,w_i 是第 i 个评价指标的权重。

二、统筹城乡经济发展区域比较分析

1.ANP 模型结构。根据 ANP 法原理和计算方法构造模型如下：利用 Delphi 法对上述体系中指标之间的关系进行综合分析，以部分指标图例（图 2）说明指标内部的依赖和反馈关系。例如人均 GDP 反映经济发展水平，会影响城镇化水平、交通便利程度、第三产业从业人员比重等指标；城乡经济二元结构指数会影响城乡居民收入水平对比指数、城乡居民消费水平对比指数等。

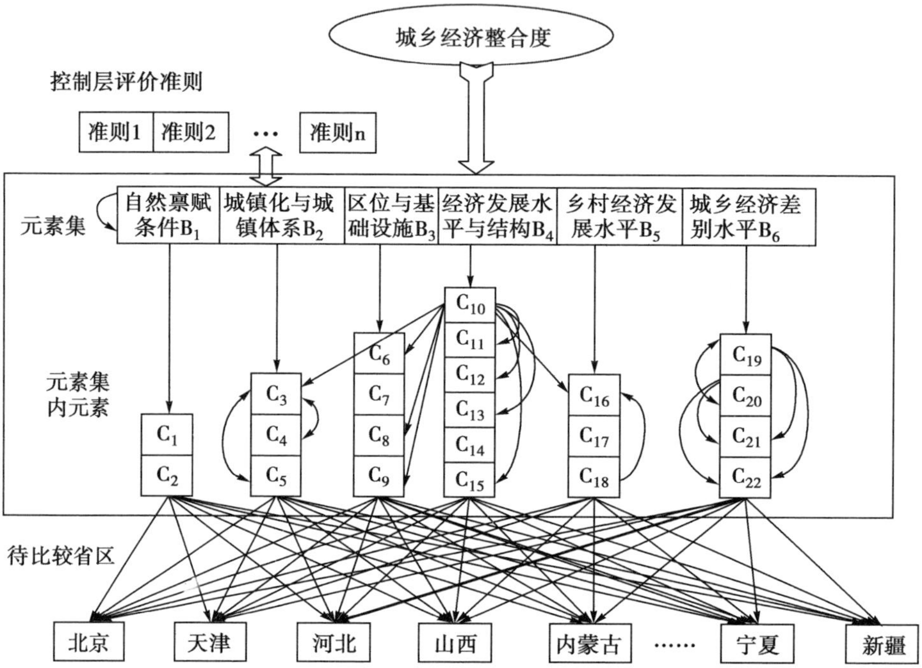

图 2 我国省区城乡经济融合度 ANP 赋权关系图

由 Delphi 法，根据专家意见确定指标体系中两两指标间的相对重要性后，构造 ANP 判断矩阵，利用 ANP 计算软件 Super Decisions1.6.0 计算得到超矩阵和极限超矩阵，由此得到各指标的权重。

2.基于网络层次分析的多指标综合评价结果——城乡经济融合度排序。根据多指标综合评价方法的评价步骤，首先将指标体系构建中所选取的指标整理集合（单项指标按人均或百分比计算整理；指数性指标通过搜集原始指标，根据计算公式计算得来）；其次，按照评价目的，选取极差标准化消除量纲。

用指标综合评价集合模型综合指标得分，得到各省区 2005 年城乡经济关联度值，见表 1。

表 1　2005 年我国省区城乡经济融合度计算结果及排序

省份	城乡经济融合度	排名	省份	城乡经济融合度	排名
上海	0.7612	1	河南	0.3145	17
北京	0.6926	2	江西	0.3089	18
天津	0.5763	3	陕西	0.3078	19
浙江	0.5618	4	安徽	0.2994	20
江苏	0.5387	5	四川	0.2961	21
广东	0.4952	6	内蒙古	0.2932	22
山东	0.4575	7	青海	0.2854	23
辽宁	0.4214	8	宁夏	0.2696	24
福建	0.4076	9	新疆	0.2540	25
河北	0.3604	10	海南	0.2405	26
山西	0.3457	11	广西	0.2396	27
黑龙江	0.3414	12	甘肃	0.2291	28
湖北	0.3393	13	云南	0.2076	29
吉林	0.3327	14	贵州	0.1819	30
重庆	0.3255	15	西藏	0.1682	31
湖南	0.3213	16			

数据来源：中国统计年鉴(2006)和各省市(直辖市)统计年鉴(2006)

3.结果分析。(1)城乡经济发展水平的空间分析。以 2005 年城乡经济融合度综合得分值的均值(0.3536)为参考，设 D 为各省区得分值/均值，将全国城乡经济协调发展水平划分为 4 组，分组结果见表 2，分别命名为密切型(D>1)、较密切型(0.85<D<1)、中度型(0.60<D<0.85)和落后型(D<0.60)。

表 2　2005 年我国各省区城乡经济融合度分组结果(网络层次分析法)

类型	省区名称	地域分布							
		东部个数	所占比例	中部个数	所占比例	西部个数	所占比例	东北地区个数	所占比例
密切型	上海、北京、天津、浙江、江苏、广东、山东、辽宁、福建	8	88.9%	0	0	0	0	1	11.1%
较密切型	河北、山西、黑龙江、湖北、吉林、重庆、湖南、河南、江西、陕西、安徽	1	9.1%	6	54.55%	2	18.2%	2	18.2%
中度型	四川、内蒙古、青海、宁夏、新疆、海南、广西、甘肃	2	25%	0	0	6	75%	0	0
落后型	贵州、云南、西藏	0	0	0	0	3	100%	0	0

从各省区城乡经济融合度发展水平分类结果看,我国城乡经济协调发展水平地域差异显著,按我国目前东、中、西和东北地区的区域划分,城乡经济关系发展差异呈现出明显的东、东北、中、西的区域分布规律,这种空间地域特点与我国区域经济差异规律一致。区域经济联系对城乡经济协调影响较大,经济发达的东部地区城乡经济协调发展水平明显好于经济较落后的东北地区,而东北地区城乡经济协调发展水平好于经济较落后的中部地区,中部地区城乡经济协调发展水平好于经济落后的西部地区。城乡经济融合度计算结果显示全国排名前 10 位中 9 位集中在东部地区,后 10 位基本集中在西部地区。城乡经济关系融合值最高的上海,平价值为 0.7612,而最低的西藏仅为 0.1682,前者是后者的 4.53 倍。密切型发展的省区 88.9% 集中在东部地区,唯有辽宁为东北地区。中部 6 省排序分布也比较集中,均在较密切型中,其得分差异也没有东部地带内部那样显著。落后型 3 个省区全部集中在西部地区,云南、贵州、西藏经济实力弱,基础设施落后。

(2)经济发展水平与城乡经济关联度的对比分析。衡量一个区域的经济发展水平一般只用人均地区生产总值这一单一指标,我们将各省区经济发展水平排序与城乡经济融合度这一综合指标排序结果进行对比，结果发现，城乡经济融合度虽然与经济发展水平有很大的相关性，但经济发展水平与城乡经济关系发展并不十分吻合（见表3），我们将对比结果分为三组：一组为两者基本吻合地区，一组为城乡经济关系发展水平排序高于经济发展水平排序地区，另一组为城乡经济关系发展水平排序低于经济发展水平排序地区。

表3　我国省区经济发展水平与城乡经济融合度排序对比

城乡经济协调发展水平与经济发展水平基本吻合的地区			城乡经济协调发展水平高于经济发展水平的地区			城乡经济协调发展水平低于经济发展水平的地区		
省市区	城乡经济融合度	经济发展水平	省市区	城乡经济融合度	经济发展水平	省市区	城乡经济融合度	经济发展水平
上海	1	1	浙江	4	9	内蒙古	22	10
北京	2	2	山西	11	15	海南	26	19
天津	3	3	湖北	13	16	新疆	25	14
江苏	5	4	重庆	15	18	云南	29	26
广东	6	5	湖南	16	20	西藏	31	25
山东	7	6	陕西	19	23			
辽宁	8	7	江西	18	24			
福建	9	8	四川	21	26			
黑龙江	12	12	安徽	20	28			
河北	10	11	甘肃	28	30			
吉林	14	13						
河南	17	17						
青海	23	22						
广西	27	27						
宁夏	24	21						
贵州	30	31						

分析三组结果不难看出位于第一组的地区有总体条件优越的东部地区（上海、北京、天津等），总体条件较好的东北地区（辽宁、吉林、黑龙江），条件较差的西部地区（如青海、宁夏、贵州等）。表现出两种类型：一种是经济发展水平较高，城乡经济联系紧密，城乡经济发展水平较高。这一种是高水平的吻合，也是

统筹城乡经济发展最终追求的一种状态,随着经济发展水平的提高,逐步缩小郊区与城区、乡村与城市的二元经济结构,从而达到区域经济整体实力的提高。另一种是低水平的吻合,经济发展水平较低,生产力落后,区域发展还处于经济发展的起步阶段。第二组城乡经济关系发展水平高于经济发展水平的地区,多是近年来城镇体系逐渐完善、基础设施建设速度较快、城乡要素流转较快的地区,如浙江、湖北、重庆等。第三组城乡经济关系发展水平低于经济发展水平的地区,多是山区丘陵面积多、基础设施相对落后,资金、技术、人才等生产要素欠缺,农村发展相对滞后的地区,如新疆、云南、西藏等省区,从而表现出城乡经济关系发展水平与经济发展水平的不吻合。这说明,经济发展水平较高的地区,城乡经济关系发展水平不一定最好;反之,经济发展水平较低的地区,城乡经济关系的发展也有其理性的一面。

参考文献:

[1]周叔莲,郭克莎.地区城乡经济关系研究的内容和特点[J].经济学家,1994(2).

[2]曾磊,雷军,鲁奇.我国城乡关联度评价指标体系构建及区域比较分析[J].地理研究,2002(6).

[3]李岳云,陈勇,孙林.城乡统筹及其评价方法[J].农业技术经济,2004(1).

[4]吴永生.区域性城乡统筹的空间特征及其形成机制——以江苏省市域城乡为例[J].经济地理,2006(5).

[5]段娟,鲁奇,文余源.我国区域城乡互动与关联发展综合评价[J].中国人口·资源与环境,2005(1).

[6]战金艳,鲁奇,邓祥征.城乡关联发展评价模型系统构建——以山东省为例[J].地理研究,2003(4).

[7]陈鸿彬.城乡统筹发展定量评价指标体系的构建[J].地域研究与开发,2007(2).

[8]周加来,余羚羚,朱道才.安徽省城乡统筹发展的实证研究[J].华东经济管理,2006(11).

[9]T. L. Saaty. The Analytic Network Process:Decision Making With Dependence and Feedback[M].Pittsburgh:RWS Publication,2001.

[10]王莲芬,蔡海鸥.网络分析法(ANP)的理论与算法:决策科学理论与方法//中国系统工程学会决策科学专业委员会第四届学术年会论文集[C].北京:海洋出版社,2001.

[11]田平,孙宏才.ANP计算软件(SD)简述[M].//中国系统工程学会决策科学专业委员会.决策科学理论与实践.北京:海洋出版社,2003.

[12]郭亚军.综合评价理论与方法[M].北京:科学出版社,2002.

(原载《经济学动态》2007年第12期)

依托信息化推进城乡经济协调发展

信息化是贯彻科学发展观，构建和谐社会，建设创新型国家，保障我国经济社会长期稳定发展的迫切需要和必然选择。无论从经济发展的战略需要来看，还是从解决当前经济运行中存在的问题来看；无论是实施城乡协调、区域协调、可持续发展战略，还是改善民生、加快结构调整、扩大对外开放、增强综合实力和国际竞争力，都离不开信息化。推进信息化有利于促进城乡经济社会统筹协调发展。通过加大农村信息基础设施建设，为广大农民提供普遍服务，普及信息化知识和信息技能，促进广大农村青少年和广大农民能更好分享到国家的教育资源、科技资源、文化资源、医疗卫生资源和政府提供的各种公共服务，可以有效促进社会主义新农村建设，改善二元经济结构，缩小城乡差别，实现城乡共同发展和共同富裕。

一

我国信息技术的普及和应用主要发生在城市，城乡居民获得信息公共服务机会悬殊，农村信息化是我国信息化建设中的薄弱环节，农村已经成为“数字边缘化”地区。主要表现在以下 5 个方面：

1.城乡间的“数字鸿沟”越来越大。由于我国长期受到“三农”问题的困扰，城乡间存在巨大的经济和社会发展落差——城乡之间存在着收入差别、生活差别、教育差别、身份差别等，城乡间的数字鸿沟更为严重。从城乡信息设备装备和信息基础设施来看，农村普遍基础设施落后，信息内容匮乏，服务手段陈旧，有的省至今还有 18%的行政村不通电话。目前城市居民家庭每百户拥有固定电话数是农村的 1.6 倍，城市居民家庭每百户拥有移动电话数是农村的 2.7 倍。

进入21世纪之后,我国城市固定电话普及率每年以4个百分点的速度增长,而农村固定电话发展相对滞后,且农村固定电话用户数开始呈下降的趋势。从城乡居民的信息消费能力来看,由于城乡居民收入差距不断扩大①,农民的收入没有显著的提高,低收入制约了农民的信息消费能力。从农村信息化建设队伍来看,人才极其缺乏,队伍极不稳定。我国农业信息服务网站经过近年的发展,在绝对数量上已经不少,但是体系依然不太健全。目前普遍建立农业信息网站的只到省一级农业行政主管部门,还有17%的市级、超过一半的县级农业部门未建立农业信息网站。在全国乡镇农村信息服务站中,有计算机并可以上网的仅有1.7万多个,占乡镇总数的41%。从全国范围看,省、市、县、乡四级网络全线贯通的省区市还非常少。

2.涉及“三农”内容的信息亟待开发利用。在信息内容方面,由于我国刚刚起步,农业信息内容发展还存在许多问题。一是信息资源分散。我国农业网站尽管体系已经建立,基本覆盖农业和农村经济的各个方面,但占全国网站总数的比例偏小。二是信息内容重复。除一些有影响的国家级和省级网站外,一些地方性的网站建设水平还不够高,一家有的内容多家都有,甚至栏目的设置也都差不多。三是信息时效性差。信息对时效性的要求比较强,而目前农业网站中过时的信息较多,缺乏第一手信息和第一时刻发表的信息,不能实现信息的及时更新,网站提供的信息不完整、不准确,信息内容单调,使用价值和实用价值低,用户得不到有效的信息,重复访问率和页面点击率低。

3.农村互联网普及和应用程度低。互联网作为大多数城里人获取信息的最重要手段,在农村应用得却很少。长期以来,受农民文化素质低、支付能力低等限制,农村的网络普及程度和应用水平非常低,绝大部分农民不懂电脑操作。目前城市网民普及率在20%左右,农村网民普及率只有3%左右,城市网民是农村网民的6~7倍。在一些乡、村,互联网技术的应用和服务体系基本上还是空白。城市居民家庭每百户拥有计算机的数量在50台以上,农村为3台以下,城市是农村的近20倍。我国网络普及和应用的增长主要发生在城市,网络用户中,农、林、牧、副、渔、水利业生产人员仅占用户总数的0.76%,只有0.3%的用户是农民,城市网络为农村的740倍。但农民对互联网应用的需求是迫切的。尝

① 2000年城乡居民收入相差2.79倍,2007年上升为3.1倍。

到信息致富甜头的农业大户、农民经纪人、有知识的青年农民、农村基层干部也对网络信息有着渴求，一半以上的人都希望购置电脑、学习电脑知识。

4.信息资源实用性不高。虽然目前我国有 2200 多个农业信息网站，但是网上综合性、一般性的信息多，专业性的信息少；简单堆积的信息多，精心加工的信息少；交叉重复的信息多，有特色的信息少；尤其是缺乏有价值的信息分析和对未来农业经济形势的预测，不能较好地分析农产品生产和市场状况，一些农业信息对农民的生产经营不具有指导性，这些都阻碍了农民对网络信息资源的有效利用。

5.农村信息化发展机制不完善，信息化建设协调难度大。农村信息化存在的投资分散、重复建设等体制性问题仍未得到完全解决。另外，我国农村信息化的管理、建设和应用三者分离，尚未形成统一的运作机制。涉农信息资源分散在不同的部门，资源的开发严重滞后而且无法共享，农村信息平台有待完善，服务手段和涉农信息发布收集渠道有限，信息内容开发有待加强，并需要提高信息的针对性和实用性。我国农村信息化严重依赖于城市信息化，农村电子政务和电子商务发展缓慢，大部分是因为有电子无政务，有电子无商务。另外，农村信息化市场机制还没有形成，农村信息站、农业协会组织、种植养殖大户等作用尚未得到充分发挥，农民既是使用者也是信息源，但实际上，农民没有积极提供上传信息，信息反馈较少。

以上情况说明，在城乡信息化建设过程中，由于缺乏有效的管理和规划，重新建、轻共享、难整合的问题尤其突出。城乡间“信息孤岛”的存在，一方面造成了经济信息资源的极大浪费，另一方面严重阻碍了城乡信息化的协调发展。

二

阻碍农村信息化发展的原因有如下 5 大方面：

1.政府在农业信息化建设上的主导作用发挥不够。一是职能不到位，政府在农业信息化发展战略和总体规划方面没有发挥好指导和协调的职能；二是职能错位，政府承担了许多本该由社会力量完成的工作，导致农业信息化秩序混乱；三是职能缺位，政府缺乏对信息化工作的监督和管理。要发挥政府在农业信息化建设中的主导作用,就必须让各级政府意识到信息化建设的重要性和迫切性,明确信息化建设的目标和任务,思考如何开展信息化建设,如何把信息化建设与领导的政绩、业绩挂钩等问题的解决方案。

2.农民的科技文化素质较低。农民渴望获取信息,但缺乏从网络上获取、利用信息的能力,对学电脑、学上网有神秘感和畏难心理,这是制约我国农村信息化建设的主要因素。由于历史的原因,农村的文化教育相对落后。我国8亿多农民平均受教育不足7年,在4.9亿农村劳动力中,高中及以上文化程度的只占13%,初中文化程度的占49%,小学及以下文化程度的占38%。尤其是西部农村教育还远远落后于全国其他地区的发展水平,这些情况令人担忧。目前,从事农业技术推广的工作人员有100万人,但是这100万人中,拥有本科学历的只占4%,有46%的人没有接受过任何技术培训,对电脑操作等信息化工作方法并不十分娴熟。

3.农业信息化建设投资不足。农业信息化建设要以信息基础设施为前提,而信息基础设施要靠农业产业自身的发展和国家财政投入,但由于我国对农村公共产品供应的不到位、投资不足带来的面向生产者和管理者的农产品供需分析系统、市场价格预测系统、农田决策指挥系统等信息平台开发不足,城乡间存在着数字鸿沟和信息不对称等问题,面向农村信息服务的信息平台问题一直没能解决好,加上我国小农经济的生产特点,导致农业生产、农产品销售的信息化服务不足,生产的盲目性使有的地方鲜活农产品出现十分惊人的腐烂现象。

4.信息获取成本较高。现在虽说电脑普及了,价格便宜了,但最低也需几千元;农民收入虽然大大提高了,但总体水平依然较低,农民购买电脑存在较大困难。加上我国农户经营的土地规模小且分散,导致农民购置上网设备不仅不现实而且不经济,采用电话获取信息虽然方便但费用较高,而通过电视、板报、传单等方式虽然方便且节省费用,但获取的信息大都不能满足农民需要,这在一定程度上限制了农民的信息需求。

5.农村信息服务水平较低。我国农户自身满足其信息需求的能力是十分有限的,因而他们需要一个健全、完善的信息服务体系的帮助。而目前我国缺乏较完善的为农户提供信息服务的服务体系,有的地区虽然政府的农业信息网络已经延伸到乡一级,但是信息如何进村入户却是面临的共同难题,一般农民的信息来源主要是依靠广播、电视、集市和邻里传播。除农业信息服务体系不健全外，基层信息服务人员整体素质还有待提高。同时，我国信息化法规不健全、信息服务管理不规范也是农村信息服务水平低的原因。

三

针对以上农村信息化发展缓慢的原因，我们提出以下6点依托信息化推进城乡经济协调发展的对策：

1.加强农村基层教育，提高农民科技文化素质。加强农村信息化建设，必须从基础抓起，大力加强义务教育，提高农民子弟的文化素质，尤其要加大对农村贫困学生的帮助力度，尽可能避免学生因为家庭贫困而辍学，着力提高整个社会的文化层次。对青年以上年龄的农民要加强实用技术培训，开展电脑扫盲活动，提高农民科技素质。要充分利用广播、电视、录音、录像、光盘、计算机互联网和卫星网络等现代教育手段，积极开展农业实用技术培训和职业技能培训，转变农民观念，使他们成为懂科学、善经营、能从事专业化生产和产业化经营的新型农民，着力提高农民科技致富能力、市场竞争能力和自主发展能力。浙江省政府部门鼓励大学生到村镇担任“信息化村官”，与电信部门合作共建农村信息化培训基地，促进互联网由“村村通”向“村村会”“村村用”的提升，效果很好，值得各地借鉴。

2.加大农村信息化建设投入，提高农村信息基础设施普及水平。在国家政策的大力扶持下，在现代农业发展的推动下，农村信息化正在成为一个潜在的巨大市场。但调查显示，农民信息消费能力很弱，月人均支付意愿在5元~10元之间，整体市场还比较薄弱。由于在农村特别是老少边穷地区，发展信息设施和提供信息服务成本高、收益低，依靠农民自己和信息企业都难以实现信息普及的目的。浙江省创造的“四个一点”农村信息化发展模式是目前较好的能够较快实现农村信息化的发展路子①，值得借鉴。但总体上看，我国应通过国家

① 浙江省“四个一点”农村信息化发展模式，即政府出一点：由政府统一出台促进农村宽带发展的奖励政策；村里补一点：村集体制定实施相应补贴方案；“两电”贴一点：电信运营商通过产业链协作方式联合电脑供应商以农民普遍能接受的优惠价格为其提供“宽带+电脑”的打包服务；农民掏一点：农民再支付少量费用。

财政的方式,介入并支持农村信息化建设。国家财政可以两种形式介入:一是补贴电信企业,用以降低企业成本,或直接补贴给农民用作信息相关支出;二是将信息基础设施建设纳入财政政策的项目范围内,这既有利于扩大内需、促进经济增长,也有利于我国积极财政政策的结构优化和转型。另外,我国可借鉴发达国家的经验。目前,很多发达国家对电信运营商规定了普遍服务义务,从而在一定程度上有助于人口密度低的地区的电信普及。我国由于经济发展水平低,企业规模小,无力独立承担该项义务,可以采取国家设立普遍接入基金,由国家财政、电信企业和社会慈善机构等非政府组织共同筹集资金,对于部分电信发展落后而且发展前景不好的地区实行电信投资补贴的变通方式,并在此基础上将范围扩大到电信领域之外的信息基础设施。

3.健全信息法制建设,做好信息化普遍服务。农业信息化是推动农村社会和经济发展的必要手段之一,也是实现社会公平、构建和谐社会的现实途径,同时也是消除城乡差别、实现跨越式发展、全面建设小康社会的重要措施。农村信息化是我国信息化普遍服务的重点和难点,从保障农民弱势群体的信息需求入手,国家应加快立法步伐,把普遍服务纳入到电信法中,保证弱势群体信息需求。我国共有乡镇4.62万个、行政村73.27万余个、自然村500多万个,乡村人口8亿,占总人口的63.91%,按四口之家估算应有2亿家庭。要想实现“家家通电话”目标,我国还需要铺设有线本地环路的缆线长度达上千万千米。同时要加快无线接入应用等电信基础设施建设。为在21世纪头20年实现全面建设小康社会的奋斗目标,电信普遍服务必须先行,无线接入是克服电信普遍服务瓶颈的最佳技术途径。

4.政府推动“三农”信息化建设,缩小数字鸿沟。发展是硬道理,发展也是缩小农村数字鸿沟的前提所在。农民是中国最大的信息弱势群体,受农村经济条件和自然生存环境的制约,围绕“三农”的信息化建设任务十分艰巨。城市与农村之间的“数字鸿沟”反映了城乡居民获得信息公共服务机会的严重不平等性,近8亿乡村人口基本被排斥在信息化之外,成为信息时代的弱势群体,这极不利于农业现代化发展、农村产业结构调整以及农民收入的增加。解决“三农”问题要求必须加快农业、农村、农民信息化进程。城乡之间的数字鸿沟在很大程度上是由于经济发展的差距引起的,是贫富差距产生的社会问题。因此,缩小我国城市与农村之间的数字鸿沟必然要求在信息化建设过程中统筹城乡发展。在经济、技术、人才等方面,城市比农村地区的基础要好得多,为了缩小我国城乡之间的数字鸿沟,城乡之间不仅要在教育、卫生、金融等领域加强合作,信息化也要走"城市支援农村"的道路。要在国家层次上研究政府部门推动农业信息需求、提高农民利用信息能力。为了确保"信息质量"这个有效服务"三农"的生命线,正确引导区域内专业化生产和产业化运作的发展,农业部门必须克服困难,配备专业门类较为齐全的科技人员队伍,为信息的来源和质量提供可靠保障。政府在城乡信息化建设中的作用主要体现在组织、协调、指导、推动、发展战略、指导思想、方针原则上,制定规划,制定法律、法规、政策、制度,协调制定和实施标准化管理试点、示范,教育、培训,宣传、普及,电子政务服务监管等方面。以居民家庭为核心组成的社区是构成社会的最重要的基础单元组织之一,它的网络化为重新构造政府与居民之间的互动关系创造了极为有利的条件。这一切都建立在社会信息化的基础之上,都离不开政府的强势推动。

5.加强农村信息人才队伍建设。要从农村实际出发,结合新农村建设,培养一批适应市场经济和信息时代要求的农业信息人才,造就一批有信息搜集、信息识别、信息加工、信息应用、信息反馈和预测分析能力的信息人才队伍。除了重点培养高素质农业信息专业人才,还要着重加强对农村基层干部和农业技术人员的信息技术培训,使农业技术专家同时也是农业信息专家,让他们在农户信息化过程中引导农户、帮助农户并起到模范带头作用。要充分利用农业广播学校、农村党员干部培训基地等教育资源,分期分批对村组干部、党团员、回乡复转军人、毕业学生进行信息技术培训,充分发挥他们的示范带头作用。

6.加快小城镇和社区信息化进程,推进城乡融合。城市化是经济社会发展的必然之路,而小城镇是联系城乡的结合点,是吸纳农村剩余劳动力、实现城乡经济一体化的最基本单元。通过加快城市化进程和小城镇建设,一方面农村人口逐渐减少,另一方面通信需求进一步扩大,有利于缩小城乡之间的数字鸿沟。小城镇和社区信息化是社会信息化的重要领域,是构建社会主义和谐社会的重大举措。政府应以网络平台、语音平台和平面资讯为载体,以公共服务、商务服务、金融服务、物业服务和信息服务等为主要内容,整合多方资源,面向社区居民提供综合性服务,缩小城乡之间的数字鸿沟。

(原载《中州学刊》2008年第3期)

统筹城乡协调发展的国际经验与启示

统筹城乡发展、走城乡一体化道路，是世界各国从农业国家发展为工业现代化国家共有的现象和趋势。虽然不同国家由于历史文化背景有别、政治体制不同、经济发展水平差异，在社会转型中表现出不同的特点，但统筹城乡协调发展、消除二元经济社会结构、实现城乡一体化是发达国家和发展中国家面临的共同难题。在我们贯彻科学发展观、构建和谐社会的今天，考察一些发达国家和发展中国家统筹城乡发展的进程与做法，梳理和研究它们城乡一体化的经验教训，对处理我国当前城乡经济社会发展面临着的诸多"不和谐"现象，具有十分重要的参考价值和借鉴意义。

一、一些发达国家统筹城乡发展、实现城乡一体化的进程与做法

从世界工业化历史进程来看，城市化总是与工业化进程相伴而行。发达国家的城乡一体化是伴随着其工业化过程同时实现的，它不仅有人口和生产要素由农村向城市的集聚，也有先进生产要素和先进文化由城镇向农村的辐射，城乡逐步走向交融，这种"双向运动"的结果就是城乡一体化。

1.美国

美国的城市化始于19世纪中叶，在近一个半世纪的过程中，美国经历了从"城市化—郊区化——体化"三个发展阶段。第一个阶段即1850—1920年间，是美国城市化、工业化初始发展阶段。19世纪中后期，美国农业技术的发展不但提高了农业的生产效率、传统农业的投入产出比率，而且也造就了大批自由劳动者，为城市工业发展提供了必要的条件。工业革命之后，在加快工业化产业政策的引导下，电力、钢铁、汽车等制造业逐步崛起，工业超越农业成为经济发展的主导产业，为美国推进城市化、促进城乡协调发展奠定了雄厚的物质基础。同时，农村人口比重不断减少，大、中城市的人口比重不断上升，人口的空间分布呈现向城市集中的趋势。到1920年，城市人口第一次超过农村人口，人

口比率达到51.2%。第二个阶段即1920—1950年间，是美国城市化快速发展阶段。这一时期美国高速公路的建设及汽车和石油业的大发展，使得工商业快速向城市中心集中，中心城市的规模进一步扩大，单个城市的向心集聚力达到顶点。随着汽车的普及，中心城市人口开始出现向郊区扩散的现象，郊区住宅不断出现，可以说进入了城市人口的郊区化时代。在郊区化过程中，政府起到了积极的作用。政府推行大规模援助公路建设的政策，使美国公路交通网络尤其是高速公路网络快速发展，促使大量工厂、商业中心和居民住宅区向大城市周边地区分散，围绕大城市形成具有优势互补的众多中、小城市群，这在一定程度上减轻了大城市的负担。与此同时，政府实施有利于向郊区扩散的住宅政策。大量中、小城市(镇)在基于自身主导产业发展的同时，围绕大城市周围布局，从而形成大、中、小城市相互配合、错落有致的巨型城市带(群)。尤其是小城镇的迅速发展，对于平衡城乡格局、协调城乡发展起到了重要作用。第三个阶段即1950年以后，是美国城乡一体化发展阶段。科学技术发展带来交通、通信的革命，进一步促进了美国的城市分散化和城乡的一体化。第三产业的崛起、制造工业的衰落、产业活动及就业活动的郊区化导致经济活动和人口持续不断地由城市中心向外围和由大城市向中小城市迁移和扩散，郊区人口在总人口中的比例越来越大，甚至许多城市经历着明显的人口流失。社会经济发展进入后工业化时期，产业结构中第二、第三产业的产值占95%左右，非农劳动力占87%左右，第三产业就业人数不断上升，超过50%，城市化水平达到64%。例如，1980年美国人口普查表明，在圣路易斯、布法罗、底特律三类大城市社区，10年内人口流失了20%以上。目前美国共有51个州，3043个县，35153个市、镇，其中300万人口以上的城市有13个，20万~100万人口的城市有78个，3万~10万人口的城市有878个，几千到3万人口的小城镇多达34000多个。虽然美国城市规模差别较大，但10万以下人口的小城镇占城市总数的99.3%，从而对城乡协调发展起到了很强的均衡作用。

2.法国

法国城市化起步较早，1800年城市化水平已达到20%。1900年法国的电力普及到了所有城镇，在工业猛烈扩展的带动下，城市化水平已达到40%。战后由于农村人口大量拥入城市，城市人口比重猛增，法国的城市化水平逐步达到80%左右。法国的城市化是沿着以大城市为中心的内向集聚的方向而展开的。经过多年的发展也产生了一些问题,如巴黎发展迅速而其他地区则处于停滞甚至衰退状态,区域间矛盾突出,农村劳动力普遍出现老龄化等。法国为了解决这些问题采取了一些措施,如鼓励农民在农村创业,但未能取得理想的效果。由于农村就业机会有限,物质文化生活贫乏、单调,难以吸引农民;城市的平均收入大概是农村平均收入的 3 倍,政府投资又集中在城市地区。城乡之间的这种不平衡,自然强烈地吸引着农村人口的外流。为了控制大城市的盲目发展,促进城乡协调发展,法国政府采取了几项重要措施:一是在巴黎附近建立卫星城,以均衡地分布工业和人口,缓解巴黎和巴黎地区过分膨胀的问题。二是鼓励工业分散、发展落后地区。政府明令禁止在巴黎、里昂、马赛三大地区新建和扩建工厂,与此相配合,政府修建了众多深入到农村和落后地区的公路和铁路,合理分布工业。由于采取了这项措施,许多位于农村地区的小城镇普遍恢复了以往的生气。三是振兴农村经济。法国政府在国家预算中专列了"农村发展整借基金",拨出巨款对衰老的农村地区进行整顿、改造。四是补贴农业、增加农民收入。法国是欧盟第一农业生产大国,长期以来,一直对农业实施补贴政策,并且根据形势发展不断调整农业补贴政策。早在 1985 年法国政府就拨出 40 亿法郎,用以建设乡村的公用设施。1998 年法国从事农业的劳动力仅占全社会总劳动力的 3.5%,而政府通过各种渠道(包括欧盟)对农业的财政补贴占当年财政开支的 12.7%,达到了 1718 亿法郎。2006 年,法国农业获得的公共财政支持占其收入的比重高达 77%,全年法国农民共得到 96 亿欧元的财政支持,较上年增长了 2.6%。由于一系列支农政策的实施,城乡差距大大缩小。由于小城镇和农村的居住环境宁静而优美,一些富有的家庭纷纷迁到大城市郊区及其周围的小城镇或农村地区。政府适时采取措施对老城进行改造,优化城市环境,提高住房质量,改善交通设施,刺激就业,扶持新兴产业,期望建立更为健全的、能吸引居民的城市生活环境,重新发挥老城的经济、社会、文化中心的作用,使法国城乡基本趋于协调发展、良性互动的大格局中。现在法国的农村建设得十分优美,交通十分方便,市政公用设施也很完善,无论城乡生活都很舒适。

3. 日本

日本的城市化起步晚于西欧。1921 年,英国的城市化已达 70%以上,而当时日本的城市化还不到 20%。明治维新以后,日本结束了自古以来的锁国政策，工业发展很快。1955年日本结束了战后的恢复时期，工业生产达到了战前的最高水平，20世纪60年代后，由于经济高度起飞，日本农村人口大量拥向东京、大阪、名古屋三大都市圈，城市化高速发展，到1970年日本的城市化水平已达到72%。但也随之出现了一些社会病态现象，在城市近郊出现了大批城乡居民混杂的居民点，可贵的农田被大量占用，污染日益严重，农业生产条件恶化。广大农村由于人口大量外流，高龄化也在发展，农业劳动者中65岁以上的劳动力就占了35%。随着农村人口的老龄化，农业生产大幅度下降，不少农产品需要从国外进口。1974年。日本内阁成立了国土厅，专门负责国土的整治、开发、利用。他们把全国的土地按照开发的成熟程度分成"人口过密地区""整备地区"和"开发地区"。对这三种地区，分别采取不同的政策。在这些地区，政府优先分配公共投资，还采取财政、金融、税制上的补助措施。从20世纪70年代以来，日本一直在大兴土木，扩建交通网，修筑桥梁，绿化环境，组织水电供应；在新开发的小城镇兴建住宅、医院、学校、商店和各种文化设施。开发、建设小城镇的资金主要是通过银行低息贷款和国家财政补贴获得。到20世纪90年代初，日本各类城市已有688个。新开发的小城镇，吸引力也越来越强，原因是小城镇地价比较便宜，环境好，脑力劳动和体力劳动的界限不断缩小，在大城市和小城镇就业差别不大。

日本政府高度重视农业的基础地位，先后制定了一系列具有日本特色的涉农法律、法规体系，旨在支持和保护农业和农民利益，日本在战后制定了《农业基本法》，在保证农业增产，缩小城乡差别，促进流通等方面发挥了重要作用。进入21世纪，日本农林水产省为了保证农业在新世纪能够持续发展，根据目前的农业形势对《农业基本法》进行了修改，新制定的法律，重点在确保食物供给、保证食物安全、保护农业可持续发展和振兴农村方面。日本的农业保护政策主要体现在税制、补贴和控制进口等几个方面。日本每年农业补贴总额在4万亿日元以上，农业收入的60%来自政府的补贴。经济合作与发展组织的调查显示：2000年，日本农业补贴超过了农业产值（农业产值占国内生产总值1.1%，同期农业补贴达到1.4%）。现在，日本农民的平均生活水平不低于城市劳动者，农村的基础设施也同城市没有太大的区别，他们既保存了农村古朴的风貌又创造了舒适的生活条件。

二、一些发展中国家统筹城乡发展过程中的经验教训

从20世纪50—60年代开始，发展中国家出现了工业化和城市化的热潮，许多发展中国家在重视城市部门工业、服务业发展战略遭到挫折的情况下，选择农村工业化作为发展农村经济、实现城乡共同繁荣的战略，促进了城乡协调发展，为发展中国家实现现代化积累了经验；也有一些发展中国家在此过程中，出现了城市化畸形发展、贫富两极分化的现象，影响到现代化的进程，留下一些深刻教训。

1.韩国

20世纪60年代，由于韩国实施优先推进工业化和城市化的不平衡发展战略，在工业快速发展的同时，农业却发生严重萎缩，“三农”问题日益显现，如城乡差距扩大、农业和农村结构性矛盾突出、农民增收困难、农业服务体系不健全等。针对这种格局，韩国政府开始调整优先发展工业的不平衡发展战略为工农业均衡发展战略，以发展农业和农村来振兴国民经济：(1)韩国政府采取措施增加农民收入。政府通过发展农村工业增加农民的非农收入，走出了一条由政府有力推进的、扩散型的农村工业化道路。从20世纪70年代开始，韩国政府对工农业调整重点集中在两个方面：一是通过工业扩散减轻工业在首都地区的集中程度；二是加强农业和农村地区的经济发展。韩国政府制定了许多政策措施以促进农村工业化的发展。第一，实行“新农村工厂计划”，基本目标是改善农村居住条件，吸引工业企业家到农村地区投资；第二，实行“农户副业企业计划”，该计划在1967年提出，旨在促进传统的农村工业；第三，实行“农村工业园区计划”，该计划制定于1983年，目的在于进一步推进农村工业化。该计划强调“农村工业园区”应建在农村人口聚居中心，发展农村非农产业，增加农民收入，实现地域、城乡之间的均衡发展。到1988年，韩国已建成农村工业园区122个。1962年，韩国农户平均所得仅为9万韩元，1990年，农户平均所得突破1000万韩元，农民收入有了明显的增加。(2)通过新乡村建设运动来改善农民的生产和生活环境。建设的重点涵盖了农村经济社会的方方面面，包括修路、电力、水利、修建住宅等，到20世纪70年代末，农民的物质生活水平得到了极大的改善。20世纪90年代以来，韩国掀起了新一轮农村建设高潮，重点在文化上实现城乡的均衡发展，进一步实施先进的文化教育，提高农村的地位，新乡村建设的效果明显，目前，城乡在物质文明和精神文明上差别都不大。此外，韩国

政府采取完善市场体系、建立健全农业服务体系等措施，提高了流通效率，走出了一条依靠科技进步发展农业的道路。韩国在短短30年间迅速实现了工业化，城市化水平已达到71%，城乡居民收入的差别已基本消除，成为近代世界历史上经济发展最快、持续时间最长的地区之一。

2.印度

印度是一个以农业为主、人口众多的国家，在城市化和工业化的进程中有经验也有教训。印度曾非常重视农村工业化的发展，分别于1948年、1956年和1977年出台了三个工业政策。把农村工业、家庭工业和小工业放在重要地位。第一，实施农村工业项目计划，成立农村工业项目中心，专门对农村工业企业家进行培训，还对农村工业发展提供经济援助。第二，推行农村工业保留政策，即规定一些产品只能在农村工业中生产，以保护农村工业免于和大工业竞争。第三，为农村工业和小工业企业提供资金支持和税收减免优惠。20世纪80年代初，各金融公司对农村工业和小工业企业支持的资金占其融资的份额达到70%以上。第四，对农民进行技术培训。到1985年农村工业及小工业企业数达到127.5万个，就业人数达900万人，产值占全部工业产值的一半，出口额占全部出口额的1/4。从20世纪70年代以来，印度农村流入城市的人口就占城市总人口的46.9%。城市虽然强烈地吸引着农民，但是已无力同化农民，因为大城市已经“人满为患”，城市工业发展无力提供足够的就业岗位；城市的基础设施已大大超过负荷，也无力容纳从农村流入城市的农民。农业凋敝，小农破产，随着工业化、城市化的推进出现了两极分化，又由于印度人口众多，虽然工业化、城市化水平都远未实现现代化，但大量贫民无序拥入大城市，使印度城市里的贫民窟越来越多，亚洲最大的贫民窟——孟买的达拉维贫民窟有近700万人，占到全市人口的将近一半，引发了许多社会问题。鉴于城市化进程中的问题，印度一般不在大城市周围建设卫星城，而是鼓励发展独立的小市镇。马哈拉施特拉邦有一个名叫塔内的小镇，1962年以前只有2万人，经过20多年建设，形成一个拥有2000个工商企业、20多万名职工的小城镇，它不仅吸引了大批无地的农民，而且带动了地区经济的发展。印度政府总结这个经验，正在全国各地建立工业城镇，以吸引一部分劳动力和经营管理人才离开人口过密的大城市，缓解大城市的人口压力。

三、统筹城乡实现一体化发展的国际经验与启示

1.政府是推动城乡协调发展的主体。在动员民众广泛参与的前提下，政府必须在统筹城乡经济社会协调发展中发挥重要作用。在市场经济条件下，城乡居民收入差距有经济发展自身的规律，离开政府政策调控，工农、城乡之间由于生产效率不同产生的收入差距也会自动弥合，但消弭周期会相当长，为了弥合或是缩小这种差距，政府行为在很大程度上起着决定作用。所以从国外城乡一体化发展的实践来看，政府推动是城乡协调发展的主体力量。发达国家抑或发展中国家在统筹城乡协调发展过程中，政府主要通过三种政策措施推进城乡协调发展：一是制定城乡协调发展规划；二是出台法律、法规保障；三是加大公共财政资金对"三农"的扶持。中央政府和地方政府制定的法律、规划，为统筹城乡协调发展提供了制度保障。农村发展的计划，给予农村经济社会发展以有利条件，缩小城乡差距。在投资、税收、金融、技术等方面，对农村基础设施建设予以支持，对农民进行技术培训。这些措施对于提高农民收入、缩小城乡居民贫富差别起到很大的作用。这些经验、做法值得我们借鉴。

2.在统筹城乡经济发展，逐步实现城乡一体化的过程中，政府必须充分认识农业和农村经济的地位和作用，采取有力措施，增强农村自我发展能力，增加农民收入，促进农业发展和农村工业在统筹城乡协调发展中的基础作用。农业和农村经济的发展是统筹城乡经济发展的基础，因此无论是发达国家或是发展中国家在现代化的过程中，都十分重视农村经济的发展，采取有力措施形成城乡经济社会协调发展的良性循环机制，使乡村在生产和生活方式等方面逐渐减小与城市间的差别。欧洲农民得到政府补贴占收入的50%以上，美国农民得到政府补贴占收入的30%，日本政府通过财政倾斜和提供金融税收等优惠政策调动地方政府发展农村工业的积极性，并吸引城市工业向农村扩散，以促进农村工业生产力的聚集。日本政府通过财政的直接支持，对农村基础设施进行大量投入，帮助农村地区改善交通、通信等基础设施，为农村工业的发展创造良好的外部环境，城乡间产业发展和区域联系，起到了提高农村劳动者的收益、缩小城乡差别的作用。事实上，成熟的市场经济国家，多年来为了缓和社会矛盾，都致力于启动庞大的公共开支，保护农业，支持农民收入增长，使城乡居民收入差别变得微不足道，社会公平程度很高。特别是北欧诸国，反映社会公平程度的基尼系数，2006年，挪威、瑞典、芬兰均在0.220~0.250之间，是世界上收入差距最小

的国家。韩国新村运动也是为了解决农民收入和城市收入差距问题,实施新村运动之后,韩国工农之间的收入差距大大缩小。而少数发展中国家,如印度、孟加拉、印尼、墨西哥、巴西等,由于没有实现城乡经济社会的协调发展,在大、中城市的扩张中,不注意甚至忽略农村经济的发展,更有甚者继续剥夺农业,造成农业萧条、农民破产、农村经济缓慢发展,进而影响了工业化和城市化的进程。

3.在统筹城乡经济发展、实现城乡一体化的过程中,政府必须重视大、中、小城市和小城镇的协调发展。坚持走大、中、小城市和小城镇协调发展的道路,促进城乡经济和社会协调发展。城市化进程中,在带来丰富的物质文化生活的同时,也带来了交通堵塞、住房紧张、城市环境恶化等一系列社会问题。从国际经验看,城乡协调发展不仅可以促进城乡资源合理配置,为一国经济的发展提供必要的支撑,也为城乡居民和谐相处,带来了生活、工作、娱乐等方面的便利。美国现在不再将现有的乡村发展成传统的城市,而是在保留乡村某些特征的同时,在生产、生活方式上使乡村和城市没有差别,城乡进入了协调发展的良性循环。从一些发展中国家的教训来看,在城市化过程中片面强调城市的扩张而忽略农村的发展,将导致城乡之间存在巨大的差距,进一步强化城乡两极分化,引起社会震荡。正反两方面的例子告诉我们,我国应该纠正传统的偏重城市发展的政策倾向,采取城乡协调发展的政策措施。国际经验表明,凡是城市化水平高的国家,其农业也相应地较为发达,农业部门生产率的提高是城市化得以顺利推行的基础。因此,我国应该通过改善农业的生产条件和农村的生活环境,提高农民的收入水平和社会福利水平,消除城乡经济机会不平等现象,实现城乡协调和可持续发展。在统筹城乡发展过程中,由于各地区具体情况不同,采取的发展策略也不尽相同。在追求高度城市化和大城市带发展时,应配合小城镇的发展,以此来填补大城市与农村经济发展之间的空白,通过小城镇发展来协调城乡经济,缩小城乡发展的差距。

4.在推进国家工业化过程中,必须高度重视由于国民经济高速增长带来的工农、城乡发展严重失调的问题。要以立法促进城乡统筹发展,为协调发展提供稳定的制度保障。从世界各国统筹城乡经济发展的过程来看,引导城乡协调发展规划落实的有力保证是有关法律的制定和实施,以使之具有较强约束效力。没有法律的支持和保障,政府和有关管理部门的统筹规划职责很难明确,城乡统筹发展的规划也不可能具有权威性。因此,立法先行是统筹城乡或区域间经济协调发展的必要环节。例如,在农民剩余劳动力就业方面,应通过立法形式保证劳动力转移的步伐不被城乡户籍制度等阻碍;在城市化过程中,应通过立法形式对农村土地的合理使用、赔偿和农民的社会福利进行相应的详细的规定,以保护农民利益不受损害等。美国经过1929—1933年的经济危机,为避免几百万农民遭遇破产的威胁,1933年出台了《农业调整法》,确定对农民收入的价格支持政策。日本1961年出台了《农业基本法》,缩小了工农收入差别。我国长期存在的城乡差距(经济、技术、观念、劳动者素质等)在短期内是不可能消除的,城乡二元经济结构的彻底打破也不是短期内能实现的,目前国家已经在成都、重庆搞了试点,政府部门应进一步推行开来,出台相关法律、法规,调整对农村、农民的政策和有关产业政策,实现国内产业结构优化升级,为城乡经济健康发展提供法制保障。

5.加快农村剩余劳动力转移是统筹城乡协调发展的必要途径。从各国经验看,伴随着国家工业化的发展,大量农村劳动力拥向城市,从而导致城市经济和社会全面快速发展是城乡经济协调发展的必然趋势。世界各国工业化和城市化发展的一般规律是:当工业在GDP中的比重达到40%左右时,农村劳动力转移程度基本达到50%左右,为了达到这一基本相适应的发展要求,各国对农村剩余劳动力的转移都相当重视。比如,日本政府在工业化过程中为提高农村劳动力的基本素质,适应现代化建设的需要,不仅注重农村基础教育,还特别注重职业教育,在各地建立了很多职业培训机构,进行各种形式的职业培训,为农村工业企业提供了大量合格的劳动力,满足了城乡工业化的需要。另外,政府还采取多种措施,提供各种雇工信息进行就业指导和职业介绍等,统筹解决城乡劳动力就业问题。也有一些发展中国家忽视对失地农民的关注,任其坠入贫民的深渊,最后成为影响现代化的障碍因素。我国工业目前占GDP的比重已经超过了50%,农村劳动力转移水平应该更高一些,但实际上仍存在较大差距。应当借鉴国际经验教训,为农村剩余劳动力向城市转移开辟广阔的渠道、创造良好的社会氛围,逐步缩小城乡居民的发展差距,形成城乡一体化发展的格局。

参考文献：

[1]国家发展和改革委员会产业发展研究所美国、巴西城镇化考察团.美国、巴西城市化和小城镇发展的经验及启示[J].中国农村经济,2004(1).

[2]李佐军.中国新农村建设报告(2007)[M].北京:社会科学文献出版社,2007.

[3]郭翔宇,颜华.统筹城乡发展——理论、机制、对策[M].北京:中国农业出版社,2007.

(原载《学术论坛》2008年第3期)

科学构建城乡产业互动和人口同步转移机制

城乡经济协调发展乃至城乡产业一体化发展,是社会生产力发展到一定阶段的必然趋势,也是当前促进我国经济社会发展、消除传统二元经济社会结构的有效途径。中国"三农"问题的解决和在工业化进程中要抑制和缩小城乡差别,不能仅靠经济发展自身规律来调整和解决,缩小城乡居民收入差距必须采取措施克服市场经济的缺陷。新农村建设要求在更高水平上促进城乡产业互动乃至经济协调发展。然而,要实现城乡经济社会协调发展,必须科学构建城乡产业互动和人口同步转移机制。

一、我国的城乡产业结构与劳动力就业结构特点

我国经过 20 多年的改革和发展,总体上已经进入工业化中期阶段。在这一阶段,正是城乡关系和工农关系调整的关键时期。这一阶段城乡产业结构的明显特征是:一方面,第一产业稳定发展体现缓慢增长的势头,第二产业迅猛发展带动第三产业发展;经济增长主要来自非农产业,非农产业可以依靠自身积累实现增长;城市化进程加速,经济发展在更大程度上依赖城市发展。另一方面,农业的弱势地位更加显现,农民增收缺少重要支撑,又面临激烈的国际竞争,难以为工业化继续提供积累,而应该成为接受扶助的对象,更多地分享工业化、城市化带来的发展机会和成果。

随着我国城乡产业结构的变化,城乡就业结构也发生了巨大变化:农村改革把农民从原有的体制下解放出来,农业生产率的提高和农民自主支配自身劳动力的实现,使长期积累的人地矛盾和不充分就业逐步显性化,农村就业问题日趋尖锐。城市改革使非公有制经济产生,逐步发展并壮大起来,国企用人自主权扩大,产生了从农村补充劳动力的巨大需求。农民工在利益驱动下自发地从农村走向城市、从农田走进工厂,这种由农民工流动就业形成的劳动力市场,成为中国劳动力市场的主体,劳动力的价格完全由市场决定和调节,市场机制

起着基础性的调节作用。按产业划分,“退一进二”的现象明显,第一产业就业的总人数逐年下降,第二、第三产业就业人数大幅度增长。按所有制划分,多种所有制扩大就业的新格局正在形成。农村剩余劳动力转移、就业和培训工作成效显著,针对外出务工的就业服务体系日臻完善,工作重心逐步下移至县、乡、镇。从产业的区域布局来看,由于历史的和产业开放、引进的因素,产业布局和城市发展不平衡,现代大工业和大城市多集中在沿海地区,在优先发展重工业战略推动下的城市化进程,客观上导致沿海地区的优先发展和有限资源向沿海地区的集中和积聚。同时,轻工业因借助外资力量而过早地成熟和升级,产业链的空间发育相对不足,在并未实现充分就业的情况下就进入了重化工产业发展进程。因此,解决农村剩余劳动力的出路和城乡人口结构性矛盾,既有全面总量过剩的问题,又有局部产业结构调整升级的压力,而我国现有城市及其工业的空间布局状况,对现有的农村剩余劳动力实际上是难以有效吸收和安置的,需要对现有的城市化及其工业化路径和布局进行因地制宜、因势利导的反思、总结和完善。

二、城乡产业互动和人口同步转移的制约因素

1.城乡劳动力资源配置不均,城乡产业关联度低,城乡收入差距仍然在持续扩大。改革开放以前的中国经济体制模式是为重工业优先发展战略服务的。由于资本的稀缺,推行资本密集型重工业优先发展战略是不可能的,依靠市场来引导资源配置是不现实的,因而只能通过计划分配的机制把各种资源按照产业发展的优先顺序进行配置。这样就阻碍了劳动力这种生产要素在部门间、地域间和所有制之间的流动。把城乡劳动力人为地分割开,严重阻滞了城乡之间的人口迁移和劳动力流动。

改革开放以后城乡劳动力市场开始形成,但由于中央及地方政府采取的城市倾向政策,政府向农村和农业进行的支出比重在迅速下降,城乡收入差距迅速扩大,形成农村贫困治理越来越困难的现实。全国城镇规模结构体系不甚合理,导致城乡经济发展不平衡,未能在产业区域一体化系统内使城乡产业在更大的范围内连接、扩散、升级,在更广阔的城乡一体化经济社会空间内多元化、多色彩、多层面发展,以统筹吸收更多的城乡剩余劳动力。城市倾向政策导致了资源配置效率扭曲以及经济发展的不平衡。21 世纪头几年中央政府的“三农”政策及一系列相关政策的变化,已经表明这种政策倾向明显转变。而党的十六届五中全会通过了将建设社会主义新农村作为“十一五”规划的六大任务

之首的决定,更说明政府下定决心扭转城乡经济发展不平衡格局和解决“三农”问题的重大政策转变。但是,截至目前,中国的城乡收入差距仍然在持续地扩大,中国农村居民收入提高和贫困缓解的任务仍然艰巨。

2.农村剩余劳动力总量巨大,整体素质差,向非农转移的难度大。目前农村有5亿多劳动力,农业的劳动力需求在1.5亿左右,除已经外出就业的1.8亿~2亿农民工外,农村仍有1.5亿左右的剩余劳动力需要转移,加上农村每年还要新增600多万劳动力,在劳动力市场上农民工供给过大是一个长期的状况①。大多数农民工的文化程度低,整体素质差,又没有经过技能培训,因而其在劳动力市场中处于相对弱势地位,无法与雇主讨价还价,普遍缺乏竞争力。特别是随着产业结构调整,企业普遍需要有技能的劳动者,农村劳动力向非农产业和城镇转移的素质矛盾日益突出。农村劳动力素质低影响了农村劳动力向第二、第三产业转移的进程,人口素质与转移需求形成明显矛盾,严重制约城乡产业互动和人口同步转移。

3.城乡就业服务不在统一的市场,供求信息不畅,不能适应城乡统筹就业的要求。我国原有的就业管理体系是建立在计划经济基础上的,改革开放后按劳动力市场要求,改革了管理体制,但在相当长的时期里,仍然表现出行政干预、城乡分治的特点。首先,劳动力市场基础信息体系建设跟不上,缺乏有效的信息统计手段和制度,在取消“证卡”管理后,新的管理体系没有完全建立,许多地方对农民工的数量、结构等最基础的底数都难以搞清楚,对农民工就业的基本信息,包括劳动合同签订、工资情况、社会保险情况等更难以掌握。其次,人员、经费严重不足。许多劳动部门现有的人员编制和经费连应付城市居民和下岗失业人员的就业管理和服务都困难重重,再将流动性大、人数庞大的农民工全部纳入管理,更是难以承受。从空间结构看,由于市场全方位开放下竞争的加剧,沿海发达地区的乡镇企业也日益需要由外延型发展向内涵型发展转变,从以劳动力密集型为主向以效益取向为主发展,农村剩余劳动力人口转移与城市

---

① 全国农民工到底有多少?目前还缺少这方面的准确数据,在统计概念上也没有明确的界定。这里主要参考两个数据:一是乡镇企业的就业人数,二是农村劳动力到乡以外的就业人数。但是这两个数据有交叉重合,乡镇企业就业人数中有一些不是农民工,农村劳动力到乡以外就业人数又不包括在本地乡镇企业就业的农民。此外,有些乡镇企业改制后不再纳入乡镇企业就业人数的统计范围,但一线工人仍然以农民工为主体。综合各方面因素,保守地进行推算,目前我国农民工大概超过1.8亿人。当然,也有专家估计,我国农民工数量在2亿人左右。

产业同步发展。

4.影响农村劳动力和人口转移的制度障碍与观念障碍并存。由于我国长期的二元经济结构产生的城乡分割和地区分治制度，导致城乡就业人口在户口、就业安置、社会保障及就业观念等方面存在一系列制度障碍与观念障碍。现行的经济社会管理体制是财政“分灶吃饭”，政府只对当地的居民负责，不对包括农民工在内的“外来人口”负责；农民工也没有主动接受政府管理的动力。城市居民会主动接受就业和失业登记、签订劳动合同等就业的基础性管理，因为这些“管理”是他们获得就业援助、失业救济以及社会保障权益，享受社会保险的依据。而对农民工来说，由于他们是“外人”，没有上述权益，从而也就没有接受管理的动力。对许多不规范的企业来说，在工人没有通过组织的力量对其形成压力、政府难以进行干预的情况下，逃避政府的监管、逃避缴纳社会保险、拖欠工人工资、超时加班等现象较为普遍，而且屡禁不止。这是目前在劳动力市场秩序监管、农民工维权以及就业服务等方面面临诸多问题的深层次制度原因。

三、构建城乡产业互动和人口同步转移新机制

1.统筹城乡产业资源配置，构建以城带乡、以工促农、城乡产业结构互动发展的新机制。构建城乡产业互动机制，核心是统筹城乡产业资源配置，加快生产要素集聚，增加城乡产业发展的关联度。当前，我国城市的产业结构正向高级化升级，土地密集型、劳动密集型产业向城郊地区尤其是地域广阔的农村地区转移、辐射、扩散。但由于我国实行城乡分治的二元体制，泾渭分明的城乡地域行政界限和政策、制度，人为地割断土地、劳动力、资本、技术等生产要素的跨区集聚、流动，影响资源的优化配置，影响城市产业的升级、转移，不利于城乡产业的统一布局，不利于土地资源的统一利用，不利于城乡基础设施延伸与城市发展空间拓展，有悖于市场经济的发展要求。为此，必须按照统筹城乡发展的要求，逐步打破城乡二元体制，实行统一的城乡产业制度，加快生产要素集聚，并按照城市与农村互补、共享的原则，把农村纳入城市规划、建设、管理体系，纳入国民经济预算体系，通过适当的发展战略和产业政策，增加城乡劳动力的就业机会，扩大就业总规模。加大对农村的教育、水利、交通等基础设施建设的力度，大力改善农村产业投资环境，加快推进城乡产业与生态的一体化规划、布局，实行城乡用地的同市、同价，用工的同工、同酬，金融、信贷、税收等产业政策扶持的同等待遇，促进城乡产业的共融、升级与发展。

政府应构建以城带乡、以工促农、城乡产业结构互动发展的新机制，要促进产业的集聚，要求工业进园、农业进厂。为避免20世纪80—90年代发展工业“村村点火”的现象重演，必须注意统一城乡工业规划布局，立足本地资源，大力发展特色经济、园区经济，以工业化带动农村经济的发展。从区域经济一体化目标的要求出发，以经济枢纽性城市为区域综合经济中心，搞好城乡经济和社会发展的区域内协调和跨区域协调发展，推动多种形式的城乡一体化联系，多途径实现农业专业化、规模化、社会化生产经营。要实现产业旺城，以城带乡，加快人口集聚。依靠产业支撑城镇的发展，依靠城镇的发展，吸引更多的农村人口进城安居，要扶持建设功能健全的中小城市和中心镇，进一步增强城市人口集聚功能，提高城市对农村的辐射能力和带动能力。

2.以就业为根本，构建促进农村劳动力和农村人口同步发展的转移机制。劳动就业是财富之源，著名经济学家阿瑟·奥肯曾利用美国的统计资料分析了失业率与经济增长之间的关系，得出了著名的奥肯定律①，即失业率的增加，将导致GDP增长率的降低。可见，经济的发展就是要最大限度地减少失业人口，千方百计地为劳动力提供更多的就业岗位，促进劳动力与生产资料的结合，使他们能够创造出无尽的社会财富。通过适当的发展战略和产业政策，增加城乡劳动力的就业机会，扩大就业总规模。构建城乡产业互动和人口同步转移新机制，必须以充分就业为根本，实施积极的就业政策，这关系到人民群众的切身利益，是社会主义的本质要求，也是完善社会主义市场经济体制，深化国有企业改革，推进经济结构战略性调整的客观要求。

促进农村人口向城镇聚集和农村劳动力向第二、第三产业转移是统筹城乡就业机制构建的根本目标。针对就业市场竞争激烈、企业对劳动力素质要求不

---

①“奥肯定律”是美国经济学家阿瑟·奥肯于1962年提出的经验经济规律。阿瑟·奥肯在对美国经济增长率与失业率之间的关系进行研究之后揭示出如下规律：$\Delta u=-0.5(y-2.25)$，公式中的Δu表示失业率的变化，y表示经济增长率。它表明，当经济增长率高于2.25%时，失业率将下降。在此基础上，经济增长率每增加一个百分点，失业率就会下降半个百分点。当经济增长率低于2.25%时，失业率将上升。在此基础上，经济增长率每减少一个百分点，失业率就会上升半个百分点。“奥肯定律”的一个重要结论是：为防止失业率上升，实际GDP增长必须与潜在GDP增长同样快。如果想要使失业率下降，实际GDP增长必须快于潜在GDP增长。中国经济增长率和失业率之间关系的具体数值，未必依照“奥肯定律”运行，但“奥肯定律”揭示的经济增长与就业增长之间的关系仍具普遍意义。

断提高的趋势，要制定好农村劳动力转移规划，构建统一的城乡劳动力市场，合理有序地配置城乡劳动力资源。建立城乡劳动力等要素和产品交易市场，规范管理相关的劳动人事事务和市场交易，逐步消除劳动力资源配置的部门分割下的盲目性和无序化，统筹城乡劳动力资源，促进市场有效配置和商品流通。在加快城镇化的进程中，一是要抓好市场服务机构建设，大力发展各级各类职业介绍和人才交流中心，并着力健全全国统一的信息工作程序、制度及传输、交流系统，使之迅速形成部门分工协作、城乡纵横相连的劳动力供需信息网络；二是要注重市场法制建设，通过立法确立城乡统一劳动力市场的地位和作用，通过执法规范劳动力市场运作秩序；三是要大力进行户籍管理、社会保障和职业培训等项制度创新，通过消除劳动力流动尤其是农村劳动力流动的制度性壁垒，提高城乡劳动者的文化技术素质和就业竞争能力，从而为尽快实现农村劳动力市场与城镇劳动力市场合拢并轨，消除农村劳动力进入城市就业的行政性障碍，扭转劳动就业城乡分治的传统格局，创造良好的社会环境和外部条件。

3.以发展壮大县域经济作为切入点，构建第二、第三产业对农业的带动机制。县域经济是国民经济发展的重要支撑，也是城市经济和农村经济的汇合点和最佳接合部。城乡产业的融合与互动以及农村城市化进程的速度和质量，很大程度上取决于中国县域经济的发展水平。因此，构建城乡产业互动和人口同步转移新机制，必须以发展壮大县域经济作为统筹城乡发展的切入点，增强县城和中心镇对县域经济发展的支撑作用和对农村发展的带动作用，促进第一、第二、第三产业联动发展，努力形成以城带乡、以工促农、产业结构互动发展的新机制。

第一，要做大做强特色经济，增强县域经济的实力和带动农村发展的能力。针对我国县域经济结构趋同的现实特点，要做大做强特色经济，挖掘和开发具有地方特点和名优优势的特色产品，做到“一村一品”“一乡一类”，开拓国内外市场，增强县域经济的实力。

第二，充分发挥第二、第三产业对农业的带动作用，加快传统农业向现代农业转变。转变传统农业发展观念，树立农业工业化生产理念，用抓工业的思路抓农业，采取有力措施推动工业企业进入农业领域，推进农产品的工厂化生产，扩大优质农产品的生产规模和市场占有率，发展农产品精深加工，开拓国外市场，增强城市对农村经济的辐射带动作用。

在继续大力培育和发展农业龙头企业的同时，积极发展农民专业合作经济组织，按照“民办、民管、民受益”的原则，发展农民专业协会和专业合作社，提高农民的组织化程度，增强开拓市场的能力。大力推进农业产业化经营，发展高效益的特色种养业、农产品加工业和流通业，以及相关的储藏、运销业，拓展订单农业和农产品网上交易，重点建设一批上档次、上规模的农产品批发市场，形成一批辐射面广、吞吐量大的现代化农产品物流中心，延长农业产业链，提高农业效益。在政府的宏观调控下，借助市场机制的杠杆力量，使工业化与农业产业化有机衔接，以推动农户与市场衔接。以城镇第二、第三产业带动开发性农业发展，以市场需求为引导，生产高附加值农产品，城乡联手、供需联合，使农业发展向深度和广度进军。

第三，以壮大县城功能为重点，大力推进城镇化进程，加快农村人口向城镇集聚。积极顺应城乡一体化、工业化升级和市民生活现代化的趋势，从整体上筹划城镇化，加快推进区域中心城市发展，重点推进县城发展，积极推进中心镇发展，加快建设城际快速通道，进一步形成中心城市、县城、中心镇分工明确、布局合理的城镇体系和“大城市—县城（卫星城）—中心镇”网络式的城市化格局，促进大城市的人口和制造业逐步向卫星城扩散，农村人口和第二、第三产业加快向县城集聚，充分发挥城镇化对第三产业发展的强大推动作用，大力发展城镇第三产业，使第三产业成为吸纳农村劳动力就业的主渠道，促进更多的农村人口到城镇安居乐业。把城镇体系规划延伸到村。形成城乡一体化的交通、供水供电、通信邮电、垃圾处理、污染治理和生态建设。要在努力实现城镇居民充分就业的基础上，不断优化农民进城务工经商的政策环境，提高农民的就业能力，促进农村人口向城镇聚集。要以县城和中心镇为主要载体，推进农村人口城镇化，让农民真正成为城镇建设的投资者、城镇发展的创业者和城镇化的受益者。

4.缩小城乡居民收入差距，启动城乡居民的收入调节机制。缩小城乡居民收入差距，基本原则是进一步完善按劳分配为主体、多种分配方式并存的分配制度。在此前提下，主要是通过国民经济再次分配的财政调节的功能，校正初次分配造成的城乡居民收入差距，在这方面要大胆进行制度创新。启动主要针对城镇居民收入的调节机制。整顿和规范分配秩序，加大收入分配的调节力度。要研究对城市部分行业、部分人群由于行业性质决定的畸高收入进行再次分配的办法。调整个人收入所得税征收办法，适时开征不动产税、遗产税等税收科目，控制部分城市居民收入过快过高增长。简言之，就是采取贫富拉平行动，达到社会公平和经济效率兼顾的目的。

缩小城乡居民收入差距，基本环节是要加大对农业和农民收入的支持保护程度。改革农业投入体制，推进农村投资和金融体制改革，发挥政府投资的导向作用，形成多元化的农业投融资体制，扩大农业投入来源，建立农业投资稳定的增长机制，增加农业投入总量，使农民增收有资金和物质保障。调整财政支农资金的使用方向，调整农业补贴领域和补贴重点。比如，对进城务工的农民或举家迁入城镇的农村家庭，如何给予他们放弃土地承包权等财产权益以合理的补偿。加大对农业和农村基础设施的投入力度，引导农业区域化、专业化、规模化的发展，建立农业保险制度，政府要对农业保险予以补贴，使农民因灾、因病遭受的损失降低。

5.以人为本，培育新型农民，构建城乡居民的融合机制。坚持以人为本，是坚持科学发展观的基本内涵，也是促进和谐社会建设的重要保证。针对农村剩余劳动力普遍综合素质不高、专业技术水平低的突出特点，要大力实施“千万农村劳动力素质培训”工程，加快农村劳动力向第二、第三产业转移。把培训农民技能与促进农民就业结合起来，大力鼓励培训学校、企业和社会力量发展就业服务机构，加强对受训农民的就业指导和就业服务，形成以培训促就业、以就业带培训的机制。健全城乡统一的劳动力市场，消除劳动力市场上的制度障碍，进一步改善农民进城就业的环境，形成以素质为主要标准的劳动就业准入机制。目前，在全国第二产业就业人员中，农民工占57.60%。其中加工制造业占68%，建筑业占80%。在全国第三产业从业人员中，农民工占52%，城市建筑、环保、家政、餐饮服务人员90%是农民工。农民工正在迅速地从农民中分离出来，顽强地融入产业工人阶层，并成为产业工人的主体部分。中共中央关于“进城就业的农民工已经是产业工人的重要组成部分”这一判断是非常正确的，意义也十分重大①。加强对进城就业农民的权益保护，促进越来越多的农民成为稳定就业的产业工人和稳定居住的城市居民，从根本上减少农村人口。加强对进城农民和家属子女的人文关怀，促进农民生活方式的转变，推进社会文明进步、和谐发展。倡导健康文明的生活方式，促进农民向市民生活方式转变。

6.以建设和谐社会为目标，构建城乡居民平等的社会保障机制。建设和谐

① 引自中共中央2004年1号文件。

社会是社会主义国家追求的社会发展目标，和谐社会建设要求统筹城乡社会事业发展，加快建立健全包括农村居民在内的社保体系，促进社会全面进步。构建城乡居民平等的社会保障机制，就必须提供平等的国民待遇。要从最广大农民群众的根本利益出发，给予农民平等的发展机会和国民待遇，逐步建立农民主体的利益表达机制。一是给予农民承包土地占有、使用、收益、转让和处置的完整权益，让农民有一份土地资产，使农民有财产权利的基础；二是要保障农民享有基本的生存权和发展权，要有充分的财产、教育、文化、政治权利，在政治、经济、文化和社会生活中，享有平等的公民权利；三是彻底改革户籍制度，使城乡居民在自由迁移、就业、教育、医疗、社会保障方面无制度性障碍因素；四是逐步建立和完善以政府为主导，社会各界参与的农村最低社会救济制度和最低生活保障制度，加强政府反贫困的工作力度，满足农村贫困群众多层次的救济需要。

加快农村富余劳动力向城镇转移，就要求政府必须建立健全农村社会保障体系，解除农民离开土地的后顾之忧。各地要尽快建立起与当地经济社会发展水平相适应、城乡对接、多层次的农村社会保障体系。包括建立覆盖城乡居民的最低生活保障制度、失地农民基本生活保障制度、农村新型合作医疗制度，有条件的地方建立基本养老保险制度。要建立与农村最低生活保障线相衔接的农村基本养老保障制度，以个人账户为主，通过个人缴费、村组集体给予补贴、政府扶助等途径筹集资金。充分发挥城市先进文化和公共服务的优势，鼓励和引导城市社会事业和公共服务部门向农村延伸，促进城乡管理和社会事业的一体化。

参考文献：

[1]张红宇.城乡居民收入差距的平抑机制：工业化中期阶段的经济增长与政府行为选择[J].管理世界，2004(4).

[2]H.钱纳里，S.鲁宾逊，M.塞尔奎因.工业化和经济增长的比较研究[M].吴奇，等，译.上海：上海三联书店，1989.

[3]蔡昉.劳动力短缺：我们是否应该未雨绸缪[J].中国人口科学，2005(6).

（原载《学术论坛》2006 年第 11 期）

中部崛起的机制设计

当前中国区域经济协调发展的基本态势是：东部升级、东北振兴、中部崛起和西部开发。这是由我国经济发展水平由东向西逐步递减，而自然资源分布则由东向西递增的客观现实所决定的。东部升级的主要动力是得天独厚的区位优势、先入为主的时序优势、制度安排的特许权限、优惠的产业政策和已经成熟的竞争优势。东北振兴和西部开发的主要动力是优惠的政策支持和庞大的国家投资。中部崛起靠什么，中部经济崛起的动力机制是什么？这是实现中部崛起的关键问题。

一、建立"工业产业群"集聚机制，加速中部工业化进程

在国民经济市场化、一体化和全球化条件下，地区之间的竞争不单是单个企业、单个产业之间的竞争，而是产业群之间的竞争。创造产业群成长的环境，培育和扶植产业群，已经成为区域发展战略的基础。中部豫、鄂、皖、湘、赣、晋六省，工业产值仅为全国的13%，对经济的支撑作用明显不足。因此，中部地区亟须建立有中部六省参加的集聚工业产业群协调发展机制，围绕各省的主导产业，培育和集聚具有国家级导向的产业群。考虑中部地区已有的产业基础，中部崛起应以培育能源产业群、冶金产业群、汽车产业群、农业机械及生产资料工业产业群、农产品深加工产业群、旅游产业群、物流产业群、商务服务和金融产业群为基础和主导，带动整个区域经济发展。当然，这种协调机制还要在加大技术改造、加快工业结构调整、突出发展高新技术产业、以信息化带动工业化等方面发挥作用。

二、实施"城市群"带动机制，提升中部城市化水平

城市化进程缓慢，是制约中部整体竞争力提升的原因之一。实施大都市圈战略，有利于建立最有效的支撑产业群成长的区域空间结构。目前中部六省都把加快城市化进程，建设以省会城市为中心的城市群作为首选战略重点。如湖

北以武汉为中心的“1+8”城市圈;河南以郑州为中心,包括洛阳、开封、平顶山等9个省辖市在内的中原城市群;江西以南昌为中心,发挥南昌省会城市的主导作用,以京九铁路、浙赣铁路为发展主轴线,形成江西经济增长的核心区域;湖南以长沙为中心,构建长株潭经济一体化;安徽以合肥、芜湖为中心的带状都市圈;山西以太原为中心,包括大同、临汾、晋城等重点城市的大字形经济带。通过这些城市圈的建设,使之成为中部经济腾飞的增长极。

中部六省实施城市群带动提升城市化水平的发展机制,对内要在中部城市圈构建方面发挥规划协调作用。例如:通过大、中、小城市和小城镇互动发展体系,加快要素的流动,促进劳动力的转移;合理拓展城市发展空间,对农村和周边城市起到辐射和带动作用,更有利于推进城市化进程,等等。对外要在构建沿京广线的纵向城市群、沿长江的横向城市群方面发挥作用。例如:依靠两大城市群的聚集、辐射和带动作用,主动承接和参与长三角、珠三角、环渤海、京津唐等沿海发达地区的经济合作;积极参与西部大开发和东北老工业基地改造,扩大中部地区对西部的辐射作用,以点带面,形成中部新的经济增长带。中部城市群建设将更有利于专业化厂商、专业化生产要素市场的形成和专门化的有效率的各类基础结构的形成和发展。

三、建立国家农业补贴机制,破解粮食主产区“三农”难题

粮食问题是一个可以动摇国家根基的大问题。1999年以来,我国粮食种植面积、产量、库存持续下降,逼近我国粮食安全警戒线。从我国粮食生产的生产力布局来看,中部区域是“三农”的主体部分,农民占全国农民总数的31.2%,中部地区是重要的粮食主产区,提供全国70%的农产品,稳定中部粮食生产,是保证我国粮食安全的关键。因此,中部地区农业发展对国家粮食安全有着极其特殊的意义。从国家粮食安全的战略地位来看,中部六省的农业生产具有长远的潜在优势。

建立国家农业补贴机制,是破解中部粮食主产区“三农”问题的重要战略举措。农业税取消以后,国家应将新增农业和农业综合开发资金主要用于中部地区粮食主产区;扩大粮食直补和良种补贴的标准和规模;增加粮食风险基金,实行粮食销区对口扶持产区政策;实施中部农田基本建设工程,优化农业结构,发展安全农业,建设优质高产、稳产高效的国家商品粮基地;在中部地区率先建立全国的粮食流通绿色通道。

通过财政转移支付增加对农业的扶持力度。促成优质高效的农业结构形成，建立发达的农产品加工体系，要大力扶持农业产业化的龙头企业，发展农村中介组织，通过农业产业链的联动作用，带动农户发展种养和加工业。全面提高农业科技水平和农民科技素质，提高农业生产效率和效益。

四、建立政策扶持机制，增强中部地区自我发展能力

在科学发展观指导下，为落实中央“五个统筹”的战略思路，增强中部地区自我发展能力，国家应从中部地区的实际出发，参照西部大开发和振兴东北老工业基地的做法，建立一系列政策扶持机制。如增加中央财政转移支付资金向中部落后省份和特殊地区的转移额度，用相对公平的环境和政策引导外资更多地投向中部地区；目前在东北老工业基地试行的增值税转型政策在全国推广之前，率先在中部地区推行，帮助中部地区的企业降低流转税负担，对影响地方财政收入的部分通过中央转移支付给予适当补助；支持中部老工业基地对传统产业的改造和国有经济的重组，发展非国有经济及多种经济成分，促进资源优势、存量资本优势与先进技术相结合，提高资源利用效率和资源产品的附加价值；进一步增加中央政府投入，改善中部贫困地区和革命老区的义务教育、医疗卫生等社会事业发展状况，扩大社会救助面，加强对农村劳动力的培训。

五、建立协调联动机制，形成群龙共舞的发展格局

我国按部门、地区条块划分的行政管理体制，形成了维护地方利益的区域经济格局，中部各省之间的协调性和整合度较差，利益难以协调，产业结构趋同现象普遍，产业之间互补性不强，地区比较优势难以发挥，地方保护主义严重，区域市场难以建立，商品与生产要素难以在区际之间自由流动与优化组合。这主要体现在中部六省的自然资源和矿产资源，以及人才、信息、资金、技术等要素流动不畅，其直接原因是缺乏一套有效的联动机制和统一的区域协调机构。

因此，中部六省只有联动发展，促进“行政区划经济”向“经济区划经济”转变，才能实现跨区域的资源与要素整合、产业和企业重组，实现“区域外部规模经济”。同时，联动机制可以使中部地区在信息、基础设施、环保、产业及企业政策等方面建立更好的共享、合作或协调关系，促成区域内企业、行业或地方规模经济的形成。

建立协调联动机制，国务院应建立促进中部崛起协调领导小组，统一规划、协调中部发展，制定相关的扶持政策，避免低水平重复建设和结构趋同。各省应在协调领导小组,统一规划指导下制定发展蓝图,改变目前中部六省争做龙头、难以协调发展的局面,逐步形成群龙共舞、百舸争流的发展格局。

六、催生中部体制创新机制,全方位推进中部崛起

由于中部地区长期不处于改革开放的前沿,人们思想观念陈旧保守,体制机制不活,经济活力不够。因此,中部崛起,必须深化改革,催生中部体制创新机制。必须加快体制改革的步伐,充分利用制度变迁促进经济增长。催生中部体制创新机制,要注重发挥市场需求的导向作用,遵循价值规律和市场竞争法则,增强市场机制对经济发展要素的配置功能和聚合功能,优化经济结构,引导各类资源和要素向商品化和产业化方向发展。如金融体制创新,允许中部地区在有条件的大城市,建立中部开发银行,推进区域性的股份制银行和民营银行的建设,加快农村信用社改革,建立农村合作性的金融机构。国有商业银行在中部地区的吸储资金,至少50%以上必须用于本地区的再贷款。同时,在严格规范的前提下,允许中部地区发展相关基金、发行重大开发项目债券,等等。增加对中部地区一般性转移支付,专项资金补助向中部地区倾斜。催生中部体制创新机制,加快政府职能由直接管理型向优质服务型转变。进一步推进政企分开,简政放权,把真正属于企业的权力还给企业,把属于市场的功能还给市场,把属于社会的功能还给社会,提高政府工作效率,优化经济发展环境。

上述六项动力机制,一、二项为内生性动力机制,是中部崛起的决定性因素;三、四项为外生性动力机制,对中部崛起起着促进作用;五、六项为联动性动力机制,对中部地区迅速崛起和协调发展有加速作用。六项动力机制是一个有机整体,具有完整的立体结构和紧密的内部联系,只有多管齐下,共同发挥作用,才会发挥几何增长的效应。

(原载《郑州航空工业管理学院》2006年第3期)

地方政府在区域经济发展中的制度创新作用*

地方政府作为中央政府的分支机构，依法管理一个区域内的公共事务，发挥着中央政府不可替代的作用，应当成为推动区域经济发展的制度创新主体。根据制度经济学的理论，从区域经济发展的现实需要出发，本文着重分析地方政府在制度创新中所扮演的重要角色，以及如何更好地承担角色，在我国区域经济发展中发挥应有的作用。

一、区域经济发展中的制度创新

从研究的角度来看，区域是一定经济活动和一定地理位置综合而成的国民经济组织单元与社会经济综合体。区域经济作为介于宏观与微观经济之间的中观经济，是指一个区域内各经济部门、经济地区和经济组织之间的经济关系和经济行为，是多种要素综合作用的表现和结果。对于我国这样一个发展中大国，区域经济良性循环，保持区域经济的持续稳定增长，在我国国民经济发展与经济体制改革中具有极其重要的地位。首先，区域经济是一个国家国民经济的重要组成部分，是国民经济发展的空间体现。国家既需要采取各种经济政策与措施来促进各区域的经济发展，又要协调各区域间的资源配置、分工与合作，区域经济的发展对国民经济的影响越来越大。其次，区域经济是区域发展的核心。区域发展包括经济发展与社会进步两个方面，只有经济发展，才能提高人民生活水平，推动区域社会进步。发展区域经济是区域发展所面临的首要任务。再次，区域经济发展还具有广泛、重大的社会效益。区域经济包含了国家和各级地方政府、各种社会群体等经济活动主体和利益集团，在区域经济发展中，既要实现区域经济的整体发展，又要使有关各利益集团获得必需的利益，保持稳定。

---

* 此文与李津燕合作。

改革开放20多年来,我国的区域经济发展取得了巨大的成效,区域经济的相对独立性逐渐加强,区域政府的经济调控权相应得到扩大,发展区域经济的责任利益得到强化,但随着整个国民经济增长方式的转变,政府旨在促进区域经济增长的各种政策空间已不大,甚至由于区域经济发展战略选择与制度单一化,造成区域开发不合理,区域经济联系失衡,区域之间的利益摩擦与冲突增加,区域经济发展差距拉大。

区域经济的日趋繁荣与可持续发展必须进行大规模的制度创新,这其中,中央政府的制度创新行为当然是最为根本的,但地方政府也扮演了重要的角色,本文就地方政府在区域经济发展中的制度创新作用从理论上加以探讨。

广义的制度是由正式约束和非正式约束以及它们的实施机制构成的。一般我们所讲的制度是指正式的约束,即一定社会或组织通过某些程序有意识制定并要求成员共同遵守的那些规则。所谓制度创新,是指制度的变迁过程,制度创新是新制度经济学的核心,是制度创新主体为获得潜在收益而进行的制度安排。制度安排包括“个人的”安排、“自愿合作的”团体安排或“政府的”安排。由于政府拥有绝对的政治力量对比优势,而且还拥有很大的资源配置权力,能通过行政、经济和法律等手段在不同程度约束其他社会行为主体的行为,因而政府成为最主要的制度创新主体。第一,作为政府主导的制度创新,有利于提高人们对新制度安排的认同感,调动人们拥护和执行新制度安排的积极性,从而增加新制度安排的合法性。第二,政府对创新个体或团体提供了外在制度环境的支持与约束。在地方,有效率的所有权结构尚未形成,市场发育不完善,个人和团体制度成本之大足以扼杀他们的创新冲动,只有在地方政府保护和推动下,才有可能实现创新成功,地方政府代替了企业的部分职能。如地方政府凭借自己的权威、信誉担保,为企业融资和贷款,千方百计向中央争项目、争投资以及各种优惠政策,以“政府搭台、企业唱戏”的形式促进本地企业向外部市场扩展等。第三,政府作为创新主体具有支付创新成本的能力,如界定和保护产权的费用,建立与新产权相适应的税收体制,以及建立缓和一定社会矛盾的社会保障体系。

二、地方政府是制度创新的主体

地方政府作为中央政府的代理机构,是局部的权力中心,随着经济体制改革的深入,伴随着放权让利改革战略和分灶吃饭财政体制的推行,在向市场经济的渐进过程中扮演着主动谋取潜在制度净利益的“第一行动集团”的角色，具有追求本地经济快速增长以及相应进行制度创新的动机。

地方政府制度创新的收益主要包括以下几个方面：第一，通过提高资源配置效率，加速本地经济增长，实现财政收入的最大化；第二，通过提供良好的地方公共产品而获得绩效，既赢得本地居民的政治支持，又拥有进一步发展的资本；第三，以制度创新，增强本地的经济实力，加强对中央决策的影响力；第四，通过向中央政府争取改革试点，赋予地方政府或企业在规定范围内进行制度创新的优先权或进入权，而获得“垄断租金”。

正是由于有上述的种种利益，地方政府制度创新的积极性被充分调动起来，如地方政府通过制定本地的经济社会发展规划，从宏观上调控经济发展；培育和完善市场，放开价格；实行承包责任制；建立乡镇企业，鼓励个体和私营等非国有经济成分进入市场；积极引进外资，为企业牵线搭桥，搞横向联合；在公共产品和基础设施领域引进市场机制，探索以市场规则解决公共产品有效供给的新路子，并按照市场规则进行建设和经营；等等，这些措施都极大地促进了区域经济的快速增长。

三、充分发挥地方政府制度创新主体的作用

地方政府的制度创新能力受到整个制度环境的制约。制度环境，是一系列用来建立生产、交换与分配基础的基本的政治、社会和法律基础，而其中，宪法秩序是最重要的。1954 年诞生的新中国第一部宪法，虽然确立了地方政府作为制度创新的主体地位，但由于宪法本身存在缺陷，地方政府层次不清、职能丧失。1975 年颁布的第二部宪法及 1978 年春颁布的第三部宪法，许多“文革”中的错误得到修改，中央与地方之间表现为一种控制与被控制的关系，地方政府缺乏对公共事务管理的自主权，地方政府难以发挥创新主体的作用。1982 年颁布的第四部宪法，同时修改了《中华人民共和国地方各级人民政府组织法》。1984 年制定了《中华人民共和国民族区域自治法》。1986 年又再次修改《中华人民共和国地方各级人民代表大会和地方各级人民政府组织法》，重新确立了地方政府作为国家行政机关的地位，并且扩大了地方政府的制度创新权力。

政府如何推进制度变迁，依据制度经济学的理论，要从制度变迁的需求和供给两个方面发挥推进作用。从制度变迁的需求角度，政府创新的作用在于：(1)通过改变产品和要素的相对价格来促进制度变迁。政府可以有意识地采取

某些措施,通过积累某种产品或要素,改变相对价值,引发制度变迁。(2)通过引进或集中开发新技术,推动制度变迁。政府可以将区域内有限的人力、物力资源集中起来更快地开发或引进某些新技术,以便激发制度变迁。(3)通过扩大市场规模,引起制度变迁。政府可以消除区域内的人为壁垒,使分割的内部市场加以统一,市场规模得以扩大。

从制度变迁供给的角度看政府的作用,政府可以凭借自己的优势,降低制度供给的成本,拓宽可供选择的制度范围,以增加制度的供给,从而解决制度供给的持续性不足问题。解决的途径主要有三种选择:(1)改变现有制度安排,使其朝着有效率的制度方向变迁;(2)通过加快知识存量的积累,提高制度的供给能力,尤其是社会科学知识的进步将直接促进制度变迁的供给;(3)政府通过强制性和组织的规模经济优势,直接进行制度创新。政府可以发挥强制性和规模经济的优势,降低制度供给中各项费用,使制度创新的收益极大化。

四、努力避免及清除地方政府的消极作用

由于政府具有经济人的人格特征决定了政府行为的悖论,即“诺思悖论”。政府要使统治者的租金最大化,同时又要降低交易费用以使全社会总产出最大化,从而增加政府税收,这两方面的冲突是社会不能实现持续经济增长的根源。在诺思看来,由于统治者的多元目标函数,政府建设的双重属性,这一悖论在理论和实践上都是不可解的。一方面,政府是积极的、公利的,代表着公共规则。从人类经济结构的变迁分析中看出,没有一个明智政府的积极促进,任何经济增长都是不可能的。另一方面,政府是消极的、自利的,政府的建立同时意味着产生了依靠公共强制力的、或多或少不要委托者影响的统治者,他们在制定和执行制度时,其目标就在于如何使自身的效用最大化。

既然政府是制度创新的主体,解决“诺思悖论”的有效途径,就在于创造一种有效的制度,尽量发挥政府在产权等制度建设方面的积极作用,限制其消极作用。

第一,明确政府在产权方面的两项基本职能,一是为产权的运行提供一个公正、安全的制度环境,二是提供产权运行的规范。政府应当为产权的运行提供“游戏规则”,为资产评估、产权度量、产权交易法规、产权交易契约以及产权市场的建立等制定相应的政策法规。

第二,利用宪法和法律来限制政府权力。要消除政府的消极作用,最根本的一点就是要加强法治,通过法律约束政府行为。政府具有经济人特征,而且由于政府的权力天然大于企业或个人,造成政府对经济随意干预的现象。在今后的市场经济体制改革中,要利用宪法和法律来限制政府权力,使政府与经济保持适当距离,成为一个有限制的和有效的政府。

第三,必须注意的是,在改革的中期和后期,政府在制度创新中的作用是不同的。随着改革的深入,政府从事直接的创新活动的动力越来越弱,由于政府自身知识的限制,为降低制度创新的风险,政府可以退出创新,让其他主体和社会成员成为创新主体,政府更多地承担法官式的裁决。伴随着市场制度的最终建立,政府将会着重加强对市场的宏观调控,淡化对市场的微观参与,这将更加有利于建立一个面向市场发展的经济结构,大大增强产业与企业的竞争力,有利于区域经济的长远发展。

(原载《经济学动态》2001 年第 11 期)

“4+2”工作法:实现党的领导与村民自治有机统一

健全基层党组织领导的充满活力的基层群众自治机制,是坚定不移发展社会主义民主政治的必然要求。村民自治是基层群众自治的主要形式之一。要使这一群众自治机制始终坚持正确方向、始终充满活力,关键是实现党的领导与村民自治的有机统一。河南省邓州市创建的“4+2”工作法,就是对实现党的领导与村民自治有机统一的积极探索。“4+2”工作法也叫“四议两公开”工作法,即所有村级重大事项的决策由村党支部在广泛征求党员和村民意见的基础上提议,再由村“两委”联席会议商议、党员大会审议、村民代表会或村民大会决议,决议和实施结果都要向全体村民公开。这一工作方法,既保证了党的领导,又保障了村民自治权利,自2009年5月在河南全省推行后,广大干部群众的气更顺了、心更齐了、劲更足了,有力地促进了社会主义新农村建设。

发挥了村党支部的领导核心作用

加强以村党支部为核心的村级基层组织建设,是推进农村改革发展的基础工程。改革开放以来,我国农村经济结构和社会结构、生产经营方式和乡村治理机制都发生了深刻变革,对农村党的建设提出了一系列新挑战、新要求。村党支部要在新形势下发挥领导核心作用,必须转变以往的领导方式和工作方法,以适应新形势、新要求。“4+2”工作法把所有村级重大事项都置于村党支部的领导之下,要求村党支部把中央精神、上级要求和本村实际紧密结合起来,认真研究谋划村里发展的重大问题,着重解决关系群众切身利益的实际问题。村党支部提交村“两委”联席会议商议的村级重大事项,事先广泛征求村民、村民代表的意见、要求和建议,并由村党支部充分讨论,形成共识。村级重大事项通过村党支部提议后，再由村“两委”联席会议商议、党员大会审议、村民代表会或村民大会决议，这就使基层党组织牢牢掌握着农村工作的主动权和主导权。

在“4+2”工作法实施中，村党支部既是村一级决策的提议者，又是决策过程的主导者，还是决策实施的推动者。在决策环节，村干部个人的权力受到了约束，决策逐步走向科学化、民主化，村里的事少数人说了算的现象得到根治。同时，村党支部主动支持村委会、村级集体经济组织以及共青团、妇联、民兵等群众组织依法依规开展各项活动。村党支部通过宣传教育、示范引导、民主讨论等办法，加强对这些组织的领导；通过对村民进行思想教育和法制教育，提高村民素质特别是村民的民主素质和议事能力。在这一过程中，村党支部动员群众、发动群众、组织群众的实际能力也有了很大提高。总之，通过“4+2”工作法，村党支部的战斗堡垒作用得到进一步巩固和加强，领导核心作用得到更充分的发挥。

促进了村“两委”的团结合作

《中华人民共和国村民委员会组织法》对“党的领导”和“村民自治”作出了明确规定：中国共产党在农村的基层组织，按照中国共产党章程进行工作，发挥领导核心作用，领导和支持村民委员会行使职权；依照宪法和法律，支持和保障村民开展自治活动、直接行使民主权利。村民委员会是村民自我管理、自我教育、自我服务的基层群众性自治组织。不断完善党领导的村级民主自治机制，关键是建立村党支部和村委会之间的协调机制。目前，我国在实行村民自治、由村民直接选举村委会之后，一些地方出现了村党支部与村委会合力不强的现象，有的地方甚至出现村“两委”班子成员争权力、比高低的问题，导致新农村建设的任务难以全面落到实处。

为有效解决村“两委”的关系问题，“4+2”工作法中确立了村“两委”商议机制，就是在建立健全村“两委”联席会议制度的基础上，对村级重大事项，根据村党支部的初步意见，组织“两委”班子成员充分讨论，发表意见。对意见分歧比较大的事项，根据不同情况可采取口头、举手、无记名投票等方式进行表决，按照少数服从多数的原则形成商议意见。村“两委”商议机制不仅使村“两委”责任更加清晰、分工更加明确,而且促使“两委”之间团结合作,心往一处想、劲往一处使。在“4+2”工作法推行前,邓州市出现严重分歧的村“两委”有86个,占6.7%,“支书派”和“主任派”好事争着干、难事推着办、麻烦事都不办的现象时有发生。2006年“4+2”工作法推行之后,村“两委”班子不协调的状况得到了彻底改变,聚合力明显提升,真正成为农民群众信赖的坚强领导集体。

保障了党员的民主权利

党的十七届四中全会通过的《中共中央关于加强和改进新形势下党的建设若干重大问题的决定》明确指出,要保障党员主体地位和民主权利,以落实党员的知情权、参与权、选举权、监督权为重点,进一步提高党员对党内事务的参与度,充分发挥党员在党内生活中的主体作用。健全党领导的村民自治机制,必须充分调动农村党员政治参与的积极性,发挥党内民主在村级民主中的示范带动作用。

“4+2”工作法规定,村“两委”商定的重大事项必须提交党员大会讨论审议。召开党员大会审议前,须把方案送交全体党员,在党员中充分酝酿并征求村民意见;召开党员大会审议时,到会党员人数须占党员总数的2/3以上,审议事项须经应到党员半数以上同意,方可提交村民代表会或村民大会表决。每个党员在党员大会上都要发表自己的意见。对这些意见和建议,村“两委”能采纳的采纳,不能采纳的要说明原因,做好解释工作。党员大会审议后,村“两委”要认真吸纳党员的意见、建议,对方案进行修订完善,同时组织党员深入农户做好方案的宣传解释工作。这一工作方法,一方面使党员在党组织中的主体地位得到充分体现,党员通过参与村里大事审议,为群众办实事,权利感、责任感、荣誉感明显增强;另一方面营造了党内民主讨论的氛围,鼓励和保护党员讲真话、讲心里话,不仅拓宽了党员表达自己意见的渠道,保障了党员的民主权利,而且使党的民主集中制在村党支部里有了程序保证,党支部的工作得到民主监督。同时,党员与群众的联系也更加紧密。党员在工作中及时了解群众意愿、反映群众意见,示范带动作用得到进一步发挥。

保障了村民当家做主

随着我国社会主义市场经济体制的建立和完善，我国农村产业结构、劳动力就业结构、社会组织结构都在不断调整，农民成为自主生产经营的主体。与此相适应，农民的思想观念也发生深刻变化，民主意识不断增强，利益诉求不断增多。这就迫切需要建立反映群众意愿、集中群众智慧、化解群众矛盾的新机制，以保证基层群众的民主权利，维护农村社会和谐稳定。健全党领导的村级民主自治机制，正是适应新形势新要求、保障村民当家做主的根本举措。

“4+2”工作法的决议环节，是村级重大事项能否通过的关键环节。在这一环节中，村民占主体地位，只有村民进行充分讨论并表决通过，决策事项才能最终生效。具体程序是：对党员大会审议通过的事项，依照有关法律、法规规定，在村党支部领导下，由村委会主持，召集村民代表会或村民大会进行讨论表决。参加会议人数必须符合规定，讨论事项必须经全体村民代表或到会村民半数以上同意，方可决议通过。同时，实行村级重大事务决议公开和实施结果公开，公告时间原则上不少于7天，以接受村民监督。这就使与群众切身利益密切相关的重大村务，从事前、事中到事后实现了全过程阳光操作，干部一清二白，群众一清二楚。

“以前是干部说了算，现在是群众说了算。”这是农民群众对“4+2”工作法实施前后村里工作转变的直接感受。“4+2”工作法从体制机制上保证了重大事项提议时倾听群众呼声、决议时尊重群众意见、实施时接受群众监督，实现了群众的事情群众说了算。“4+2”工作法实施的情况表明，在村民的意愿和利益诉求得到充分理性表达的情况下，自己的事情自己议、自己定、自己干、自己管，干群矛盾明显减少，有力地促进了社会和谐稳定。邓州市自2006年实施“4+2”工作法以来，农村信访量下降了74%，集体上访、越级上访量下降了95%。

（原载2010年1月14日《人民日报》）

论社会科学在现代化建设中的地位和作用

2001年8月7日，江泽民同志在北戴河亲切会见了国防科技专家和社会科学专家并与他们座谈。他在谈到哲学社会科学和自然科学的关系时，一连用了四个“同等重要”，深刻地揭示了哲学社会科学的极端重要性，并站在时代发展的高度指出：“哲学社会科学的研究能力和成果，也是综合国力的重要组成部分。”2002年4月28日，江泽民同志在考察中国人民大学时，又一次就我国哲学社会科学发展发表重要讲话，并用五个“高度重视”对各级党委和政府及全社会提出了具体要求，用五个“希望”指明了哲学社会科学工作者的努力方向。江泽民同志关于哲学社会科学的两次重要讲话，不仅是“三个代表”重要思想的有机组成部分，是全面建设有中国特色社会主义的行动指南，同时也为哲学社会科学的发展和繁荣指明了方向。在新的历史条件下，建设有中国特色的社会主义是前无古人的伟大社会工程，需要几代人的艰苦探索和实践，哲学社会科学要为深化改革、促进发展、维护稳定提供精神动力和智力支持，为全面推进现代化进程、营造良好的人文环境，就必须在深入研究和贯彻落实“三个代表”重要思想上做到坚定不移、坚持不懈；就必须从思想认识上彻底清除那些“社会科学可有可无”的糊涂观念，从行动上摒弃那些“社会科学讲起来重要、抓起来次要、干起来不要”的错误做法，因此，进一步肯定哲学社会科学在有中国特色社会主义现代化建设中的地位和作用，对贯彻落实“三个代表”重要思想和社会主义现代化实践具有重大现实意义。

一、社会实践需要哲学社会科学理论的指导

理论是实践的结晶，是对客观过程的本质和规律性的深刻认识和系统的表述，是一种有严密结构的思想体系。从人类认识总体来说，实践先于理论，因此没有理论指导的实践是存在的。然而没有理论指导的实践是盲目的、初级的，实践后果的准确率、有效率很低。从实践和理论相互关系的现实形态来说，在

科学技术发展的今天,没有任何理论指导的实践是不存在的。即使在从事一项前人没有进行过的社会实践,而前人的理论又不能指导这种实践成功地进行的时候,我们着力反对前人理论的教条主义态度,要求人们解放思想,从实际出发,这时候也没有完全摆脱以往理论的指导作用。解放思想,从实际出发这样的指导思想本身就是一种理论,它是马克思主义认识论的实质和核心,它体现了马克思主义理论的最根本的方法论思想。一般地说,在探索性的实践阶段,起指导作用的主要是一般方法论,人们根据这种理论指导下的普遍行为模式进行探索性活动;经过一个时期的探索性实践,人们就会获得对具体对象的感性经验,通过对这种经验的总结就会形成关于具体对象的理论,于是人们就会进入实践的试验性阶段,这时起指导作用的理论除一般方法论外又增加了关于具体对象的理论;如果试验结果获得成功的话,人们就会吸收试验阶段上的经验,对具体对象的理论进行修改补充并形成初步完整的理论,而在这种理论指导下,人们的实践活动就发展到推广性阶段;在推广过程中会遇到新问题、新情况,初步完整的理论又会得到进一步的修正和充实,从而形成成熟的理论,而一种成熟的理论就会把人们的实践活动再提高一步,进入实践活动的自觉自由阶段。这时人们掌握了有关对象的客观规律,因而极大地减少实践活动的盲目性,极大地提高实践活动的准确率、有效率。但这里所谓的自觉自由也是相对的,因为即使在这样的阶段,人们在实践活动中仍然会遇到新情况,仍然需要对成熟的经验采取科学的态度,在利用它指导实践的时候仍然要接受实践的检验,随时用新的实践经验对理论进行修改和补充。由此可见,在实践的任何阶段上都有某种理论在指导,人类实践活动的深入和发展,必然推动一般方法论理论和具体实践经验结合起来形成关于具体对象的科学理论;必然推动这种具体科学理论的成熟和发展,而具体理论的形成、成熟和发展又反过来推动实践活动从盲目的、不自觉的、低级的阶段发展到自觉的、自由的、高级的阶段。没有理论上的发展也就不可能有实践活动上的发展。

哲学社会科学,主要是帮助人们解决世界观、人生观、价值观,解决理论认识和科学思维,解决社会发展、社会管理规律的认识和运用的科学。就社会科学理论的内部结构来说,可以把它粗分为三个层次:

第一个层次是社会科学的一般方法论。它们不是人们对一时一地的实践经验的简单总结,而是对人类长期的社会实践史、社会认识史的总结,是对人类长期发展中积累起来的社会科学成果的哲学概括,它对社会实践的指导作用主要表现在提供一种科学的思想方法、认识方法,它并不具体回答特定社会实践的具体问题。

第二个层次是社会某一领域中的具体的社会科学理论。它们是人们对某一社会领域中以往经验的理论概括。这些理论对人们在某一社会领域中的实践活动的指导作用就较为具体,会对人们实践活动中的问题作出具体的回答,而它们的理论命运则也较为直接地接受着人们实践后果的判决。

第三个层次则是更为具体的针对某一具体的、个别的实践行动的计划方案,具有可操作可实施的具体性质,属于社会技术范畴。它们对具体的、个别的实践行动有着极强的针对性,而具体的、个别的实践行动的成功与失败则会直接地、迅速地判定它们的正确性、可行性。

一般说来,任何一种严肃的、科学的社会理论体系都包括上述三种层次:第一层次是它的理论基础;第二层次是它的理论内容的主体;第三层次是它的理论的应用,属于外围部分。

就社会实践来说,人们的实践行为也可以分为三个层次:第一是核心层次,即一般行为模式,是适用于社会对象普遍情景的一般行为逻辑;第二是中间层次,即特殊的行为模式,是适用于社会对象特殊情景的特殊行为逻辑;第三是表面层次,即个别的行为模式,是适用于社会对象个别情景的行为逻辑。社会对象是普遍的、特殊的、个别的行为模式有机结合的总体,个别的行为模式是具体的、易变的,普遍的行为模式则是一般的、相对稳定的。

社会科学理论和社会实践之间的关系,不仅表现为它们作为两个不同系统的整体之间的关系,也表现为它们所具有的不同层次之间的关系,一般方法论对应着一般行为模式,具体领域的社会科学理论对应着特殊的行为模式,具体的社会技术对应着个别的行为模式。实践在检验理论的时候,不仅作为整体显示其作用,它的不同层次也分别对不同层次的理论和技术显示其作用。

有时人们在实践中的失败,可能确实是由于指导实践的理论在这三个层次上都是错误的缘故;但有时也可能是由应用理论的具体技术方案及由它决定的实践的个别行为模式的错误造成的。这说明对实践的成功或失败所作出的理论上的科学性、正确性的判断也要进行具体的分析。

人们的社会实践是具体的、易变的、处在不断运动之中的,社会科学理论也是需要不断发展的，特别是它的第二、第三层次，总是需要人们的社会实践去丰富它、完善它。人们在社会实践中想要多成功少失败，就必须尽可能地利用成熟的理论指导行动，而尽量避免那些盲目的、不自觉的、低级的实践，正是从这个意义上讲，哲学社会科学是人们认识世界、改造世界的重要工具，是推动历史发展和社会进步的重要组成部分。

二、自然科学技术发展需要社会科学的支持

自从科学被分割为自然科学、社会科学和人文科学以来，知识开始被一分为三。随着科学技术的进步和经济社会的不断发展，随着需要解决的问题日益大型化和复杂化，重新整合知识的社会需求已变得越来越强烈。在知识分化的过程中，社会科学处在自然科学和人文科学之间，因为社会科学与它们两者之间有更多的共通之处，可以充当两者之间相互沟通的桥梁。不管人们怎样理解现代化发展的概念，现代化的发展过程总是意味着发展生产力，并在发展生产力的基础上发展社会其他方面的过程。所谓“社会生产力”的发展，我们不能仅仅理解为依靠发展自然科学，而应该是两个轮子一起转，既靠自然科学，也靠社会科学（包括人文科学）。

“科学技术是第一生产力”的观点已经成为人们的共识，然而，科学技术在没有进入生产实践时只是一种潜在生产力。科学理论是一种精神形态的生产力，它必须变成具有实践性质的技术才能进入生产实践；即使科学技术的物化形态也必须在生产实践中同生产力的其他要素结合起来才能成为生产力。而科学技术进入生产实践的过程、在生产实践中和其他生产力要素结合的过程，则是一种社会过程，它必须在社会科学解决了这一过程中不可避免地存在的一系列社会问题之后才能顺利地实现。

一般说来，在自然科学发展中社会科学的作用主要表现在以下几个方面：

首先，科学技术研究的发展需要哲学社会科学理论的指导。社会科学的一般方法论普遍适用于自然科学研究领域，科学家、发明家科学精神的概括与弘扬，科学共同体、科学研究体制的形成模式与效率的高低，科学家素质的提高和科研环境的优劣，科学技术成果孵化与扩散的快慢，都需要社会科学来解决。“科学技术是第一生产力”这一命题本身，就是一个社会科学性质的论断，是从生产力的角度对科学技术的价值判断，能够使人们进一步认识科学技术和生产力的关系，自觉地重视科学技术的重要性。

其次，某项高、新科学技术要得到社会的评价和认可，必须依靠社会科学来解决。对个人或科学共同体成果的评价和认可，往往包括技术、生产、经济、伦理、美学、社会后果等多方面的价值评价。这诸多方面的社会评价和认可都直接或间接地制约着新科学技术向生产力转化。有时实验室或小范围试验中成功的技术在投入生产时会遇到新的困难，在生产上不一定可行；有时生产上虽然可行但投入产出之间的负比值太大，经济效益不好；有时上述方面的评价通过了，却遇到了传统伦理道德的巨大挑战，如避孕与试管婴儿、克隆技术、安乐死、人体器官移植、基因工程、核技术应用等都遇到过这方面的挑战。新科学技术在生产上的应用如果可能触发和激化大量的社会矛盾，也会遇到重大的社会阻力。显然，如果没有技术经济学、技术伦理学、技术美学、技术社会学等这样一些社会科学使新的科学技术通过社会的评价和承认，它们是难以进入生产领域的。

再次，在商品社会里，科学技术从发明者手里转到使用者手里是通过商品交换的形式和渠道进行的，这里要解决发明权、专利权、知识产权的归属和有偿转移的形式问题，这些问题也是靠社会科学解决的。就算是上述问题都解决了，也还有一个如何使生产者和管理者掌握新的科学技术的问题，这就要靠教育系统和传播媒介系统，要靠教育学和传播学。

总之，无论在自然科学研究中，或在科学技术从精神的、潜在的生产力转化为现实的生产力过程中，社会科学都发挥着有力的支持作用。随着社会分工体系的复杂化，随着科学技术工作在社会分工体系中日益成为独立的社会事业，随着商品经济的高度发展，随着自然科学与社会科学重新整合的强烈的社会需求，社会科学的上述功能和作用不是在缩小和减弱，而是在扩大和加强。

三、社会主义改革必须依靠哲学社会科学

社会主义改革是社会生产关系的大调整过程，也是解放和发展生产力的过程，生产力诸要素只有通过一定的社会形式结合起来形成一个有机整体、进入生产过程才能成为现实的生产力。因此，生产力在其具体的、现实的、活动的形态上总是同人们的社会结合形式联系在一起。人们要根据生产力的社会性质解决生产资料所有制的形式问题、交换和分配形式问题、人与人在生产过程中的关系问题。人们也要在此基础上形成与这种经济关系相适应的社会的政治经济结构，解决为谁生产的问题。人们还要根据生产力的技术工艺性质，按照

功能匹配原则、优化组合原则、管理上可行性原则进行分工协作,彼此间发生技术上、工艺上、职能上、组织上的各种关系,并在此基础上形成相应的管理体制,形成社会的技术组织管理结构,解决怎样生产的问题。还要把上述两种结构统一起来,把人们在生产过程中的责、权、利统一起来。只有在这样一整套的社会整合过程中,生产力诸要素才能有机地结合,形成促进物质、能量、信息相互交换的现实力量。显然上述组织过程的规律性是由社会科学研究的,必须依靠社会科学才能实现上述组织过程。上述组织过程正是社会改革过程中必须解决的基本问题。

由于社会问题的复杂性,改革是不会一劳永逸的。随着生产力的发展,生产力与生产关系、经济基础与上层建筑的矛盾是经常绝对存在的。如何在人们的社会结合形式阻碍和束缚生产力发展的时候及时通过革命或改革的形式解放生产力,这种问题也必须依靠社会科学才能得到正确解决。当不改变社会结构、生产力不能得到解放和发展、科学技术不能顺利转化为生产力的时候,社会科学所发挥的作用和功能更是任何具体的自然科学技术所不能比拟的。当一种正确的社会科学理论指导人们改变了社会结构,为生产力发展扫除了社会障碍从而极大地解放生产力的时候,你能说社会科学没有转化为生产力吗?社会科学和自然科学在转化为生产力时的区别只在于,前者是通过改变生产力形成和发展的社会因素而转化为生产力的,而后者是通过转化为生产力的物质因素,形成新的生产力类型而成为生产力的。

中国20多年改革开放的历史,可以说是以社会科学理论研究为先导、以广大人民群众创造性的社会实践为基础、逐步深入地探索经济社会转型规律的历史。没有理论界对商品经济和市场经济规律的不懈探索,就没有社会主义市场经济理论的创新和发展,也就不会有中国社会主义市场经济体制的建立与完善;没有众多企业家和理论家对企业发展规律的大胆探索,就不会有现代企业制度理论在中国的运用,也就不会有国有企业全面改革的深化和充满活力的现代企业的发展;没有对现代民主政治理论的实践和国外民主理论的深入研究和借鉴,就不会有中国特色社会主义民主理论的形成和建设法治国家方略的实施。在社会主义改革的艰辛探索中,社会科学做出了不可磨灭的理论贡献。

四、哲学社会科学决定着中国先进文化的发展

文化是人类的精神活动及其产品的总称。先进文化是先进的社会经济、政

治的反映,反映了最广大人民的根本利益,与社会发展的方向相一致,对社会经济发展、政治进步起决定的推动作用;落后文化则是落后的社会经济与政治的反映,违背了最广大人民的根本利益,与社会发展方向相背离,对社会经济发展、政治进步起阻碍作用。

首先,哲学社会科学决定中国先进文化的发展方向。先进文化是人类发展的灵魂,是推动社会进步的思想保证、精神动力和智力支持,是实现人的本质力量的重要方式和基本条件。在社会主义条件下,以马克思主义为指导的哲学社会科学是中国现代文化的主体,也是中国先进文化的灵魂和支柱,体现和代表着中国先进文化的发展方向,对现代先进文化的发展起着巨大的推动作用。我国的现代先进文化是中国共产党人在领导社会主义革命和建设的实践中发展起来的科学的思想文化,是以马克思主义为指导的文化,是社会主义的现代文化。而我国的哲学社会科学也是以马克思主义为指导的科学,马克思主义是我国哲学社会科学的核心内容。哲学社会科学的核心和灵魂反映着马克思主义的本质,揭示着人类社会发展的规律和方向,它必然决定着现代先进文化的前进方向。正如江泽民同志指出的,"社会科学研究的方向正确与否,社会科学发展的状况如何,对社会稳定和发展都会产生巨大而深远的影响,甚至关系到中华民族的兴衰和社会主义的命运"。

其次,哲学社会科学肩负着繁荣和发展先进文化的根本任务。在新的历史时期,在改革开放和现代化建设的实践中,大力发展科学的、现代的社会主义文化,努力提高全民族的思想道德素质和科学文化素质,为建设民主文明富强的社会主义现代化国家服务,是历史赋予哲学社会科学的根本任务。面对世界范围日益激烈的竞争和国内复杂繁重的改革建设任务,需要社会科学大力研究与普及马克思主义哲学这一时代精神的精华,使人们掌握科学的世界观和方法论,不断解放思想、破除迷信,增强整个民族的创新意识和创新能力;面对我国全面开放的新情况,需要社会科学大力普及现代市场经济理论和现代管理知识,掌握世界经济贸易的有关准则、惯例,探索经济全球化的规律和特点,引导和促进我国经济与国际市场接轨,更快地提高我国国民经济市场化的水平;在社会生活日趋多样化、各种文化思想相互激荡、人们的价值观念日趋多元化的情况下,更需要在全社会普及哲学社会科学知识,用科学的思想武装人,引导人们树立科学的价值观,形成文明、公平、竞争、和谐的社会风气,养成良好的道德风尚和现代生活方式，构建起现代的先进文化的思想氛围，以促进社会的稳定和发展。

再次，社会科学的理论创新是先进思想文化建设的支柱。人文社会科学是人类文化的重要组成部分，它和自然科学两者相互联系、不可分割，共同构成人类文化发展的“车之两轮、鸟之两翼”。社会科学和自然科学都属于“大文化”范畴，两者在推动人类文明进步中的作用是同等重要的。但从文化的内部结构看，文化包括物质文化、制度文化、精神文化三个层面，在物质文化发展中自然科学、科学技术发挥着巨大的作用，社会科学则是制度文化和精神文化建设的支柱。特别是在科技迅猛发展、各学科日趋整合的今天，解决许多重大社会现实问题和思想理论问题都需要社会科学提供理论支持和科学论证。知识经济和经济全球化不仅是向科学技术提出挑战，更是向人文社会科学提出挑战。我们面临着大量从未遇到过的新问题，几乎我国经济政治和社会生活中的所有重要问题，都迫切需要社会科学提供正确的思想指导和科学方法。

一个民族要想真正站在时代的高峰，不能没有正确的理论指导。社会科学就是要为经济社会发展提供“智囊团”和“思想库”，大到一个国家一个地区的经济社会发展的战略、生产力布局和产业结构的调整，小到企业建设项目的论证、市场行情分析以及内部的运作管理，都离不开社会科学的指导和咨询服务。我国小康社会的变化和需求，人们的精神文化需求也发生了深刻的变化，小康社会不仅要求文化的先进性，而且要求文化的多样性，社会科学的理论创新就是要研究小康社会人民群众精神文化的需求和特点，在继承中华民族优秀传统文化、吸纳世界优秀文明成果的基础上，发展健康向上、丰富多彩、有中华民族风格、有中国特色的社会主义文化，为人类文明进步做出新的贡献。

五、社会主义现代化建设不能没有社会科学

近代以来，中国的现代化是几代中国人梦寐以求的理想。孙中山的现代化美梦，但由于没有民族独立的基本条件，没有找到正确理论指导，没有强有力的依靠力量，实业计划只能是一纸规划；在民族独立的条件下，毛泽东的现代化探索，虽然有中国工人阶级和人民群众的积极参与，但由于没有正确地系统地研究分析中国的国情，没有及时地把工作中心转移到现代化的核心——经济建设上来，现代化建设受到严重干扰甚至停滞；邓小平吸取毛泽东的现代化探索的经验教训，开创了改革开放的新局面。作为改革开放的总设计师的邓小平，同

时也是一位伟大的现代化建设的理论探索者和先行者,由于他既高度重视人民群众的实践创造,又十分注重吸纳社会科学研究的成果,并高屋建瓴地加以总结和提炼,创造性地形成了一系列在社会主义现代化建设发展史上的新理论、新观点,同时也保证了中国的社会主义改革和现代化建设取得了举世瞩目的伟大成就。过去的经验告诉我们,我国的现代化建设不能机械地照搬别国的既成模式,需要吸取别国的成功经验但要避免别国现代化过程中已经暴露出来的矛盾和问题。

当代全球问题已严重威胁着人类的生存和发展,威胁着人类的前途与命运。全球问题的严重性、危害性,解决全球问题的必要性、迫切性已经推动西方发达国家中的许多专家、学者对资本主义制度建立以来的社会发展模式,从生产方式、生活方式、社会经济政治制度到价值观念进行全面的反思。过去人们认为,只要人类认识自然规律、发展自然科学技术、发展生产和经济、征服自然界,就可以从自然界获得源源不断的物质财富,就可以不断地解决生产和需求的矛盾,人类就可以过上富裕、舒适的生活。这种观念曾被哲学家们概括为知识就是力量,科学理性应该支配一切,人类应该统治自然界。但是现在人们开始认识到这些观念的偏狭性,认识到人类不能仅仅做自然界的主人,还应该做自然界的建设者,人类社会和自然生态环境应该协调地发展,人们不应该追求无限度地掠夺自然,而应该追求人类社会自身长期稳定持续地发展;认识到仅靠自然科学的那种科学理性并不能解决人类发展道路上的全部问题,人类的哲学观念应该从那种科学理性发展为能够把真善美、局部和整体、目前和将来进行整体考虑,在从事科学技术和发展经济活动的时候,不能只从眼前的、局部的需要出发,而应该从人类整体的、长远的需要出发。

长期以来,在提前实现现代化的国家,人们追求高消费、急速地更换消费品的生活方式,但现在人们发现这种生活方式是一种大量挥霍、大量浪费的生活方式,严重地消耗着能源、资源,是一种只顾眼前享乐、不顾子孙后代的生活方式,而且这种生活方式在目前也严重地破坏着环境,导致人们生活质量的下降。人们开始反思在生活中究竟应追求什么样的价值,开始探索新的生活观念和新的生活方式。

过去,人们总是认为只有战争、暴力才能解决阶级、民族、国家之间的矛盾,但是两次世界大战以来的局部战争事实和“9·11”恐怖惨案表明，战争、暴力不能有效地解决当代人类社会的矛盾，越来越多的国家和人民认识到应该通过和平对话的方式来解决国际社会中各种政治的、经济的、宗教的、民族的矛盾，人类必须用新的方式解决自己内部的矛盾。上述反思已经推动并且还在继续推动人类科学认识的发展。现在越来越多的人认识到，解决当代全球问题、解决人类社会的持续发展问题，不能单靠自然科学，必须加强对社会的研究，必须发展社会科学，越来越多的自然科学家也转过来研究社会。这就是为什么自 20 世纪中叶以来在西方工业发达国家中社会科学的地位一直在上升的原因，不少学者甚至认为 21 世纪将是社会科学的世纪。

目前我国经济体制已经转到社会主义市场经济的轨道上来，在这种体制下探索我国现代化的发展模式，必然会有许多新的问题和情况要求我们去研究解决。这是一项巨大的、复杂的系统工程。我们要在这个过程中减少盲目性、提高自觉性，要在发展中借鉴发达国家现代化的经验教训少走弯路，就必须依赖社会科学的发展。我们过去在经济建设和现代化事业中的失误，“左”倾思想当然是最重要的原因，但是不注重发展社会科学，不注重利用社会科学成果也是原因之一。今天我们虽然有了正确的党的基本路线，但如果没有社会科学的应有发展，没有在广泛利用社会科学成果基础上的决策民主化和科学化，仍然难以避免各种各样的错误和失误。

总之，社会科学在我国现代化建设事业中既不是可有可无的装饰品，也不处于无足轻重的地位，无论是在民族振兴还是在整个社会的现代化过程中，社会科学都发挥着举足轻重的关键作用。如果忽视社会科学，势必铸成重大的历史性的错误。因此，我们应该像江泽民同志强调的那样，高度重视社会科学，充分发挥社会科学和社会科学工作者的作用，应该消除那种莫名其妙的对社会科学的恐惧和对社会科学工作者不信任的心理，舍得在社会科学研究上进行投资，用现代化的技术设备武装社会科学研究队伍，为社会科学的发展和繁荣创造有利的社会环境，使之在现代化建设中发挥更大的作用。

（原载《社会科学管理与评论》2002 年第 2 期）

论社会科学的生产力属性

江泽民同志于2001年8月在北戴河讲话中指出："一个民族要兴旺发达，要屹立于世界民族之林，就不能没有创新的理论思维，这是人类文明发展史给人们的一个重要启示。……哲学社会科学的研究能力和成果，也是综合国力的重要组成部分。……我们实施科教兴国战略，包括自然科学和社会科学两个方面。"这段讲话对我们进一步认识社会科学的重要性，提高实施科教兴国战略的自觉性和主动性具有重要的指导意义。

社会科学对推动社会发展和社会进步有巨大的作用，是毋庸置疑的，但就社会科学如何作用于社会进步，特别是如何推进社会生产力的发展，提高综合国力，一直是学术界关注和需要深化研究的课题。关于社会科学的生产力属性问题，就是学术界长期存在争议的理论问题，一种观点认为："科学技术包括社会科学，社会科学是第一生产力。"①另一种观点则认为：社会科学不属于生产力的范畴。本文不同意把社会科学完全排除在社会生产力范畴之外的观点，也不苟同于笼统认为社会科学所有学科都是第一生产力的主张，我认为应该对社会科学内部学科进行科学分类，因为在社会科学内诸学科中，部分学科是社会生产力（或可转化为社会生产力）。通过对江泽民同志"三个代表"重要思想科学的内涵的深刻理解和江泽民同志在北戴河讲话的学习理解，我们更坚定了这一观点。

---

① 钱学森：《钱学森同志给郁文同志的两封信》，载《哲学研究》1991年8期。

社会科学内部分学科是社会生产力

社会科学作为科学的一种，以社会现象和社会问题为主要研究对象，以探索社会发展的本质和规律为宗旨，以监控、评估、分析和阐释社会发展变化为特点。

社会科学尽管在阶级社会里具有不同程度的阶级性，但作为一类科学，它所揭示的社会发展规律和自然科学所揭示的自然界发展规律一样，都是不以个人、集团或阶级的意志为转移的客观规律，它们都是人们正确反映物质世界某一领域或某一层次规律性的知识体系，是人类物质文明和精神文明发展的重要成果。社会科学的任务在于揭示人类社会发展的客观规律，并作为人们对社会进行改造的指南，最终目的在于推动生产力的发展和社会的进步。从这个意义上看，社会科学是对生产力发展有重大影响作用的因素。但是，从生产力发展的某一历史阶段来看，社会科学离生产过程较远的基础理论和部分学科，不能直接转化为现实生产力。

这里我们必须对我国目前社会科学的现状做一分析才能说明这一问题。在西方国家，一直存在着科学主义与人文主义两大流派，人文学科独立于社会科学之外。在我国，人文学科向来是包括在社会科学之中的，没有人文学科的独立地位，所以像人类学、伦理学、美学、宗教学、史学、语言学、考古学等人文学科在 20 世纪 50—70 年代被意识形态化，80 年代以来学术界开始有人提出二者的区别，人文学科独立于社会科学之外的问题被提了出来，就人文学科与社会科学二者的研究对象和功能来看，人文学科侧重于对个体的人以及文化的意义世界的研究，社会科学侧重于对社会结构、社会组织、社会运作和变革的研究；在功能上，人文学科是基础性学科，侧重于培养人的自我意识，提高人的素质并保存和发扬人类优秀文化传统，而社会科学则是应用性学科，侧重于对社会结构、社会组织、社会运作和变革的普遍性和规律性认识，解决社会矛盾、促进社会发展。本文讨论中所用的社会科学一词，是目前包括人文学科在内的社会科学的概念，而非精确意义上的社会科学，至于人文学科与社会科学的区别问题将另文探讨。

正是基于这样一个分类基础，本文提出部分社会科学是生产力的观点。目前社会科学中的人文学科，如美学、语言学、人类学、考古学、宗教学等与社会生产实践关系不甚密切，很难直接转化为社会生产力，而社会科学中的应用科学、开发学科，如政治学、经济学、管理学、运筹学等，由于和生产过程密切联系，就能在一定条件下直接转化为现实生产力。这些条件，主要是通过教育以提高劳动者的素质，使其不断掌握和运用新技术、新工艺；通过把科学技术转化为先进的生产工具，扩大劳动对象的范围，提高劳动对象的质量；通过教育把管理理论转化为先进的管理方法与管理技术，提高管理的有效性等中间环节，使潜在生产力转化为现实生产力，从而提高劳动生产率。同时，生产实践是人类最基本的实现形式，它既是自然科学的重要研究对象，也是社会科学的重要研究对象。因此，一些与生产过程紧密联系的社会科学（如经济学、管理科学等）跟自然科学一样，具有直接转化为生产力的功能。至于像在生产过程中广泛应用的系统论、信息论、控制论等综合性学科，其转化为现实生产力的事实更是不容置疑。认为“社会科学无论就其理论科学还是应用科学而言，都不具备直接人格化和物化为生产力的功能”显然是欠妥的。

生产力概念的范畴中包括一些社会科学

马克思曾说生产力的发展，归根结底“来源于智力劳动特别是自然科学的发展”①。他在19世纪自然科学对生产力发展起着极大的推动作用的时代，尽管强调“自然科学”这种“智力劳动”对生产力发展的作用，但并没有把生产力的发展完全归结为自然科学的作用，否定社会科学这种“智力劳动”对生产力发展的作用。马克思在分析生产过程中制约生产力发展水平的各种因素时指出劳动生产力是由多种情况决定的，其中包括：“工人的平均熟练程度，科学的发展水平和它在工艺上应用的程度，生产过程的社会结合，生产资料的规模和效能，以及自然条件。”②结合生产力发展的历史和现实来理解马克思这段论述，

---

① 马克思，恩格斯：《马克思恩格斯全集（第25卷）》，中共中央马克思恩格斯列宁斯大林著作编译局、邓仁娥译，人民出版社2001年版，第99页。

② 马克思，恩格斯：《马克思恩格斯全集（第23卷）》，中共中央马克思恩格斯列宁斯大林著作编译局译，人民出版社1972年版，第53页。

我认为,生产力作为人们利用和改造客观世界并获取生活资料的能力,它是由实体性要素(包括劳动者、劳动资料和劳动对象)、渗透性要素(自然科学技术)、结合性要素(组织管理)、基础性要素(教育)等互相联系、互相制约的要素所构成的一个动态社会系统。马克思所讲的"工人的平均熟练程度""生产资料的规模和效能"等,指的是实体性要素功能的状况;"科学的发展水平和它在工艺上应用的程度"等,指的是科学技术这个渗透性要素功能的状况;"生产过程的社会结合",即合理的分工协作等,主要是指组织管理这个结合性要素功能的状况;要提高劳动者的技能,提高科学技术水平并应用于生产过程,提高管理的有效性等,又离不开教育这个基础性要素的作用。这些要素都是生产力发展状况中举足轻重的因素。它们之间是相互作用、具有交叉效应的。至于"生产资料的规模和效能"及"自然条件",例如地理位置、资源状况、交通运输和邮电状况等因素是各种要素共同作用,尤其是自然科学技术和组织管理共同作用、力求在交叉效应中扬长避短取得满意的结果,这里的组织管理即是社会科学的功能。因此,有些社会科学是生产力的论断,在理论上是言之成理、持之有故的。

社会生产实践证明有些社会科学是生产力

我们以管理科学为例来分析说明。管理是人类组织社会活动的一个最基本的手段。任何一个群体都必须通过管理,才能组织人们起来为达到某种预定目标而协调有序地共同奋斗。因此,人类社会的存在和发展,都离不开管理活动。它既然是贯穿人类社会始终、存在人类社会各个领域的一种重要的社会实践活动,那就必然会有揭示这个领域基本规律的管理科学,并把管理理论转变为先进管理方法和管理技术,使生产过程或其他社会活动过程能协调、高效地进行。人们经常讲向管理要速度、要效益,就是指生产过程管理科学化程度的提高,就会使生产力系统诸要素结构合理、优化,从而产生新的生产力,管理的性质和功能是复杂的,它既有属于生产关系和上层建筑的部分,也有属于生产力的部分。对生产过程的管理,无论是宏观还是微观,都要研究如何正确协调和处理生产过程中个人与个人、个人与集体之间的关系以及分配关系,这就必须采取一定的管理体制,确定经济责任、分配方案以及制定有利于生产有序进行的有关制度、法律规范等，这是管理中居于生产关系方面的问题；它要研究如何贯彻党的路线、方针、政策，遵守国家法律，坚持社会主义方向，处理好国家、企业和个人关系，并赋予各职能机构以相应的权力等，以求有效地达到对各种矛盾关系的调节和控制，使生产管理系统处于良性运转状态之中，这是管理中属于上层建筑的问题；任何管理的目的，都是为了取得更高的效率和更大的效益，它要以先进的技术手段，根据生产力诸要素的状况和现代化、社会化大生产的客观要求，合理组织和科学规划，使生产力诸要素结构优化，各类资源配置比较合理，以提高经济效益，这是管理中属于生产力方面的问题。管理科学是这样，领导科学、经济学等社科学科也是这样。由此证明，有些社会科学学科是生产力。而按目前我国社会科学所涵盖的内容来看，有些学科则不是生产力或者说很难转化为生产力，如人类学、民族学、美学、语言学、考古学等学科。这些学科虽然也具有科学的一般功能，如提高人们认识世界、改造世界的水平和能力，但是不能直接向生产力转化，而只能是间接地向生产力转化，主要是通过上层建筑反作用于经济建设，故我们不能说这些学科也是社会生产力。

科学强化了社会科学直接转化生产力的功能

在当代，社会科学和自然科学互相渗透，社会科学概括、吸收了自然科学的重大成果，而自然科学又以社会科学的理论为指导，吸收社会科学认识世界和改造世界的方法论原则。这种综合性趋势，一方面使两类科学之间相互包含，你中有我，我中有你；另一方面又形成一批综合性学科。同时，自然科学技术能否运用和普及，能否加速科技成果的商品化和向现实生产力转化，提高科技进步在经济增长中所占的分量，能否合理配置在开发研究、高新技术及其产业、基础性研究三个方面的力量，以及能否坚持以经济建设为中心不动摇，更快更好地解决我国社会主义初级阶段的主要矛盾，即人民日益增长的物质文化需要同落后的社会生产之间的矛盾，这些都是社会领域里的重大问题。解决这些问题，加快经济发展步伐，既有赖于自然科学的发展和应用，也有赖于社会科学认识和改造社会的重大作用的发挥，也便于从战略和战术上做出合乎国情的规划，制定正确的措施以实施科学管理。因此，社会科学从整体上影响着生产力发展和社会的进步。这种重大作用越来越明显地表现出来,在我国加快改革开放和社会主义现代化建设步伐的新时期,更是这样,这就是钱学森教授所强调的“在我国目前,社会科学比自然科学更有关键性”的论断的实践根据。由此可见,那种把自然科学和社会科学绝对割裂开来,认为“社会科学来源于生产斗争,反映人与自然的关系。人们认识和解决社会矛盾,是在一定社会科学的指导下进行的;但是解决人们与自然的矛盾,只能用大力发展生产力尤其是科学技术,实现经济技术的现代化去解决”的观点显然是片面的,是不符合实际的。

总之,对社会科学是否是生产力的问题,必须做具体分析,一概肯定或一概否定都是欠妥的。对在一定条件下可以直接转化为生产力的某些社会科学,也应具体分析,不要以偏概全。对这个问题的讨论,有助于大家从新的角度深化对社会科学的功能和价值的认识,这对于克服我国长期忽视社会科学重要作用的倾向,更好地发挥社会科学的功能,无论在理论上还是实践上,都具有重大现实意义。江泽民同志指出:“社会科学研究的方向正确与否,社会科学发展状况如何,对人们的思想意识和社会的道德风尚,对经济建设,对社会稳定和发展,都会产生巨大而深刻的影响,甚至关系到中华民族的兴衰和社会主义的命运。”这一指示,深刻地揭示了社会科学的地位和作用,精辟地阐明了发展和繁荣社会科学的必要性。坚持以“三个代表”重要思想为指导,首要的要坚持代表先进社会生产力的发展要求,明确社会科学与社会生产力相联系又相区别的内部关系,可以说,积极发展和繁荣社会科学,就是推动了社会生产力的发展,就能够为提高综合国力做出贡献,就能为实现社会主义现代化和中华民族的伟大复兴做出贡献;而那些鄙视社会科学发展,“一手硬,一手软”的做法,那些“社会科学说起来重要,做起来不重要或次要”的想法和做法,就是和“三个代表”重要思想背道而驰的,必须彻底摒弃。而只有坚持解放思想、实事求是、与时俱进、开拓创新,把社会科学事业的发展作为发展社会生产力的题中应有之义来做,才能彻底贯彻“三个代表”重要思想,使21世纪的中国社会科学事业绽放光彩。

(原载《中州学刊》2002年第2期)

论社会科学转化为社会生产力的途径、机制与对策*

社会科学在我国社会主义现代化建设中的地位问题并没有真正得到解决，人们对它的重要性还没有充分认识，在一些人的心目中它无足轻重，社会上存在着重理轻文的情况，社会科学研究人员的工作条件、生活条件明显低于其他各类研究人员，这些都说明忽视社会科学的重要性是一种带有普遍性的社会形象，究其原因，主要是人们对社会科学的生产力属性认识不同、对社会科学是否属于第一生产力的范畴仍有许多争论、对社会科学转化为生产力的途径和机制有许多模糊认识，凡此等等。这种现象如不克服，我国社会科学就不能得到健康发展，我国的改革开放和社会主义建设大业也不能顺利进行。

引　言

1　国外关于社会科学是否是科学的长期争论

1.1　西方关于社会科学是否是科学的长期争论

早在西方理论思维的鼻祖亚里士多德那里，知识便被区分为物理、伦理和逻辑三大部分，其科学分类的触角已伸进自然、社会和思维领域。后来英国的培根，则继此将人类知识分为历史、艺术、哲学等门类。19 世纪法国学者孔德则明确提出，科学应包括数学、天文学、社会学等六类。英国的斯宾塞也在抽象科学与个体科学的分类细目中包括了自然科学和社会科学。英国进步的科学学开拓者贝尔纳不仅明确地把社会科学列于科学之中，而且明确说过："我们需要

* 此文为作者攻读清华大学研究生时撰写的硕士论文，此文由清华大学人文学院曾国屏老师指导，此处为首次公开发表。

发展社会科学更甚于需要发展自然科学。”①

与上述理论见解相对立,在西方一直存在着不承认社会科学是真正科学的思潮。1963年,在近代世界自然科学发展史上举足轻重的英国皇家学会,在其章程中明文排斥社会科学作为科学之一部类的资格。很长时间以来,在西方,一直有相当多的科学巨星认为,“由于社会科学知识具有极端的条件依赖性,不可能存在社会现象的普遍规律”②,因而社会科学就不能被视为科学。英国著名学者A.瑞安甚至以《关于社会的研究是一门科学吗?》为题,发表论文,认定社会科学不能划归科学领域。这种思潮③,在美国实际上还是一种“准官方”的主流见解。据悉,直到1982年,美国的学院才正式承认社会科学是一门科学。但是,这一承认招来的却是至今不断的谴责,许多科学巨星要求“取消”这种“不合适”的承认④。事实是,除直接为统治集团提供咨询的某些软科学单位外,从总体看,美国的社会科学比之自然科学,其地位是相当低下的。之所以造成这种局面,除某些人以自然科学的标准去硬套社会科学外,某些西方反动势力借此否定马克思主义社会科学的图谋也是其中一个重要因素。在这些背景下,他们当然更不会承认社会科学也是“第一生产力”了。

1.2　西方关于社会科学重要性问题的不同见解

肯定社会科学的重要性者,当以《后工业社会的来临》的作者丹尼尔·贝尔为突出代表。与之呼应的还有罗马俱乐部等未来学研究群体或个体,以及许多以经济工程学成果而获得诺贝尔奖的学者等。

丹尼尔·贝尔另撰有《第二次世界大战以来的社会科学》一书,其中在大量统计资料和现实的基础上明确提出:“在过去30年左右,社会科学成了公众最注意和最寄予希望的科学,这是社会科学的历史上前所未有的”,它“标志着社会科学的时代已经到来”⑤。在《后工业社会的来临》一书中,他不仅提出在当

---

① 贝尔纳:《科学的社会功能》,陈体芳译,商务印书馆1982年版。

② 奥弗曼:《当代社会科学的特性》,载《国外社会科学》1990年第1期。

③ 瓦托夫斯基:《科学思想的概念基础——科学哲学导论》,范岱年译,求实出版社1982年版,第551页。

④ 柯克帕特里克,子华:《美国社会科学研究处于困难:由于匮乏,还是密谋?》,载《国外社会科学》1984年第7期。

⑤ 贝尔:《第二次世界大战以来的社会科学》,范岱年、裘辉、彭家礼等译,中国社会科学院情报研究所印本,第23—24页。

代新科技革命条件下“理论知识正日益发展成一个社会的战略资源”的“中轴原理”,认定科技知识分子是“未来社会的中轴结构”①,而且明确认定这种科技知识分子包括“自然科学家和社会科学家”②。有资料表明,他的这种见解,与哈贝马斯及马尔库塞关于科技是第一生产力的看法,是彼此呼应的,至少,他们都是在“意识形态终结论”之旗帜下的学者。

反对以上看法的论者,至今也大有人在。例如,美国学者S.柯克帕特里克于1983年3月18日在他所主持的“美国西南部社会科学学会”上便抱怨说,美国的“社会科学正处于困境之中”,因为美国国家科学院的拨款情况表明,有可能完全把社会科学排除在外。试想,前一年刚承认了社会科学为科学之一部类的美国国家科学院,第二年便发生如此情况,不正表明了严肃社会科学在西方统治者眼中低下的地位吗?要知道,英国也有同类反应。该国《政策研究》1987年第8期有N.福曼写的《社会科学起什么作用?》一文,明确指出“80年代末期的今天,英国社会科学缺乏政治和社会两方面的支持,这一点是显而易见的”。不用多说,在这种背景下,更谈不上什么社会科学是“第一生产力”的问题。

1.3 苏联和东欧国家关于社会科学与生产力关系的观点

在苏联和东欧诸国剧变前,这些国家把哲学社会科学一直当作阶级斗争乃至派别斗争的意识形态工具来看待,这种情况虽然后来面对新科技革命成就的巨大冲击而有所改变,但是,苏联和东欧的学者们在审视社会科学的社会作用时所持主体观念却基本未变,因而在具体的结论上便处于相当混乱、暧昧的状况。

在纪念马克思逝世一百周年(1983年)前后,苏联科学院副院长奥夫钦尼科夫在《苏联科学院通讯》上发表专文,论述“科学正变为直接生产力”,接着又论及苏联“社会科学的意义越来越重要”,实际上避开了对社会科学也是直接生产力的明确认定。③ 苏联《真理报》发表的纪念马克思逝世一百周年的日丹诺夫专文《社会科学的社会作用》,也采用了同一笔法,既谈到了苏联社会科学在推动生产力发展中的积极作用,又不明确提出社会科学也是生产力的命题④。

① 贝尔:《后工业社会的来临》,王宏周等译,商务印书馆1984年版,第24页。

② 同上。

③ 奥夫钦尼科夫:《苏联科学院通讯摘要》,载《国外社会科学快报》1983年第20期。

④ 奥夫钦尼科夫:《苏联科学院通讯摘要》,载《国外社会科学快报》1983年第20期。

在此之前，由苏、捷两国学者合撰的书中，则提出了“科学转化为直接生产力的过程，在某些方面也包括了社会科学在内”①的命题。

2　国内关于社会科学是否是生产力问题的争论

在我国，一方面存在着较深远的当年苏联理论影响，另一方面，“阶级斗争为纲”的倾向在哲学社会科学界历经数十年，已化为深层心理结构，很难一时消除，所以我国的情况与当年苏联、东欧颇为类似。从20世纪50年代到70年代中期，存在两种倾向：一种倾向认为，哲学社会科学只是一种社会意识形态，它只具有阶级性，不像科学技术那样具有明显的科学性，诸如此类的似是而非的论断或表述，至今散见于我国的有关教科书和出版物之中；另一种倾向则完全否定哲学社会科学是一种阶级的意识形态，理论界在20世纪80年代以前也很少论及社会科学与生产力的关系问题。

众所周知，自1975年以来，邓小平同志曾多次肯定“科学技术是生产力”，并且在1988年提出了“科学技术是第一生产力”的论断，同时他还根据二战后几十年来世界经济发展的新趋势与新经验强调指出：“科学是了不起的事情，要重视科学，最终可能是科学解决问题。”②这些重要论断，既有历史事实为根据，又同马克思关于“生产力中也包括科学”“社会的劳动生产力，首先是科学的力量”③的观点相一致。

作为第一生产力的科学技术，是特指自然科学，还是也包括社会科学？换言之，社会科学技术是不是生产力？随着改革开放之后我国改革开放的深入，特别是经济政治体制改革的深化被提到日程上来，20世纪90年代前几年，学术界围绕这一命题展开了深入讨论。

2.1　一种观点认为：科学技术包括社会科学，社会科学是第一生产力

这种观点以我国著名科学家钱学森的观点为代表。

早在1980年，钱学森教授曾在《从社会科学到社会技术》一文中，根据当代

---

①　C.P.米库林斯基、P.里赫塔：《社会主义和科学》，李兴权等译，人民出版社1986年版，第240页。

②　转引自何黄彪：《近千万科技大军真正属于中华民族的精英　国家科技奖励大会在京举行》，载《人民日报》1989年12月20日。

③　转引自孙文盛：《发展经济，科技必须有新解放和大发展》，载《人民日报》1995年3月21日。

科学、技术、生产、服务一体化的趋势，根据基础研究—应用研究—开发研究的全过程，提出了要重视社会技术的问题。后来，他认为我国广泛开展的软科学研究又是社会科学的应用，所以也可以称为“社会技术”。1990 年，钱学森在给时任中国社会科学院副院长的郁文同志的信中指出：“科学技术是第一生产力，这里科学技术包括社会科学，而在我国目前，社会科学比自然科学更为关键。”①

在此之前，即在 1985 年召开的我国首届交叉科学学术讨论会上，著名社会科学家马洪讲道：“社会主义现代化建设必须保持科学技术、经济社会协调发展，这需要社会科学、自然科学、技术科学进行密切的有效合作，才能得到正确解决。”可见，马洪也是把社会科学包括在科学之列的。②

在 20 世纪 90 年代初的几年中，发表论述社会科学是否是第一生产力的文章有几十篇之多，多数文章主张科学包括社会科学，社会科学是第一生产力的观点。

2.2　另一种观点认为：社会科学不是生产力

这种观点虽然不否定社会科学技术是科学，但不同意“社会科学也是第一生产力”的说法，以我国著名社会科学家胡绳为代表。

胡绳对科学也是生产力的说法有些怀疑，并认为，一般说来，社会科学不属于生产力的范畴。持这种观点的论者主要论据是：（1）科学技术是可以经过自身的一系列物质化和技术化过程，直接进入生产力的诸要素，即直接转化为劳动者的科技素质，直接物化为生产条件，乃至直接成为劳动对象的科技含量，就像马克思所说，生产过程成了科学的应用的时候，科学技术才能成为强大的生产力。而社会科学如文学、史学、哲学、法学、经济学、政治学、宗教学、军事学、教育学、民族学、新闻学、行管学等，无论就其理论科学或应用科学而言，都不具备这种直接人格化和物化为生产力的功能。（2）社会科学来源于阶级斗争及其他社会矛盾，反映人与人的关系，自然科学来源于生产斗争，反映人与自然的关系、社会科学属于意识形态和上层建筑的范畴，在有阶级的社会中有阶级性，即为一定阶级的利益服务，历史上各种形态国家的统治阶级，都有自己关于社会

① 钱学森：《关于社会科学与自然科学联盟的通信和建议》，载《哲学研究》1991 年第 8 期。

② 同上。

的学说，即便是能够反映绝大多数劳动人民利益的马克思主义，也具有自己强烈的党性和阶级性。“无产阶级把哲学当作自己的精神武器”①，人们认识和解决社会矛盾是在一定的社会科学理论指导下进行的，但认识和解决人与自然的矛盾则不能用阶级斗争、政治斗争、文化斗争、军事斗争等手段解决，而“社会与自然的矛盾，用发展生产力的方法去解决”②。可见，两种学科的属性和作用是不同的。(3)社会科学属于上层建筑，可以调节生产关系，解放生产力，促进生产力的发展，而不是直接生产力乃至第一生产力。(4)把社会科学视为生产力表现了社会生活的某些层面出现了只讲经济、实惠、创收、钞票、发财，即只讲物质利益乃至只讲钞票的意义和作用，而不讲精神和道义的意义和倾向。是把社会生活势力化、唯物史观庸俗化的表现。③

3　本文的基本观点：部分社会科学是生产力

笔者不同意把社会科学完全排除在生产力范畴之外的观点，也不苟同笼统认为社会科学都是生产力的主张，而认为部分社会科学是生产力（或可以转化为生产力）的观点，即与生产力发展密切相关的部分学科是社会生产力（或者说可以转化为现实生产力）。

3.1 有些社会科学具有转化为生产力的功能

社会科学尽管在阶级社会里具有不同程度的阶级性，但作为一类科学，它所揭示的社会发展规律和自然科学所揭示的自然界发展规律一样，都是不以个人、集团或阶级的意志为转移的客观规律，它们都是人们正确反映物质世界某一领域或某一层次规律性的知识体系，是人类物质文明和精神文明发展的重要成果。社会科学的任务在于揭示人类社会发展的客观规律，并作为人们对社会进行改造的指南，最终目的在于推动生产力的发展和社会的进步。从这个意义上看，社会科学是对生产力发展有重大影响作用的因素。但是，从生产力发展的某一历史阶段来看，离生产过程较远的基础理论和部分学科，不能直接转化为现实生产力。

这里我们必须对我国目前社会科学的现状加以分析才能说明这一问题。

---

①　马克思、恩格斯：《马克思恩格斯选集（第1卷）》，中共中央马克思恩格斯列宁斯大林著作编译局译，人民出版社1995年版。

②　中共中央文献研究室：《毛泽东文集（第1卷）》，人民出版社1993年版。

③　吴越：《社会科学是生产力论置疑》，载《理论月刊》1993年第4期。

在西方国家,一直存在着科学主义与人文主义两大传统,人文学科独立于社会科学之外。在我国,人文学科向来是并在社会科学之中,没有人文学科的独立地位,所以像哲学、伦理学、美学、宗教学、史学、语言学、考古学等人文学科在20世纪50—70年代被意识形态化,80年代以来学术界开始有人提出二者的区别,人文学科独立于社会科学之外的问题被提了出来,就人文学科与社会科学二者的研究对象和功能来看,人文学科侧重于对个体的人以及文化的意义世界的研究;社会科学侧重于对社会结构、社会组织、社会运作和变革的研究,在功能上,人文学科是基础性学科,侧重于培养人的自我意识,提高人的素质并保存和发扬人类优秀文化传统,而社会科学则是应用性学科,侧重于对社会结构、社会组织、社会运作和变革的普遍性和规律性认识,解决社会矛盾、促进社会发展。本文讨论中所用的社会科学一词,是目前包括人文学科在内的社会科学的概念,而非精确意义上的社会科学,至于人文学科与社会科学的区别问题将另文探讨。

正是基于这样一个分类基础,本文提出部分社会科学是生产力的观点。目前社会科学中的人文学科如美学、语言学、人类学、考古学、宗教学等与社会生产实践关系不密切,很难直接转化和社会生产力,而社会科学中的应用科学、开发学科如政治学、经济学、管理学等,由于和生产过程密切联系,就能在一定条件下转化为现实生产力。这些条件,主要是通过教育以提高劳动者的素质,使其不断掌握和运用新技术、新工艺;通过把科学技术转化为先进的生产工具,扩大劳动对象的范围,提高劳动对象的质量;通过教育把管理理论转化为先进的管理方法与管理技术,提高管理的有效性等中间环节,使潜在生产力转化为现实生产力,从而提高劳动生产率。同时,生产实践是人类最基本的实现形式,它既是自然科学的重要研究对象,也是社会科学的重要研究对象。因此,一些与生产过程紧密联系的社会科学(如经济学、管理科学等)跟自然科学一样,具有直接转化为生产力的功能。至于像在生产过程中广泛应用的系统论、信息论、控制论等综合性学科,其转化为现实生产力的事实更是不容置疑。认为“社会科学,无论就其理论科学和应用科学而言,都不具备直接人格化和物化为生产力的功能”①显然是欠妥的。

---

① 周叔进:《关于社会科学与生产力的思考》,载《北京社会科学》1995年第1期。

3.2　马克思主义关于生产力概念的范畴中包括一些社会科学

马克思曾说，生产力的发展，归根结底"来源于智力劳动特别是自然科学的发展"①。他在19世纪自然科学对生产力发展起着极大的推动作用的时代，尽管强调"自然科学"这种"智力劳动"对生产力发展的作用，但并没有把生产力的发展完全归结为自然科学的作用，否定社会科学这种"智力劳动"对生产力发展的作用。马克思在分析生产过程中制约生产力发展水平的各种因素时指出："劳动生产力是由多种情况决定的，其中包括：工人的平均熟练程度，科学的发展水平和它在工艺上应用的程度，生产过程的社会结合，生产资料的规模和效能，以及自然条件。"②结合生产力发展的历史和现实来理解马克思这段论述，我认为，生产力作为人们利用和改造客观世界并获取生活资料的能力，它是由实体性要素（包括劳动者、劳动资料和劳动对象）、渗透性要素（自然科学技术）、结合性要素（组织管理）、基础性要素（教育）等互相联系、互相制约的要素所构成的一个动态社会系统。马克思所讲的"工人的平均熟练程度""生产资料的规模和效能"等，指的是实体性要素功能的状况；"科学的发展水平和它在工艺上应用的程度"等，指的是科学技术这个渗透性要素功能的状况；"生产过程的社会结合"，即合理的分工协作等，主要是指组织管理这个结合性要素功能的状况；要提高劳动者的技能，要提高科学技术水平并应用于生产过程，要提高管理的有效性等，又离不开教育这个基础性要素的作用。这些要素都是生产力发展状况中举足轻重的因素。它们之间是相互作用、具有交叉效应的。至于"生产资料的规模和效能"及"自然条件"（例如地理位置、资源状况、交通运输和邮电状况等），则是各种要素共同作用，尤其是自然科学技术和组织管理共同作用、力求在交叉效应中扬长避短取得满意的结果，这里的组织管理即是社会科学的功能。因此，有些社会科学是生产力的论断，在理论上是言之成理、持之有故的。

3.3　社会生产实践证明：有些社会科学是生产力

我们以管理科学为例来分析说明。管理是人类组织社会活动的一个最基

---

①　马克思、恩格斯：《马克思恩格斯全集（第25卷）》，中共中央马克思恩格斯列宁斯大林著作编译局、邓仁娥译，人民出版社2001年版。

②　马克思、恩格斯：《马克思恩格斯全集（第23卷）》，中共中央马克思恩格斯列宁斯大林著作编译局译，人民出版社1972年版。

本的手段。任何一个群体都必须通过管理,才能组织人们起来为达到某种预定目标而协调有序地共同奋斗。因此,人类社会的存在和发展,都离不开管理活动。管理活动既然是贯穿人类社会始终,存在于人类社会各个领域的一种重要的社会实践活动,那么,就必然会有揭示这个领域基本规律的社会科学,即管理科学,并把管理理论转变为先进管理方法和管理技术,使生产过程或其他社会活动过程能协调、高效地进行。人们经常讲向管理要速度、要效益,就是指生产过程管理科学化程度的提高,就会使生产力系统诸要素结构合理、优化,从而产生新的生产力。管理的性质和功能是复杂的,它既有属于生产关系和上层建筑的部分,也有属于生产力的部分。对生产过程的管理,无论是宏观管理还是微观管理,都要研究如何正确协调和处理生产过程中人与人、个人与集体之间的关系以及分配关系,这就必须采取一定的管理体制,确定经济责任、分配方案以及制定有利于生产有序进行的有关制度、法律等,这是管理中属于生产关系方面的问题;它要研究如何贯彻党的路线、方针、政策,遵守国家法律,坚持社会主义方向,处理好国家、企业和个人关系,并赋予各职能机构以相应的权力等,以求有效地达到对各种矛盾关系的调节和控制,使生产管理系统处于良性运转状态之中,这是管理中属于上层建筑的问题;任何管理的目的,都是为了取得更高的效率和更大的效益,它要以先进的技术手段,根据生产力诸要素的状况和现代化、社会化大生产的客观要求,合理组织和科学规划,使生产力诸要素结构优化,各类资源配置比较合理,以提高经济效益,这是管理中属于生产力方面的问题。管理科学是这样,领导科学、经济学等社会科学也是这样。由此证明,有些社会科学是生产力。而按目前我国社会科学所涵盖的内容来看,有些学科则不是生产力或者说很难转化为生产力,如人类学、民族学、美学、语言学、考古学等学科。

3.4 科学发展的综合性趋势,强化了有些社会科学直接转化为生产力的功能

在当代,社会科学和自然科学互相渗透,社会科学概括、吸收了自然科学的重大成果,而自然科学又以社会科学的理论为指导,并吸收社会科学认识世界和改造世界的方法论原则。这种综合性趋势,一方面使两类科学之间相互包含,你中有我,我中有你,另一方面又形成一批综合性学科。同时,自然科学技术能否运用和普及,能否加速科技成果的商品化和向现实生产力转化,提高科

技进步在经济增长中所占的含量，能否合理配置在开发研究、高新技术及其产业、基础性研究三个方面的力量，以及能否坚持以经济建设为中心不动摇，更快更好地解决我国社会主义初级阶段的主要矛盾，即人民日益增长的物质文化需要同落后的社会生产力之间的矛盾，这些都是社会领域里的重大问题。解决这些问题，加快经济发展步伐，既有赖于自然科学的发展和应用，也有赖于社会科学认识和改造社会的重大作用的发挥，也便于从战略上和战术上做出合乎国情的规划，制定正确的措施以实施科学管理。因此，社会科学从整体上影响着生产力的发展和社会的进步，这种重大作用越来越明显地表现出来，在我国加快改革开放和社会主义现代化建设步伐的新时期，更是这样，这就是钱学森教授所强调的“在我国目前，社会利学比自然科学更有关键性”的论断的实践根据。由此可见，那种把自然科学和社会科学绝对割裂开来，认为社会科学来源于生产斗争，反映人与自然的关系。人们认识和解决社会矛盾，是在一定社会科学的指导下进行的；但是解决人们与自然的矛盾，只能用大力发展生产力尤其是科学技术，实现经济技术的现代化去解决的观点显然是片面的，是不符合实际的。

总之，对社会科学是不是生产力的问题，必须做具体分析，一概肯定或一概否定都是欠妥的。对在一定条件下可以直接转化为生产力的某些社会科学，也应具体分析，不要以偏概全，对这个问题的讨论，有助于大家从新的角度深化对社会科学的功能和价值的认识，这对于克服我国长期忽视社会科学重要作用的倾向，更好地发挥社会科学的功能，无论在理论上还是实践上，都具有重大现实意义。

第一章　社会科学的生产力属性问题

1.1　现代意义上的科学技术包括社会科学

1.1.2　现代大科学观说明社会科学具有生产力属性

自然科学与社会科学研究的是同一对象，即生产、实践统一起来的世界，这个世界既是自然界，又是人类社会。从研究目的上说，两大学科是一样的，都是求发展，提高人类的生存能力。从科学自身说，它们是同一种社会现象，物理学家普朗克在他的《世界物理图景的统一性》中指出:“科学是内在的整体,它被分解为单独的部门不是取决于事物的本质,而是取决于人类认识的局限性。实际上存在着由物理到化学,通过生物学和人类学到社会科学的连续的链条,这是任何一处都不能打破的链条。”社会科学与自然科学是“同一个过程的两个方面,完全必然而不可分割的两个方面。它们只是在我们的头脑中才是分开的。如果其中一个熄灭了,另一个的蓬勃增长便停止了”①。在科学不太发达的时代,生产也不是很发达,那时单学科可以深入研究一个问题;在当代,一些重大问题的研究就不是单学科所能胜任的了,而必须是多学科联合攻关。从研究方法看,两者互相移植,自然科学中常用的定量分析、实验模拟等方法被引入社会科学;社会科学的方法如目的假设、系统分析等被引入自然科学。从科学分工看,两者的界限日益模糊,在自然科学与社会科学之间产生了一系列的交叉学科、新兴学科,如信息论、系统论、控制论、创造学、技术经济学、数量经济学、生态经济学、技术市场学、技术美学等,这些学科被广泛地运用在生产过程中,成为促进生产力发展的重要因素;这些交叉学科、新兴学科的出现表明,科学的发展,自然科学与社会科学的渗透、结合,为社会科学转化为生产力创造了条件。也就是说,交叉学科、新兴学科把自然科学与社会科学联成一体,使人类知识成为一个有机整体,形成了大科学,社会科学是作为统一的大科学里的一个要素或方面认识、指导生产实践而成为生产力。

1.1.2 生产力体系揭示出社会科学具有生产力属性

一般都认为生产力有三要素:劳动者、劳动资料、劳动对象。这三要素既与自然科学有关,又与社会科学紧密相连。以劳动者为例,他不仅要掌握劳动技能,还要受世界观支配。现代劳动者的知识包含着自然科学知识和社会科学知识。生产力是发展的,其发展就表现在科学知识的提高上,所以生产力的水平集中体现着自然科学和社会科学发展与应用的水平和程度,也集中体现着生产过程赖以展开的自然的、社会的条件和状况。生产力效能的发展,离不开社会体制环境,即社会科学为生产力的合理配置提供了思维框架。没有适当的体制、科学的政策,生产力是不能发挥作用的。现代生产力,在形态上已发生了根

① 维尔纳德斯基:《给维尔纳德斯卡娅的信》,载《哲学和科学进步》,中国人民大学出版社1982年版,第79页。

本性变化,由物质生产力转化为信息生产力。在物质性生产力中,以材料和能量的利用与消耗为主,在信息性生产力中,以信息的利用与消耗为主。人类社会发展到今天,知识经济时代初见端倪,生产力表现形态的这种变化越来越明显。在信息性生产力中,各种生产要素是在有效的组织中发挥作用的。这里,自然科学与社会科学作为一个整体共同对生产力发生作用,“对生产起作用的不是各个单独的科学,而是自然科学、技术科学和社会科学的全部总和”“在一系列社会科学参加的情况下……社会科学除了认识职能和意识形态职能之外,越来越积极地参与解决国民经济任务。”①这样,就应把生产力看作一个多方面、多层次的体系,对它的探讨就应从多方面、多学科上去进行,既要看生产力如何实现,又要看它的内涵与外延。社会科学的生产力属性在这里得到进一步的揭示。

1.1.3　社会科学多功能的发挥显示出生产力属性

理论功能。有人把社会科学只看作意识、形态,就是因为只注意到这种功能。其实,社会科学的理论功能是通过对实践进行总结,揭示事物的规律,创造和扩大人类的知识,反过来又指导人们的实践活动;同时,通过研究经济社会发展中的新情况、新问题,可以提出新理论,为制定经济社会发展战略和路线、方针、政策提供理论依据。即是说,理论功能已不单纯是理论论证,它已走上了为现实服务的道路,它在认识和掌握事物规律的基础上,能预测未来,进行科学的调节和控制,使人们的行动更富有成效。它可以间接转化为生产力,为生产力的发展指出方向。

认识功能。社会科学研究使人们理解越来越多的社会现象,认识社会现象背后的规律。社会科学理论可以使人们摆脱自身行动的盲目性。多年来,我们对社会主义经济发展规律缺乏认识,用指导战争的方法指导经济建设,就是没能很好地研究社会科学。虽然学者提出不少真知灼见,但因没用这些理论去认识实践,没发挥其认识功能,结果,正确的理论或被埋没,或被压制,极大地阻碍了生产力的发展。

教育功能。社会科学是人们树立正确的世界观,掌握科学的方法论的基本工具。它可以提高人的思想觉悟、道德品质、思维能力、聪明才智。人是生产力

---

①　伊利切夫:《哲学和科学进步》,潘培新等译,中国人民大学出版社 1982 年版,第 4 页。

中最活跃的因素,人的素质的提高,是发展生产力的关键,而素质的提高既要靠自然科学技术来促进人的优生、优育、健康成长,又要靠社会学、伦理学、心理学等社会科学知识来教化和熏陶。

决策咨询功能。领导者和实际工作部门在进行决策时,总是自觉或不自觉地运用社会科学理论做参考或依据。没有社会科学,现代决策就无法进行。20世纪60年代以来,西欧和北美的政府越来越多地利用了社会科学,在决策和管理中开始运用社会科学成果。在我国,社会科学的咨询活动也已不是个例,越来越多的科研人员被政府聘为顾问,越来越多的成果被政府吸纳、采用。

管理功能。这是社会科学转化为生产力最直接的方式。在社会生产管理中,社会科学起放大和增效作用,直接影响生产率。有些实用性强的学科已参与到社会预测、社会规划、社会实践、社会决策、社会管理中,在巨大而复杂的社会工程中,发挥着极其重要的作用,是社会化大生产中不可缺少的支柱。社会科学的管理功能已得到了普遍承认,并认为没有管理就没有成果(包括自然科学成果)的转化。

国内外一些著名科学家都提出过深刻的见解。钱学森说:"我们搞社会科学是为了改造我们的社会,使它更符合人民的需要和愿望,能更加为人民谋利益。因此,从这个立场和观点,研究社会科学的目的与研究自然科学和技术的目的没有不同,社会科学同样是提高人民物质生活和精神生活水平的工具,而且是不可缺少的工具。那为什么不能说社会科学是生产力呢?如果说科学技术是生产力,这里说的科学技术要包括社会科学。"①在德国和美国很有影响的法兰克福学派成员哈贝马斯在提出科学技术是第一生产力时,其中就包括了社会科学。未来学家贝尔也有类似看法。尽管他们的意图是反对和修正马克思主义的剩余价值理论,但重视社会科学的作用,肯定社会科学的生产力属性,还是见地深刻的。

1.1.4　经典作家对社会科学生产力属性的认识

一百多年来,马克思、恩格斯、列宁和毛泽东,运用历史唯物主义的基本观点,深入系统地探讨了生产和社会发展的客观进程,日益清晰地看到并论述了社会科学的重大作用,越来越明确地把社会科学列入了一般科学之中。当马克

---

①　钱学森:《从社会科学到社会技术》,载《文化报》1980年9月29日。

思说“一般社会知识,已经在多么大的程度上变成了直接的生产力,从而社会生活过程的条件本身在多么大的程度上受到一般智力的控制并按照这种智力得到改造”①的时候,这里“一般社会知识”和“一般智力”,就是社会发展的有力杠杆,这里马克思说的科学也就包括了“有关历史的一切领域的知识”②(即社会科学知识);当列宁把历史唯物主义视为“科学思想中的最大成果”,把科学社会主义理论视为无产阶级“组织新的生产和消费”的理论“根据”③的时候,他同样是把哲学社会科学包括在大科学中的;当毛泽东同志论及科学分类,把人类知识分为自然科学和社会科学“两门”,把哲学视为自然科学和社会科学的“概括和总结”④的时候,他显然也是把社会科学列入大科学行列的。在新科技革命推动着现代化生产飞跃发展的当代,邓小平同志创造性地继承并发展了马列主义关于一般科学应包括社会科学的思想,不仅明确提出了“科学技术是第一生产力”的科学论断,而且还强调指出“科学当然也包括社会科学”⑤。这就把社会科学也是生产力的命题更加分明地确立起来了。

把社会科学纳入大科学范围并特别注重其在生产和社会发展中的地位与作用的,还有不少举世闻名的大科学家。远的不必说,当代就不乏这样的典型。其中,最突出的是英国的贝尔纳和中国的钱学森。贝尔纳不仅相当明确地把社会科学列入他的科学分类示意图中,而且还强调指出:“我们需要发展社会科学更甚于发展自然科学。”⑥荣获中国“国家杰出贡献科学家”称号的钱学森以自己长期从事自然科学的研究实践体会,尤其重视社会科学,他在多次讲话和多篇论文中都更加明确地指出:“不能把社会科学排除在现代科学技术这个概念之外,社会科学同自然科学、工程技术一样,是科学技术的一个不可缺少的组成部分。”他还不止一次地强调:“生产力包括社会科学,在我国,目前,社会科学比

---

① 马克思、恩格斯:《马克思恩格斯全集(第46卷下)》,中共中央马克思恩格斯列宁斯大林著作编译局译,人民出版社1980年版。

② 马克思、恩格斯:《马克思恩格斯全集(第19卷)》,中共中央马克思恩格斯列宁斯大林著作编译局译,人民出版社1963年版,第372—373页。

③ 列宁:《列宁全集(第2卷)》,中共中央马克思恩格斯列宁斯大林著作编译局译,人民出版社1984年版。

④ 马克思、恩格斯:《马克思恩格斯全集(第3卷)》,中共中央马克思恩格斯列宁斯大林著作编译局译,人民出版社1960年版,第773—774页。

⑤ 邓小平:《邓小平文选(第3卷)》,人民出版社1993年版。

⑥ 贝尔纳:《科学的社会功能》,陈体芳译,商务印书馆1982年版。

自然科学更具关键性。”①

总之,社会科学是大科学的有机组成部分。因此,承认科学技术是生产力,就应当承认社会科学也是生产力;承认科学技术是第一生产力,就应当承认社会科学也是第一生产力。当前,这一问题虽然还没有得到社会的普遍认同,但随着生产和社会的发展,随着社会科学的生产力功能日益充分地发挥,它必将得到社会的普遍认同。

1.2　从社会科学与自然科学的差异和区别看社会科学的科学性问题

科学是个外延极其广泛、内容极为丰富的综合概念,它是探索自然、社会和思维活动及其规律的知识体系,包括自然科学、社会科学和人文科学,关于自然科学的科学性问题是人们公认的,无须赘述,对社会科学的科学性问题,则存在许多争议。我们从分析社会科学与自然科学的差别来看一下社会科学客观性、精确性等问题。

1.2.1　从科学对象的差异看社会科学的客观性

社会科学与自然科学的研究对象分别是社会现象和自然现象。社会现象同自然现象相比具有三大显著差异:一是在客观程度上有差异。自然现象是自然本质和自然规律的反映,它同人的界限是分明的,主体一般可以置身于客体之外进行纯客观的研究。而社会现象则是由人的活动本身构成的,人研究社会现象在很大程度上就是在研究人自身,主体与客体在这里往往是相互包容和渗透的。二是在复杂程度上有差异。社会运动是一种高层次的物质运动形式,作为社科研究对象的社会现象远比自然现象错综复杂,它具有十分典型的复杂性和随机性。三是在重复程度上有差异。自然现象在特定的感知范围内是处于不断的循环往复过程之中的,人们可以对之进行反复的观察试验和思考,从中发现一些稳定、确切的内在联系。而社会现象则具有个体偶发和不可重复的特点,社会科学家们由于难以对社会客体进行受控实验而不得不依靠多次取样所得到的数据资料进行统计推理,其所认定的社会规律也往往只是作为一种趋势、一种统计概率而存在。

如果借口社会现象有人的主观因素的参与而否认社会规律的客观性,必然导致否认社会科学是真正的科学,而坚持社会现象和自然现象一样都受客观规

---

①　钱学森:《关于社会科学与自然科学联盟的通讯和建议》,载《哲学研究》1991年第8期。

律的支配,是社会科学具有科学性的关键所在。社会科学的科学性是主观性和客观性的统一。

社会现象与自然现象的本质区别不在于事件的独特性、个别性和不可重复性,而在于人是否是事件的当事者。人在社会事件中是当事者,但在自然现象中不是当事者。凡是社会现象都离不开人的意志、愿望和激情等主观因素的作用,但这并不能抹杀社会规律的客观性。"客观性"的含义,不是那种无人介入的、纯自然的客观性,客观性不是不依赖于人的客观性而是属人的客观性,是存在于人的活动中不以人的意志为转移的本质联系。人的活动总要受社会客观规律的制约,人的活动本身就是社会客观必然性链条中不可缺少的环节。因此,参与人的活动的主观因素是社会客观规律的构件。

不仅人是社会现象的参与者,而且社会科学研究者也是他所研究的社会现象的参与者。但是,正如自然科学中观察渗透理论、主体间并不具有观察客观性一样,社会科学研究者参与社会过程并不损害社会科学研究结果的客观性。研究者参与社会过程是获得全新洞见的土壤,研究者的主观因素是认识的机制,研究者必须发挥主观能动性才能透过纷繁复杂的社会现象发现其本质和规律。社会科学研究者必须不断参与社会过程才能获得对社会现象及其本质的正确认识。人们对自然和社会的认识总是一个不断深化和不断进步的过程,人们对自然科学规律和社会运动规律的认识总是不断接近事物的客观存在。只有这样,人们对真理的认识才能不断进步。社会现象比自然现象更复杂,人的因素引起变化的可能性更大,但不能因此而否认社会科学的客观性。

1.2.2　从研究方法的差异看社会科学的精确性问题

社会科学的研究方法与自然科学的研究方法除了具有认识程序和实践本质等方面的一般共性,还具有自身的差异和个性。自然科学除了具备实验科学本质等方面的一般共性,还具有自身的差异性和个性。自然科学向来被称为一种实验科学和精密科学,它的知识的客观性与认识的真理性完全是依靠实验证明和数学方法予以保证的。而社会科学运用实验方法和数学方法是受到很大限制与困扰的,迄今在社科研究中对实验和数学方法的运用还是极为表层和局部的,社会调查、数据统计、定性分析、价值判断仍是进行社科研究的主要常用方法。

笔者认为,借口社会科学只能做出说明、不能精确地预言个人和历史事件而否认社会科学的科学性，是一种偏颇之见。精确性并非科学知识的必要条件，更不能因为社会科学缺乏精确性而否认社会科学的科学性，不精确性不等于不科学性。

精确性是科学研究所追求的目标，但并非是构成科学知识的必要条件，科学有精确科学和非精确科学之分。社会科学的研究对象是含有很多复杂变项组合的开放的人类社会。人类的行为始终受多种变项的影响，社会科学研究很难将研究对象和其环境相隔离加以控制，本来不是研究对象的许多变项也不时地与研究对象发生作用。社会科学由于研究对象的这些特点，确实不易达到自然科学中的物理学、生物学那样的精确性。但是，自然科学中的地质学、潮汐学、气象学、模糊数学、量子物理学等也具有非精确性。

在社会科学研究中，绝对地要求精确化也无必要。社会生活中的那些“只可意会不可言传”“点到即止”“含蓄”和“弦外之音”，如果都把它们精确地表达出来，岂不索然失味了吗？忽略人的精神世界、行为动因，仅仅把人当作统计数值来认识，难道不是一种很大的缺陷吗？社会科学的精确性有时表现为它对社会运动规律的定性分析上，如马克思主义历史唯物主义关于“原始社会—奴隶社会—封建社会—资本主义社会—共产主义社会”规律的认识，就是一个十分精确的命题，虽然某一个国家和民族可以或者因为其特殊情况跨越某一阶段，但人类社会总的运动规律是很精确和科学的。

1.2.3 从科学价值的差异看社会科学的理论检验问题

科学价值即科学这一特定客体对于人的需要的功用和意义，这种功用和意义可以说是多元互补、效力巨大的。社会科学除了具有与自然科学大致相同的促进经济增长和社会进步的共同价值，还具有一些不同的价值特性，如在价值功能上，自然科学最直接、集中地表现在物质文明和社会硬件建设方面，而社会科学最直接、主要地表现在制度创新、优化管理和促进精神文明建设方面；在价值评价上，自然科学的评价标准是客观具体、全球统一的，而社会科学的评价标准则是多元、相对和充满主体性的，对于同一研究成果不同的时代和民族、不同的个人和集团往往会做出不同的评价。此外，社会科学与自然科学在价值目标、价值投入、价值转化等方面也存有差异。

科学不仅是一种知识、体系，而且也是一种文化形态。科学文化即人所创造的各种科学成果与财富的总和，它一般可分为物质、规范和精神三个层次。

作为一种相对独立的文化形态的社会科学文化的典型形式是人文文化,它同自然科学的科学文化具有原则性的差异。其主要表现是:在科学的物质文化层次上,一般情况下,社会科学并不像自然科学那样需要多少先进、昂贵的实验材料和高精尖的技术装备,但对信息手段的需求却特别强烈;在科学的制度文化上,自然科学已形成了十分完善和普遍的国际惯例、研究范式、政策规定和伦理原则,而社会科学则更多地受着传统习惯、政治制度和意识形态的规范与指导;在科学的精神文化上,自然科学注重验证、崇尚理性、追求主体认识同客观真实的符合一致,而社会科学则是注重价值、崇尚人文、追求客体世界对于主体目的理想的肯定效果。

笔者认为,借口社会科学理论检验缺乏公认度,受人们的个性、党性、利益、政治立场和意识形态等价值观念的影响而否认社会科学的科学性,也是一种偏颇之见,社会科学的科学性是求真和求善的统一。因为:

第一,无论是社会科学的理论检验还是自然科学的理论检验的重复性都是有条件的、相对的、近似的。在社会科学中,检验真理的标准是实际的社会实践过程。由于社会实践过程比自然过程复杂,造成不断变动的因素繁多,各种关系盘根错节,社会实践就不像自然科学实验那样都具有可重复性,不可能像自然科学那样完全用人工控制下的简化的实验过程来模拟实际的社会过程,重复地对理论进行检验。但是,社会科学的理论检验的不可重复性不是绝对的,它也有可重复性。社会科学的理论检验的重复性不是历史事件的完全复现,而是以某种社会关系为内核的社会的本质规定在具体历史过程中的复现;其检验方法往往具有过程的长期性、标准的多元性、结果的多值性和历史的反复性。

第二,无论是社会科学还是自然科学理论都有自己的适用范围。从研究社会过程中总结出来的带有规律性的社会科学理论,受到时空条件的限制,所以各种社会科学理论和命题在普适性程度上有很大差别,有的理论适用于全人类,有的则有明显的地域性和时间性。不管是普遍性的原理还是彼时彼地总结出来的某些理论,在用此时此地的社会实践来检验时,都有将该理论与此时此地的实际条件相结合的问题,都或多或少地需要有一些中间环节,这一点比自然科学更为复杂。但是,自然科学理论也有自己的适用范围和对应条件。

第三,无论是社会科学的理论检验还是自然科学的理论检验都有事实检验(真伪判断)和价值检验(好坏判断)两个方面。如果说实践对理论的检验有事实检验和价值检验两个方面，那么，差别只不过在于社会科学理论中两者不易明确区分，而在自然科学中较易区分开来。

1.2.4 从研究成果、研究方法的差异看社会科学的科学性

社会科学成果与自然科学成果主要有三个方面的差别：在具体内容上，社会科学成果是对社会现象与规律的确切反映，而自然科学成果则是对自然现象与规律的正确认识；在语言表述上，自然科学成果一般具有不同于自然日常语言的语词的单一性、语义的确切性、语式的单调性和语言的国际性特征，而社会科学成果的语言表述则往往具有比较鲜明的民族性、时代性和地域性特点。

社会科学在对象、方法等方面的特殊性要求其研究主体也必须相应地具有一些特殊的心理素质。除了需要具有与自然科学主体一样的广博而专深的知识结构、发达而出众的智力水平、开放而求异的思维方式以及良好的情感意志品质，还需要具有丰富的社会知识和人生体验，具有正确的立场、价值观以及独立的人格和真诚的学术气节。

借口社会科学和自然科学在方法上各有特殊性的一面，并不能成为否认社会科学科学性的理由；相反，这表明社会科学研究更具有复杂性和艰巨性。

无论是社会科学还是自然科学，研究都必须从广泛地搜集材料开始，然后分析加工材料，提出理论。科学理论的发现、检验和发展方法在社会科学和自然科学中都占有重要地位。一系列边缘学科、综合学科的兴起也体现了社会科学和自然科学在研究方法上有共同性。社会科学有不精确的一面也有精确的一面，社会科学可以借鉴自然科学在长期发展中所形成的研究程式和论证方式，结合社会科学本身的特点，增强社会科学成果的准确性。电子计算机和人工智能的出现为社会科学的定量研究开辟了广阔的前景。社会科学愈来愈倚重自然科学在长期发展中所形成的项变数分析、模拟、控制。数学和统计学方法对研究对象作或多或少的隔离，以增强研究的精确性；就研究者和研究对象的互动问题，社会科学研究可以借鉴自然科学的量表法进行民意测验、心理分析，以降低所收集资料的不准确性。

社会科学成果除有其预见性、前瞻性特征外，更多的是具有历史性的特点，它通过大量的历史事实总结出社会运动规律，把历史教训和成功经验告诉人们，它像自然科学一样，不仅可以告诉人们以后怎么办，还可以提醒人们不应该怎么办。因此，社会科学是人们对自身行为所形成的社会活动进行认识之后所

建立的知识化体系，这种体系在理论上探索、重建、再现和预见人类的社会活动。社会科学的科学性是主观性和客观性、精确性和非精确性、求真和求善的辩证统一，社会科学和自然科学在研究方法上是求同和存异的辩证统一。

1.3 从社会科学与自然科学的渗透与汇流，看社会科学转化为社会生产力的基本条件

社会科学与自然科学虽然存在着多种差异，但差别非但不是阻断两者联系的天堑，反而是它们之间需要沟通与合作、能够互补与统一、趋向协同与一体化的前提条件。纵观整个科学史，社会科学和自然科学在经历了近代的相互割裂与排斥之后，到现代已呈现出日益强烈的全方位的相互渗透和相互综合的趋势。

1.3.1 从两大科学在对象上相互重合，看二者的不可分割性

随着科学的社会化和社会的科学化程度的日益加剧，自然日益社会化，社会迅速物质化，两者从未像现在这样高度交织和界限模糊，由此而必然带来的一个后果就是社会科学和自然科学在研究对象上的相互重合，如当代的环境与生态问题、资源与人口问题、经济增长与社会进步的协调问题等，都是一些高度综合、复杂系统性的重大问题。这些问题既是自然科学的研究对象，又是社会科学的研究对象。

在现代科学技术发展中，自然科学和社会科学之间出现了彼此渗透、移植结合的一体化发展趋势。自然科学奔向社会科学的潮流已是人所共知的事实，社会科学也悄悄地、不可遏止地渗透到了自然科学领域，自然科学越来越深刻地陷入了对社会科学的依赖之中，自然科学的研究和发展越是成为一种社会化事业，它就越是离不开社会科学。在历史上当科学研究主体仅仅是科学家个体时，他们常常把社会科学置于脑后而埋头实验和观察，但现代科学研究主体常常是由人数众多的科学家组成的共同体，这种共同体本身就是社会的一种缩影，它的组织和运转机制也遵循社会规律，科学家们如果不懂得这种规律，就无法彼此协调地工作并形成整体的科研能力；自然科学虽然以自然为研究对象，但它的发展总是要受到社会的价值观念、思维方式、发展要求的影响，这种影响有形或无形地制约着自然科学的发展，自然科学家越是深刻地理解这种情况就越能自觉地把握自然科学的发展方向；就研究对象来说，由于人类社会与自然生态环境相互作用的强度、广度、深度空前发展，人类的活动已对自然生态环境

的发展产生了巨大影响，因此自然科学所要研究的对象越来越成为人化的自然、社会化的自然。对于这类对象，如果自然科学家不懂得社会科学，就不能做出科学的分析，也不能提出解决问题的合理的技术方案。

如医学是关于人的健康和疾病的科学，但人不仅是自然界的一分子又是社会的一分子，当代科学技术的发展，社会生活的科学化、技术化、城市化对人的生命活动产生着越来越大的影响，出现了所谓"城市病""文明病"等主要是由社会原因造成的疾病，因此现代医学具有明显的综合性质，包括自然科学和社会科学的结合，还出现了医学社会学这样的学科。

又如生物是自然界长期发展的产物，生物学历来属于自然科学范畴，但是在当代科学技术革命的条件下，人类的活动对生物界的发展产生着明显的影响，甚至危及生态平衡，因而在当代忽视了人类社会的影响就不能正确地认识生物界和生态环境的发展规律，生物社会学、生态社会学也已经应运而生。可以毫不夸张地说，现在已经没有完全不和社会科学发生关系，可以不依赖于社会科学的自然科学，在社会、人、自然生态环境结合点上已经生长出的一系列新型学科既具有自然科学性质又具有社会科学性质。随着这类新型学科的出现，随着研究对象从简单的自然系统向复杂的自然——社会系统的转变，社会科学在长期发展过程中积累起来的研究复杂系统的方法论和某些方法日益显示出自然科学家所不可忽视的价值。

1.3.2　从两大科学在方法上相互移植，看二者的不可通约性

科学方法的相互移植是社会科学与自然科学双向渗透的一个十分重要的途径和形式。一般说来，科学方法可分为一般方法、特殊方法及个别方法三个层次。这三个层次方法的适应范围和迁移功能是有很大差异的。现代社会科学与自然科学在方法的相互移植上，最普遍的是自然科学的一般方法向社会科学的移植。自然科学在历史上的独立发展时间要比社会科学稍长，其科学方法的水平和完善程度也远比社会科学高，因此自然科学的一般方法自 20 世纪初便被移植、运用于社会科学研究，所取得的成效是巨大的，诸如观察与实验方法、数学与逻辑方法、模拟与类比方法、新老三论方法等。但科学方法的移植是双向的，一些比较成熟、适用的社会科学方法，如价值分析方法、经济管理方法、历史主义方法、模糊思维方法等，在 20 世纪中叶以来也开始被引用到自然科学领域，其实践效果也是显著的。

社会科学从规范向范畴的进展中,引起了社会科学方法的重大变革,社会科学和自然科学的不可通约性,在方法论上逐步得到克服,并在19世纪中叶达到一个新的阶段。

阶级分析作为社会科学的一个传统的基本的方法,从马克思开始就已深入到雇佣劳动与资本之间在劳动价值和剩余价值上的量的关系的揭示,同时,马克思也明确指出:任何科学只有发展到能够成功地利用数学时,才算获得了真正的发展。贝尔对20世纪初到1965年以来的62项重大科学成果的"量化"问题进行比较研究的结果表明,"量化"使社会科学命题能够成为一种可以用经验或可检验形式加以表示的科学陈述,从而成为"公众最注意最寄希望的科学"。现代社会科学的"量化"发展迅猛,并得到一般系统论的有力推动。因为在方法上,一个一般系统是一个标准的和无诠释意义的系统,可以用特殊的数学语言或编程语言来描述,因而使多个领域的研究概念、规律和模型通过同构转换取得相同的选择标准而得到实际的应用。此外,计量经济学、社会计量学、定量政治学和计量历史学等为开辟社会科学的"量化"道路做了很好的前期工作。"量化"只是社会科学对客观实在的一种形式系统的表现。除此之外,还有"模型"(或"指标体系"等)对客观实在的把握方法,其优点是能够把"概念"对客观实在本质的科学抽象过程中所舍弃的许多普遍联系的具体环节和具体内容,做系统状态、结构—功能的简化模拟,构成一个可以随时修改的模型,一个可以由计算机进行实验的模型,然后把这种简化了的模型加诸一个复杂的世界,使人们能够在这个世界里进行有效的活动。这避免了社会科学在社会实验中所带来的巨大风险,将社会科学迈进实验室实验做了有益的尝试,尽管它还不成熟,在理论上的问题也还没有完全解决,但被称为"战略与策略实验室"的应用系统分析仍在进展中,"模型映射宇宙"的方法继续在社会科学中得到广泛的应用。由于社会科学的"量化"和"模型"方法的发展,以及其他自然科学方法对社会科学的渗透,其所诱发的新方法论,在亚当·库珀和杰西卡·库珀主编的《The Social Science Encyclopedia》收入的词目中就多达49条,它深刻地反映了社会科学的应用领域已经相当深入、相当广泛,并在许多方法论问题上逐步克服了自然科学和社会科学的不可通约性。传统社会科学的表述,以概念、范畴、命题构筑体系并做逻辑展开的方法,为目前尚不熟悉的编程语言、范畴数据、统计推理、系统分析和模型建构的方法所逐渐代替。方法论上的进展同样表明了传统意义上的两大科学部门朝着“一门科学”发展的趋势。社会技术和工程技术、社会科学和自然科学在生产上的应用,虽然条件和机制不同,但同样具有有效性。而且从逻辑上说,上述各不相同的条件和机制,在生产的社会行动系统中将得到耦合。

1.3.3　从两大科学的成果上相互吸收,看二者的相互渗透

社会科学与自然科学成果的相互吸收最常见的是二者在概念和理论上的相互引用与借鉴,如自然科学的系统、控制、反馈、工程等方面早已在社会科学中广泛应用。近年来,热力学中的“熵”、电磁学中的“场”等概念也被引入经济与社会研究之中,实践证明是成功的。如系统动力学从信息和系统方面把握社会科学的对象及其问题并研究其解决的办法,在不断寻求不同领域之间可以进行有效的相互转换的方法上,不断地丰富了社会术的内涵,自 1961 年《工业动力学》发表以来,系统动力学在社会系统的各个领域的应用获得广泛的发展。同时社会科学的不少成果也被自然科学吸收,如价值规范、伦理观念、商品与市场理论、管理与决策知识等。此外,两大科学成果在论证方式、语言表述、承载形式、传播途径、转化机制、评价标准等方面也出现了相互借鉴与同化的趋势。

1.3.4　从两大科学在学科上的相互交叉,看二者在实践基础上的统一性

现代自然科学和社会科学都已形成了一个庞大的多级分类体系。有学者统计,目前自然科学学科已达 1251 门,技术科学达 492 门,社会科学的学科也已达 931 门①之多。由于社会需求的推动,专门知识的积累和学者兴趣的变迁,不同学科之间开始了大规模的相互跨越与融合,出现了大批新型交叉学科。其中属于社会科学与自然科学之间的交叉学科数为 96 个,社会科学与技术科学的交叉学科数为 747 个②。但目前实有交叉学科数只占应有交叉学科数的很少一部分,我们有理由相信,两大科学在学科上的相互交叉将成为科学发展的主导模式和主要生长点。

此外,社会科学与自然科学还呈现出在科学问题上相互综合、科学目标上相互协同、科学功能上相互补充、科学组织上相互包容、科学政策上相互接轨、

---

① 吴维民:《大汇流——论社会科学与自然科学的结合》,四川大学出版社 1992 年版。

② 同上。

科学教育上相互延伸、科学文化上相互顺应、科学主体上相互结合的趋势①。

当今由于社会科学哲学、科学哲学、科学社会学、技术社会学等的出现,使社会科学与自然科学高度综合起来,其特征是对知识的理解不再做形式与内容的对立、功能与价值的对立、经验与理论的对立、科学主义与人文主义的对立,要求对知识做范畴的实践的统一理解,把知识的旨在发现、发明、创造与优选这些关于认识世界和改造世界的整个过程统一起来。在这个统一过程中,自然科学从范畴性出发,提供有关客体及其属性、成分、现象、结构、功能等事实和数据的知识,但又逐步走向规范性,探究主客体之间的对象性关系和价值关系;而社会科学则从规范性出发走向范畴性。最后,二者在人类终极关怀的内外超越中趋于主客体相互二重化于实践基础上的统一。此外,就知识的范畴性说,自然科学的科学观和方法论已暴露出线性处理模式的严重缺陷,继相对论和量子力学之后,非线性科学的推广可能使分维学说又一次改变现代物理学的时空观;混沌产生于隐含规则行为的思想,将导致人们对有序与无序、确定性与随机性、整体与局部、简单性与复杂性、量变与质变、偶然与必然等有关的科学范畴和哲学概念进行重新认识。可是,与此相反,社会科学的线性处理、实证研究却十分活跃,尽管它在把握社会、历史现象的非确定、非可逆、非可积等方面有很大的局限性。这就反映了两大科学体系趋向一门科学的内在条件正在成熟起来。社会科学知识同样具有发现、发明和优选的功能,并可同自然科学一样有效地应用于社会生产过程的事实正在显现,20 世纪 50 年代以来的经营研究(Business Studies)和发展研究(Development Studies)取得了不少成果,并为许多国家的思想库提供了预测和决策的理论工具和分析手段。

1.4　从社会科学内部基础研究与应用研究的分化,看社会科学向社会生产力转化的内在条件

从 18 世纪至 20 世纪初,社会科学研究基本上属于基础研究,而在相同的历史时期中,自然科学研究随着蒸汽机和电力的应用分化了,在应用研究领域,逐渐出现了计算数学、应用力学、电动力学、化学热力学和化学动力学等新学科,使基础研究和应用研究的分化有可能稳定在学科的分化上。而直到目前,社会科学的分化还难以稳定在学科分化上,但它毕竟分化了,并在研究方向、课

---

① 王忠武:《论现代自然科学与社会科学的一体化趋势》,载《宁夏社会科学》1996 年第 1 期。

题规划、机构设置方面表现出来，而且应用研究的比重迅速增长。据统计，现在已有 427 个国际性社会科学研究机构，其中第二次世界大战以后建立的居多，并以应用研究为主，特别是一些属“思想库”的研究机构，基本上都在搞对策、咨询、调研、协调、传播和培训的工作。从国内外社会科学课题支持者的类型看，应用研究课题也多纳入各类研究规划，获得政府、企业和研究机构的支持；基础研究则多为个人的自由研究状态，这可能与未知领域的探索较难加以规划有关。而在应用研究领域中，围绕着社会经济、产业、企业生产的学科成长特别迅速，仅经济科学的 390 多门的学科中，应用学科占 80% 以上。如从合理利用资源的实际应用研究中发展起来的价值工程学，迅速受到军工生产业的重视，其应用范围又逐渐扩大到研究、开发、设计、生产经营管理等领域，成为国际社会公认的一种行之有效的管理技术。当然，最具有决定意义的是社会科学的可操作性取得了突破性进展，形成了范围广泛的社会技术（社会工程），成为社会科学通过自然科学直接应用于生产的桥梁。社会科学不再只是倾向于对历史事变做科学的解释，对社会发展法则做理性寻求或者将信念与价值观系统化于一个严密的体系之中，而是推动它在实践层次上去研究并解决社会生产发展和社会进步问题。

第二章　社会科学在中国特色社会主义现代化建设中的地位和作用

建设有中国特色的社会主义是前无古人的伟大社会工程，需要几代人的艰苦探索和实践，肯定社会科学在中国特色社会主义建设中的地位和作用，对社会主义现代化实践具有重大现实意义。

2.1　社会实践需要社会科学理论的指导与探索

从发生学的角度、从人类认识总体来说，实践先于理论，因此没有理论指导的实践是存在的。然而没有理论指导的实践是盲目的、初级的，实践后果的准确率、有效率很低。从实践和理论相互关系的现实形态来说，在科学技术发展的今天，没有任何理论指导的实践是不存在的。即使在从事一项前人没有进行过的社会实践而前人的理论又不能指导这种实践成功地进行的时候，我们着力反对对前人理论的教条主义态度，要求人们解放思想、从实际出发，这时候也没有完全摆脱以往理论的指导作用。解放思想、从实际出发这样的指导思想本身就是一种理论，它是马克思主义认识论的实质和核心，它体现了马克思主义理论的最根本的方法论思想。一般地说，在探索性的实践阶段，起指导作用的主要是一般方法论，人们根据这种理论指导下的普遍行为模式进行探索性活动；经过一个时期的探索性实践，人们就会获得具体对象的感性经验，通过对这种经验的总结就会形成关于具体对象的理论，于是人们就会进入实践的试验性阶段，这时起指导作用的理论除一般方法论外又增加了关于具体对象的理论；如果试验获得成功的话，人们就会吸收试验阶段上的经验对具体对象的理论进行修改补充并形成初步完整的理论，而在这种理论指导下人们的实践活动就发展到推广性阶段；在推广过程中会遇到新问题、新情况，初步完整的理论又会得到进一步的修正和充实，从而形成成熟的理论，而一种成熟的理论就会把人们的实践活动再提高一步，进入实践活动的自觉、自由阶段。这时人们掌握了有关对象的客观规律，因而极大地减少实践活动的盲目性，极大地提高实践活动的准确率、有效率。但这里所谓的自觉、自由也是相对的，因为即使在这样的阶段，人们在实践活动中仍然会遇到新情况，仍然需要成熟的经验、科学的态度，在利用它指导实践的时候仍然要接受实践的检验，随时用新的实践经验对理论进行修改和补充。由此可见，在实践的任何阶段都有某种理论在指导，人类实践活动的深入和发展必然推动一般方法论理论和具体实践经验结合起来形成具体对象的科学理论，必然推动这种具体科学理论的成熟和发展，而具体理论的形成、成熟和发展又反过来推动实践活动从盲目的、不自觉的、低级的阶段发展到自觉的、自由的、高级的阶段。没有理论上的发展也就不可能有实践活动上的发展。

就社会科学理论来说，它的最高层次是社会科学的一般方法论，它们不是人们对一时一地的实践经验的简单总结，而是对人类长期的社会实践史、社会认识史的总结，是对人类长期发展中积累起来的社会科学成果的哲学概括，它对社会实践的指导作用主要表现在提供一种科学的思想方法、认识方法上，它并不具体回答特定社会实践的具体问题；它的下一层次是社会某一领域中的具体的社会科学理论，它们是人们对某一社会领域中以往经验的理论概括。这些理论对人们在某一社会领域中的实践活动的指导作用就较为具体，会对人们实践活动中的问题作出具体的回答,而他们的理论命运则也较为直接地接受着人们实践后果的判决。它们的下一层次则是更为具体的针对某一具体的、个别的实践行动的计划方案,具有可操作可实施的具体性质,属于社会技术范畴,它们对具体的、个别的实践行动有着极强的针对性,而具体的、个别的实践行动的成功与失败则会直接地、迅速地判定它们的正确性、可行性。一般说来,任何一种严肃的、科学的社会理论体系都包括上述三种层次,第一层次是它的理论基础;第二层次是它的理论内容的主体;第三层次是它的理论的应用,属于外围部分。

就社会实践来说,人们的实践行为一般也可以分为三个层次,核心层次是一般行为模式,是适用于社会对象普遍情景的一般行为逻辑;中间层次是特殊的行为模式,是适用于社会对象特殊情景的特殊行为逻辑;表面层次是个别的行为模式,是适用于社会对象个别情景的行为逻辑。由于社会对象是普遍的、特殊的、个别的行为模式有机结合的总体,个别的行为模式是具体的、易变的,普遍的行为模式则是一般的、相对稳定的。社会科学理论和社会实践之间的关系不仅表现为它们作为两个不同系统的整体之间的关系,也表现为它们所有的不同层次之间的关系,一般方法论对应着一般行为模式,具体领域的社会科学理论对应着特殊的行为模式,具体的社会技术对应着个别的行为模式。实践在检验理论的时候,不仅作为整体显示其作用,它的不同层次也分别对不同层次的理论和技术显示其作用。

有时候人们在某个时空范围内实践的失败,可能确实是由于指导实践的理论从其方法论基础到具体的技术方案,以及由它们指导的实践活动三个层次上的行为模式都是错误的;但有时候可能是由应用理论的具体技术方案及由它决定的实践的个别行为模式的错误造成的。这说明对实践的成功或失败所做出的理论的科学性、正确性的判断也要进行具体的分析,要弄清楚失败的真正原因,准确地找到错误所在。

2.2 发展自然科学技术需要社会科学的有力支持

不管人们怎样理解现代化发展的概念,现代化的发展过程总是意味着发展生产力,并在发展生产力的基础上发展社会其他方面的过程,党的十一届三中全会以后,我们党总结在新中国成立以来的历史经验,纠正了“以阶级斗争为纲”的“左”的思想错误,恢复了实事求是,一切从实际出发的思想路线,把工作中心转移到以发展经济建设为中心的轨道上来,集中全力发展社会生产力,这个所谓“社会生产力”的发展，我们不能仅仅理解为依靠发展自然科学，而应该是两个轮子一起转，既要靠自然科学，也要靠社会科学。

科学技术在没有进入生产实践时只是一种潜在生产力。科学理论是一种精神形态的生产力，它必须变成具有实践性质的技术才能进入生产实践；即使是科学技术的物化形态也必须在生产实践中同生产力的其他要素结合起来才能成为生产力。而科学技术进入生产实践的过程、在生产实践中和其他生产力要素结合的过程，则是一种社会过程，它必须在社会科学解决了这一过程中不可避免地存在的一系列社会问题之后才能顺利地实现。

新科学技术，或者产生于研究单位的实验室，或者产生于生产实践的第一线，它在被发明、发现、创造的时候总是作为个人或某科学共同体的成果，它必须通过一定的社会形式、社会步骤进入生产领域并同生产力的其他要素结合起来。

首先，它要得到社会的评价和承认。这种评价和承认往往包括技术、生产、经济、伦理、美学、社会后果等多方面的价值评价。这诸多方面的社会评价和承认都直接或间接地制约着新科学技术的生产力进入。有时实验室或小范围试验中成功的技术在投入生产时会遇到新的困难，在生产上不一定可行；有时生产上虽然可行但投入产出之间的负比值太大，经济效益不好；有时上述方面的评价通过了却遇到了传统伦理道德的巨大挑战，如计划生育、避孕、试管婴儿、安乐死、人体器官移植、基因工程、核技术等都遇到过这方面的挑战。新科学技术在生产和应用时如果可能触发和激化大量的社会矛盾，也同样会遇到重大的社会阻力。显然，如果没有技术经济学、技术伦理学、技术美学、技术社会学等这样一些社会科学使新的科学技术通过社会的评价和承认，它们是难以进入生产领域的。科学技术是第一生产力本身就算是一个社会科学性质的论断，是从生产力的角度对科学技术的价值评价，要求人们进一步认识科学技术和生产力的关系。

其次，在商品社会里，科学技术从发明者手里转到使用者手里是通过商品交换的形式和渠道进行的，这里要解决发明权、专利权、知识产权的归属和有偿转移的形式问题，这些问题也是靠社会科学解决的。就算是上述问题都解决了，也还有一个如何使生产者和管理者掌握新的科学技术的问题，这就要靠教育系统和传播媒介系统，要靠教育学和传播学。总之，在科学技术从精神的、潜在的生产力转化为现实的生产力过程中，社会科学发挥着不可取代的作用。当代，随着社会分工体系的复杂化，随着科学技术工作在社会分工体系中日益成为独立的社会事业，随着商品经济的高度发展，社会科学的上述功能和作用不是在缩小和减弱，而是在扩大和加强。

2.3 社会主义改革必须依靠社会科学

社会主义改革是社会生产关系的大调整过程，也是解放和发展生产力的过程，生产力诸要素只有通过一定的社会形式结合起来形成一个有机整体、进入生产过程才能成为现实的生产力。因此，生产力在其具体的、现实的、活动的形态上总是同人们的社会结合形式联系在一起。人们要根据生产力的社会性质解决生产资料所有制的形式问题、交换和分配形式问题、人与人在生产过程中的关系问题。人们也要在此基础上形成与这种经济关系相适应的社会的政治经济结构，解决为谁生产的问题。人们还要根据生产力的技术工艺性质，按照功能匹配原则、优化组合的原则、管理上可行性原则进行分工协作，彼此间发生技术上、工艺上、职能上、组织上的各种关系，并在此基础上形成相应的管理体制，形成社会的技术组织管理结构，解决怎样生产的问题。还要把上述两种结构统一起来，把人们在生产过程中的责、权、利统一起来。只有在这样一整套的社会结合形式中，生产力诸要素才能有机地结合为能同自然界进行物质、能量、信息交换的现实力量。显然上述组织过程的规律性是由社会科学研究的，必须依靠社会科学才能实现上述组织过程。

上述组织过程正是社会主义改革过程必须解决的基本问题，由于社会问题的复杂性，是不会一劳永逸地解决的。随着生产力的发展，人们之间的各种社会结合形式会因生产力的发展形式变为生产力发展的阻碍、束缚、桎梏。如何在人们的社会结合形式受到阻碍和束缚生产力发展的时候及时通过革命或改革的形式解放生产力，这种问题也必须依靠社会科学才能得到正确解决。当不改变社会结构，生产力不能得到解放和发展，科学技术不能顺利转化为生产力的时候，社会科学所发挥的作用和功能更是任何具体的自然科学技术所不能比拟的。当一种正确的社会科学理论指导人们改变了社会结构，为生产力发展扫除社会障碍从而极大地解放生产力的时候，你能说社会科学没有转化为生产力吗？社会科学和自然科学在转化为生产力时的区别只在于，前者是通过改变生产力形成和发展的社会因素而转化为生产力的，而后者是通过转化为生产力的物质因素，形成新的生产力类型而成为生产力的。

2.4　社会科学在社会主义现代化建设中有不可估量的作用

社会科学不仅在生产力发展中有着不可忽视的作用，而且在整个社会的现代化发展中有着不可估量的作用。

当代全球问题已严重威胁着人类的生存和发展，威胁着人类的前途命运。全球问题的严重性、危害性，解决全球问题的必要性、迫切性已经推动西方发达国家中的许多专家、学者对资本主义制度建立以来的社会发展模式，从生产方式、生活方式、社会经济政治制度到价值观念进行全面的反思。过去人们认为，只要人类认识自然规律，掌握自然科学技术，发展生产和经济，征服自然界，就可以从自然界获得源源不断的物质财富，不断地解决生产和需要的矛盾，人类就可以过上富裕、舒适的生活。这种观念曾被哲学家们概括为知识就是力量，科学理性应该支配一切，人类应该统治自然界。但是现在人们开始认识到这些观念的偏狭性，认识到人类不能仅仅做自然界的主人，还应该做自然界的建设者，人类社会和自然生态环境应该协调地发展，人们不应该追求无限度地掠夺自然，而应该追求人类社会自身长期稳定持续地发展；认识到仅靠自然科学的那种科学理性并不能解决人类发展道路上的全部发展问题，人类的哲学观念应该从那种科学理性发展变为能够把真善美、局部和整体、目前和将来、实践理性结合发展，即不仅要考虑认识论上的真，还要考虑伦理学上的善和美学上的美，在从事科学技术和发展经济活动的时候不能只从眼前的、局部的需要和消费出发，而应该从人类整体的、长远的需要出发。

长期以来，大规模的、超大规模的、高度集中的生产方式曾经为人们带来了廉价的商品，也替人类从自然界那里夺取了大量物质财富，但是现在人们开始认识到这种生产方式的弊病，它带来了人口的集中，废气、废水、废物的集中，严重地破坏着集中地区的环境，人们开始想到分散的好处，开始考虑如何兼顾分散和集中两方面的优点，开始探索新的生产方式。长期以来，人们追求高消费、急速地更换消费品的生活方式，但现在人们发现这种生活方式是一种大量挥霍、大量浪费的生活方式，严重地损耗着能源、资源，是一种只顾眼前享乐、不顾子孙后代的生活方式，而且这种生活方式在目前也严重地破坏着环境，导致生活质量的下降。人们开始反思在生活中究竟应追求什么样的价值，开始探索新的生活观念和新的生活方式。过去那些为资本主义制度辩护的政治家、理论家总是把这种制度及其发展模式说得天经地义、完美无缺，认为它将永世长存，但现在面对全球问题的威胁、寻找解决全球问题的途径时，人们不得不思考究竟是什么原因在人们之间，在阶级、集团、地区、国家、民族之间造成了对抗、对立的关系，究竟是什么原因使人们只顾追求眼前的利益，究竟是什么原因造成了全球范围内发展上的不平衡状态和无政府状态，究竟是什么原因造成了掠夺型的、挥霍型的、污染型的生产方式、生活方式，现在越来越多的西方有识之士认识到自工业革命以来逐步形成的传统发展模式所存在的问题，他们谈论着对这种发展模式进行改革的各种各样的方案。尽管他们不同意马克思提出的共产主义理论，但他们提出的诸如后工业社会、信息社会等设想中有许多特征都是马克思、恩格斯曾经提出过的。

长期以来，人们总是认为只有战争、暴力才能解决阶级、民族、国家之间的矛盾，但是两次世界大战以来的事实表明，战争、暴力并不能有效地解决当代人类社会的矛盾，越来越多的人认识到在人类掌握了这么多核武器的情况下一旦打起核大战就很难分出赢家和输家，其后果只能是人类的毁灭，因此越来越多的国家和人民认识到应该通过和平对话的方式来解决国际社会中各种政治的、经济的、种族民族的矛盾，人类必须用新的方式解决自己内部的矛盾。上述反思已经推动并且还在继续推动人类科学认识的发展。现在越来越多的人认识到，解决当代全球问题、解决人类社会的持续发展问题，不能单靠自然科学，必须加强对社会的研究，必须发展社会科学，越来越多的自然科学家也转过来研究社会。这就是为什么自20世纪中叶以来在西方工业发达国家中社会科学的地位一直在上升的原因，不少学者甚至认为21世纪将是社会科学的世纪。

过去的经验告诉我们，我国的现代化建设不能机械地照搬别国的既成模式，我们要吸取别国的成功经验，但要避免别国现代化过程中已经暴露出来的矛盾和问题。目前我们正在对过去那种行政计划经济体制的模式进行改革，使我国经济转到社会主义市场经济的轨道上来，正在探索、建立和社会主义市场经济相适应的经营管理体制，并在这种体制下探索我国现代化的发展模式。这里必然会有许多新的问题和情况需要我们去研究解决。这是一项巨大的、复杂的系统工程。我们要在这个过程中减少盲目性、提高自觉性，就必须依赖社会科学的发展。我们过去在经济建设和现代化事业中屡屡失误，“左”倾思想当然是最重要的原因，但是不注重发展社会科学，不注重利用社会科学成果也是一个原因。今天我们有了正确的指导思想,有了“一个中心、两个基本点”的党的基本路线,但如果没有社会科学的应有发展,仍然难以避免各种各样的错误。

总之,社会科学在我国现代化建设事业中既不是可有可无的装饰品,也不是处于无足轻重的地位,无论是在生产经营发展中还是整个社会的现代化过程中,社会科学都发挥着举足轻重的关键作用。如果忽视社会科学,势必铸成历史性的错误。因此,我们应该高度重视社会科学的作用,应该消除那种莫名其妙的对社会科学的恐惧和不信任的心理,应该舍得在社会科学研究上进行投资,用现代化的技术设备武装社会科学研究队伍,要为社会科学的发展创造有利的社会环境,使之在现代化建设中发挥更大的作用。

第三章　社会科学转化为生产力的途径与特点

由于自然科学与社会科学的不同学科特点,社会科学转化为生产力并推动经济社会发展呈现出与自然科学许多不同的特点,主要表现在以下一些方面。

3.1　自然科学和技术科学转化为社会生产力,往往是首先作用于某些具体的生产过程和环节,然后向社会生产力的其他方面拓展和辐射。社会科学转化为社会生产力,其作用和影响的对象首先是社会生产力的宏观方面,是社会生产力的整体结构。它从社会革命、变革、变迁等形式逐步深入和影响到某些具体的生产过程和环节。

整体结构的严密复杂是现代社会生产力的一个重要特点。个别企业在某些生产过程的技术装备、组织管理水平等方面,只有融入现代社会生产力的整体结构之中,成为现代社会生产力的一个分子,与现代社会生产力的水平相适应,才能形成现实的社会生产力。我们常见一些规模小、技术装备水平并不高的生产企业能够创造出较好的经济效益,而一些装备了世界一流设备的大企业往往长期不能形成相应的生产能力,见不到效益,原因很简单,前者融入了现代社会生产力的整体,后者则脱离了这个整体。由此可见,现代社会生产力已不是传统意义上的生产力,而是由市场、需求、信息、流通、国际环境等多种因素构成的宏观结构体系。认识和驾驭这个体系,仅仅有自然科学和技术科学及其手段是不够的,必须有社会科学的观察、分析、综合、抽象等一系列方法。在这个过程中,社会科学转化为生产力,并不体现在个别企业和个别的生产过程中,而是体现在把现代社会生产力的整体结构展示出来,为个别企业和生产过程融入现代社会生产力的整体探索和寻找最佳途径中。中国改革开放的20多年来,从某种意义上说,就是中国社会生产力融入具有世界意义的现代社会生产力整体的艰苦过程。在此过程中,社会科学发挥了不可替代的作用,解决了许多具有世界意义的重大问题。从这个意义上说,改革开放的过程,是中国社会生产力不断发展的过程,也是中国社会科学不断转化为社会生产力的实际过程。

3.2 自然科学和技术科学转化为社会生产力主要是作用于生产的物质和技术过程;社会科学转化为社会生产力,则主要是作用于生产的社会过程和社会结构。因此社会科学物化为社会生产力,既有直接性的特点,又在较多的情况下表现出间接性的特点,要通过某些中介作用和间接途径来实现。

一方面,社会科学的某些应用性学科及研究成果,在一定的情况和条件下,可以直接融入社会生产过程,成为社会生产力的一部分。例如,在技术设备条件不变的前提下,依据先进科学的管理理论,改进对生产过程的管理,使之更适合劳动者的心理特点和行为方式,就可以达到提高生产率的目的。美国曼哈顿工程总技术负责人奥本海默认为:使科学技术充分发挥威力的是科学的组织管理。阿波罗登月计划总负责人韦伯说:“我们没有使用一项别人没有的技术,我们的技术就是科学的组织管理。”科学决策是社会科学直接转化为社会生产力的重要形式。在经济建设中,任何较大规模的投资都必须经过决策论证,除技术方面的论证外,社会方面的非技术论证往往更重要,如产业结构、市场需求、消费趋势以及与此相关的社会成员的价值观念、心理结构等,都是决策的依据。论证越充分,投资建设的盲目性就越小,较少的投资就能够产生较大的效益。

另一方面,在许多情况下,社会科学转化为社会生产力只能通过间接的途径和形式来实现,只能体现在社会生产力运行的最终结果之中。在社会生产力的诸要素中,一些有形的因素,如物质技术因素等,往往表现为直接性和直观性的特点,而社会科学在社会生产力运行中所发挥的作用以及在成果中的凝聚,不具有直观性,只能通过理性的辩证思考才能够发现。例如,中国在20世纪70年代末80年代初的思想解放运动——关于真理标准的讨论,这是中国社会科学领域具有划时代意义的革命性成果,不如此,就不会有改革开放的总政策,就不会有中国特色的社会主义理论,就不会有建立社会主义市场经济体系的构想,就不会有20年来建设和发展的巨大成就。可见,中国思想领域里的珍贵财富与社会生产力之间的关系是客观的、不可否认的,但却是间接的,是通过一系列方针、政策、决策等途径和形式转化到生产力要素中去的。所以,我们在探讨社会科学转化为生产力的途径和形式时,既要看到其直接的一面,更要注意其间接的一面。从事社会科学研究的广大专业工作者要把精力和注意力集中于间接方面,把握间接转化的多种中介的特点,使社会科学在促进社会生产力发展的过程中充分发挥作用。

3.3 从时间序列上看,自然科学和技术科学转化为社会生产力具有既期性的特点,一项成果或技术的吸收或引进,其客观的、可见的效益往往随之产生。而社会科学转化为社会生产力则很少能发生既期性效益,只具有长久发挥作用的特点,是长期的、缓慢的过程,只能逐渐产生预期的效益,达到促进社会生产力发展的目的。

社会科学重大课题的提出是社会自身发展变革、变迁的客观产物,这需要一个过程;从发现这类课题,到开始进行探索并最终形成成熟的认识,也要经历一个相当长的时间,这要依靠社会科学工作者主观的努力,更主要的则必须等待社会运行中的某些客观趋势的逐渐显露,无法像自然科学和技术科学那样通过设置实验装置来解决。然而即使是社会科学研究的成熟的成果,要转化到社会生产力要素中去,也并非轻易能实现的。因为这必然要涉及人们现实的物质利益关系,要受到来自主观和客观方面的非难和抵制。例如,中国从改革开放起到确立了建设社会主义市场经济的目标,经历了十几年的时间。在这期间,无数社会科学理论工作者孜孜以求,付出了巨大的代价。然而社会主义市场经济体制的最终成熟和完善,还要经过相当长的时间,还有许多问题需要研究探讨。这种长期性和渐进性是社会科学转化为社会生产力的重要特点。明确这一点,就不应把自然科学、技术科学与社会科学转化为生产力的形式做简单类比,也不应指望某个社会科学工作者的某一项成果在短时期创造出千万元产值的效益,这是不客观的。然而如果离开了社会科学的这种长期渐进的作用,社会生产力就会失去软件系统的支撑,就会逐渐萎缩,最终只能成为闲置和废弃的“生产力”。

3.4 自然科学和技术科学转化为生产力主要是通过物质和技术形态实现

的，表现为外在性、直观性。社会科学物化为社会生产力，主要是通过思想、理论、文化等精神财富的积累和积淀来实现的，具有潜在的和非直观的特点，其客观的成果也无法用数字和指标来展示。

社会科学的许多方面如哲学、历史学、美学、心理学等，我们很难在现实社会生产要素中发现它们的成分。然而，恰恰是这样一些学科的研究及成果反映了一个民族的整体文化素质，形成维系一个民族生存发展的凝聚力。任何现实的社会生产力都必须建立在此基础上，依靠这些精神财富来构筑现实生产力的大厦。任何一个国家和民族如果仅仅依靠其物质和技术因素是绝对不可能形成现实生产力的。人的因素，包括人的文化教育水准、思想道德素质、价值观念、行为方式等，对生产力的发展具有潜移默化的作用。这就只能依靠社会科学、人文科学的长期积累、积淀，形成一个民族特有的精神文化形态。例如，德意志民族的生产力发展水平在当今世界处于领先地位，这一方面与物质技术成果的长期积累有关，另一方面更是这个民族在思想文化精神领域长期积累所促成的。这个民族的思想巨人贡献给人类的精神财富是其他民族所不能比拟的。这些无形的巨大的精神财富以潜在的形式转化到社会生产力各要素中去，其作用远远超过了物质技术因素。由此可以看出，一个国家和民族要使自己的生产力具有稳固的基础和长久的发展后劲，仅仅重视物质技术因素是不够的，更应重视社会科学的研究，注意在教育、文化、伦理、法制、历史等领域创造和积累精神财富。

3.5　自然科学和技术科学转化为社会生产力的过程是具体的，从事自然科学和技术科学的工作者可以是群体，也可以是个体，某些研究课题或者阶段性成果都能够以独立的形态和个人的名义转化为社会生产力。而社会科学转化为社会生产力则往往是抽象的、理性的过程。

社会科学研究是社会科学工作者的群体行为。几乎所有的社会科学重大课题都不可能由某个社会科学工作者个人独立承担和完成，社会科学的任何一项具体的或单项的研究成果都不可能独立进入生产力要素，必须以整体的研究成果形成某种社会意识，转化为社会生产力。社会科学的整体性决定社会科学研究行为的群体特征。社会科学的研究都是各种不同认识和见解的争论，最终形成客观的接近真理的认识。正因为如此，社会科学工作者很难因自己的某一项研究成果而得到与自然科学、技术科学成果相应的重要奖项。

3.6　自然科学和技术科学转化为生产力的过程不具有阶级的倾向性,与社会革命和政治思潮没有直接的关联。而社会科学转化为生产力的过程,往往同社会变革、社会革命密切相关,具有明显的阶级倾向和政治倾向,与阶级斗争和政治斗争交织在一起。

马克思、恩格斯揭示了资本主义社会发展的必然趋势,然而马克思和恩格斯都认为他们的学说是有阶级性的,是无产阶级反对资产阶级斗争的产物,是为这个斗争服务的。毛泽东思想是马克思列宁主义同中国革命实践相结合的产物,是中国人民反对帝国主义和封建主义斗争的产物。邓小平同志的"建设有中国特色的社会主义"理论是中国改革开放实践的产物。它们自身所具有的科学性、革命性和阶级性在客观上是统一的。从广义上讲,社会科学家往往都要依附于一定的阶级或社会集团,而只有依附于代表社会发展方向和趋势的先进阶级,即新的生产力的主体阶级,他们的社会学研究活动才能站在时代的高度,他们的成果才能在较高的层次上,以较大的力度转化为社会生产力。因此,社会科学转化为生产力的过程,往往也是社会革命、社会变革的过程,是社会进步的过程。因此,许多杰出的社会科学家同时也是政治家、革命家和社会活动家。如果一个社会科学家的政治活动、改造社会的实际活动局限于纯学术的圈子里,就很难有所作为,离开实际的社会生活,他们的任何研究成果都不可能转化为社会生产力,只能是空想、空谈。

3.7　自然科学和技术科学可以用定量分析和反复试验的方法,以可靠的成果和成熟的技术转化为社会生产力,而社会科学则总是处于探索的过程中,很难以成熟的理论和技术成果进入转化为生产力的实际过程。

社会生产力要遵循物质和技术的客观规律运行,同时更要遵循社会规律运行。社会运动及其关系是被无数偶然因素所掩盖着,既不能进行定量分析,又无法进行实验和试验。事实上,当人类对自然界的认识成果和手段已经达到近乎完美程度的时候,人类对社会运动及其规律的认识手段还是十分幼稚和原始的。因此,社会科学在转化为社会生产力的过程中,有时也会陷于某种误区,表现出极大的盲目性,对生产力起阻碍和破坏作用。自然科学和技术科学在转化为生产力的过程中,即使出现失误也只是局部的,可以通过物质技术手段加以弥补和挽回,而社会科学转化为生产力的过程一旦出现失误,往往就是全局性的甚至是历史性的,无论怎样努力都无法挽回。这样的情况在历史上比比皆是。如20世纪50年代错误地否定和批判马寅初的《新人口论》,60年代末70年代初的一些思潮,导致社会科学领域里非科学、伪科学的东西鱼目混珠、推波助澜,社会科学的学理性和实事求是的原则被践踏,最终使社会生产力遭到极大破坏。

总之,社会科学转化为社会生产力的过程是客观的,否认社会科学是生产力的观点是错误的,而社会科学转化为社会生产力的形式和途径具有特殊性,这种特殊性是从不同的角度和层次上展示出来的;认识这种特殊性,不能用直观的方式,必须采用辩证的思维方式和方法。

第四章　我国社科研究成果转化的现状及存在的主要问题

4.1　社科成果实现转化的过程和条件

社科成果的转化,是指社会科学研究成果被社会了解、接受并产生一定的社会效益的过程。推动社科成果的转化就是推进这一过程。研究社科成果转化问题,主要就是对这一过程的研究。

社科成果的转化作为一个过程,可以分为三个阶段:(1)社科成果为社会所了解;(2)社科成果为社会所接受;(3)社科成果为社会所应用。

4.1.1　社科成果为社会所了解

这主要是指社科成果的出版、发表,或通过某种途径送到需求者的手中。这一过程要具备的主要条件是:

专著的出版有一定的资金保障。由于社科成果专业性极强,社会读者范围有限,有些成果被社会认可和接受,会有一个较长的过程,因此,不可能完全按市场规则来推动社科成果的出版工作。虽然有些科研成果的出版可以追求经济效益,而且这也是在社科成果的出版中需要积极探讨的问题,但从总体上看,政府、院校和科研机构,包括出版部门和社会各界对社科成果出版的资金支持,是目前社科成果得以面世的不可缺少的条件。

科研论文有一定的发表阵地。目前,一些纯学术的社科理论刊物如果完全按市场规则运行可能难以生存。为此,社科理论刊物要努力探索在市场经济条件下运行的机制和途径,同时,对于一些必不可少的理论阵地,政府和有关部门应给予必要的财力、人力支持。目前的社科理论刊物多而杂,但高水平的不多。要创办一些高水平的、为社会各界普遍欢迎的理论刊物。这样的刊物,既在市场运作中可以有较好的生存条件,同时也便于政府或有关部门以较集中的财力予以支持。

应用理论研究和决策咨询研究的成果,要有向政府和社会有关部门输送的渠道。在社科研究成果中,有一部分成果因种种原因不宜公开出版或发表。而那些能够公开出版和发表的应用性社科成果,也不一定都能为实际部门所了解。因此,需要科研部门、科研管理部门、社会实际部门共同努力,建立起社科研究在需求和成果供给上相互沟通的渠道,使各类社科研究成果能较顺畅地进入相应的实际部门。

运用多种形式加强对社科成果的宣传。在现代社会,媒体的作用是十分巨大的。由于社科成果的社会受众有限,在社科成果转化的第一阶段,所应具备的大部分是外在条件。

4.1.2 社科成果为社会所接受

这主要指社科成果在一定领域内产生了社会影响,在一定程度上被社会认同,这一过程要具备的主要条件是:

研究成果确实是为社会经济、政治、文化建设所需要的,或反映的是一定社会领域或学科领域人们所关注的问题。否则,成果就失掉了被社会认同和接受的前提。

成果具有较高理论水平或应用价值。例如,在理论上有创新、有突破、有建树;在应用上有针对性、有可操作性等。总之,它们确实能在不同程度上解决现实社会的理论问题和实际问题。因此,那种低水平的重复研究,虽然可能也是研究社会所关注的问题,但它们难以为社会所接受。

我们应该看到,社科研究成果通过专家鉴定,只是表明它在一定程度上或在一定范围内被认可,并不等于它已被社会接受。只有成果引起了一定的社会反响,并且在反响中有肯定性意见,才能认为它已进入了成果转化的第二阶段。

值得注意的是,有些研究成果,特别是一些基础理论研究成果,也包括一些应用理论研究和对策研究,可能一时不能被社会接受,但这并不等于它们没有价值。这些成果可能要经过很长时间后,才能被社会接受。然而这些成果在未被社会接受之时,毕竟还未进入成果转化的第二阶段。

全社会,特别是政府职能部门和从事社会经济、政治、文化建设的相关部门对社会科学作用的了解和重视。如果没有这一点,社会科学就失去了接受的对象。社会科学不能得到应有的重视,这是长期以来烦扰着社科界的问题。但是随着改革开放和社会主义现代化建设的开展,社会科学已得到更多的关注和重视。社会科学能否得到充分重视,关键还在于社科研究能否真正适应时代的需要。然而,提高全社会的科学决策意识和对社会科学重要性的认识,无疑是推动社科成果转化的重要条件。

从以上分析可以看到,在社科成果转化的第二阶段,所应具备的主要是由成果质量所决定的内在条件。这些条件发挥作用,虽然是在成果完成,并得到出版、发表之后,但这些条件的形成则是在成果完成之前,在研究的过程中。

我认为,大部分社科基础理论研究成果和一部分社科应用理论研究成果,到第二阶段,即为社会所认可和接受之后,就基本完成了其转化过程,这些成果实际效益的产生很可能是隐性的,或有待以后的社会实践。

4.1.3　社科成果为社会所应用

完成这一阶段,成果便直接或间接地转化为社会生产力。而处于这一阶段的成果转化,主要是应用理论研究和对策研究。这一阶段所应具备的主要条件是:

(1)第二阶段成果转化中所应具备的一切条件是这一阶段转化的先决条件。

(2)研究成果进入了决策、教育、生产等领域,并开始被用来解决实际问题。

(3)部分社科成果与科技成果一样(或这些成果有的就是社会科学与自然科学的交叉研究成果),需要再投入资金或通过产业化过程才能实现转化,如社区建设、城市建设和文化的产业化过程等。

(4)有一定的组织形式或中介机构运用市场机制或行政手段(也可能是两者的结合),来推动成果的转化。

由此可以认为,成果转化的第三阶段,依靠的是内在条件和外在条件的综合效应来推动成果转化过程的完成。

4.2　社会科学成果转化的现状及存在的主要问题

从党的十一届三中全会到目前的20多年来,是我国社会科学大繁荣大发展的时期。总体上讲,这个时期也是社会科学成果转化应用的最好时期。从真理标准的大讨论到社会主义初级阶段理论的提出,从党的工作重心转移到“一个中心,两个基本点”基本路线的形成,从生产力标准到“三个有利于”标准,从大力发展社会主义商品经济到建立社会主义市场经济新体制,从农村改革到城市改革各项措施的形成,从对马克思主义毛泽东思想深入探讨到邓小平理论的形成,无不渗透着社会科学工作者的创造性劳动,社会科学成果对党和国家重大决策所起的智力理论支持作用,从来没有像现在这样显著,社会科学成果转化的广度和深度是前所未有的。因而,社会科学自身也得以大繁荣大发展。对此,应给予社会科学界中肯的分析和充分的评估,不能泯灭了它的贡献,低估了社会科学成果转化的成绩。

当然,在肯定社会科学成果转化的成绩的同时,也必须看到,社会科学成果转化的现状,还远远不能适应现代化建设和改革开放事业的需要,还存在诸多不足和问题。

4.2.1　转化渠道不够畅通

社会科学成果转化需要中介,要建立输送成果的渠道。但是目前许多科研单位和科研管理部门,还没有建立这个渠道。有的有渠道,但不能经常保持畅通。好的成果不能及时上报,领导的批示不能及时反馈,社科界辛辛苦苦搞出来的成果要么束之高阁,要么送达领导也成了马后炮,挫伤了科研工作者的积极性,不利于推动科研面向实际、研究实际,再就是确实存在成果出版难的问题,不能发表出版,谈何转化应用。

4.2.2　转化机制不够完善

现行社会科学体制是在计划经济背景下形成的,近几年有所改变,但改革步伐不大,总体上看滞后于其他战线的体制改革。由于体制的不完备,许多地方阻碍社会科学成果的转化。社科界有些人长期从概念到概念、搞经院式的研究,脱离实际,成果背离现实需要,这种研究还有容身之地,根源于此;体制、机制不合理是社会科学成果转化不畅的深层次原因;研究起点不高、理论滞后、质量平平,不能揭示规律,现实针对性又差,所以许多成果难以为社会所青睐,也难以有好的转化结果。

4.2.3　转化管理不够有力

社会科学研究管理包括课题申报、评审立项、督查实施、成果鉴定、成果转化等内容。目前看,课题申报和评审立项等前期管理工作尽管还有待改进,但总归是比较规范了。而督查实施、成果鉴定、成果转化等中后期管理，特别是成果转化管理，还相当薄弱肤浅。成果转化还没有引起各级科研管理部门应有的重视，还没有破题，成果转化管理有很大难度，唯其难，才更需要下功夫去做。

第五章　促进社会科学转化为社会生产力的机制与对策

为了促进社会科学及其研究成果向现实生产力的转化，更好地促进经济和社会发展，不仅需要研究其转化方式和渠道，以及作用于经济发展的特点，而且需要揭示和把握其运行机制，采用有效的对策。

5.1　促进社会科学转化的若干机制

5.1.1　观念转化机制：要转变观念，贯彻落实解放思想、坚持实事求是的思想路线

就社会科学的研究而论，需要彻底转变以下观念和现状：一是把科研看作关门做学问的观念，改变为面向经济和社会发展研究。虽然科学的研究是要提高学术水平，发展和创造科学、文化，但是社会科学研究的根本目的在于推进社会进步和经济发展，因而必须考虑它的社会效益和经济效益，那种为研究而研究，缺乏明确目的的思想观念，需要彻底改变。二是要转变把科研仅仅看作个人的事，不考虑经济和社会发展需要，忽视社会科学研究的社会功能，甚至有意避开社会现实问题的观念。曾经一度出现“搞古不搞今，搞史不搞论”的现象就是这一观念的突出表现。虽然造成这种脱节状况的原因很多，但其结果必然限制社会科学研究作用的发挥，最终也限制了社会科学的发展。三是要转变把社会科学研究变成解释经典，阐述领导人讲话的含义的观念。从“科普”的角度讲，这类观念有它的意义和作用，但严格地说，这类文章研究的份额比重太少，缺乏创造性劳动，一般难以认定为社会科学的研究成果，对学科建设和社会发展没有太大的意义。四是要转变把社会科学研究仅局限在几本参考资料、一支笔和一叠纸上的观念。这类观念表明研究的方法和手段落后。运用这样的研究方法和手段，其成果往往停留在考据或描述上。除古籍整理外，其他社会学科的研究，都要改变研究方法和手段落后的状况，从而提高研究水平，更好地发挥研究成果的效益。我们强调解放思想，不仅要打破若干传统的观念，同时也

要打破一些禁区,这样才能取得突破性进展。我们更要注重实事求是,因为社会科学的研究要从当前的现实和发展的需求出发,大量的研究和调查课题,应当从经济建设和社会发展的实际中来,从科学技术进步的信息中来,而不是苦思冥想、闭门造车,仅仅从大脑中主观臆造出来。

观念转变机制,表明社会科学及其成果在转化为生产力的过程中,思想解放、观念转变起到了龙头作用和杠杆作用。观念真正转变了,就会在研究人员身上反映出一系列主动适应的行为来。第一,确立"科学技术是生产力,而且是第一生产力"的观念,充分肯定社会科学也要面向经济建设和社会发展,而且能够在经济建设和社会发展中发挥巨大的、关键性的作用。第二,社会科学研究要切实了解经济建设和社会发展的迫切需要,科学选题要有的放矢。第三,能否真正发挥好主动适应机制的效能,关键在于社会科学成果是否具有"四性"上:(1)超前性。科学研究要走在事业发展的前头才能发挥巨大的促进作用。(2)真理性。理论的创造,不一定都是真理。真理是客观事物及其规律性的正确反映。真理一旦为群众所掌握就会变成巨大的物质力量,创造出人间奇迹。(3)精确性。即成果的可实施性或可转化性。一般的描述、抽象的议论,停留在模糊的理论观点上,即不具有精确性,是不可能真正推动经济和社会发展的。(4)结合性或配套性。虽然某些单项社会科学研究成果也能够转化为经济效益,但是多数情况下要结合多种学科的研究成果综合配套,才能在更大范围内,从整体上推动经济发展和社会进步。

5.1.2 导向投入机制:包括舆论导向、方针政策导向、经费投入导向等

舆论导向起着转变观念的作用。观念的变化引起科学研究指导思想和运作过程的变化,以及引导研究人员研究方向的变化。近十多年来,在党中央、国务院的关怀下,全国哲学社会科学规划领导小组及办公室每年发布社科规划的项目指南对各学科研究起着很好的导向作用。以我国社会科学生产力为依据,以规划课题为导向,确保以精干的力量从事基础研究、社会公益性研究以及学科前沿性研究,借以提高学术水平,保持科研的后劲;同时,确保以主要力量投入经济建设的主战场,开展应用和开发研究,发挥研究成果的经济效益和社会效益。① 相对于自然科学的研究而言,关于社会科学研究的有关政策还不健全,

① 蔡曙山:《对我国社会科学生产力现状的分析》,载《学术界》2000年第1期。

这与社会科学研究的现状，介入经济与社会领域的程度密切相关。虽然各高校和社科研究单位制定了一些激励政策，但是面对市场经济大潮，微弱的激励因素很难起到有效的“动力源”作用。如果说舆论导向是输入科研领域的信息流，那么经费投入则是输入的能量流。能量流为科研系统提供动力和活力，起着驱动作用。由于经费投入的重点强度不同，从而有力地发挥出导向作用。由于人们对社会科学认识上的片面和误解，致使社会科学研究的总经费太低。有的相关部门认为，社会科学不能增产粮食，不能增产棉花，似乎只有投入，没有产出和效益。在这种认识的指导下，必然严重制约社会科学研究的蓬勃发展，限制社会科学研究对经济上巨大作用的发挥，最终影响到整个社会的进步，这不能不引起我们的严重关切。我们要建立“依靠”和“面向”相统一的思想，明确经济和社会的进步也必须依靠社会科学的进步。社会科学必须面向经济建设和社会发展，积极地建立和健全导向投入机制。

5.1.3　供求互通机制：关键是中介环节畅通

目前，一方面是社会实践提出了一系列新的课题，但许多课题得不到社科界及时有力的回应；另一方面是大批社科成果束之高阁，无人问津。这就是社科研究在供求上脱节，因此必须建立起社科研究在供求上的互通机制。例如，可以有一定的行政性或商业性的中介机构，它们能较好地了解对社科研究的需求情况，也了解各类研究力量的分布情况，从而在供求之间起沟通、互联的作用，以至直接进行科研组织或推动科研合作。政府职能部门和其他实际部门，可以通过规范化的委托研究、课题招标等形式，直接向社会寻求适合自己要求的科研力量，解决自己所要解决的实际问题。建立社会主义市场经济体制的目标要求，为建立和发展科学技术市场提供了良好的机遇，为发展科技第三产业创造了条件，要抓住时机，把社会科学成果推向市场，建立中介机构和中介队伍，逐步发挥出市场媒介机制的促进转化作用。

5.1.4　动力激励机制：物质激励和精神激励

经济和社会发展的迫切需求，对科学研究工作既是压力，又是动力。其关键在于正视现实，认清社会经济发展的动态和趋势，不能无动于衷、视而不见，听而不闻。科研的目标管理、规划要求也会转化成对科研工作的推动力。科技方针和政策、科技体制改革，不仅有导向作用，也有激励推动作用，从高等学校和科研机构来说，需要采取相应的配套措施，包括物质激励和精神激励，增添内在的动力和活力，进一步调动和发挥教师与科研人员的科研、开发积极性，有些高校与科研机构彻底放权，实行课题组长负责制，有些高校设置立项奖、完成奖和节约奖，提高奖励的幅度，发放科研津贴，实施合理的效益分成，正确评价和保护产权，并在转化推广应用中充分体现其价值。开展科技成果评奖，对高水平、高层次的科研精品实施重奖，评选先进科研(开发)工作者和先进科研集体，及时评聘相应的职称，充分发挥职称评审的引导、激励和调整作用。动力激励机制会成为科研成果加速转化的泵站或加油站。总之，不论是社会科学研究成果的形态变化，还是成果的推广应用，都需要不断地输入能量流、物质流、信息流，尤其是增加经费的投入，这些对社会科学研究的开展，及其对社会经济效能的发挥都起到了关键作用。

5.2　促进社会科学成果转化的对策

为了进一步适应社会主义市场经济发展的要求，使社科研究成果尽快更多地转化为现实生产力，针对当前存在问题，应当采取如下对策：

5.2.1　走出思想误区，实施正确指导

要使全社会形成重视社会科学的风气，“管远不管近”，就是要在思想上解决对社会科学的认识问题，消除对社会科学“务虚不务实”“间接不直接”“无足轻重”的错误认识，理直气壮地把社会科学理论应用到经济社会发展中去，充分发挥社会科学第一生产力作用。

在管理体制层面上，要从计划经济体制下形成的管理模式中解放出来，使科研管理体制适应社会主义市场经济体制。在指导思想上，坚持“一个中心”，狠抓“两个重点”，做到“三个服务”。即坚持在邓小平理论指导下，以科研为中心。实施“精品战略”，带动多出精品、力作；通过深化内部改革这个重点，建立符合社会科学研究规律，能调动科研人员积极性的科研管理运行机制。服务于全党工作大局，服务于两个文明建设，服务于当地经济社会发展。在科研方针上，要把改革开放和现代化建设中的重大理论和实践问题，作为主攻方向；把地方党委、政府的难题作为研究的课题；把人民群众关注的焦点作为研究的重点。从而使党委、政府对社科研究机构“信得过，用得上，离不开”，发挥其“为改革开放做向导，为经济发展做谋士，为社会稳定做支柱”的作用。

5.2.2　理论联系实际，抓好“以需定产”

社科研究的生命力在于理论与实践的结合。理论来源于实践，依赖于实践,并经过实践检验,在实践中不断发展。实现社科研究与经济社会各实际部门的结合,是新形势下社科研究事业繁荣与发展的必由之路。着眼于马克思主义运用,着眼于对实际问题的理论思考,着眼于新的实践和发展,这是社科研究的强大生命力所在。走向社会,走出科研院所,主动与政府部门、社会团体和企业联姻;积极寻找研究对象和合作伙伴;承担、承包研究课题或单项合作,或全面联营;把研究成果作为一项有价值的资产向社会投资,在获取社会效益的同时,使研究机构本身获取一定的经济效益;或者以知识与智力投入的程度在企业利润中占取一定份额;扩大和坚持有偿服务等。这样,既从科学高度为实际工作的推进和发展提供了决策与服务,发挥出社会科学特有的直接与间接、当前与长远、务实与务虚、微观与宏观的巨大推动作用,又对加速知识经济的到来和实现社科研究成果的转化创造了有利条件。

解决社会科学成果转化问题,源头在课题的设计和评审立项。本来立项的课题就不是社会发展需要的,产需脱节,成果就不可能转化得好。因此,要狠抓以需定产,使立项的课题,面向现代化建设和改革开放,真正能回答和解决建设和改革中的重大理论和实际问题。课题盘子,要很好地处理结构比例,增加现实课题的比重,增加对策应用课题的比重,增加为决策服务的短、平、快课题的比重。为了保证课题盘子的科学合理性,课题评审立项工作急需改进,要发挥学科专家组和社科管理者的积极性,有所制衡,互为补充,以更科学、更合理地确定立项课题。

5.2.3 加强监督管理,实施“精品战略”

社会科学成果转化的效果,与成果的水平和质量关系极大。这同商品一样,优质名牌,就好销售;反之,一般化的产品,或质量低劣的产品,就销不出去。现在社会科学成果总的来讲,一般化的东西多,真正的精品力作少。事实上,有决策参阅价值的研究报告,领导还是很愿意看的,有真知灼见的专著,也是好出版、好销售的(专著类的书销量有限,这是正常的)。问题在于,好的成果数量太少,不尽如人意。加强课题实施督查,狠抓成果水平和质量,管理任务还是很繁重的,还要继续下很大的力气。抓好社科成果精品战略实施的关键,是要严把成果鉴定关。成果鉴定是提高成果水平和质量的重要管理关口。要严格鉴定程序,规范鉴定方法。对鉴定专家组的组成一定要从严组合,保证一定是与该鉴定课题相关的专家。鉴定意见,要强调一分为二,既肯定成果成绩,也提出不足，水平质量不够的，就不能通过鉴定。现在成果鉴定的通病是，讲好话的多，拔高的多，把鉴定工作庸俗化了。这个问题，应引起各级科研管理部门的重视，不要陷入误区，败坏鉴定工作的名声，给社会科学事业发展带来不应有的损失。

5.2.4 建立中转环节，完善输送渠道

这是把社科研究成果应用到经济与社会的生产领域，实现其转化的重要手段。研究成果进入实际应用，中间必须有一个试验场和中转站。利用试验场对成果进行小范围的试验，通过一定的试验程序，使其不断得到充实和完善，使之更加趋于成熟、准确、科学。所谓中转站，就是将试验后证明可行和有效的成果，利用一定的途径和手段推向社会。这与自然科学的一项发明创造从小范围经过扩大试验逐步推广应用的道理是一样的。没有这样一个途径和手段，许多好的社科研究成果就只能被困阻在研究院所的高墙内，难以进入社会和经济的流通领域之中。

要重视建立和完善社会科学成果输送的渠道，通过一定形式报党政决策机关和反馈的方法，并保持畅通。有条件的还可以召开领导同志同专家学者的定期对话会、座谈会和咨询会，使专家学者了解领导关注的问题，了解应该研究什么，专家学者关注和研究的问题也应及时与行政领导沟通，以增强研究课题重点的针对性。决策科学化的过程，就是对社科研究不断提出新的需求和要求的过程。各重要的职能部门，在决策过程中应有规范化的咨询程序；社科研究部门要能适应这种咨询的要求，从而使更多的科研成果进入决策，发挥作用。

5.2.5 政府支持到位，促进社科研究的社会化

在建立社会主义市场经济形势下，作为社科研究人员应该转变观念，增强服务意识、使用意识和自我生存发展意识。这只是问题的一方面，问题的另一方面是，由于社科研究机构的特殊性质有别于其他行业的特殊任务以及在人员构成上的特殊性，因而不能简单地强调推向市场。我国的社会主义性质决定了对社科研究事业只能加强，不能削弱，只能繁荣，不能萎缩。党中央多次强调了社会科学研究事业的重要性。因此，必须由政府在政策、规划、指导、协调以及财力上给予全方位的支持。真正把社科研究机构作为政府工作运行的诸多链环中的重要一环。引导和组织社科研究与政府决策，与企业生产、与社会公益等领域结合。特别是要保证有足够的经费投入和必要的设施建设。要继续保持政府对社科研究财政拨款的主渠道地位不变，同时对急需课题和重点课题还

应实行经费倾斜。另外,要建立一套完善的对社会科学研究事业的经费投入、管理监督、成果利用的运行机制,将社科研究机构纳入法制化、制度化、科学化的管理轨道,促进社科研究成果转化。

社会科学成果转化存在的问题,只有通过深化社科体制改革,才能比较好地解决,改革首先要侧重于推进产需挂钩、产需结合,走科研社会化、产业化的路子。可利用委托研究,联合办科研机构等手段,促进科研工作者走出院所、走出学校、深入实际,抓科研项目,可以预期,社会科学有一部分走上产业化道路之后,成果转化状况将有大的改观。

第六章　基本结论

社会科学在社会生产力发展中的作用不仅是客观存在的,而且是长期的、广泛的,在社会的深层次变化中起举足轻重作用的。一个国家、一个民族不同时期的奋斗目标、正确发展思路的形成是社会科学问题,一个政党在不同历史时期正确路线的形成也是社会科学问题。社会改革问题需要社会科学来探索,社会发展同样需要社会科学来解决。在现代化建设中,人的全面发展问题,人口、资源、环境、可持续发展,以至世界和平与发展及全球化问题,知识经济时代来临给人类带来的机遇与挑战等问题,都不是单纯依靠自然科学和工程技术能解决的,而是必须依赖社会科学。因此,社会科学不仅是精神文明建设的需要,更是制度文明、物质文明和生态文明建设所不可缺少的。

社会科学成果的转化问题主要是要解决一个认识问题,那就是科学技术是作为第一生产力,科学包括社会科学,社会科学中除少数人文学科外,多数也是第一生产力,社会科学成果同样可以转化为现实生产力,无非是社会科学成果在转化中具有与自然科学成果不同的特点,更多的是间接的、非直观的、宏观的,是需要经过一个很长的时期才能逐步体现出来的,是通过精神文明建设、制度文明建设和生态文明建设来推动社会文明进步,因此,我们要根据社会科学成果转化为生产力的特点,建立相关的机制,采取对应的措施,促进社会科学的繁荣和发展,促进社会科学成果的转化,促进我国决策科学化、民主化进程,进而推进中国特色社会主义现代化的进程。

参考文献：

[1]夏禹龙.社会科学学[M].湖北：湖北人民出版社,1989.

[2]贝尔纳.科学的社会功能[M].陈体芳,译.上海：商务印书馆,1982.

[3]贝尔.第二次世界大战以来的社会科学[M].范岱年,裘辉,彭家礼,等译.北京：中国社会科学院,1982.

[4]贝尔纳.历史上的科学[M].伍况甫,彭家礼译.北京：科学出版社,1981.

[5]杨承芳.当代国外社会科学手册[M].南京：江苏人民出版社,1985.

[6]刘仲亨.社会科学与当代社会[M].沈阳：辽宁人民出版社,1986.

[7]黎澍.中国社会科学三十年[J].历史研究,1979(11).

[8]赵放人.应重视社会科学研究成果的"转化"问题[J].社会科学管理与评论,1999(4).

[9]胡义成.国内外对社会科学技术是否生产力的研究[J].哲学动态,1992(5).

[10]钱学森.论系统工程[M].长沙：湖南科技出版社,1983.

[11]李运亨.略论社会科学是生产力[J].河南财经学院学报,1987(2).

[12]李铁映.社会主义市场经济理论的形成和重大突破[N].中国改革报,1999-03-22.

[13]潘叔明.论社会科学转化为直接生产力的条件和机制[J].哲学研究,1992(1).

[14]吴越.社会科学是生产力论质疑[J].理论月刊,1993(4).

[15]李庆臻.现代自然科学与社会科学的融合[J].发展论坛,1995(6).

[16]汝信.社会科学功不可没[J].半月谈,1994(10).

[17]严成.社会科学创造运筹性生产力[N].社会科学报,1993-07-01.

[18]李欣复.两种生产力·两种财富形式[N].社会科学报,1993-07-01.

[19]王全峰.社会科学可以转化为生产力的精神力量[J].现代哲学,1993(3).

[20]王忠武.论社会科学与自然科学的基本关系[J].社会科学管理与评论,2000(1).

[21]李铁映.伟大的时代　辉煌的成就——新中国人文社会科学50年[J].中

国社会科学,2000(1).

[22]褚超孚,陈劲,葛朝阳.国外社科研究管理的比较研究及对我国的启示[J].浙江大学学报,1998(2).

[23]杨承芳.当代国外社会科学手册[M].南京:江苏人民出版社,1985.

[24]王兴成,秦麟征.国外社会科学政策研究[M].北京:社会科学文献出版社,1993.

[25]吴荷荷.论社会科学的生产力作用[J].山西大学学报,1998(1).

[26]切林斯基,李新力.论社会科学对政府决策的贡献[J].现代外国哲学社会科学文摘,1992(8).

[27]李业杰.关于生产力概念的新探索[J].山东工业大学学报,1998(1).

[28]王守义.论生产力的可持续性发展与需要的社会文化规定性[J].社会科学战线,1997(6).

[29]马晓燕.精神生产力——社会发展的先导[J].内蒙古师范大学学报,1998(6).

[30]英格尔斯.人的现代化[M].成都:四川人民出版社,1985.

[31]肖先治.当前我国人文社会科学面临的问题及其对策[J].理论前沿,1997(18).

[32]冯文全.从科学技术是第一生产力看现代教育的生产性价值[J].四川师范学院学报,1998(4).